나눔 / 문화

기부 · 자원봉사 · 이웃돕기 · 시민참여

HY
LECTION
007

나눔문화

기부·자원봉사·이웃돕기·시민참여

주성수 지음

한양대학교 출판부

넓은 의미, 높은 수준의 나눔문화

나눔은 이제 경제성장 등의 물질 자본과 인간개발 등의 인적 자본에 이어 제3의 자본으로 중시되는 사회자본의 중심에 있다. 나눔이 국가발전과 사회개발에서 차지하는 비중이 높아진 것이다. 물질적 풍요와 인간개발의 측면에서 보면 한국 사회도 선진국이라 얘기하지만, 나눔의 사회자본이라는 관점에서 보면 중진국 수준에 머물러 있다. 시민들이 서로 나누며 함께하는 행복한 공동체 생활과 웰빙이 아직 부족한 현실인데, 최근 들어서는 서로의 나눔활동이 늘기보다는 줄어드는 추세마저 보이고 있다.

나눔의 의미를 어려운 이들을 돕는 자선적 기부나 자원봉사로 좁혀 얘기하는 경우가 많다. 이런 시각은 선진사회형 나눔문화 수준에 못 미치는 낮은 수준의 것으로, 나눔문화의 정착을 어렵게 만드는 한 요인이다. 기부나 자원봉사, 이웃돕기를 누가 누구를 돕는 일방적인 도움 주기로 간주하는 탓에 정책이나 프로그램, 개인 활동 모두가 좁고 낮은 나눔문화 수준에 머물러 있다. 있는 사람이나 없는 사람이나 모두 서로 주고받으며 공동체 문제 해결에도 함께하는, 능동적이고 다양하며 폭넓은 '참여'가 활성화되어야 넓은 의미와 높은 수준의 나눔문화가 정착될 수 있다.

이를 위해서는 시민들 사이의 만남과 소통으로 갈등을 해소하고 사회통합을 지향하며 사회적 약자들의 폭넓은 참여, 사회적 불의와 불평등 해소를 위해 노력하는 가운데 나눔의 소중한 가치와 의미를 찾아야 할 것이다. 나눔은 물질이나 시간, 재능을 나누는 것 이상의 의미를 지닌 '관계적' 개념이다. 시민들이 사회생활에 필요한 다양한 자원과 정보를 나누는 활동뿐 아니라 정서적 위로를 주고받는 만남과 소통, 공동체와 사회문제에 대한 관심과 활동, 삶의 지혜와 생활 아이디어의 공유에 이르기까지 나눔의 양상은 무수하고 다양하다.

이처럼 소중한 시민참여를 나눔문화의 무대 중앙에 올려놓고자 하는 시민사회적 시각이 이 책의 특징이다. 한국의 시민사회, 사회복지, 자원봉사 분야는 각기 나눔문화를 나눠 가져 나눔문화를 정착시키는 데 시너지를 발휘하지 못하고 있다. 사회복지와 자원봉사가 같은 시민사회에 속한 분야인데도, 서로 공조하기보다는 각자의 입장만 고수하는 좁은 시각의 나눔활동에 갇혀 있었기에 국가적으로는 '나눔문화의 나눔'이라는 문제를 안게 된 것이다.

저자는 그간 시민사회와 관련된 여러 저술을 통해 '주창' 위주의 한국 시민사회가 소홀히 논의해왔던 자원봉사와 기부 관련 연구를 지속해오다 이번에 통합적인 접근으로 나눔문화 저술을 마무리할 수 있게 되었다. 국가와 시장과 시민사회의 파트너십에 대한 논의 또한 저자의 연구에서 생략될 수 없는 소중한 시각으로, 이 책에서도 주요 내용을 이루고 있다.

2013년 『자원봉사 문화와 제도』 출간에 이어 다시 한양대학교 출판부에서 이 책을 내게 되어 매우 기쁘다. 수고를 아끼지 않은 한양대학교 출판부에 감사드린다. 또한 따뜻한 지지와 위로가 되어준 아내와 딸과 아들에게도 고마움을 전하고 싶다.

2016년 10월

주성수

차례

제2부

나눔활동의 참여

제3부

나눔문화의 제도

제1부

나눔문화의 이해

제1장

나눔의 의미

나눔은 자발적인 활동이다. 또 나눔은 어떤 대가를 바라지 않는 이타적이며 공익적 활동이다. 나눔은 사람들 사이에 서로 주고받는 일상생활이다. 나눔은 도움이 필요한 사람들에게 직접 또는 현금이나 현물을 모금하는 기관들을 통해 제공하는 기부(giving)와 타인을 돕는 이웃돕기(helping) 활동이며, 또 소중한 시간으로 자원봉사(volunteering)하거나 지역사회나 단체의 공공선을 위하거나 다른 사람과의 나눔을 위해 참여(participating)하는 활동이다. 나눔은 물질 기부, 시간 봉사, 이웃돕기, 시민참여 활동이라 간단히 말할 수 있다.

나눔은 기부, 자원봉사, 이웃돕기 이상의 사회문화적 의미를 가진 개념이다. 나눔은 사람들 사이의 호혜적이며 친사회적인(pro-social) '관계적' 개념으로, 사람들 사이의 가벼운 대화와 만남의 친교부터 서로에 대한 이해와 관심의 나눔, 정서적 지지를 위한 신뢰와 협력의 나눔, 생활의 지혜와 재능의 나눔, 공동의 목적을 달성하기 위한 연대의 나눔, 사회적 불의나 불평등에 맞서 행동하는 참여, 재해나 테러와 같은 위기에 대응하는 공조활동, 그리고 자원 절약을 공유하며 실천하는 나눔문화의 밑거름이라 볼 수 있다.

1. 나눔 : 기부/자원봉사/이웃돕기/시민참여

1) 글로벌 나눔문화 현황

먼저 나눔의 좁은 의미에 초점을 맞추어보면, 기부, 자원봉사, 이웃돕기, 시민참여를 우선 꼽아볼 수 있다. 나눔은 기부, 자원봉사, 이웃돕기 이외에도 친교와 시민참여 등 다양한 유형으로 구분될 수 있다. 일반적으로 사람들은 단체의 참여자가 되거나 또는 물질을 나누는 기부나 이웃돕기에는 많이 참여하지만, 소중한 시간을 내서 참여하는 자원봉사에는 많이 참여하지 않는다. 자원봉사에 참여하는 사람이 기부나 이웃돕기에도 적극적인 참여자 역할을 한다.

나눔 = 기부 + 자원봉사 + 이웃돕기 + 시민참여

글로벌 차원에서도 나눔의 의미는 기부와 자원봉사와 이웃돕기와 시민참여를 포용하고 있다는 것을 알 수 있다. 나눔문화와 사회자본에 대한 관심은 글로벌 차원으로 발전한 지 오래다. OECD는 회원국들의 사회 통합과 사회자본의 지수로 기부, 자원봉사, 이웃돕기, 신뢰 자료를 발표해왔다. 갤럽 인터내셔널은 새천년을 앞두고 글로벌 밀레니엄 서베이에서 사회

표 1.1 글로벌 나눔조사 현황: OECD, 미국, 영국, 캐나다, 한국

	OECD 사회 통합 지표 Social cohesion indicators	**미국** 시민생활조사 Civic Life Survey	**영국** 공동체생활조사 Community Life Survey	**캐나다** 기부, 자원봉사, 참여조사	**한국** 통계청사회조사 한국갤럽 조사
대상 범위	OECD 34개국	미국인 전국	영국인 전국	캐나다인 전국	한국인 전국
조사 시기	2007년 이후 연간	2005년 이후 연간	2001년 이후 연간	2004, 2007, 2010, 2013	1999년 이후 2~3년
주요 항목	· 기부 · 자원봉사 · 이웃돕기 · 신뢰 · 관용 · 사회관계망	· 기부(없음) · 자원봉사 · 시민참여 · 신뢰 · 이웃 관계	· 기부 · 자원봉사 · 시민참여 · 이웃 관계 · 사회 행동 · 시민 영향	· 기부 · 자원봉사 · 이웃돕기 · 시민참여	· 기부 · 자원봉사 · 시민참여 · 이웃돕기 · 신뢰 · 사회관계망

관련 사이트 **OECD** http://www.oecd.org/els/soc/societyataglance.htm
미국 http://www.volunteeringinamerica.gov/
영국 https://www.gov.uk/government/collections/community-life-survey
캐나다 http://volunteer.ca/gvp
한국 http://kosis.kr/wnsearch/totalSearch.jsp

기관의 신뢰의 중요성을 48개국에서 조사한 이래로 최근까지 정부기관(행정부, 의회, 사법부, 군대, 경찰 등)뿐 아니라 의료기관, 학교기관, 복지지관, 언론, 기업 등에 대한 국민의 신뢰도를 정기적으로 측정해왔다. 2007년 이후에는 기부와 자원봉사와 이웃돕기 현황을 글로벌 130여 개국 이상에서 실시해왔는데, OECD에서는 이 자료를 바탕으로 회원국들의 사회자본과 사회 통합의 지표로 활용하고 있다. 국가별로는 미국과 영국이 나눔활동의 조사를 '시민생활 조사' 또는 '공동체 생활조사' 형식으로 매년 정기적으로

조사하고 있으며, 여기에는 자원봉사, 시민참여, 이웃관계 등이 기본적으로 포함되어 있다.

한국에서는 통계청이 1999년 이래로 2~3년 단위로 '사회조사'에서 기부, 자원봉사, 시민참여를 조사해왔다. 또 한국갤럽 조사는 민간 자원봉사 기관인 한국자원봉사문화(구 볼런티어21)가 정부(행정자치부)의 지원을 받아 1999년 이래로 매 3년 단위로 전국 자원봉사와 기부 실태를 조사한 것으로, 신뢰, 이웃돕기 항목들도 일부 포함되어 있다. 2014년에는 국제노동기구(ILO 2011) 등의 국제표준설계에 따라 이웃돕기 항목들이 추가되었고, 일부 시민참여 항목들(투표, 서명, 집회와 시위 등)도 포함되었다. 또 최근에는 나눔기본법이 추진되며, 나눔의 개념이 물적 나눔(현금과 현물 기부)과 인적 나눔(자원봉사), 그리고 생명 나눔(헌혈과 장기기증 등)으로 제시되고 있다(김교성, 강정환 2015).

2) 기부

기부는 가장 일반적인 나눔으로 누구나 마음만 먹으면 쉽게 참여할 수 있는 활동이다. 작게는 물건을 사고 잔돈을 모금통에 투입하는 일부터 크게는 평생 모은 재산을 대학에 기부하는 일까지 다양한 기부활동이 있다. 연말에 구세군 자선냄비에 현금을 기부하거나, 사랑의 열매에 현금을 보내주는 사람들도 많다. 연말 소득공제 혜택도 있기 때문에 적십자사 회비나 시민사회단체 회비를 납부하는 기부자들도 부쩍 늘고 있다. 네티즌들은 간편하게 해피빈이나 나누리를 찾아 자신이 바라는 활동이나 사업에 기부하고 있다.

아직은 현금 기부자가 대부분이지만, 부동산이나 주식 또는 유산을 기부하는 사람들도 점차 늘고 있다. 또 장기기증이나 헌혈 등 생명나눔으로 참여하거나 쌀이나 식품 등 물품으로 기부하는 사람들도 많다. 이제 한국이 원조를 주는 국가로 국가의 위상이 바뀌면서 해외 빈곤층을 지원하는 모금에 동참하는 사람들도 많이 늘었다. 이처럼 많은 기부자들은 바라는 것 없이 자발적으로 자신의 이름을 밝히지 않고 기꺼이 이웃과 공동체를 위해 또는 불특정 다수를 위해 나눔의 참여자가 되고 있다.

개인의 자발적인 의지에서 발동되어 모아진 기부금과 물품은 다양하게 쓰인다. 개인들이 기부한 현금이나 물품은 모금기관을 통해 수집되어 도움이 필요한 사람들에 직접 전달되거나 이들을 돕기 위해 조직된 공익적인 복지 기관과 시민사회단체들에게 전달되는 것이 기부의 일반적인 전달체계이다. 모금기관이나 공익 시민사회단체를 거치지 않고 개인들이 직접 도움이 필요한 사람에게 물질이나 서비스를 제공하는 행동이나 활동은 일반적으로 사적 또는 비공식적 활동으로 '이웃돕기'라 구분한다. 기부는 개인이 개별적으로 또는 집합적으로 기부활동에 참여하는 다양한 유형들로 구분된다. 연말 이웃돕기 성금에 참여하는 기부, 길거리 자선냄비에 보내는 기부, 소득공제로 단체에 보내는 기부뿐 아니라 학교나 직장에서 십시일반으로 모금되는 기부 등이 일반적인 기부유형이다.

최근 한국 사회에서는 일반적인 기부와는 전혀 다른 흥미로운 나눔활동이 진행되고 있다. 전혀 모르는 남들과의 나눔을 위한 '달콤창고'가 전국적으로 하나둘 생겨나 벌써 100여 곳에 달하는데, 여기에서 작은 나눔과 유대가 이루어지고 있다. 어려운 생활을 달콤하게 이겨내자는 생각에서 누군가 사물함과 같은 작은 공간에 사탕 등 먹을거리나 작은 생활용품들을 가져다 놓고 필요한 사람들이 가져다 쓰도록 하는 나눔운동이다. 지하철 사물함이나 작은 식품가게, 식당 등에 달콤창고를 설치하는 사람들이 점차 늘고 있다.[1] 달콤창고가 하나둘 늘어나는 것은 익명사회에서 사람들이 얼굴을 드러내지 않고도 서로의 나눔을 바라는 작은 몸짓으로도 보여진다. 여기에 더 의미를 부여해보면 작은 나눔으로 어려운 세상을 함께 헤쳐나가자는 의지와 용기가 담겨 있고, 작은 나눔들이 점차 세상을 바꾸고 사회를 변화시킬 수 있다는 믿음이나 기대도 담겨 있다고 볼 수 있다.

일반적으로 기부는 개인의 사적, 공적 기부에 기초한다. 개인들은 지속적으로 체계적인 기부로 자신이 추구하는 기부의 목적을 달성하기 위해 재단이나 법인을 설립해 기부활동을 하는 경우도 적지 않다. 한국에서는 개인 기부가 기업이나 기업 재단 등의 법인 기부보다 더 많은 비중을 차지한다. 가장 많은 규모의 소득공제 기부금에서 2000년부터 개인 기부가 법인 기부를 크게 앞서 왔다. 1999년부터 외환위기의 직접적인 영향을 받은 기업들의 기부가 상당히 위축된 반면에, 개인들은 금모으기운동 등의 나눔활동으로 외환위기를 극복하는 데 적극적으로 동참했기 때문이다. 외환위기가 닥치면서 전대미문의 기록으로 대량 실업과 빈곤이 확대되어 생계지원 등의 복지 수요가 급증했지만 국가와 시장의 역량은 절대적으로 부족한 상황이었다. 이때 국민들의 자발적인 나눔활동으로 민간 사회안전망을 구축하는 새로운 변화가 일어났다.

기부는 소득공제 기부나 모금기관을 통한 기부 형태로 공식화되는 특징이 있다. 기부는 개인들의 물질(현금이나 현물) 기부에 기초해 개인적으로 또는 직장, 학교, 단체 등 조직을 통해 도움이 필요한 개인들에게 직접적으

---

1 KBS 명견만리 2015.12.11.일 보도 참고. http://tvpot.daum.net/v/s3162JTD7GGVDoZG-mGJynmD

로 또는 모금기관이나 공익 시민사회단체를 경유해 전달되는 비교적 조직화된 활동이다. 모금을 할 수 있는 공인된 기관 또는 단체들을 통하지 않고 개인 대 개인으로 전달되는 이웃돕기도 많이 행해지고 있지만, 이제 많은 기부금은 소득공제용 연말정산에서, 모금기관들의 모금 현황으로 드러나는 비교적 공식적이고 조직화된 활동이 되고 있다. 복지 기관이나 시민사회단체들도 법적으로 정부의 모금기관 승인을 받아야 하므로 아직은 많은 기관들이 공인을 받지 않아 공식적인 모금활동을 할 수 없는 상태이다. 한국의 기획재정부는 소득세법 시행령과 법인세법 시행령에 따라 개인이나 법인이 소득공제를 받을 수 있는 기부금대상 민간단체를 정기적으로 지정하고 있다.

일반적으로 기부 조사에서는 개인들에게 "지난 한 해 동안 기부를 한 적이 있습니까?"라고 물으면, 개인이 개인에게 기부한 기부금(이웃돕기)까지 포함해서 답변하는 경향이 있다. 물론 헌금이나 시주를 포함해 답하는 경우도 많기 때문에 이제 이를 제외한 순수기부를 구분해 조사한다. 세계적으로 나눔활동을 조사하는 갤럽 인터내셔널(Gallup International)의 설문이나 국내 조사를 맡은 한국자원봉사문화와 한국갤럽의 조사, 통계청의 조사 모두 이런 설문방식으로 기부 통계를 발표한다.

3) 자원봉사

자원봉사는 소중한 시간을 나누는 자발적인 활동이다. 자원봉사는 시간을 내서 도움을 필요로 하는 사람들에 대한 서비스 활동뿐 아니라 이들을 돕는 자원봉사기관이나 사회복지시설, 시민사회단체를 돕는 자발적 활동을 말한다. 기부가 물질 제공에 의존하는 것과 달리, 자원봉사는 시간을 내서 직접 참여하는 특징이 있다. 자원봉사는 기관이나 단체를 통해 조직적·체계적으로 이루어지는 경우가 많지만, 주변에서 도움을 필요로 하는 이웃을 돕는 활동에 일정기간 시간을 내서 참여하는 경우도 자원봉사활동이며, 이들에게 현금이나 현물 또는 서비스 제공의 비정기적·사적 활동을 '이웃돕기'라 구분한다.

자원봉사는 새로운 활동들로 진화하고 있는데, 기부와 자원봉사, 그리고 이웃돕기가 한꺼번에 이루어지는 나눔활동들도 점차 늘고 있다. 2014년에 출발한 십시일밥(비영리단체)에서는 흥미로운 기부와 자원봉사와 이웃돕기가 한꺼번에 어우러져 있다. 대학생들이 강의와 강의 사이의 자투리 시간인 공강 시간에 학생식당에서 봉사활동을 하고, 그 대가로 식권을 받아 취약계층 학우들에게 전달하는 활동인데, 건국대·연세대·한양대·한국외대·경희대에서 진행되고 있다(http://www.tenspoon.org). 또 식당을 운영하는 대학과 기업이 후원자로 협조하고 있다.

또 꽃 나눔의 기부와 봉사활동도 흥미로운 사례로 살펴볼 만하다. 한번 사용한 꽃을 다시 사용해 누군가에게 행복을 전할 수 있도록 블룸 프로젝트(bloom project, https://thebloomproject.org/)가 나눔의 중개기관 역할을 한다. 블룸 프로젝트는 불우한 사고로 병원에 입원한 미국인 라센 제이가 병문안을 통해 받은 꽃을 본 환자들이 생기를 되찾는 모습에서 착안하여 오리건이라는 비영리 단체를 2007년에 설립하면서 시작되었다. 지역사회의 병원 환자들에게 전할 꽃다발을 만들면서 지금까지 진행되고 있는 나눔활동이다. 한국에서도 새로운 조직 FLRY(https://www.facebook.com/flower.recycling)가 꽃 나눔활동을 중개하는 메신저 역할을 하고 있다. 'Flower Recycling'의 약자인 'FLRY'는 어려운 이웃, 외로운 어르신들의 곁으로 꽃과 함께 행복, 웃음을 전하는 나눔천사 역할을 한다. 결혼식을 마친 성당, 축하 행사를 마친 기관 등 꽃을 기부하겠다는 곳으로 자원봉사자들이 직접 찾아가 꽃을 수거하고, 플로리스트가 예쁘게 다듬고 정리하여 양로원이나 쉼터 등 꽃을 기부받을 기관에 전달하는 봉사활동이다. 기부와 자원봉사가 함께 어우러지는 새로운 나눔활동이다.

자원봉사는 이웃돕기로부터 구분되는 분명한 특징이 있다. 이웃돕기로부터 구분되는 점은 공익적인 단체를 통해 이루어지는 공식적 활동이라는 특성이다. 비공식적(informal) 자원봉사를 이웃돕기로 구분하는 국가들이 많지만, 최근 국제 표준화 작업을 진행 중인 국제노동기구(ILO 2011)는 비공식 자원봉사 활동인 이웃돕기까지 자원봉사에 포함시키는 보편적인 개념정의를 제시해 각국이 새로운 자원봉사 조사를 진행하고 있다. 국제노동기구(ILO 2011, 2013)는 헌혈이나 장기기증, 정당 활동도 자원봉사로 간주하고 있다.

국제노동기구(ILO 2011)는 자원봉사 활동(voluntary activity)을 "자원봉사자 자신의 가계나 친지가 아닌 타인의 이익을 위해 법적 강제에 의하지 않고 금전적 지급이나 보상이 없는 활동(work)"이라 정의한다. 이 같은 개념정의는 몇 가지 특징이 있다. 첫째, 자원봉사 활동은 자원봉사자가 아닌 타인에게 경제적 가치를 가진 '활동'이 되어야만 한다. 자신의 즐거움을 위한 악기연주는 자원봉사에 해당되지 않는다. 둘째, 자원봉사 활동으로 이루어지는 '활동'은 무급 활동이어야 한다. 활동에 필요한 경비를 환급받거나 시장가격에 훨씬 못 미치는 사례금을 받는 '활동'이라고 자원봉사가 아니라고 볼 수는 없다. 그러나 낮은 수준의 임금에 해당되는 현물(in-kind) 보상을 받는 '활동'은 자원봉사로 간주하기 어려울 것이다. 셋째, 자원봉사자 또는 그의 가족이 자원봉사를 통해 어떤 수혜를 받는 경우, 그 '활동'은 반드시 타인에게도 혜택이 되어야만 자원봉사라 할 수 있다. 넷째, 자원봉사는 비강제적(non-compulsory)이고 비의무적(non-obligatory)이어야 한다. 상당한 선택의 여지가 주어질 때만이 자원봉사가 성립된다. 법원의 명령에 의한 무급의 '사회봉사', 군복무에 대한 대체 복무, 졸업 필수가 되는 무급 인턴십 등은 자원봉사로 볼 수 없다. 앞서 논의했듯이 공식적 조직이나 단체에서의 또는 조직을 통한 '공식' 자원봉사 또는 그렇지 않은 '비공식' 자원봉사 모두가 자원봉사에 해당된다. 자원봉사 개념정의에서 제도적 배경이 개념 정의의 일부가 되지 않으므로 공식과 비공식의 구분은 의미가 없다.

한편 2013년 국제노동기구 회의에서 전문가들의 합의안은 '자원봉사자'란 15세 이상 노동인구의 "타인을 위한 재화를 생산하거나 서비스를 제공하는 모든 무급, 비의무적 활동"이라 정의한다(표 1.2). 여기에서 ① '모든 활동'이란 최소 1시간 이상의 활동을 의미하며, ② '무급'이란 이루어진 활동에 대한 현금 또는 현물의 대가가 없는 것이며, ③ 비강제적이란 공동체 차원과 문화적·종교적 속성의 사회적 책임의 수행과 다른 시민적·법률적·행정적 요건들이 없는 상태를 의미한다. 시민적 요건이란 학비를 지원하는 미국의 국가봉사단과 같은 활동을, 법률적/행정적이란 '사회봉사 명령'과 같은 요건들을 말한다. 끝으로 ④ '타인을 위한' 생산이란 자원봉사자가 속한 가계의 가족 구성원들을 위한 활동(직접적 자원봉사)이 아니라 다른 가계 또는 시장이나 비시장 조직들을 포함한 조직들을 통해 이루어지는 활동을 의미한다. 이 같은 개념정의는 2011년의 개념정의를 수정한 것으로, '다른 가계를 구성해 생활하는 가족 구성원'을 위한 무급의 활동은 제외시키고 있다. 대표적인 예로 홀로 가계를 구성해서 생활하는 노부모를 돌보는 것은 자원봉사에 해당되지 않는다. 이 같은 좁은 의미의 정의는 홀로 생활하는 노부모에 대한 비공식적 돌봄(informal care)은 자발적인 것이라기

표 1.2 자원봉사: 타인을 위한 무급의 재화와 서비스 생산 활동

<table>
<tr><td>생산의
의도된 목적</td><td colspan="2">자신이 최종 이용</td><td colspan="6">타인이 최종 이용</td></tr>
<tr><td rowspan="3">작업
형태</td><td colspan="2">자신이 이용한
생산 노동</td><td rowspan="3">고용
(급여/수익
노동)</td><td rowspan="3">무급 훈련생
노동</td><td rowspan="3">기타
노동
활동</td><td colspan="3">자원봉사 활동</td></tr>
<tr><td rowspan="2">서비스</td><td rowspan="2">재화</td><td rowspan="2">시장/
비시장
조직</td><td colspan="2">가계의 생산</td></tr>
<tr><td>재화</td><td>서비스</td></tr>
</table>

자료 OECD 2015: 194.

보다는 의무적인 것이라는 견해를 반영한 것이다.

이상과 같은 '경제적' 시각과 구분되는 사회문화적 시각의 개념정의로 다음을 참고할 수 있다. 먼저 UN 자원봉사단(UNV 2011a)에 따르면, 자원봉사는 "자유의지, 무상의 동기, 타인에 대한 혜택, 세 가지 기준"에 의해 정의될 수 있다. 또 올림픽 게임에서 자원봉사 활동이 활성화되면서, 1992년 바르셀로나 올림픽 게임의 공식 보고서에 최초로 자원봉사 개념정의가 등장한다. "자원봉사자는 올림픽 게임의 한 조직으로서 최선을 다하여 협력하며 이타적 활동을 하는 사람으로, 어떠한 보상이나 보수를 받지 않으며 업무를 수행하는 사람을 말한다"(Moreno et al. 1999). 또 1990년에 채택된 국제자원봉사협회(IAVE)의 '세계자원봉사자선언'은 자원봉사를 보다 넓은 의미로 정의한다. ① 개인이 자발적으로 결정하고 선택하는 것, ② 적극적으로 시민의 권리를 행사하고 지역사회와 관계를 맺는 것, ③ 인간이 갖고 있는 잠재력이나 삶의 질, 인간 상호 간의 연대감을 드높이는 것, ④ 조직적 형태를 지니면서 개인 또는 집단으로 하는 활동, ⑤ 현재 직면하고 있는 커다란 도전, 즉 더욱 선하고 평화로운 세계의 창조를 위한 응답, ⑥ 경제생활의 활

성화에 공헌하고 직업이나 새로운 전문가를 창출하는 것 등이다.

한편 유럽연합의 공식적인 입장을 제시하는 유럽이사회(EC 2011: 2)는 "자원봉사는 공식적이건 비공식적이건 모든 유형의 자발적인 활동으로 정의된다"면서, 자원봉사의 원칙을 세 가지로 제시한다. ①자원봉사자 개인의 선택과 동기에 따른 자유의지의 활동이며, ②금전적 이익을 추구하지 않는 무급의 활동이며, 또한 ③개인들과 협회들이 인간적·사회적·환경적 욕구와 관심을 파악하고 제시하는 방식이라는 공익적 활동으로 제시한다. 유럽 국가들의 자원봉사 관련법을 분석한 연구에 따르면, 법에 자원봉사의 개념을 소개하는 국가는 극히 드물다(GHK 2010). 많은 국가들의 법이나 정책에서 제시된 자원봉사는 ①개인의 자유의지에 의해, ②비영리, 비정부조직을 기반으로, ③전문적 성격을 갖지 아니하며, ④무보수 활동으로, ⑤공동체 또는 제3자의 혜택을 위해 수행된다.

일부 국가들의 공식적인 자원봉사 개념정의를 살펴보면 위의 개념정의와 유사하면서도 약간 다른 특징을 보여준다. 미국 노동통계청(USBLS 2014)은 — 비공식적인 활동으로 여기는 이웃돕기를 제외한 — 자원봉사자는 "조직을 통하거나 조직을 위한 무보수 자원봉사 활동을 수행한 사람"이라 정의하고, 캐나다 통계청(Statistics Canada 2006) 또한 자원봉사자는 "자선조직 또는 다른 비영리 조직을 위해 무보수로 서비스를 수행하는 사람으로, 그 활동에는 학교, 종교 기관, 스포츠 또는 지역사회 결사체를 위한 무보수 도움이 포함된다"고 규정한다. 또 영국 자원봉사협회(Volunteering England 2011: 7)는 다음과 같이 보다 넓은 의미로 정의한다. ①선택: 자원봉사는 개인의 자유로운 선택이어야 하고, ②다양성: 자원봉사는 누구나 참여하는 개방적인 것이어야 하며, ③상호호혜: 자원봉사는 자원봉사자와 자원봉사자가 일하는 조직 모두에게 혜택을 주어야 하며, ④인정: 자원봉사자의 기여에 대해 인정해야 한다. 한국의 자원봉사 활동기본법 제3조 1항은 "자원봉사 활동이라 함은 개인 또는 단체가 지역사회·국가 및 인류사회를 위하여 대가 없이 자발적으로 시간과 노력을 제공하는 행위를 말한다"라고 제시하며, 또 제2조 2항에서는 "자원봉사 활동은 무보수성·자발성·공익성·비영리성·비정파성·비종파성의 원칙 아래 수행될 수 있도록 하여야 한다"라고 명시하고 있다.

4) 이웃돕기

이웃돕기는 공식성을 가진 자원봉사와 구분되는 비공식적, 사적 나눔 활동이다. 공식적 활동만을 자원봉사로 구분하는 미국과 캐나다의 사례를 살펴보면 다음과 같다. 캐나다의 경우, "중개기관을 거치지 않고 개인들이 서로 돕는 일"을 '비공식' 자원봉사로 정의하고 있는데, 1997년 전국 조사에서는 15세 이상 캐나다 인구의 71%가 비공식 자원봉사 활동인 이웃돕기를 한 것으로 조사되었다(Chappell 1999: 3). 미국에서의 '공식적' 자원봉사란 자원봉사의 "시간과 활동이 보다 구조화되어 조직을 통해 이루어지는" 지속적인 활동이며, '비공식적' 자원봉사인 이웃돕기는 "친구, 가족, 이웃 등 개인이나 조직을 사정에 따라 돕는 활동"으로 구분한다(Independent Sector 2001: 2).

이상과 같이 이웃돕기는 자원봉사 활동의 하나로 볼 수 있지만, 넓게는 이웃과의 소통, 친교, 상부상조 등의 나눔활동으로 볼 수 있다. 좁은 의미의 이웃돕기가 도움을 필요로 하는 취약층 돕기에 해당된다면, 넓은 의미의 이웃돕기는 이웃끼리 서로 돕는 다양한 친교나 자조활동(self-help)을

표 1.3 자원봉사와 이웃돕기 활동 유형

"공식적" 자원봉사 활동	"비공식적" 자원봉사 (이웃돕기)
단체, 클럽, 조직을 위해 무보수로 다음과 같은 도움을 제공하였는가?	친척이 아닌 타인을 위해 무보수로 다음과 같은 도움을 제공하였는가?
· 모금 활동 / 행사 업무 활동 · 단체 간부 역할 또는 위원회 위원 활동 · 단체의 활동/행사의 조직이나 지원 · 사람들을 방문하는 활동 · 사람들과 친교 또는 멘터링 · 자문, 정보제공, 상담 · 일반 행정, 사무 업무 · 차량 제공 또는 운전 · 단체를 대표하는 활동 · 캠페인 활동	· 자문 / 상담 · 곤경에 처한 사람과 연락(방문,전화,메일) · 쇼핑, 연금수령 / 영수증 납부 · 요리, 청소, 세탁, 정원일, 가사 · 장식, 집정리, 차수리 · 유아/아동 돌보기 · 병약자 돌보기 · 집 지켜주기, 애완동물 돌보기 · 편지 / 서류 작성 · 심부름 / 대리 활동 · 운전 / 에스코트 · 기타 도움주기

자료 CLG 2010.

꼽을 수 있다. 이 같은 가까운 이웃과의 나눔활동은 나눔문화의 일차적인 관계망을 형성하기 때문에 나눔문화의 기초 인프라가 된다. 이웃과의 나눔으로부터 공동체, 사회, 국가, 지구촌으로 나눔활동이 확대된다고 볼 수 있다. 그간 영국과 미국 등지에서는 이웃돕기를 사적·비공식적 나눔활동으로 조직을 통한 공식적인 자원봉사와 구분해왔지만, 사적 이웃돕기가 나눔의 기초활동이라는 점에서 국제사회는 이제 자원봉사의 범위를 공식, 비공식 구분 없이 모두 의미 있는 활동으로 간주하고 있다. UN 자원봉사단(UNV 2011a: 9)은 자원봉사 활동을 "전통적인 형태의 상조와 자조, 공식적인 서비스 전달, 그리고 그 밖의 시민참여 유형들을 포함한 광범위한 활동"이라 공식적으로 정의한다. 최근 국제 표준안을 시행하는 국제노동기구(ILO

2011)는 자원봉사 활동은 공식적 조직이나 단체에서의 또는 조직을 통한 '공식' 자원봉사 노동, 또는 그렇지 않은 '비공식' 자원봉사 노동 모두가 자원봉사에 해당된다.

참고로 영국 정부(CLG 2010)가 공식적으로 제시하는 자원봉사와 이웃돕기 유형을 구분해 볼 수 있다. 〈표 1.3〉은 영국 정부가 자원봉사 조사에서 공식적으로 실시했던 조사방법에 기초한 것으로, 개인들에게 아래와 같은 활동을 수행했는지를 조사를 한다.

5) 시민참여

나눔활동은 사람들과의 만남과 소통 등 친교활동부터 시작되어, 궁극적으로 사람들 사이의 관계를 개선하며 서로 도움을 주고받는 관계로 발전한다. 사람들 사이의 만남과 소통의 나눔이 없다면 오해와 갈등을 불러일으킬 수 있다. 또 사회적 약자들의 참여를 배제시키고, 사회적 불의와 불평등에 관심 없으며, 문제 해결을 위한 대화와 실천에 참여하고자 하는 사람들이 없다면 삶의 질이 높은 웰빙의 공동체를 갖지 못할 것이다.

소녀상이 일본 대사관 앞에 세워지게 된 것도 위반부 피해 할머니들의 슬픔과 고통을 온 국민과 나누기 위해 한 조각가 부부의 관심과 참여가 있었기에 가능했다. 2011년 12월, 일본군 위안부 문제 해결을 위한 수요집회가 1991년 시작된 지 1000회를 맞이해, 부부 조각가 김운성·김서경 씨가 제작해 기증한 것이다. 부부는 일제강점기 때 위안부로 끌려가 고통의 삶을 살아야 했던 김학순 할머니의 증언을 접하며 큰 충격을 받았다. 이에 열서너 살 꽃다운 나이에 일본군에 강제로 끌려가 위안부로 살아야 했던 소녀의 슬픈 사연을 형상화한 소녀상을 만들어, 한국정신대문제대책협의회의 도움으로 수요집회가 1000회를 맞이하여 일본 대사관 앞에 소녀상을 세울 수 있었다. 위안부 할머니의 꿈 많던 소녀 시절을 돌려주자는 의미를 담은 소녀상은 그렇게 일본 대사관 앞에, 나아가 전국 곳곳과 미국 등지에도 세워졌다.

나눔은 물질이나 시간이나 재능 나눔 이상의 의미를 가진 '관계적' 개념으로 이해할 필요가 있다. 인간은 사회적 동물로서 사회생활에 필요한 다양한 자원·정보·감정·아이디어·대화를 나누는 활동을 한다. 정서적 위로를 주고받는 이야기와 만남의 소통부터 서로의 위로가 되는 감정의 나눔, 사회문제나 특정 이슈에 대한 관심과 공감의 나눔, 삶의 지혜에 관한 생각이나 아이디어의 나눔에 이르기까지 무수하고 다양한 나눔의 행동과 활동이 하루에도 수차례 반복적으로 이루어진다. 이런 반복적인 생활화된 나눔의 일상화로 사회 구성원들 사이에 신뢰와 유대, 협력 등 사회자본이 축적되고, 이런 사회자본의 축적은 개인의 인적자본의 향상뿐 아니라 공익적인 사회개발과 인간개발에 직접적으로 기여한다.

이웃과의 만남과 소통은 단체를 통해 보다 공식적인 나눔의 활동이 되고 있다. 현대적 의미의 나눔활동 대부분은 단체를 통해 조직화되는 동향에 있다. 시민참여가 늘면서 나눔활동이 활성화되며 나눔문화가 시민참여 위주로 정착되는 추세에 있다. 단체를 통해 누가 누구를 돕는 것이 드러나지 않은 채 서로 주고받는 쌍방적 나눔활동이 활성화되고 있는 것이다. 시민참여로 나눔활동이 보다 공식화되면서 비공식적인 사적 나눔활동인 이웃돕기는 두드러지게 줄어드는 추세에 있다. 나눔활동의 기초가 되는 이웃과의 만남과 소통이 줄어드는 것은 현대사회가 점차 익명사회로 변해가는 한 단면을 보여준다. 기부금을 제공한 방법에서도 이웃 등 대상자에 대한 직접 전달이 주는 대신 공식적인 모금기관이나 단체에 전달하는 경우가 크게 늘면서, 사적 이웃돕기 활동이 공적 기부활동으로 제도화되는 변화를 보여준다. 마찬가지로 자원봉사도 이웃과 얼굴을 마주보며 만나는 사적 활동에서 단체를 통한 공식적 활동으로 점차 제도화되는 중이다.

시민참여 중심의 나눔활동의 변화는 시민사회의 발전과 일맥상통하는 흐름이다. 자발성을 가진 시민들의 참여에 기초하는 시민사회단체들의 조직화와 시민사회의 발전이 새로운 나눔문화를 개척하고 있는 것이다. 시민사회의 활성화 이전의 나눔활동은 대부분이 정부 주도적인 이웃돕기, 수재의연금 모금, 자원봉사 성격이 강한 새마을운동, 기업들의 비자발적인 준조세적 기부금 등 비자발성, 정부 주도성이 강했다. 또 개인 차원에서는 사적 친분이 있는 이웃에 대한 돕기활동이 강했지만, 시민사회의 발전 이후로는 사적 친분이 있는 이웃뿐 아니라 친분이 없는 이웃, 불특정 다수를 위한 이웃돕기, 자원봉사, 기부활동으로 나눔활동이 확산되고 있다.

앞서 살펴보았던 달콤창고나 십시일밥의 경우도 기부와 자원봉사 활동이면서 시민참여 운동으로 확산되는 동향을 보여준다. 또 다른 사례로 '천사들의 편지'의 경우를 들 수 있다. 이 활동은 사진작가 조세현 씨가 한 사회복지사의 부탁으로 입양아 백일 사진을 찍어주던 것에서부터 시작되었으며, 이제는 다양한 인기 연예인이나 스포츠 스타들이 모델로 참여하여 아이를 안고 함께 사진을 촬영하면서 실제로 국내 입양을 늘리는 데 중요한 역할을 담당하고 있다. 한 아이라도 더 좋은 가정을 찾아주자는 취지로 시작한 활동이, 2015년 벌써 12년째 진행되고 있다. 박찬호, 소녀시대, 비, 강남, 이승기, 유연석, 이민정, 이준기, 한효주 등 많은 스타들이 이 프로젝트에 뜻을 함께하여 참여하였다.

또 일반 소비자들은 소비를 통한 시민참여자 역할을 한다. 최근 조용한 시민참여로 발전하는 '착한 소비' 또는 '윤리적 소비' 운동은 기부나 자원봉사나 이웃돕기에 해당되지 않지만, 소비자로서 시민들이 참여해 점차 새로운 사회 변화를 일으키고 있다. 기업들이 생산한 제품의 가격뿐 아니라 제품이 생산된 배경 또는 발자취(footprint)에서 아동노동이나 환경오염 등이 없었는지, 가난한 농민이나 생산자들에게 공정한 가격을 치루고 원료를 사용했는지 등의 윤리적 판단을 하는 소비자들이 늘면서, 착한 소비운동이 사회적 파급효과를 일으키고 있다. 이 운동의 중심에는 소비자들이 있고, 소비자들의 윤리적 판단과 소비를 도와주는 비영리단체 또는 NGO들이 공조하고 있다. 참고로 제품별로 문제 있음, 보통, 문제 없음 등으로 홍색, 황색, 녹색으로 소비자의 스마트폰 앱에 알려주는 서비스를 하는 운동단체(WeGreen)가 있고,[2] 또 세계적인 NGO인 옥시팜(Oxfam)은 제품별 생산 이력이 되는 토지, 노동, 여성, 환경 등 기준으로 평가한 스코어보드를 소개해 소비자의 착한 소비를 도와주는 운동을 진행한다.[3]

현대적 의미의 나눔문화는 이처럼 자발적인 시민의 참여와 공익지향적인 시민사회단체를 통한 나눔활동에 기초하며, 여기에 정부는 정책으로 지원하고 진흥하는 역할을, 기업은 기업시민으로서 사회적 책임 이행을 위한 참여 역할을 하고 있다. 따라서 나눔활동은 시민들의 활동적인 역할에서 이루어지는 '활성적 시민권'(active citizenship)에 기초한다. 활성적 시민권은 "시민들이 자신들의 공동체 내부에서 주도적 역할을 수행하는 공간인 국가적 과정 밖에서의 시민행동"을 기술하는 개념으로, 시민들이 자발적으로 "공적 심의, 의사결정 및 서비스 전달 과정에 참여하는" 실천적 의미를

2 KBS 명견만리 2015.12.11. 보도 참고.

3 Oxfam 관련 사이트 참고. https://www.oxfam.org/en/campaigns/behind-brands

가진다(UNV 2011b: 7).

나눔활동이 이루어지는 단체의 유형은 무수하고 다양하다. 동창회나 친목회 등의 친교단체부터 학부모모임, 아파트부녀회, 조기축구회, 취미와 여가모임, 스포츠와 문화예술단체, 시민사회단체, 자선봉사단체, 각종 동호회, 온라인 카페, 학술단체, 이익단체, 전문협회, 정치단체 등 무수하다. 최근에는 SNS의 확대로 소규모의 느슨한 형태의 모임들에서 다양한 시민참여가 진행되고 있다. 또 많은 사람들이 공동육아조합과 생활협동조합에서 공동생산이나 소비의 나눔으로, 암이나 루프스 등 질병을 극복하는 자조집단에서 동병상련의 나눔으로 참여하고 있다.

일반적으로 나눔의 단체들은 공익적인 비영리단체(NPO: non-profit organization) 또는 시민사회단체(NGO: non-governmental organization)라 부른다. 이들은 다음과 같은 몇 가지 특성을 공유한다(Salamon & Anheier 1996).

표 1.4 비영리단체의 특성: 공식성, 비정부성, 비영리성, 자치성, 자원성

a **공식적(formal)이다 :** '제도적'이라 할 수 있으며, 그 의미는 정기적 회의활동, 사업 계획을 갖고 정관 혹은 회칙을 갖춘 조직이라는 점이다. 따라서 이 조건에 맞는 조직은 정부기관에 등록된 조직뿐 아니라 다른 민간조직들도 여기에 포함된다.

b **비정부(non-governmental)이다 :** 정부의 간섭을 받지 않는 비정부, 사적 조직이다.

c **비영리적(non-profit-distributing)이다 :** 기금 모금을 위한 수익사업을 할 수 있으나 조직의 대표에게 영리가 돌아가지 않고 조직의 사업에 직접 투입되어야 한다. 즉, 영리를 추구하지 않은 사적 조직이다.

d **자치적(self-governing)이다 :** 조직을 관리하고 정책을 결정하는 등 모든 절차가 내부 정관 또는 규율에 따라 시행되며 외부의 간섭이나 압력을 받지 않는 조직이다.

e **자원적(voluntary)이다 :** 조직의 주요사업, 활동, 조직행정에 자원봉사자가 중심역할을 한다. 또 조직의 운영자금의 상당부분이 자선, 개인 기부, 기업 및 정부의 자원적 지원에 의존하는 조직이다. 그럼에도 조직의 주요 간부들은 풀타임 고용원을 두는 것이 일반적이다.

시민참여는 세계 어느 곳에서나 활성화되고 있다. 삶의 질과 공동체에 대한 관심이 높아지고, 공익추구적인 시민사회단체들이 많이 조직되면서 시민들의 참여가 늘고 있다. 또 시대의 변화에 따른 새로운 시민사회단체들이 다양하게 등장하면서 시민들의 욕구를 충족시켜주는 다양한 활동을 한다. 더불어 나눔활동의 내용도 변화하고 있다. 기부나 자원봉사 활동의 영역도 도움을 많이 필요로 하는 사회복지 서비스에서 시민 다수의 삶의 질 개선을 위한 소비, 환경, 레저와 스포츠, 문화와 예술 영역으로 점차 이동하고 있다. 한국인의 나눔활동도 이 같은 서구형으로 변화하고 있다.

2. 나눔의 정신

나눔은 여러 복합적인 의미를 지닌 말이다. 일반적으로 자신이 가지고 있는 물질이나 시간 또는 재능을 다른 사람에게 '나눠주는' 자발적인 행동을 의미하지만, 보다 엄밀한 의미의 나눔은 사람들 사이에서 서로 '주고받는' 자발적인 행동을 의미한다. 전자는 사람들 사이의 일방적인 나눔의 관계를, 후자는 쌍방적인 나눔의 관계를 의미한다. 전자와 후자는 이렇듯 분명하게 구분되는 특징이 있으면서도, 둘 다 자신의 자유의지에서 비롯된 자발적인 행동이며, 또 보수나 대가를 바라지 않는 무상의 행동이라는 공통점을 가지고 있다. 따라서 나눔의 기본정신은 자발적인 행동(자발성)이면서도 대가를 바라지 않는 행동(무급성)이고, 쌍방적인 나눔의 행동(보편성)이며, 타인이나 공동체를 위한 이타적·공익적 행동이며 활동이라 볼 수 있다.

1) 자발성

나눔의 정신은 먼저 자원정신(volunteerism)에 기초한다. 자원정신은 인간 행위의 표현이며 오랜 역사를 통해 정립된 나눔과 상호호혜의 전통에서 비롯된다. 자원정신의 핵심은 관계(relationship)이며, 개인과 공동체의 웰빙을 개선하는 관계의 잠재력이다. 사람들 사이의 신뢰와 사회 통합은 자원정신이 부재하면 기대할 수 없다.

자원정신은 모든 사회의 통합적인 부분으로, 모든 공동체에 깊이 스며든 가치들이 자원정신에 기초한다. 자원정신은 공동체의 연대, 동정, 타인에 대한 존경 등의 가치뿐 아니라 불평등에 맞서 정의와 공정의 감정에 대한 행동의 표현이며, 또 공동체의 웰빙에 대한 공유된 관심에 기초하는 사회 통합의 표현이다. 공동체, 국가마다 다양한 언어적 표현이 있지만, 다양성 가운데 공통적인 정신이 자원정신이다.

한국의 아름다운 자원정신을 표현하는 말로 품앗이, 상부상조, 이웃사촌 등이 있듯이 다른 국가 · 문화권에는 다양한 나눔문화의 표현들이 있다. 남부 아프리카 지역에서 통용되는 우분투(Ubuntu)는 상부상조의 정신에서 서로의 웰빙을 위해 도움을 주는 행동을 의미한다. 우분투는 인간의 존엄성, 공동의 관계, 인간의 가치, 자연환경과 자원에 대한 존중을 의미한다. 남아프리카 공화국의 정부에 따르면, "개인의 인간성은 타인에 대한 관계를 통해 이상적으로 표현되며, 우분투는 사람은 다른 사람을 통한 사람을 의미하며, 개인과 사회의 웰빙을 진흥하는 일은 모든 시민의 권리이자 의무를 인식한다"(UNV 2011a: 2). 노르웨이의 두그나드(Dugnad)는 자발적인 공동작업의 의미를 가진 말로 가족, 이웃, 공동체, 직장 또는 국가 차원의 전통적인 협동의 제도를 지칭한다. 일례로 봄철 새로운 환경조성을 위한 공동청소에 많은 사람들이 자발적으로 참여하는 전통이 있다고 한다(앞글: 2). 또 아랍권에서 자원정신은 애경사에 사람들 사이의 상부상조와 밀접히 관련된 것으로, 아랍어 타타와(tatawa'a)는 물품을 기부하는 것을 의미하며, 또 자선적인 이웃돕기 활동을 지칭한다(앞글: 2).

나눔의 대표적인 활동인 자원봉사는 '스스로 원해서'(자원) '나누고 섬기는 일'(봉사)이다. 사회사업사전에는 자원봉사자를 "개인, 집단, 지역사회에서 발생하는 여러 가지 사회문제를 통제하며 개선하는 일에 종사하고 있고 공사의 조직에 대하여 가치 있는 일에 보수 없이 자발적으로 참여하는 개인"이라고 쓰여 있다. 영어에는 자원봉사를 뜻하는 volunteering의 어원은 자발적인 의지(will)와 욕망(desire)을 나타내는 라틴어 voluntus에서 유래된 것이다. 자원봉사자를 뜻하는 영어 volunteer는 헬라어로 "이웃 사랑을 위해 신으로부터 부름받은 사람"을 의미한다. 자원봉사는 자유의지의 발동에서 자발적으로 활동하는 사람들이 국가(정부)와 시장(기업)의 간섭으로부터 독립적이고 자율적인 '시민사회 활동'이라고 볼 수 있다.

'자원'이란 말은 스스로 알아서 행동으로 옮기는 일이다. 작게는 이웃에서 쓰레기 분리수거 하는 일부터, 크게는 국가를 위해 군대에 자원해서 입대하는 일까지 다양하다. 그러나 자원봉사 활동은 학교나 직장에서 집단으로 하는 경우가 많다. 집단에 참여해서 활동할 때 보다 효과적이기 때문이다. 학교, 직장, 지역사회 등 자신이 소속된 집단에서 이런 요청이 있을 때 자원해서 활동하는 것이 자원봉사이다. 따라서 집단을 통하지 않고 혼자 개인적으로 하는 봉사활동을 '비공식' 활동으로 간주해 일반적으로 이웃돕기로 구분한다. '공식적' 봉사활동만을 자원봉사로 보는 좁은 의미의 개념정의를 하기도 한다.

또 '자원'은 활동 과정에서 스스로가 원하는지를 알게 될 수 있다. 때로는 자신이 원하지 또는 원하지 않는지 모르는 상태에서 봉사하는 경우도 많다. 가까운 친구가 함께 자원봉사 해보자고 해서 따라 나설 수도 있고, 이웃에 홀로 사는 무의탁 할머니를 정기적으로 돌보는 부모를 따라 무언가 도움이 되는 일을 해볼 수도 있다. 중요한 것은 처음에 무엇인지 모르고 시작한 일이지만 나중에 내 스스로 해볼 만하다고 판단해서 보다 계획적이고 지속적으로 활동하게 되면 진정한 자원봉사자가 되는 것이다. 학교 봉사활동의 경우 의무교육의 하나로 볼 수 있다. 학교에서 하는 봉사활동은 성적을 받기 위해서도 의무적으로 하게 된다. 처음 시작의 동기가 어찌되었든지 봉사하다 보면 진정 내가 원했던 것을 알게 되는 자기발견이 될 수 있다. 종교인들도 태어날 때부터 자신의 희망과는 관계없이 종교를 갖게 되는 모태 신앙인도 있고, 부모나 친구를 따라 교회나 사찰을 가다보니 신앙심이 생겨 종교인이 된 사람들도 많다. 이렇듯이 우리는 자신도 모르게 하다 보면 알게 되고 깨우치게 되는 삶을 살고 있다. 자신이 원하는 것만을 하며 사는 사람은 많지 않을 것이다. 중요한 것은 봉사활동에 꾸준하면서 그 일이 자기가 원하는 일인지를 깨우치는 것이다.

이처럼 학교나 기업 등에서는 개인의 의지와 관계 없이 집단적으로 이루어지는 경우가 많다. 대학이나 기업의 집단적인 봉사활동을 "대학 사회봉사" "기업 사회봉사"라 표현하는 것이 현실이다. 인터넷에 "사회봉사"를 검색해 보면, 한국대학사회봉사협의회, 한양대 사회봉사단, 삼성사회봉사단, 한국전력사회봉사단, 기독교사회봉사 등 다양한 명칭이 있다. 사회봉사는 자원봉사와 달리 개인의 자원봉사 활동이 공익추구적이며 사회적 책임을 수행하는 정부, 기업, 대학 등의 기관들에 의해 특정 목표 달성을 위해 집합적으로 기획되어 결정되고 수행되는 봉사활동이라고 볼 수 있다. 미국과 캐나다 등지에서는 사회봉사(community service)를 주요 사회기관들이 구성원들의 자원봉사 활동을 촉진하고 장려하기 위한 마련한 제도적 프로그램으로 이해되고 있다.

미국의 경우 연방정부가 1960년대부터 다양한 국가 및 지역사회봉사 프로그램을 제시해왔다. 1990년의 법의 명칭은 "1990년 국가 및 지역사회봉사법"으로, 국가의 재정으로 ① 학생들의 봉사학습 프로그램, ② 대학 사회봉사 프로그램, ③ 청년 사회봉사단을 지원하기 위한 법과 제도적 방안을 마련하였다. 이어 1992년에는 국가지역사회봉사단(NCCC)를 조직해, 냉전 시대 이후 군인력을 지역사회봉사에 활용하는 방안을 제시했으며, 1993년에는 "국가 및 지역사회봉사 법"을 통해, 주요 국가봉사단 사업을 하나의 통합된 조직(국가지역사회봉사단: CNCS)으로 일원화시켰다. 이에 따라 지금의 시니어봉사단(Senior Corps), 청년봉사단(AmeriCorps), 봉사학습(Learn and Serve America), 해외봉사단(Peace Corps) 등이 안정적인 정부 재정 지원과 준정부조직인 국가지역사회봉사단(CNCS)의 운영에 의해 자원봉사자들이 일정한 보수(활동비 또는 장학금 등)를 받으며 국가와 지역사회 봉사활동을 수행한다.

한편 캐나다에서도 학생봉사활동의 자발성에 관한 '사회봉사' 논의가 한창이다. 캐나다 자원봉사협회(Volunteer Canada 2010)의 조사 결과를 보면, 15~24세의 청소년(일반인) 자원봉사 참여율은 2000년 29%(27%)에서 2007년 58%(46%)로 두 배 증가했는데, 이는 주로 청소년 사회봉사를 자원봉사로 포함한 결과라는 분석이다. 캐나다 청소년(15~24세)의 자원봉사 참여율은 1987년 18%에 지나지 않았지만, 1990년대 중반 이후부터 고교 의무의 사회봉사가 확대되면서 1997년 33%로, 2004년 55%로 급성장하였다. 한국도 이와 유사한 동향을 보여준다. 통계청의 자료를 보면 15~19세 자원봉사 참여율은 1990년대 중반 학생기록부의 자원봉사 활동 기록이 제도화되면서 1999년 33.4%에서 2006년 59.5%, 2009년 79.8%로 급증하였다. 또 한국 대학들의 자원봉사 학점제가 도입된 1990년대 중반 이후 20대 대학생의 참여율은 1999년 9.4%에서 2009년 13.9%로 증가했다. 캐나다에서는 자원봉사 활동을 의무적 사회봉사로 변화시킨 제도로 학교가 우선적으로 꼽힌다. 캐나다의 조사에서 '의무적 사회봉사'(mandatory community service)는 "학교, 고용주, 정부"의 규제로 수행되는 사회봉사인데, 국가적으로 의무적인 자원봉사자를 만드는 제도로 학교 66%, 조직 20%, 정부 등 14%로 조사되었다(앞글: 126). 청소년 자원봉사자 중 15~19세 청소년의 16%, 20~24세의 7%가 의무적 봉사활동을 한 것으로 조사되었다.

2) 무급성

나눔활동은 정신적 보람만을 추구하는 활동이다. 금전적인 이득이나 대가와 관련되는 활동이 아니다. 또 어떠한 금전적인 보상도 자원봉사나 이웃돕기 활동을 통해 이루어지는 일보다 더 중요한 가치를 지닐 수 없다. 전통적인 시각은 어떤 형태의 금전적 또는 물질적 보상도 일절 받아서는 안 된다고 보지만, 이미 상당 부분 물질 또는 금전의 지원이 이루어지고 있는 것이 현실이다. 바라는 것 없이 이웃돕기 성금에 기부하는 사람들도 많지만, 소득공제용 기부금에 참여하는 사람들도 크게 늘고 있다. 또 자원봉사를 통해 경력을 쌓고 장래 진로를 개척하거나 사람들을 사귀는 대인관계의 기술을 익히거나 하는 '도구적' 동기에 대해서는 확고한 이론적 근거들도 있다. 자원봉사 활동을 통해 훈련을 시켜 주거나 자격을 인정받도록 해주는 등의 보상을 해주거나 물질적으로 비용을 대신 지급해주고 사례금을 지급하는 경우도 있다. 유럽의 많은 국가들에서는 자원봉사가 실업자들의 수당 지급으로 활용되거나 실업자들의 구직활동의 디딤돌 역할도 한다.

개인 대 개인보다는 단체를 통한 나눔활동의 확대는 일면 '인센티브 사회'(incentive society)의 한 특징으로 드러나고 있다. 나눔활동에 대한 공식적인 인정을 필요로 하는 사람들이 많이 늘면서 나눔의 기관들의 역할이 인증기관으로 변화되고, 또 순수한 무보수·무대가의 나눔이 대가성이 있는 나눔활동으로 변질되는 동향마저 있다. 세금공제 혜택이 늘면서 개인이나 법인의 기부가 늘고, 대학이나 대학원에 진학하기 위해 또는 취업의 스펙으로 봉사활동에 참여하는 청년들이 늘고 있다. 기업들도 시장개척이나 이미지 제고를 위해 사회공헌 활동을 선택이 아니라 필수적으로 하는 것으로 인식해 실천하며, 공기업이나 공공기관들도 경영평가에 사회공헌이 포함되면서 사회공헌을 경시할 수 없어, 단체가 참여하는 기부, 자원봉사, 이웃돕기에 동참하고 있다.

'인센티브 사회'의 동향은 나눔활동의 인정(recognition)이라는 긍정적인 측면이 있다. 나눔활동의 활성화를 위해 참여자들을 격려하고 새로운 참여를 진흥하기 위해 필요하다. 그렇다고 인정이 많으면 많을수록 좋다는 논리는 성립되기 어렵다. 인정이 넘치면서 나눔활동은 인정이나 인센티브를 위해 하는 것으로 오해받기도 하고, 또 나눔활동에 참여하는 개인이나 단체나 기업들도 무엇인가를 바라는 활동을 한다는 것이 새로운 세태로 바뀌고 있는 것은 아닌지 우려스럽다. 바라는 것 없이 순수하게 기부하거나 봉사활동하거나 이웃을 돕는 사람들에게는 이런 세태가 마음의 상처를 주고 자존감을 훼손시켜 나눔활동을 위축시킬 수 있다.

자원봉사 활동에 대해 어떤 보상이 필요한가? 정신적 보람을 중시하는 자원봉사자들 일부도 최근 물질적 지원은 당연한 것이거나 필요한 것으로 보는 경향이 있다. 자원봉사 활동에 필요한 활동비 등 직접성 경비에 대한 지원 이상으로, 자원봉사자에게 지원되는 생일 선물이나 크리스마스 선물, 무료 극장표 제공 등 인센티브는 다양하다(Rochester 2006: 6). 한국에서도 전국적으로 마일리지를 적용해 각종 할인 혜택을 주는 등 '인센티브 사회'로 진입해가고 있다. 반면에 많은 자원봉사자들은 이런 물질적 인센티브에 대해 불만을 갖고 있고, 또 물질적 인센티브가 자원봉사자 모집에 도움이 되거나 기존 봉사자의 봉사활동의 지속성에 도움이 되지는 않는다고 본다(Ellis 2005; Locke et al. 2003). 미국의 사례를 분석한 엘리스(Ellis 2003)는 대학생의 봉사활동의 대가로 지불되는 등록금이나 학점 등 인센티브 또한 대중적 지지를 받지 못하고 있다고 주장한다. 그런데 한국에서는 2014년 한국갤럽의 전국 설문조사 결과는 인센티브제에 대한 지지가 3분의 2가 넘는데, 자원봉사자들이 비자원봉사자에 비해 더 강한 지지를 보내며, 인센티브 사회의 구성원이 되고 있다.

그렇다면 자원봉사는 경제적 활동과는 전혀 무관하다고 볼 수 있는가? 자원봉사 활동은 무보수 활동이지만 무보수 노동으로 노동시장에 적지 않은 영향을 미치고 있다. 자원봉사자의 임시적 고용으로 정규직 고용을 회피하는 고용 관행도 심각한 문제가 되고 있다. 자원봉사의 무급성은 완전 무급부터 저임금에 이르는 분포를 이루며, 자원봉사의 개념은 자원봉사자에 대한 상대적 비용과 상대적 혜택에 따라 정의될 수 있다. "자원봉사자에게 혜택보다 비용이 크면 클수록 자원봉사 활동은 더 순수해지며 또 자원봉사자는 더 진정성이 있는 자원봉사자가 된다"(Cnaan 1996: 375).

자원봉사자의 무보수 노동과 임금 노동과는 엄밀히 구분될 수 있다고 볼 수 있지만, 이 둘 사이에는 회색 지대가 존재한다. 예를 들면 비영리 조직에서 이사로 활동을 하는 사람이 조직의 구성원으로 활동하는지, 자원봉사자인지를 구분하기 어려울 때가 있다. 이사로서 보수를 받지는 않지만 활동비를 정기적으로 지원받거나, 현물의 보상을 받는 경우도 있다. 또 많은 유럽 국가에서는 무보수 도제의 신분과 유사하게 자원봉사 활동을 통해 특정 기술이나 경험을 쌓는 수단으로 참여하는 사람들도 있다. 일부 자원봉사자는 이런 애매한 신분을 유지하며 노동시장의 결함 때문에 시장임금보다 낮은 수준의 임금을 받고 일하는 경우도 있다. 실업이 장기화되고 구조화되고 있는 프랑스나 스페인에서 일부 사례들이 있고, 거의 모든 개발도상국에서도 이런 사례들은 일반화되어 있다(Anheier and Salamon 2001).

따라서 정확한 자원봉사의 개념을 파악하기 위해 세 가지 차원을 고려해볼 필요가 있다(앞글: 8; ILO 2011). 첫째는 시간 차원으로 풀타임 활동과 파트타임 활동을 구분하는 것이며, 둘째는 경제적 차원으로 임금직 활동과 무보수 활동을 구분하는 것이며, 셋째는 사회적 차원으로 공식적 노동환경과 비공식적 노동환경을 구분하는 것이다. 전통적인 서구 중심의 자원봉사 개념에는 '무보수, 공식적, 파트타임 활동'만이 자원봉사에 해당되며, 많은 개발도상국에서는 비공식적, 약간의 보수를 받는 파트타임 활동이 일반적이다. 그런데 여성과 노인의 노동시장 참여가 증대한 서구에서도 여성과 노인 등 일부 인구층에서는 전통적인 '무보수, 공식, 파트타임' 활동으로서 자원봉사가 점차 불확실해지고 있다.

그렇다면 자원봉사자의 업무와 고용 직원의 업무는 어떻게 구분될 수 있는가? 유럽에서는 자원봉사 활동이 보수를 받고 일하는 고용 직원의 일자리를 위협한다는 이유에서 노동조합은 자원봉사 활동을 부정적으로 보고 있다. 미국 촛불재단(POLF 2002)은 다음과 같은 업무는 자원봉사자가 고용 직원의 업무를 대신하는 게 아니라 보충해주는 중요한 활동이라고 소개한다. 첫째는 고용 직원의 특별한 기술을 필요로 하지 않는 일로 직원이 현재 맡고 있는 일을 도와주거나 고용 직원의 특수 기술을 필요로 하는 서비스를 증대시키는 데 필요한 보조적인 일이다. 예를 들면 아동복지사가 약속 장소에 자원봉사자에게 아동을 데려다주도록 요청하는 경우이다. 둘째는 고용 직원이 갖고 있지 않은 특수 기술이 필요한 일이다. 노인복지 서비스 센터가 노인들을 위해 회계와 세무 업무를 지원하는 자원봉사자를 요청하는 경우이다. 셋째는 자원봉사자가 하지 않으면 이루어질 수 없는 일이다. 아동이나 청소년의 정서적 지원을 하는 멘터(mentor) 활동이 그 예가 된다. 넷째는 매일 하는 것은 아니지만 매주 또는 매월 정기적으로 완수해야 하는 일이다. 예를 들면, 자원봉사자가 후원기관의 조직 또는 프로그램 데이터 베이스를 정리하는 작업을 도와주는 경우이다. 다섯째는 사무실 밖에서 또는 업무시간 이외에 이루어질 수 있는 일이다. 자원봉사자는 뉴스레터, 우편업무 등을 처리하는 활동을 하는 경우이다. 마지막은 보조적인 참여가 필요한 일로, 자원봉사자가 프로그램 평가 작업의 행정과 분석에 참여하는 경우이다.

3) 보편성

나눔의 또 다른 소중한 의미는 서로 나누며 돕는 '쌍방적' 활동이라는 철학적 기초에서 찾아볼 수 있다. 나눔은 말 그대로 서로 나눈다는 의미가 핵심이다. TV에서 흔히 볼 수 있는 나눔의 광경처럼 누가 누구를 돕는 모습이 잘 드러나는 그런 일방적인 돕기 활동보다는 일상에서 여러 사람들이 서로 돕는 활동이 나눔문화가 지향하는 목표성이다. 나눔활동이 누가 누구를 일방적으로 돕는 형태로 드러나 사회적 낙인의 문제를 일으키면 나눔문화의 기초가 흔들리며 나눔문화의 성숙을 기대하기 어렵다.

그래서 나눔활동은 누구나 할 수 있고, 해야 하는 보편성을 지향해야 한다. 소외층도 당연히 나눔의 참여자가 되어야 한다. 소외층이 그저 받기만 하는 대상자로만 머무는 게 아니라 다른 사람들과 서로 나누는 나눔의 참여자로 인식될 때 나눔의 문화가 성숙되고 사회 통합이 진전될 수 있다. 소외층도 기부나 자원봉사 활동에 참여할 수 있고, 다른 소외층을 위한 돕기활동이니 시민참여 활동을 할 수 있다. 나눔활동은 소외층을 더욱 소외시키는 활동이 아니라 소외층을 포용하는 사회 통합의 활동이어야 한다. 소외층도 포용하는 서로 돕는 활동이 개인생활과 공동체 생활에서 일상화될 때 나눔문화가 내실화될 수 있다. 이솝우화에서 '개미와 비둘기'는 전혀 도움을 주고받는 관계가 아닌 것 같지만 어떻게 서로 도움을 주고받았던가? 개미는 사냥꾼의 위협에 몰린 비둘기를 구했고, 비둘기는 그 보답으로 물에 휩쓸린 개미를 낙엽을 던져주어 구해주었다. 한국 사회에도 이런 훈훈한 이야기가 적지 않다. 어느 중년 아저씨는 간암을 앓고 있는 자기 아내에게 간을 제공해준 주부의 남편에게 다시 자신의 간을 제공해 은혜에 보답한 일도 있었다. 20대 젊은 여성이 신장을 기증해 한 생명을 살렸고, 그러자 생명을 구한 환자의 아내가 자신의 신장을 이웃을 위해 내놓아 다른 한 생명을 구했다.

따라서 나눔의 기본정신은 누구나 참여하는 '보편성'에 있다. 나눔은 사람들 사이에 주고받는 관계에서 이루어지는, 다시 말해 나누는 사람들이 서로를 위한 쌍방적 관계에서 이루어지는 행동이며 활동이다. 이처럼 엄밀한 의미에서 나눔은 주는 사람 따로, 받는 사람 따로 나누는 말이 아니다. 구분하고 차별하는 말이 아니다. 나눔의 진정한 의미는 주는 사람과 받는 사람이 구분되는 '선별적'(selective) 나눔이 아니라 누구나 주고받는 관계에 있는 '보편적'(universal) 나눔에 있다고 볼 수 있다. 그런데 많은 사람들이 상식적으로 생각하는 나눔은 누가, 누구를 돕는 행동이나 활동에 초점을 맞추어, 기부, 자원봉사, 이웃돕기만을 나눔의 표본 또는 상징으로 간주하고 있다. 기부, 자원봉사, 이웃돕기를 좁은 의미의 나눔활동으로 본다면, 넓은 의미의 나눔활동은 시민들 사이의 만남과 공적 참여활동이라고 볼 수 있다.

또 나눔의 다른 의미가 되는 '봉사'의 참뜻도 서로 나누는 쌍방적 관계에 있다. 봉사를 자칫 부자나 많이 배운 사람이 가난하고 배움이 적은 사람을 돕는 일로 좁혀 이해할 수도 있지만, 부자나 가난한 사람, 배운 사람이나 배움이 적은 사람 모두가 서로 도움을 주고받는 '쌍방적' 나눔의 관계를 가진다. 지금은 가난해서 이웃이나 단체의 도움을 받고 있는 처지의 사람이 나중에 이웃을 돕는 기부자가 되고 자원봉사자가 되는 선순환이 일어난다. 자원봉사 개념에도 이 같은 보편성을 중시하는 영국자원봉사협회(Volunteering England 2011: 7)의 공식적인 개념정의를 참고해볼 만하다. 협회에 따르면, 자원봉사는 ① 개인의 자유로운 선택이어야 하고, ② 자원봉사는 누구나 참여하는 개방적인 것이어야 하며, ③ 자원봉사자와 자원봉사자가 일하는 조직 모두에게 혜택을 주어야 한다. 한국에서도 "자원봉사 진흥을 위한 제2차(2014~17) 국가기본계획"에 자원봉사의 보편성을 중시하는 계획이 수립되어 있다. 자원봉사는 국민 누구나 차별 없이 참여하는 개방적인 활동이어야 함에도 불구하고 일부에서는 참여 자격 제한 관행이 사회적 약자나 소수자의 참여에 장애가 발생하므로, 이에 자원봉사 활동의 '참여 자격 제한'과 소외층의 참여 실태를 정기적으로 파악하는 민간자율의 활동을 추진, '참여 자격 제한' 규제방안과 '소외층 참여 증진' 방안을 수립해 추진하는 정책목표를 설정하고 있다(주성수 외 2012: 122). 정부차원에서도 중앙부처와 광역 및 기초 지자체에서 이루어지는 자원봉사 활동의 '참여 자격 제한'과 소외층 참여 실태를 파악해, 필요한 '참여 자격 제한' 규제 정책과 '소외층 참여 증진' 추진 방안을 강구한다.

오늘날의 민주사회는 '더불어 사는 공동체'를 지향한다. 봉사하는 사람 따로, 봉사받는 사람 따로, 이런 일방적인 봉사보다 누구나 서로 주고받는 '나눔'을 중시한다. 자신이나 가족 이외의 다른 이웃과 서로 나누는 일이 현대적 의미의 '봉사'를 뜻한다. 자원봉사에 헌신하는 사람들은 진정한 봉사가 일방적인 베풂이나 돌봄보다도 쌍방적인 '나눔'이라고 이야기한다. 자원봉사를 통해 자신도 값진 정신적 보람을 얻기 때문이다. 우리가 사는 공동체에는 불우이웃과 소외층을 위한 휴먼서비스뿐 아니라 환경오염과 같은 사회문제를 시민 전체가 자원봉사자가 되어 스스로 해결해야 하는 사회서비스 과제도 산적해 있다. 환경보호운동, 과소비추방운동, 학교폭력추방운동 등 무수한 캠페인 또한 민주사회를 만들어가는 나눔과 참여의 시민운동으로 추진되어야 할 시민의 몫이다.

그럼에도 나눔활동에 참여하지 않는 또는 참여하지 못하는 사람들이 적지 않다. 먹고살기도 바쁜 사람들도 많고, 시간을 다투며 열심히 일하는 사람들도 많지만, 무엇보다도 나눔활동을 생각해보지 못하는 마음의 여유, 어떻게 하는지를 모르는 정보의 부족으로 참여하지 못하는 경우도 많다. 또 전통적으로나 제도적으로 참여의 차별이 존재한다고 볼 수 있다. 자원봉사에 연령 제한을 두어 차별을 한다든지, 교육 수준이나 특기를 자격 요건으로 제한한다든지 한다. 물론 학력이나 소득 수준이 높은 사람들이 나눔활동을 더 많이 하는 경우가 어느 사회에서나 일반적인 일이지만, 저소득·저학력 계층이나 소수자들이 거의 참여하지 않아 '참여의 불평등' 문제가 심각한 사회도 있다. 이런 소수 엘리트 중심의 나눔활동은 남유럽(스페인, 이탈리아, 포루투갈, 그리스 등)의 엘리티스트 시민사회에서 일반화되어 있고(De Hart & Dekker 1999), 또 세계적으로 나눔활동 수준이 가장 높은 미국에서도 중상류층 중심의 참여로 특징되는 '참여의 불평등'이 심각하다는 분석도 제기되고 있다(Skocpol 2003; Crenson and Ginsberg 2002). 다행히도 한국 사회에서는 아직 이런 참여의 불평등보다 노블리스 오블리제(noblesse oblige) 실천이 더 심각한 문제로 부각되어 있다. 바꾸어 이야기하면, 한국 사회는 노블리스 오블리제 실천이 취약한 단점이 있지만, 계층 간 비교적 고른 나눔활동과 참여가 이루어지고 있는 장점도 있다.

국제개발협력과 해외봉사활동에서도 나눔활동의 보편성이 점차 늘고 있다. 원조를 주는 입장에서 봉사활동을 하는 일방적 방식에서 원조를 받는 국민들도 빈곤퇴치 등 개발의 노력에 동참하는 새로운 변화가 있어나고 있다. 수원국 국민들과 기관단체들의 역량 강화로 개발의 주도적인 역할을 하도록 지원하는 새로운 패러다임이 진행 중이다. 일례로 UN 봉사단인 UNV의 2013년 해외봉사자는 6351명으로 이 중 개도국 자원봉사자는 5162명으로 전체 81% 비중을 차지하는데, UNV(2014)의 다음 10년(2016~25)의 자원봉사진흥 행동계획 또한 "국민들이 자원봉사를 통해 자신들의 개발에 기여하는 데 참여하도록 역량을 제공한다"고 강조한다(주성수 외 2014).

4) 이타성

나눔활동은 자신의 가족이나 친지가 아닌 타인을 위한 이타적인 활동이다. 나눔활동은 "개인들이 조직을 통하거나 자신의 가계 이외의 타인을 위해 직접적으로 수행되는 활동"(ILO 2011), 또는 "친지가 아닌 타인이나 단체에게 도움이 되는" 무보수 활동(UKCO 2008), 또는 "타인에 대한 혜택"(UNV 2011a)이라 정의할 수 있다. 이처럼 나눔활동은 흔히 타인이나 공동체 또는 국가에 대한 봉사로 보는데, '봉사'라는 말은 남이나 이웃에게 일방적으로 베푸는 일이라는 뜻을 담고 있다. 봉사는 "남의 뜻을 받들어 섬김" "국가나 사회 또는 남을 위하여 자기 이해를 돌보지 않고 노력이나 힘을 들여 친절하게 보살펴 주거나 일함"이라고 국어사전에 등재되어 있다.

그렇다면 순수하게 이타적인 행동만이 나눔이라고 좁혀 말할 수 있는가? 현실은 이러한 순수한 이타심은 있을 수 없으며, 모든 나눔활동은 교환과 상호작용이 기본요소가 되어야 한다고 주장하는 학자들도 있다. '합리적 이기주의'라는 용어도 있다. 단순한 자발적 여가활동과 나눔활동을 구분하기 위해서는 이 일을 통해 나눔활동자와 더불어 혜택을 누리는 사람이 있는가 하는 문제를 검토해보는 것이 중요하다. 그러나 어디까지를 혜택을 받는 사람에 넣을 것인가 하는 문제도 그리 쉽지만은 않으며, 이는 아직도 활발한 논의가 진행 중인 부분이다. 일부는 나눔활동자와 아무런 사적인 관련이 없는 사람만을 수혜자로 봐야 한다고 주장하기도 하고, 또 다른 일부는 자원봉사자의 이웃, 심지어 친구나 친척까지도 포함시킬 수 있다고 주장하기도 한다.

또 자조(self-help)나 상조(mutual aid)를 나눔활동으로 볼 수 있는가? 만성질환을 앓고 있는 사람들이 서로 도우며 병고를 극복하는 자조의 활동, 생활협동조합을 조직해서 양질의 농산물을 공동으로 구매하며 조합원들에게 서로 도움을 주고받는 상조도 나눔의 한 유형으로 보는 광의적인 시각도 있다. '자조'는 활동에 참여함으로써 '서비스 개선' 이익이라는 나눔의 동기를 갖게 되어, 이런 이익이 주민협의회나 주간탁아조합과 같은 자조활동에 강력한 동기부여가 된다(Brudney 1990). 빈민에게 양질의 서비스를 제공한다면 스스로 지역사회 문제에 관여하며 이 문제의 해결을 위해 노력할 것이다. 서비스 개선이 이들의 자조활동을 이끌어내는 동기부여가 되는 것이다.

나눔활동은 기본적으로 다른 사람이나 공익적 단체를 돕는 이타적 활동을 목적으로 한다. 자원봉사를 통해 사회적·심리적·개인적 발전의 이익을 얻기도 하지만, 대부분의 사람들은 공익적·이타적 이유로 자원봉사 활동을 한다. 그들의 행동은 다른 사람을 도우려는 것으로, 부수적인 이익에는 제한을 두지 않는 '친사회적인' 행태(pro-social behavior)로 정의된다(OECD 2011a). 이런 여러 가지 해석들을 수용하여 포괄적인 개념정의를 내려본다면, 나눔활동에는 직계 가족이나 친구들을 넘어서서 활동자가 소속된 지역사회 생활환경에 있는 수혜집단이나 수혜자가 있어야 한다. 또 자조나 상조는 포함시키면서 부양가족을 돌보는 일은 제외시킬 수 있다.

5) 공익성

또 나눔활동은 공익적인 활동으로 한정할 필요가 있는가? 기부와 자원봉사는 공익을 추구하는 활동으로 볼 수 있지만, 이웃돕기를 공익활동으로 볼 수 있는지는 논란이 될 수 있다. 공익적인 복지 기관이나 시민사회단체 등 단체를 통한 자원봉사는 공익적 활동으로 보지만, 개인 대 개인으로 이루어지는 비공식적인 사적 자원봉사 형태인 이웃돕기는 공익활동으로 보기 어려울 수 있다. 자원봉사를 공공재화의 생산이나 공공 혜택의 제공에 필요한 활동으로 좁게 보아, 여가활동 등 사익추구적 활동을 배제해야 한다는 시각도 있다(Dekker and Halman 2003). 회원제 중심의 사교단체들이나 자조모임 등에서 이루어지는 자원봉사 활동은 불특정 다수의 공익보다는 특정 회원들의 혜택을 위한 것이므로 자원봉사 활동으로 보기는 어렵지만 시민참여 활동에 해당되므로 나눔활동에 포함될 수 있다. 그러나 다른 일부는 이런 회원제 조직에서의 여가활동 또한 회원들과 조직 전체에 대한 혜택을 제공하기 때문에 넓은 의미에서 공공 혜택을 제공하는 자원봉사 활동이라고 본다(Rochester 2006: 7). 이런 의견을 종합해볼 때, '공익성'의 기준에서 공식적인(단체를 통한), 비공식적인(개인 대 개인) 자원봉사 활동과 또 공공기관, 기업 분야의 활동 모두를 나눔활동에 포함시킬 수 있다. 공공 분야 자원봉사는 공동생산(coproduction)의 이론이 등장할 정도로 중시되고 있고, 기업들도 임직원이 참여하는 봉사활동을 하지 않은 기업이 없을 정도로 활성화되어 있다.

나눔활동에서 '공익'의 개념은 사회복지에 대한 기여나 사회적 기여로 이해되기도 한다. 올림픽 자원봉사를 분석한 유럽의 연구자들(Moreno et al. 1999)은 자발성, 이타성, 사회적 기여를 자원봉사의 특성 세 가지로 꼽으면서, 사회적 기여를 "어떠한 방법으로든 사회에 기여하며 사회적으로 유용한" 활동이라고 기술한다. 이런 의미에서 개인 대 개인으로 이루어지는 이웃돕기 또한 사회적으로 유용한 집합적인 활동으로 볼 수 있다. 사회자본은 개인들 사이의 집합적인 만남과 친교로부터 시작되는 나눔의 활동이기 때문이다.

그럼에도 '공익'은 무엇인가에 대해 의견의 불일치와 함께 심각한 논란을 유발하는 경우도 적지 않다. '공익'이란 무엇인가? 몇 가지 유형으로 제시해볼 수 있다. 첫째, '삶의 질' 문제처럼 개인들 모두가 공통적으로 필요로 하는 개인적 이해가 될 수 있다. 가장 일반적인 공익의 개념이다. 국방, 보건

위생, 식품안전 등이 기본적인 공익에 해당된다. 둘째, 공동체를 위한 개인적 목표가 될 수도 있다. 개인들은 깨끗한 공기와 조용한 환경을 바라면서 자기 집 앞에서 쓰레기를 태울 수 있는 자유와 시끄러운 음악을 즐길 수 있는 자유를 희망한다. 자녀에게 좋은 환경의 학교를 만들어주고는 싶지만 세금을 더 내는 데는 인색할 수도 있다. 전자가 사익 추구적인 개인 중심의 소극적 공익이라면, 후자는 공동체 전체를 위한 적극적 공익이라고 볼 수 있다. 셋째, 다수결 원칙에 따라 다수 시민이 원하는 정책 또는 프로그램이 공익을 대표한다고 볼 수 있다. 그럼에도 오늘의 다수가 내일의 소수로 바뀔 수 있다는 점에서 이런 공익은 '지속가능성'을 갖지 않을 수 있다. 끝으로, 공동체 자체의 유지와 존속을 위한 공익이 있다. 공동체의 존속을 위한 질서유지, 갈등조정, 외부의 침해에 대한 내부 구성원의 보호 등이 있다. 그럼에도 핵무기를 보유하는 것이 공동체 안정을 위해 필요한가, 그렇지 않은가 하는 문제처럼 심각한 논란이 일어날 수 있다. 핵무기를 보유해야 안정을 유지할 수 있다는 측과 핵무기를 보유하면 외부 위협을 자초해서 인류를 위협한다는 측이 팽팽하게 맞설 수 있다. 양측 모두가 공익을 내세우고 있다.

나눔활동의 공익성과 관련된 이슈들은 다음 몇 가지로 정리될 수 있다. 첫째, 이데올로기 논쟁이 되는 나눔활동이 있다. 낙태 찬성이나 낙태 반대와 같은 사회문제에 자원봉사자나 참여자가 되는 경우이다. 이처럼 낙태, 배아 복제 등 심각한 갈등을 야기하는 사회적 이슈들은 종교적 신념과 이데올로기 논쟁에서 비롯된 것이다. 둘째는 정치참여 활동의 문제이다. 특정 정당이나 후보를 지지하는 봉사활동은 공익 활동이지만 일부의 시각에서는 이를 정치적 활동으로 부정시 하는 문제가 있다. 그럼에도 정치 분야 봉사활동은 공익성을 지향하기 위한 매우 소중한 영역이다. 돈 안 드는 깨끗한 정치 문화를 만드는 일에 시민 자원봉사와 참여 활동이 필요한 것이다. 서구 자원봉사자들은 정치 관련 모금 및 홍보 활동에도 많이 참여한다. 셋째, 정부의 공공업무에 참여해서 도움을 주는 공익 봉사활동은 상근 공직자의 일자리를 대체시키며 공직자의 업무를 외부에 공개하는 문제가 있다는 주장도 있다. 자원봉사는 근무자 인력을 대체해서 비용을 절감하려는 일에 (그 일이 공익의 일이라도) 참여하지 않는 것이 바람직하다. 유럽에서도 자원봉사가 상근 일자리를 대체하는 게 아닌가 하는 의구심을 가진 사람들이 적지 않다.

3. 나눔의 마음과 인정

사회적 동물인 인간의 역사는 나눔의 역사라 볼 수 있다. 인간은 다른 사람과 주고받는 나눔을 통해 삶을 유지하고 있다. 나눔 없는 인간의 삶은 상상조차 할 수 없기에 인간이면 누구나 나누며 산다. 마슬로우(Maslow)의 인간욕구 가운데 애정과 존중의 욕구는 '관계적 욕구'로 남과 이웃과의 관계는 인간의 기본적인 욕구이며, 이를 실천하는 기부 · 자원봉사 · 이웃돕기는 인간의 기본적인 '관계적 욕구'의 충족 활동이라 볼 수 있다.

나눔은 이제 기부, 자원봉사, 이웃돕기, 시민참여 등 사회제도로 공식화되고 있다. 공식적인 통계에 따르면, 많지 않은 사람들만이 나눔의 참여자가 되고 있다. 실제로는 많은 사람들이 나눔활동을 하면서도 공식적인 조사에서는 나눔활동에 대한 다른 생각 또는 겸손의 마음 등 여러 이유에서 나눔활동을 하지 않은 것으로 답하는 경우도 적지 않을 것이다.

갤럽 인터내셔널의 2015년 조사에 따르면, 한국인 가운데 기부자는 34%, 자원봉사자는 21%, 이웃돕기 참여자는 50%로(CAF 2015), 국민소득 3만 달러에 비교하면 한국인 나눔활동의 수준은 OECD에서 중하위권에 머물러 있다.

1) 나눔 : 마음의 습관

그렇다면 나눔활동은 하는 사람이 따로 있는가? '그렇다'고 볼 수 있는 것이 기부나 봉사활동을 하는 사람들이 따로 있다고 볼 수 있기 때문일 것이다. 그러나 '그렇지 않다'고 볼 수 있다는 것이 최근의 추세이다. 기부나 자원봉사를 하는 사람이 따로 있는 게 아니라 남녀, 연령, 학력, 직업 구분 없이 다양한 계층의 사람들이 나눔활동에 많이 참여하고 있기 때문이다. TV에서 수해 피해자의 어려운 처지를 보거나, 지진 현장의 참혹함을 목격한 것이 계기가 되어 기부자나 자원봉사자가 되기도 한다. 또는 기부나 자원봉사 활동을 하는 이웃이나 동료들의 요청이나 그들의 활동을 보고 감동을 받아 직접 나서기도 한다.

인간의 관계적 욕구는 기본적인 욕구이다. 마슬로우의 생리적, 안전, 애정, 존중, 자아실현의 욕구 중 애정과 존중은 인간 사이의 관계에서 이루어지는 '관계적 욕구'에 해당된다. 인간은 이기적이고 합리적인 동물인데, 이런 인간의 나눔활동은 어떻게 이해할 수 있는가? 인간은 누구나 성공을 꿈꾸며 이기적이며 합리적인 행동을 한다. 경제학의 이론적 전제 또한 인간의 합리적인 행동에 있다. 그런데 인간은 성공을 위해 자유로운 경쟁에서 승자가 되려는 욕망을 끝없이 추구한다고 본다면, 이런 합리적 인간의 나눔행동에 대해서는 어떻게 이해할 수 있는가? 이에 대해 『마음의 습관』(*Habits of the Heart*)의 저자들(Bellah et al. 1996)은 성공과 행복의 관계를 나눔의 행동이라는 마음의 습관으로 설명한다.

사람들은 자유로운 경쟁을 통해 성공한다는 것이 일반적인 생각인데, 경쟁에 의한 성공 자체만으로 삶의 즐거움 또는 행복을 느낄 수 있는가? 벨라 등에 따르면, 삶의 즐거움이나 행복은 경쟁이 아니라 비용을 계산하지 않고 타인을 돕는 나눔의 마음에서 행동으로 나타난다. 그들은 "이런 기쁨을 진정으로 누리기 위해서는 '참여하는' 사적·자발적 노력을 해야만 한다"고 설명한다(앞글: 197). 성공하려면 개인적 노력을 해야 하듯이 나눔행동으로 기쁨을 얻기 위해서도 개인적 노력을 해야 한다는 것이다. 성공과 행복이 모두 개인적 노력에 기초하지만, 성공의 추구와 행복의 추구는 서로 대조적인 개인주의 유형에 따른다. 성공의 세계는 공리주의적 시장에서 이루어지는 생산자와 소비자의 관계처럼 사람들이 서로의 이익을 추구하는 상호호혜적 관계에 있다고 본다. 이와는 대조적으로 기쁨의 세계는 유사한 사람들이 사랑의 유대로 모여 단체를 통한 표현적 이상과 관련된 세계이다. 따라서 현실을 중시하는 경쟁의 본성과 미래 희망을 중시하는 기쁨의 본성은 서로 보완적이거나 상충적인 이중성을 갖고 있다고 볼 수 있다. 그들에 따르면 "개인주의적 성공의 추구가 요구하는 이기주의는 타인에 대한 자발적인 관심과 균형을 이루어야 할 필요가 있다. 이 같은 관심의 공동체에서 타인 돕기와 같은 기쁨의 경험이 없다면 자신의 노력만으로 성공을 이뤘다고 보기는 어려울 것이다. 반면에 개인적으로 의미 있는 성공을 이루지 않고서 자신이 선택한 공동체에 대해 자발적으로 기여하는 행동을 취하지는 않을 것이다(앞글: 199)." 그들이 인터뷰한 많은 사람들의 공통점은 "순전히 개인적 성공만을 추구한 이기주의자는 바람직한, 즐거운, 행복한 삶을 살 수가 없다"는 것이다. 그러나 미국 사회에서 제기되는 가장 근본적인 문제는 경제적 성공의 추구로 발생하는 파괴적인 결과를 통제해서 관대한 나눔활동으로 참여하도록 유도해온 노블리스 오블리제 등 전통적인 아이디어만으로는 충분하지 않을 만큼 사회적 변화가 있었다는 것이다. 세상의 흐름이 이타주의에서 이기주의로 이동하고 있다는 관찰이다.

그럼에도 사람들의 기부나 자원봉사는 점차 늘고 있는데, 이런 나눔의 동기는 어디서 비롯된 것인가? 그간의 자선적 기부행위에 대한 연구에 따르면 "어떻게 기부를 잘 할지를 너무 생각하다 보면 기부를 하지 않게 된다"는 것이다. 모금기관들이 어떤 사업에 어떻게 기금을 투입하는지 등을 꼼꼼이 따져서 기부하려는 사람들은 그만 기부를 포기하게 될 수도 있다는 지적이다(Neyfakh 2011). 기부를 지나치게 분석적으로 생각하게 되면 처음 마음먹었던 관대한 마음이 위축된다는 것이다. 사람들은 관대한 마음을 가진 채 현명한 판단도 할 수 있지 않은가? 둘 다 가능하다고 볼 수 있겠지만, 실제로는 양자는 양립할 수 없는 관계에 있다는 것이 연구자들의 분석결과이다.

남을 돕는 나눔의 행동은 이기적이고 합리적인 인간을 전제로 하는 경제학 이론으로나 또는 다윈의 진화론으로도 설명할 수 없는 미스터리로 남는다. 지구 상의 모든 생명체가 서로 경쟁하는 관계에 있다는 다윈의 이론에 따르면, 어떻게 벌들이 벌통을 지키기 위해 자신들을 희생하고 또 어떻게 화재에 휩싸인 모르는 사람들을 구하려 사람들이 불길에 뛰어들 수 있는지를 설명하기는 쉽지 않다. 이에 대한 연구자들의 답은 남을 돕는 나눔의 행동은 성공적인 사회적 동물의 일부에 지나지 않는다는 것이다. 인간은 경쟁의 본성을 갖고 있지만, 관대한 마음을 실천하는 행동으로 충분히 만족하며 산다는 것이다. 이 세상에는 돈으로 살 수 없는 것들이 많은

데, 돈보다 귀한 시간으로 나누는 이웃돕기나 자원봉사 그리고 시민참여는 분명 돈 주고 살 수 없는 가치 있는 나눔활동이다.

2) 나눔 : 인정과 인센티브

따라서 나눔활동은 참여하려는 사람의 정신자세 그 자체만으로는 충분하지 않다고 볼 수 있다. 사람들은 다양한 동기에서 나눔활동에 참여하게 되는데, 순수하게 이런 사람들의 내면적 동기나 주변의 환경에 맡겨 나눔활동을 기대하기는 쉽지 않다(Hopper 2003: 162). 일차적으로 주변 사람들이 나눔활동을 하도록 독려하고 공식적·비공식적 인정 제도를 마련하며, 다양한 인센티브를 개발해 실시하면 나눔활동이 활성화될 수 있다. 사람들이 나눔활동에 참여하도록 정신적 자극을 받도록 매체를 통해 광고하는 일도 중요하고, 학교교육이나 사회교육을 통해 또는 신앙을 통해 양심에 호소하는 일도 중요하다. 이처럼 다양한 경로를 통해 정신적 자극이나 마음의 준비를 갖춘 사람들도 막상 행동에 나서지 못하는 현실에는 두 가지 문제가 있다. 하나는 잠재된 의식을 행동으로 옮겨주는 실천적 조력자가 주변에 없다는 문제이며, 다른 하나는 언제 어디서 어떻게 나눔활동에 참여해야 할지, 정보를 잘 모르고 있다는 문제이다. 한국에서 최근 개인 기부활동이 폭증하는 것은 기부 정보가 널리 유용되고 있고, ARS·온라인/SNS 기부·자동납부 등 간편한 방법으로 참여할 수 있으며, 또 소득공제를 받을 수 있는 기부처가 급증하고 있기 때문일 것이다.

인간은 선한 마음 자체만으로 공익을 위해 자발적으로 나서는 데 연약하다고 볼 수 있다. 밀(J.S. Mill 1991: 795)은 인간의 나태 속성을 지적한 바 있다. '수동적인' 인간은 "버릇의 노예이며, 한 번 선택한 과정을 무작정 집착하는 고집쟁이"로, 낯선 환경에 처하면 개선할 여지도 없고 자신들의 능력이 녹슬게 만들어 자신들의 처지가 더 악화되는 것을 방어할 에너지를 잃고 만다는 것이다. 특히 '개인주의적' 시민문화를 이웃과 공동체를 위한 공익의 문화로 바꾸기 위해서도 자원봉사 인증이 필요하다고 볼 수 있다. 젊은 대학생들은 자원봉사 활동이나 공동체 참여보다는 급여가 높은 직장을 선호하는 등의 물질적 가치를 더 중시하는 성향이 더 강하다. 벨라 등(Bellah et al. 1996)은 개인주의와 이타주의 사이의 추운동이 최근 개인주의로 이동하면서 심각한 사회자본의 쇠퇴를 겪고 있다고 본다. 또 풋남은 볼링도 혼자 하는 풍조가 되며, 다른 사람들과 어울리지 않는 '홀로 아리랑' 사회로 퇴보하며, 사람들과의 유대와 신뢰 등의 인간관계에서 생산되는 사회자본이 점차 줄어들고 있다는 사회과학 분석이 높은 설득력을 갖고 있다(Fukuyama 1995; Putnam 2000).

사람들이 자주 만나 이야기하고 더불어 활동하는 나눔활동은 사회자본을 생산하며 개인주의를 극복하고 이타주의를 증진하는 데 기여한다. 이에 반해 '합리적 선택' 이론은 나눔활동으로 사회자본이 저절로 축적되는 것은 아니라고 본다. 개인들은 자신들의 선호를 최대화하기 위해 참여하는 합리적 행동을 하기 때문에, 이런 개인들에 대해 제도와 조직들이 인센티브를 제시하는 다양한 기술과 방법들을 개발해야 한다고 지적한다.

4. 나눔의 문화와 제도

나눔은 '마음의 습관'에서 우러나오는 개인의 참여활동이며, 동시에 오랜 역사적 배경에서 이루어지는 사회문화적 산물이다. 현대적 의미의 나눔활동은 단체 또는 조직을 통한 제도화의 특징을 보여준다. 제도를 통해 나눔활동이 공식화되고 있는 것이다. 제도들은 개인들에게 나눔활동의 기회를 제공하고 여건을 마련해준다. 기부활동은 전문모금기관이나 시민사회단체의 모금활동으로 제도화되고 있고, 자원봉사 활동 또한 단체나 조직을 통한 공식적 활동으로 제도화되고 있다.

나눔의 문화와 제도들은 미시적 차원에서는 개인이 나눔활동을 시작하거나, 활동의 지속 또는 중단에 중요한 영향을 미치며, 거시적 차원에서는 개인들의 집합적 활동의 활성화, 안정화를 진흥시키는 역할을 하며 지역사회나 국가 차원에서 추구하는 사회문제의 해결, 갈등 해소, 신뢰와 유대의 증대 등 집합적 목표를 지향한다고 볼 수 있다.

1) 사회환경

사회환경은 가장 일반적인 나눔의 제도이다. 사회환경은 개인과 집단의 나눔활동에 직접적인 영향을 미치는 사회규범이나 행위를 규정하는 많은 사회·경제·문화적 제도들을 갖고 있다. 인구동태, 노동시장, 경제, 테크놀로지가 일차적으로 중요한 사회환경이라 볼 수 있다.

인구동태

고령화의 급진전은 은퇴자의 나눔활동 참여의 확대를 기대할 수 있지만 동시에 저출산으로 인한 청소년층의 참여 저하라는 동전의 양면을 보여준다. 많은 국가들에서 베이비부머의 퇴직이 본격화되면서 자원봉사 참여율이 높아지고 이들의 재능기부도 늘어나 자원봉사가 새로운 중흥기를 맞이할 것으로 기대할 수 있지만(VC 2010: 3), 한국 등 일부 국가들에서는 일차적으로 생계 문제에 직면한 많은 베이비부머들이 자원봉사에 적극 참여할지는 매우 불투명하다. 먹고사는 문제에 매달리는 사람들이 더 많을지, 아니면 일자리를 찾기 위한 사회경험으로서 나눔활동의 참여가 될지는 분석이 필요하다.

경제

경제 상황은 나눔활동에 직접적인 영향을 미친다. 경제 위기의 상황에서는 경제 사정이 어려운 사람들이 더 많아지므로 수요 면에서는 나눔활동이 더 활발할 것으로 기대되지만, 공급 면에서는 나눔활동은 위축되는 게 현실이라고 볼 수 있다. 경제가 악화되면 개인이나 기업의 기부가 줄어들고, 정부의 지원금 또한 줄어들기 때문에 이에 크게 의존하는 시민사회의 역할도 위축될 수 있다(VC 2010: 4). 그러나 경제 악화로 일자리 찾기가 더 어려워지면서 경력 쌓기의 조건으로 자원봉사를 활용하는 사람들이 늘어날 수도 있다.

테크놀로지

인터넷, SNS의 확대로 사회 주요 이슈들에 대한 정보와 관심이 늘면서, 자발적인 자기조직들(self-organization)의 등장도 폭증한다. 특히 젊은층의 소통과 참여 방식이 인터넷과 SNS으로 변화되면서 전통적인 오프라인 조직의 역할보다 더 빠르면서도 더욱 쉽게 나눔활동에 참여할 기회가 늘었다. 더불어 비정기·일시적·일회성의 나눔활동도 늘면서, 나눔활동의 새로운 변화를 일으키고 있다.

2) 시민사회

시민사회는 나눔활동이 이루어지는 일차적인 장으로, 일반적으로 시민사회단체들의 역할에 따라 나눔활동의 참여가 좌우된다고 볼 수 있다. 개인들이 시민사회단체 회원으로 참여해 단체가 활성화되면서 나눔활동도 활성화된다는 수요측 시각이 있다. 다른 한편으로는 시민사회단체들이 단체활동의 활성화와 자원봉사 프로그램 확대로 자원봉사자를 많이 활용함으로써 자원봉사가 활성화된다는 공급측 시각도 있다. 시민사회가 발달한 서구의 경험에 비추어 보면, 시민사회에 대한 정부의 지원이나 기업의 공조 등의 또 다른 공급측 요인들도 나눔활동의 활성화에 중요한 배경인 것으로 알려지고 있다.

시민참여란 능동적인 시민의 자발적인 활동을 의미하며, 기부·자원봉사·이웃돕기·시민참여 등의 나눔활동이 대표적이다. OECD(2011)는 기부·자원봉사·이웃돕기를 '친사회적 행태'(pro-social behavior) 지표로 개발해, OECD 국가 간의 다양한 비교분석을 제시해준다. 이 같은 친사회적 행태 지표는 경제개발 수준이 높은 국가에서, 그리고 국가의 사회복지비 지출이 많은 복지국가에서 더 높은, 정비례 관계를 보여준다. 시민참여 유형으로는 다양한 시민사회단체의 회원 활동, 투표 참여, 공청회나 토론회 참여 등이 있다. 뒤에서 살펴보겠지만, 일반적으로 시민참여에 활동적인 사람들이 나눔활동에 많이 참여하는 성향이 있다.

3) 지역사회

지역사회는 개인들의 생활과 밀접한 생활공간으로 일차적인 공동체가 된다. 지역사회는 단순한 나눔활동의 장에 머무는 것이 아니라 나눔활동이 이루어지도록 하는 다양한 여건과 기회를 제공해준다는 의미에서 나눔활동의 주요 제도로 꼽힌다. 지역사회는 개인에게 나눔활동의 기회와 여건을 제공해주며, 이런 기회와 여건이 마련된 지역사회에서 나눔활동이 활성화되고 있다는 것은 익히 잘 알려진 사실이다. 개인들은 지역사회에서 생활하는 구성원으로서 지역사회 문제 해결에 동참하는 의무를 가진다는 커뮤니테리어니언(communitarian) 시각도 있다. 지역사회는 구성원인 개인들의 참여와 협조 여부에 따라 구성원 모두에게 혜택을 주는 삶의 질이 높은 공동체가 될 수 있는지의 여부를 가늠할 수 있다. 지역사회에 참여하는 개인들의 참여는 일반적으로 나눔활동이 보편적인 기준이 되며, 나눔활동에 따라 지역사회 구성원들 사이의 유대와 협력 등 사회자본의 생산이 결정된다고 볼 수 있다.

4) 정부 정책

정부는 노동시장정책, 복지정책, 세제정책 등으로 나눔활동에 직접, 간접적 영향을 미치고 있다. 기부와 자원봉사 관련법을 제정하고, 모금기관들과 시민사회단체들에 대한 보조금을 지급하며, 적극적인 역할을 하는 국가들이 적지 않다. 또 2001년 세계자원봉사자의 해를 계기로, 또 2011년 유럽자원봉사의 해를 계기로 국제적으로도 정부는 자원봉사의 진흥에 재정과 행정을 지원하는 적극적인 진흥자 역할을 하는 것이 글로벌 스탠더드(global standard)가 되고 있다. 그러나 정부의 개입이 지나치면 시민사회의

그림 1.1 나눔문화에 영향을 미치는 제도적 요인들

자율성을 침해할 수 있다는 경계심도 제기되고 있다. 또 신자유주의 정책으로 복지국가의 역할을 민간 나눔활동으로 보충하려는 정치적 의도에 대한 비판도 제기되고 있다.

5) 기업 참여

기업의 기부와 사회봉사활동 또한 글로벌 동향이 되면서, 기업은 중요한 나눔의 제도로 부각되고 있다. 기업의 임직원은 시민이며 기업은 영리활동 이외에도 임직원 기부와 자원봉사 등의 기업시민정신(corporate citizenship)을 실천하도록 요청받고 있는 것이 시대적 동향이다. 실제로 한국과 미국 등 주요국의 기업들은 평판과 이미지 제고나 비즈니스 전략으로도 지역사회나 지구촌 문제 해결에 적극적으로 동참하는 기업시민정신을 실천하고 있으며, 임직원 자원봉사는 가장 보편적인 기업시민정신 활동이 되고 있다. 많은 국가에서 기부와 자원봉사 활동이 직장을 통해 조직적으로 이루어지는 것을 보면, 기업의 역할은 중요하다고 볼 수 있다. 그러나 임직원들은 이런 집단적 참여의 분위기에서 자발적 참여보다 비자발적인 압력이나 요청으로 인해 참여하는 동향에 대한 비판도 제기되고 있다.

6) 교육기관

나눔활동은 청소년 교육뿐 아니라 성인의 평생교육에도 중요한 자리를 차지하고 있다. 한국, 미국 등 많은 국가에서 초·중·고교부터 대학에 이르는 전 교육과정에 자원봉사 등의 나눔교육이 진행되고 있는 것처럼, 교육기관은 중요한 나눔의 제도이다. 교육 분야에서 일고 있는 논의는 학생 참여자의 자발성에 관한 것이다. 미국, 한국, 캐나다 등지에서는 학생들이 진학의 목적으로 또는 취업의 목적으로 자원봉사를 필수 교과로 이수해야 하는 문제가 제기되어, 심각한 논란을 불러일으키고 있다. 자원봉사가 아니라 의무적 '사회봉사'가 되고 있다는 것이다. 서구의 경우, 청년 실업이 확대되면서 자원봉사가 일종의 인턴이나 비정규직 일사리로 시장임금보다 훨씬 낮은 수준의 임금을 받는 일종의 '유급 자원봉사자'(paid volunteer) 사례도 적지 않다.

7) 전문 조직

나눔활동을 활성화시키는 일차적인 조직들이 지역의 자원 조직들이다. 자원봉사자를 모집하고 알선하는 공급기관들이 있고, 자원봉사자를 공급받아 필요한 사업이나 프로그램에 활용하는 수요기관들이 있다. 또 자원봉사센터 등의 중개기관들이 수요처와 공급처를 중개하는 중요한 역할을 하며, 자원봉사 관리자 등 전문인력을 교육·양성하는 교육훈련기관, 프로그램을 개발하고 평가하는 기관, 대학이나 연구소 등도 자원봉사의 활성화에 기여하는 제도들이다. 자원 조직들은 비영리 조직이기 때문에 재정적 기초가 취약해, 정부나 기업으로부터 재정 지원을 받아 활동하므로 자율성 침해 문제가 제기되고 있다.

8) 종교 기관

종교 기관은 나눔활동에 많은 영향을 미치는 나눔의 제도이다. 세계적으로 종교활동에 열중하는 사람들이 나눔활동의 참여자가 되고 있다는 것은 익히 잘 알려진 사실이다. 기부, 자원봉사, 이웃돕기 모두가 종교인의 참여에 많이 의존하고 있다. 종교 기관에 헌금이나 시주를 하는 사람들이 많으며, 종교 기관에 기부된 기부금은 도움이 필요한 사람들에게 복지지원금으로 쓰여진다. 종교 기관의 역할이 발달한 사회에서 복지국가가 덜 발달하는 전통이 있으며, 시민들도 종교 기관을 통한 나눔활동에 적극적인 성향이 있다. 그러나 종교 기관 등의 민간 복지 기관의 역할에 의존하며 복지국가의 발전을 외면하는 정부와 사회 풍조에 대한 비판적 시각도 제시되어 있다.

제2장

나눔의 가치

나눔은 개인이나 공동체 모두에게 가치 있는 활동이다. 나눔활동은 돈으로 살 수 없는 가치를 지닌, 유대와 협력과 신뢰 등 '사회자본'(social capital)을 생산하는 활동이다. 그래서 나눔활동에 참여하는 개인들이 늘어나고, 국가 차원에서도 나눔의 활성화를 위한 법과 제도를 도입해 정책과 프로그램을 실시하고 있다. 나눔의 가치를 소중히 여기는 이유는 역사와 전통뿐 아니라 복잡 다양한 현실에서 제기되는 심각한 사회문제를 해결하기 위한 대안으로 나눔문화의 활성화에 초점을 맞추고 있기 때문이다. 시민들은 나눔활동을 통해 서로에 대한 신뢰와 유대를 쌓고, 사회적 네트워킹을 확대함으로써 사회문제 해결과 사회 통합에 필요한 사회자본을 축적하는 능동적인 참여자 역할을 한다. 최근 UN이나 국제노동기구(ILO), OECD 등은 나눔활동의 경제적 가치에 초점을 맞추어 나눔활동의 인간개발과 사회개발에 새로운 희망을 찾고 있다. 나눔활동은 거시적으로는 시민의 자율적인 공론의 장인 공동체를 건설하고 민주주의의 질적 발전에도 기여한다고 볼 수 있다.

1. 나눔의 사회자본

나눔은 '자본'으로 사회적·경제적·문화적 가치를 생산하는 활동이다. 나눔활동의 사회적 가치는 우선적으로 사회문제 해결에 얼마나 기여할 수 있는지에 관심의 초점이 맞추어진다. 심각한 사회문제들이 나눔활동으로 얼마나 해결될 수 있는지는 명확히 알 수 없지만, 나눔활동으로 문제 해결의 실마리를 찾을 수 있고 또 나눔활동이 이루어지지 않으면 사회문제의 심각성이 더해 질 것이라는 판단에서 나눔활동의 사회적 가치를 찾게 된다. 나눔활동은 우선적으로 정부나 기업의 역량으로 해결할 수 없는 다양한 사회문제를 해결하는 데 기여하며, 그 해결 방식은 금전적 기여에 그치지 않고 시민들의 자발적인 나눔의 참여에서 생산되는 시민들 사이의 신뢰와 유대와 협력 등의 사회자본에 있다. 사회자본은 물적자본이나 인적자본에 못지 않게 중요한 국가적 자본이다.

1) 사회문제와 나눔활동

현대 사회는 물질문명의 풍요를 누리면서도 해결하기 어려운 고질적인 사회문제들로 시달리고 있다. 환경오염, 교통 문제, 빈곤과 소외, 범죄 문제, 인권침해, 개인의 이기주의나 사치와 과소비 문제 등을 가볍게 겪고 있는 나라는 거의 없다. 예전에는 스스로 자기 집 앞을 쓸던 사람들도 이제는 당연히 시청 청소부가 할 일로 여기고 무관심하다보니 동네 쓰레기만 쌓여가고 있다. 불이 나면 소방서로, 사람이 다치면 경찰에 연락만 한 뒤 팔짱을 끼고 바라보는 사람들이 많아졌다. 겨울이면 "내 집 앞 눈은 내가 치워야

합니다"는 현수막들이 곳곳에 내걸리고 있는 실정이다.

이젠 정부의 힘만으로 해결할 수 없는 심각한 문제들이 줄줄이 늘어나고 있다. 사회는 시민 스스로가 해야 할 일을 하도록 하는 참여자를 요청하고 있다. 최근 한국 사회가 안고 있는 심각한 사회문제들이 무엇인지를 먼저 생각해볼 만하다. 과연 1인당 국민소득 3만 달러로 성장한 선진국다운 국민의 '삶의 질'을 누리고 있는가? 좀 잘 먹고 잘 살게 되었다고 문화수준이 오히려 뒤떨어지는 경향마저 보인다. 국민의 생활수준(富)은 높아졌으나 생활양식(貴)은 제자리걸음을 하고 있는 지경이다. 노인, 장애인 등 소외층을 방치해 두는 것은 모든 국민의 "인간다운 생활"을 보장하는 헌법정신에 위배되는 불의와 불합리에 해당된다. 이웃끼리 서로 인사하고 지내지도 못하는 현실은 이웃 간의 불신의 벽이 높다는 것을 보여준다. 밤거리에 사람을 무서워하는 불신과 불안감이 팽배해 있다. 물과 공기는 안심하고 마실 수 없는 지경에 이르러 불안과 함께 불쾌, 불편을 겪고 있다. 저질 상품으로 소비자를 우롱하는 일도 줄어들지 않는다. 공원, 지하철 등에서도 공중도덕이 잘 지켜지지 않아 서로가 불쾌해 하며 불편을 겪고 있다.

이런 심각한 문제들, 그리고 그 밖에 이루 다 헤아릴 수 없는 사회문제들에 대해 나눔활동으로 해결의 실마리를 찾아볼 수 있다. 이것들이 모두 나눔활동으로 해결될 수는 없지만 나눔활동으로 방어하지 않게 되면 더욱 해결하기 어려운 고질적인 문제로 고착될 가능성이 많다. 물론 정부와 기업도 나름대로의 역할을 하겠지만, 무엇보다도 시민 각자가 이웃과 지역 가까이서 마주치는 문제를 스스로 해결하는 자발적인 활동이 보다 효과적이다.

미국의 전국적인 자원봉사재단인 촛불재단(Points of Light Foundation)이 1995년 초에 조사한 설문조사 결과에 따르면, 자원봉사자 중 85%가 하나 또는 그 이상의 '심각한 사회문제' 분야에서 봉사활동을 한다. 응답자들은 '심각한 사회문제'에 대한 설명을 듣고 자신이 그런 활동을 하고 있는지를 답하였다. 미국인 전체 48%가 자원봉사를 하고 있으며, 자원봉사자 중 85%가 '심각한 사회문제' 해결에 나서고 있다는 것은 전체 가구 중 39%에 해당되는 3500만 가구에서 적어도 성인 한 사람이 '심각한 사회문제' 해결을 위한 자원봉사 활동을 한다는 셈이다. '심각한 사회문제' 분야 봉사자 중에는 55%가 노인들을 돕는 일을 하고, 46%가 학습지진, 학대 및 방치아동, 혼전 임신, 가출, 비행 등 아동이나 청소년과 관련된 활동한다. '심각한 사회문제' 분야 자원봉사자들은 일주일에 평균 4.8시간 활동하며, 이들 중 53%가 자원봉사 기관단체를 통해 봉사활동을 한다고 답하였다.

현대 사회는 예측 불가능한 사회 변화로 야기되는 심각한 문제를 안고 있는 사회라고 볼 수 있다. 사회학자 니스벳(Niesbet)이 지적하였듯이 현대 사회는 "붕괴, 분해, 쇠퇴, 불안정, 파손, 정서불안의 상태"로 되어가고 있다. 그러기에 시민들은 날로 불의와 불신, 불안과 불편, 불쾌에 더욱 시달리고 있는 모습이 현대 사회의 모습이다. 울리히 벡(Beck, 1986)은 재난사고, 자연재해, 환경오염 등이 극심한 사회불안을 야기하는 사회를 '위험 사회'(risk society)라 부른다.

한편 나눔활동에 영향을 미치는 사회적 변화의 추세에 대한 신들러-라인만과 리피트(Schindler-Rainman & Lippitt, 1971)의 논의는 최근에도 적용되는 많은 시사점을 제시해준다. 여기에 급속도로 진행되는 IT 혁명의 영향을 주요 사회 변화의 추세로 추가해볼 수 있다. 나눔활동이 인터넷과 SNS 등 온라인을 통해 널리 알려지고 참여자의 모집이 폭넓게 이루어지고 있으며, 온라인 동호회와 클럽활동이 점차 나눔활동으로 활동을 확대하는 변화도 있고, 나눔활동만을 위한 온라인 카페와 동호회 모임들이 점차 늘고 있다.

첫째, 전문화와 복잡성으로 상징되는 후기 산업사회의 특성상 모든 사회경제적 변화는 전문가 집단이 주도하여, 그 변화에 어떻게 대처해서 어떻게 살아가야 하는지에 대해서도 전문가에 의존하는 경향이 뚜렷하다. 그러나 전문가 집단은 특정 분야만 전문으로 하므로 그들이 사회문제 해결에 창의적인 처방을 해줄 것을 기대하기는 어렵다. 기관단체들은 기존 구조와 기능의 쇠퇴를 몰고 오는 급격한 환경 변화에 직면해서 상호의존보다는 자기 생존과 내적 변화에만 집착하는 경향이 있다. 이때 넓은 시야를 가진 자원봉사자 또는 재능 기부자들이 기관끼리의 상호협조와 활동의 조정 역할을 하는 데 큰 도움을 준다.

둘째, 보다 나은 삶에 대한 기대와 요구의 폭발적 증가는 사회 여러 부문 사이의 불신과 경쟁, 양극화와 갈등을 계속 야기시킨다. 기성세대에 대한 젊은층의 도전, 남성 위주의 사회에 대한 여권운동의 신장, 다수 인종의 영향력에 대한 소수 인종의 항거, 가진 자의 특권에 대한 갖지 못한 자의 저항 등이 그것들이다. 자원봉사자는 갈등 해소에서 제3자로서의 역할을 능숙하게 수행해낼 수 있어야 하며, 그것은 대단히 흥미로운 경험이 될 것이다. 그것은 '창조적 타협'이라는 개념을 수용하도록 도우며 갈등에 창의적으로 대처하는 것을 시범해 보여주는 일이다. 기존의 자원봉사단체보다는 사회문제 해결에 적극적인 단체를 위해 자신들의 시간과 노력을 보다 많이 투자하려는 자원봉사자가 계속 증가할 것이다.

셋째, 사회가 더욱 전문화되고 복잡해짐에 따라 사람들은 점차 무력감과 비인간화 분위기에 침체되기 십상이다. 이런 혼돈 속에서 개인들은 "나는 누구인가"라고 자문하게 된다. 개인들은 자기개발과 감수성 훈련을 위한 프로그램에 더 많은 시간과 정력을 소비할 것이다. 종교활동도 시대 상황에 걸맞도록 적응하는 새로운 시도가 많아질 것이며, 성인교육에도 놀라운 진전이 있을 것이다. 대폭적으로 증가하는 대인 봉사에 대한 요구는 전문 인력에 의해서만 충족되기는 거의 불가능할 만큼 큰 비중을 차지한다. 급격히 확장되는 개인상담 봉사는 전문가의 지도 아래 자원봉사 팀의 보조로 강화될 수 있다.

넷째, 혁명적인 가치관의 변화와 직업관의 변화에 따라 사람들이 자유재량으로 쓸 수 있는 시간이 꾸준히 늘고 있다. 이는 자원봉사에 쓸 수 있는 시간과 자원봉사자로서의 잠재력을 지닌 사람의 수가 크게 증가하는 것을 의미한다. 동시에 '삶의 질'의 지속적인 향상은 여러 형태의 다양한 인적 요구를 증가시키는 것을 의미하며, 그것은 많은 새롭고 흥미로운 자원봉사 등 나눔활동 분야를 개척하게 할 것이다. 최근 주5일제 근무의 확대로 자원봉사 활동이 주말에 활성화될 것으로 기대해볼 수는 있지만, 많은 사람들이 여가활동보다 나눔활동에 더 많이 참여할지는 불투명하다.

다섯째, 이미 오늘날 유급 직종의 절반은 생산직이 아닌 대인 봉사 관련 직업이다. 직업 기능의 상당 부분이 대인 봉사일 것이다. 오늘날 학교교육에서 사람을 도와주는 포괄적인 기술을 가르치는 일은 찾기 어렵다. 앞으로는 직업훈련의 개념과 행동과학의 적용에 사용되는 학교교육 시간의 분량에 극적인 변화가 올 것으로 내다보고 있다. 또한 현명하고 세련되며 민첩하게 봉사를 제공하는 일과 관련된 기술 및 가치는 더 중시될 것이다. 특히 고객에 대한 전문가 비율의 대폭적인 증가는 재정상 어려움이 수반되므로 교육, 의료 등의 분야에서 자원봉사자를 보조원 또는 동역자로 확보하고, 훈련시키는 일에 대한 요구가 많아질 것이다. 또한 효과적인 자원봉사자가 되는 데 대한 가치관, 동기, 기술을 발전시키고 자원봉사 활동을 자기 성장과 지역사회 공헌의 기회로 삼게 될 것이다.

여섯째, 젊은이들이 스스로 교육과 사회화 과정의 방향을 결정해 나가는 경향이 뚜렷하다. 젊은층의 자기 사회화 과정에는 파괴, 소외, 무책임 등 심각한 문제들이 수반되며, 그것은 "내식으로 무엇이든 하면 된다"는 과격한 자율과 반항적 폭력의 공격적 행동으로 표현되기도 한다. 기존의 청년 단체들은 젊은층의 의사결정과 사업 계획에 관여하고자 하는 요구를 충족시킬 수 있도록 정책, 사업, 구조의 방향을 전환하여야 한다. 젊은이들은 마약중독, 혼전 또는 혼외 이성 관계, 정치적 불만 세력, 현행 경제 제도에 대한 대안과 같은 복잡한 분야를 다루고자 할 때 권위주의적이 아닌 도와주는 자세의 성인과 선배로부터 그 문제에 대한 전망, 조언, 정신적 지원을 많이 필요로 할 것이다. 특히 졸업 후 취업을 앞둔 많은 청년들이 자원봉사 활동을 통해 기술 습득, 경력 쌓기 등과 같은 취업 준비 활동이 점차 늘고 있다.

일곱째, 앞으로 사람들은 우리의 자연환경이 유린되고 오염되고 파손되는 문제들 그리고 대도시, 교외 대규모 주택단지, 상업광고 간판의 숲 등, 추악한 역기능적인 인위적 환경과 불협화음의 소음에 대해서도 예민하게 반응해올 것이다. 문제 해결을 위한 합리적인 접근은 당분간 찾아보기 힘들 것이다. 또한 사이비 해결방안들이 판치며 동조자를 규합하려 할 것이다. 지방이나 전국 차원에서 정치사회적 환경운동은 주로 시민 참여자들의 에너지에 의존하지 않으면 안 된다. 많은 시민들로 하여금 그들의 소극적인 일상생활의 틀에서 벗어나 자신들의 시간과 정력을 개인의 성장과 지역사회 향상을 위해 바칠 수 있도록 돕는 일은 참여자의 역할이 될 것이다.

여덟째, 평화, 인구, 환경오염, 빈곤, 식량 부족, 자연 자원 등에 걸친 지구적인 문제는 세계적 규모의 효율적인 행동을 필요로 한다. 미래 사회를 위한 준비의 좋은 출발점의 하나는 다른 문화권 사람들과 진지한 대화를 나누며 함께 행동하는 기회를 만드는 것이다. 이런 활동을 시작하고 지도하는 일은 나눔활동의 참여자에게 보람 있는 일이 될 것이다. 다른 나라 사람들과 정보와 의견을 교환하는 사업은 실천 가능한 뜻있는 일이다. 다문화 사회로 발전하는 한국에서도 다문화 가정을 위한 자원봉사와 이웃돕기 활동은 이제 다문화 가정의 참여도 포용하는 새로운 방안을 제시해준다. 새로운 이주자들의 사회 적응과 사회 통합의 방법으로 자원봉사와 이웃돕기 활동을 널리 활용할 필요가 있다.

2) 나눔의 사회자본

나눔은 사람들의 관계로 만들어지는 사회자본이다. 나눔활동은 사회자본을 생산하는 생산적 활동이다. 기부 · 자원봉사 · 이웃돕기는 사회문제 해결 등의 사회적 가치뿐 아니라 경제적 가치를 생산한다. 개인과 집단 차원에서 사람들 사이의 신뢰와 유대 등 사회자본이 나눔활동을 통해 생산된다는 경험적 연구들은 무수하다. 개인 차원에서는 민주적 시민성의 개발, 공동체 차원에서는 신뢰와 유대 등 사회자본의 축적 효과, 나아가 시민의 자발적인 참여에 의한 민주주의의 질적 향상 등을 꼽을 수 있다. 더욱 구체적인 나눔활동의 사회적 기여에 대해서는 아래의 다양한 시각들을 참고해볼 만하다.

시민의 나눔활동은 시민사회의 기초가 된다. 시민 개개인은 기부자나 자원봉사자나 참여가가 되어 사람들 사이의 신뢰, 유대, 네트워크를 만들어내며 시민사회를 건설한다. 신뢰, 유대, 네트워크가 일반적으로 사회자본을 구성하는 주요소들로 이해되고 있다. 공동체 건설에 기여하는 자원봉사의 역할에 대해 촛불재단(POLF 2000: 8-9)은 다음과 같이 설명한다. "공동체가 소유한 자산 중에서 가장 가치를 인정받지 못하고 있는 것이 자연적으로 생성되는 네트워크인데, 이 네트워크를 통해 이웃들과 주민들이 자원봉사로 공동의 문제를 제기하고 해결한다. 이 네트워크에 전략적 관심을 갖고 계획적인 양성과 활용으로 지속가능하고 주민주도적인 공동체 변화에 기여할 수 있다."

'사회자본'이란 무엇인가? 학계에서 사회자본 논의를 주도해온 정치학자 풋남(Putnam 1993: 167)에 따르면, "사회자본은 조정화된 행동을 유도함으로써 사회의 효율성을 높일 수 있는 신뢰, 규범, 네트워크 같은 사회조직의 특성들을 의미한다." 이런 개념정의에 대해 풋남은 다음과 같이 설명한다.

> 신뢰와 같은 일반적인 형태의 사회자본은 '도덕적 자원'으로, 사용함에 따라 줄어드는 게 아니라 늘어나는 자원이며, 사용하지 않게 되면 고갈되는 자원이다. 두 사람이 서로에 대해 신뢰를 표시하면 할수록 상호 확신이 증대된다. 사회적 규범과 네트워크 같은 다른 형태의 사회자본은 사용하면 증가하고 사용하지 않으면 감소한다. 이런 이유에서 사회자본의 창출과 파손이 선순환과 악순환에 의해 영향을 받게 되리라는 기대를 갖는다. 신뢰, 규범, 네트워크 등 사회자본의 공통된 특징은 다른 전통적인 자본이 사적재화(private good)인 것과는 달리 공공재화(public good)라는 특성이다.

또 사회자본으로 개발도상국의 개발 전략을 추진하고 있는 세계은행(World Bank)은 "사회자본은 사람들이 바람직한 목표를 성취하는 행동을 상호 조정할 수 있도록 하는 사회적 구조에 간직된 규범과 사회관계"라고 정의한다. '개발을 위한 사회자본'이라는 독립된 사이트를 개설하고 운영 중인 세계은행은 다음과 같이 보다 구체적으로 사회자본의 개념을 소개하고 있다.

> 사회자본은 한 사회의 사회적 상호작용의 양과 질을 형성하는 제도, 관계 및 규범이라고 일컬어진다. 사회가 경제적으로 번영하고 개발이 지속가능하기 위해서는 사회적 응집력이 결정적으로 중요하다는 확증이 늘어나고 있다. 사회자본이란 사회의 토대를 이루는 제도들의 집합체로만 머무는 게 아니라 그 제도들을 서로 지탱하게 해주는 접착제이다.

나눔활동은 사회자본 개발에 기여한다. 나눔활동을 통해 시민들은 서로 간의 신뢰와 상호작용을 쌓으면서 더 안정적이면서도 결집력 있는 사회를 이루게 되고, 경제적으로도 도움을 받게 되는 것이다. 퍼트남(1993)의 이탈리아 지역공동체 연구에 따르면, 지역 간 사회자본의 수준 차이가 지역 간 정부 수행 능력의 차이를 가져온다. 이 같은 사회자본에 대한 분석의 핵심은 자원봉사 연합체의 참여 또는 사회계약의 평행적인 네트워크라고 밝히고 있다. 또 다른 사회자본 연구가인 후쿠야마(Fukuyama 1999)는 "사회자본은 특정 사회에서 또는 사회의 특정 부문에서 신뢰의 확산에서 생기는 능력"이라고 정의하며, 사회자본이 없는 시민사회, 또 시민사회가 없는 민주주의는 존재할 수 없다고 강조한다. "풍부한 사회자본은 튼튼한 시민사회를 만든다. 튼튼한 시민사회야말로 오늘날 근대 자유민주주의의 필수조건이라 할 수 있다."

따라서 나눔활동 참여자는 비참여자에 비해 타인을 더 신뢰하며, 정부에 대해서도 더 높은 신뢰감을 갖고 있다. 이에 관한 한국의 조사 결과를 살펴보면, 신문방송과 대기업을 제외한 모든 기관에서 자원봉사자가 비자

표 2.1 한국인 나눔활동(기부/자원봉사/이웃돕기)과 신뢰도 관계

	기부활동		자원봉사		이웃돕기	
	참여	불참	참여	불참	참여	불참
타인 신뢰	24.6	18.0**	30.4	18.7**	27.2	19.7**
교육기관	13.0	11.4	13.8	11.8**	15.6	11.4
종교단체	15.1	9.3**	21.9	9.6**	18.6	10.6*
복지 기관시설	16.6	13.1**	22.1	12.9**	23.6	12.8**
공익국민운동단체	9.3	7.1**	10.1	7.7	13.6	6.9**
공익시민사회단체	11.2	8.2**	12.1	9.0**	15.6	8.3**
구호자선단체	16.0	11.5**	19.1	12.3**	21.9	11.8**
국회	1.0	1.3	2.0	0.9*	1.4	1.1
사법부	2.5	2.8	3.8	2.4*	5.6	2.0*
중앙정부	2.0	2.5	3.8	1.9*	5.0	1.7*

참고 수치는 "신뢰한다"는 응답자 비율; 유의도 * $p<0.01$; ** $p<0.001$.
자료 볼런티어21, 2008 설문 자료 분석.

원봉사자보다 더 높은 신뢰도를 보여준다. 이는 자원봉사자가 비자원봉사자에 비해 거의 모든 공공기관과 신문방송 및 대기업을 더 불신하는 성향이 있었던 것과는 큰 대조를 보인다(볼런티어21, 2011). 한편 공익단체와 자선기관에 대해서는 비자원봉사자에 비해 자원봉사자가 지속적으로 신뢰하는 추세를 보여준다.

나눔활동으로 생산되는 사회자본은 타인에 대한 신뢰나 사회기관에 대한 신뢰로 나타난다는 것이 경험적으로 검증되고 있다. 전반적으로 나눔활동에 참여한 사람들이 그렇지 않은 사람들에 비해 타인 신뢰, 사회기관과 국가기관에 대한 높은 신뢰를 갖고 있다는 것을 확인할 수 있다. 참여자

와 불참자 사이의 신뢰도는 거의 두 배 가량의 두드러진 차이를 보여준다(표 2.1 참조). 그럼에도 국회, 사법부, 중앙정부 등 국가기관에 대한 신뢰에서는 참여자와 불참자 사이에 차이가 거의 없지만, 다른 사회기관들과 타인에 대한 신뢰에서는 참여자와 불참자 사이에 두드러진 차이가 있다. 또 기부, 자원봉사, 이웃돕기 활동에 따라 약간의 차이를 보여준다.

3) 나눔 : 누구로부터의 요청

나눔행동이 순수한 이타주의에서 비롯된 것으로 보는 시각에는 한계가 있다. 기부행위에 대한 연구는 기부의 동기가 남에 대한 관심 또는 이타주의 정신보다는 주로 기부자 자신의 역할에 대해 선의적이고 행복한 감정을 충족시키기 위한 도구적 동기에서 비롯된 것으로 본다. 행태경제학자 안드리오니(Andreoni 1989)는 나눔의 행동으로 경험하는 자기 만족감과 의지감이 결정적으로 중요하다고 분석한다. 그에 따르면 사람들이 기부하는 이유는 도움을 받는 사람들에 대한 혜택을 생각하기보다는 자신에게 좋은 감정을 갖게 해주기 때문이다.

또 다른 최근의 이론은 사회적 요청 때문인 것으로 본다. 사람들은 이기적이거나 냉정하다는 이야기를 듣고 싶지 않아서 나눔활동에 동참한다는 것이다. 그래서 학교나 직장에서 단체로 모금하거나 자원봉사를 하는데 자신만이 단독 행동을 하기 어렵다고 본다. 개인주의 성향이 강한 서구에서도 이러한데, 유교 문화권의 한국이나 일본에서는 '치의 문화'(culture of shame)의 영향으로 주위 사람들이나 단체의 요청을 거부할 수 없는 입장에서 나눔활동에 동참하는 경우가 적지 않다.

따라서 지금까지 알려진 가장 중요한 나눔활동의 동기 유발은 누군가에 의해 기부나 자원봉사나 이웃돕기나 시민참여를 요청받은 경우이다. 사람들이 '요청을 받으면' 기부자가 되고 봉사자가 되며 참여자가 될 경우가 많다는 것이다. 자신의 가족이나 가까운 이웃 또는 자신이 소속된 직장이나 단체에서 개별적으로 혹은 집단적으로 나눔활동에 참여하는 분위기와 요청이 있게 되면 참여하지 않은 사람들도 나눔활동에 많이 참여하게 된다는 것이다. 따라서 나눔은 '정신' 자체만으로 불충분하다고 볼 수 있다. 사람들의 다양한 관계에서 이루어지는 신뢰, 유대, 네트워크 등의 사회자본이 풍부하면, 서로 만나고 나누며 이웃과 공동체를 위한 나눔활동도 활발해진다.

누군가의 요청은 세계 어느 곳에서나 보편적인 기부와 자원봉사의 참여 동기로 나타나고 있다. 한국인들도 누군가의 요청을 받아 나눔활동에 참여하는 경우가 많다. 2011년 조사에서 지난 1년 동안 자원봉사 요청을 받았는지 질문한 결과, 자원봉사자의 56%가 권유받은 경험이 있고, 비자원봉사자의 9%만 권유받은 경험이 있는 것으로 나타났다(볼런티어21 2011: 88). 또 기부의 다양한 동기 가운데 "기부요청을 받아서"(46%)가 가장 중요한 것으로 나타났고, 또 다른 17%는 "주변에서 하기 때문에" 기부에 동참했다고 한다(박세경 2009: 134). 미국에서는 2001년 기부와 자원봉사 통계에 따르면, 기부요청을 받은 사람 57%가 실제로 기부에 동참했고 또 절반의 사람들이 자원봉사 활동에 참여하도록 요청을 받았고, 요청받은 사람들이 자원봉사에 참여한 비율은 71%로 요청받지 않아 자원봉사를 하지 않은 사람들 29%보다 참여율이 훨씬 높다는 것을 알 수 있다. 또 유럽 9개국에서도 자원봉사를 시작한 중요한 동기가 누군가 요청했기 때문이라는 답변이 53%에 달한다(Gaskin & Smith 1997).

누구로부터의 요청은 사회적 관계망(network)이라는 사회자본에 기초한다. 많은 사회활동을 통해 폭넓은 사회적 관계망을 갖고 있는 사람들이 나눔에 참여할 가능성이 많다. 지역사회에서 많은 사람들을 알고 교제하며 폭넓은 사회적 관계망을 갖고 있는 사람들이 기부나 자원봉사 활동에 더 활발하며, 또 참여자들은 자원봉사 등 지역사회 활동을 통해 더 많은 사람들과 교제하며 사회적 관계망을 확대하고 있다고 볼 수 있다(Smith and Gay 2005: 10). 친구나 직장, 종교단체, 사회단체 지인들과의 친교를 통한 참여가 가장 일반적인 방법으로, 사회적 관계망이 넓은 사람들이 기부나 자원봉사 활동참여 요청을 받는다고 볼 수 있다. 종교단체나 자원봉사단체 활동에 참여하는 사람들은 회원들과의 사회적 관계망을 통해 기부나 자원봉사의 규범을 공유하며 실제로 참여자가 되는 경우가 많다(Einolf 2009: 184).

그런데 나눔활동을 통한 사회자본의 생산이라는 측면도 있지만, 관계망의 수준에 따른 나눔활동의 불평등 이슈도 제기되고 있다. 관계망이 많은 사람들을 중심으로 나눔활동이 이루어지는 경향이 있어, 이 같은 중상류층 위주의 나눔활동이 심화되면 사회 전반적인 차원에서 사회자본이 오히려 위축되는 문제로 나타나 사회 통합의 이슈로 드러나게 된다. 사실 소득이나 교육 수준 등 사회경제적 신분이 높은 계층이 더 많은 관계망을 갖고 나눔활동에 참여하고 있는 것이 현실이다. 나눔문화가 발달하지 않은 일부 사회뿐 아니라 나눔문화가 발달한 미국, 캐나다 등지의 앵글로색슨 문화권에서도 '참여의 불평등' 문제가 심각하게 제기되고 있다. 전통적으로 참여하는 계층이 엘리트 중심으로 국한될 정도로 기부나 자원봉사 활동 참여 불평등 현상은 남유럽(스페인, 이탈리아, 포르투갈, 그리스 등)의 '엘리티스트 시민사회'에서 일반화되어 있다는 분석을 참고해볼 만하다(De Hart & Dekker 1999). 또 세계적으로 나눔문화 수준이 가장 높은 미국이나 캐나다에서는 중상류층 중심의 참여로 특징되는 노블리스 오블리제(noblesse oblige) 장점보다는 오히려 계층 간 '참여 불평등' 문제가 제기되고 있다(Verba et al. 1995; Skocpol 2003; Crenson and Ginsberg 2002; 주성수 2012).

4) 나눔 : 상호성의 지향

시간이 없어 봉사활동을 나서지 못하는 사람들도 많지만, 시간 부족이 가장 큰 원인은 아닌 것 같다. 유럽 27개국 조사에서는 자원봉사에 참여하지 않는 사람들의 불참 이유로 "시간이 없어서"가 50%, "관심이 없어서"가 25%로 나타났다(Eurobarometer 2012). 미국의 경우 피터 드럭커(Drucker 1993: 159)에 따르면, 봉사활동에 많이 참여하는 사람들은 "전문직으로 맞벌이를 하는 30~40대의 교육 수준이 높고 여유가 있으면서 바쁜" 사람들이라고 기술하고 있다. 이는 자원봉사가 이런 특정 계층에 의해 다른 계층을 위한 활동이 되고 있다는 문제를 제기한다.

나눔활동은 여러 요인들 중에서 교육 및 소득 수준 같은 개인의 역량이 중요한 요인으로 나타나고 있다. 개인의 역량이 축적되는 '인적 자본'(human capital)은 사람들로 하여금 기부나 자원봉사 활동의 자격을 갖게 해주고, 봉사자가 필요한 조직에게는 더욱 매력을 갖게끔 해준다고 볼 수 있다(Wilson and Musick 1997: 698). 더 많은 교육을 받거나 더 많은 부를 소유한 사람들이 기부나 자원봉사에 더 많이 참여하고 있는 것이 현실이다. 일반적으로 자본이란 무엇이 생산되는지, 생산물과 밀접히 관련되는데, 인적 자본 이론은 사회경제적 지위가 높은 사람들이 자신들의 교육, 기술, 소득과 같은 자원들을 기부나 자원봉사에 투입해 공동체 공익에 기여하며 동시에 자신들의 욕구도 충족시키는 합리적 행위자로 간주한다(이현기 2009: 322). 일반적으로 소득이나 교육 수준이 높은 사람들이 저소득이나 저학력 계층에 비해 기부나 자원봉사 활동에 더 많이 참여한다. 높은 교육 수준은 지적 능력뿐 아니라 다양한 사람들과의 유대, 사회조직 활동을 의미하기 때문에 중요한 인적 자본으로 꼽힌다(McPherson and Rotolo 1996). 소득과 학력이 높은 사회경제적 지위가 기부나 자원봉사 활동의 참여를 높이는 것은 높은 지위가 높은 수준의 기술과 지식 그리고 더 많은 사적 관계망을 형성하기 때문이며, 이런 네트워크들이 풍부한 사람들이 여러 조직에서 중요한 참여자로 우선적으로 충원된다(Wilson and Musick 1997: 710).

실제로 2000년 캐나다의 18세 이상 성인의 18%는 자선단체의 전체 기부금 가운데 80%를 기부했고, 또 9%는 자원봉사 활동 시간 전체의 80%를 차지하는 많은 활동을 한 것으로 조사되었다(Reed and Selbee 2001, 761-2). 이런 기부와 자원봉사 활동의 소수 집단 편중 현상은 미국인 가운데서도 발견되는 현상이 되고 있다. 이른바 '80대 20룰'이 등장할 정도로 소수 20% 정도의 그룹이 전체 활동의 80% 비중을 차지하는데, 이들의 기부나 자원봉사 활동은 다양한 사회적 활동으로 이루어지고 있다는 경험적 분석을 뒷받침해준다(Reed and Selbee 2001: 773; Schervish & Havens 1997; Wilson & Musick 1998).

'참여 불평등' 문제는 사회 통합에 대한 위협이라는 '시민사회' 시각을 참고해볼 수 있다. 버바 등(Verba et al. 1995)은 미국에서 선거캠페인 참여, 모금활동, 편지 쓰기, 회의와 집회 참여, 지역사회 봉사활동, 기부 등 정치·사회적 참여에서 다수인 중저소득층의 참여는 저조하며, 소수인 상류층이 주도하는 참여가 되고 있다고 분석한다. 버바 등이 분석한 미국의 시민사회란 다른 게 아니라 경제적 불평등과 특권의 영역으로, 민주주의에서 시민사회의 역할을 평가할 때 시민들의 사회경제적 배경(교육, 소득, 직업 등)이 중요한 결정 요인이라는 경험적 분석을 제시한다. 그들은 소득 불평등의 영향을 바꾸어 놓을 수 있는 막강한 시민사회 기관들은 찾아볼 수 없으며, 시민사회 자체가 오히려 소득 불평등을 강화시키거나 배가시키고 있다고 분석한다(앞글: 532).

또 역사제도적 시각을 제시하는 스카치폴(Skocpol 2003: 227)은 자원봉사 활동이 소외층, 저소득층 등과 '더불어 하는 활동'(doing with)보다는 그들을 '대상으로 하는 활동'(doing for)에 크게 치우쳐 있다는 문제를 제기한다. 이는 1960년대 이후의 두드러진 현상으로, 단체의 회원보다는 비회원 주도의 자원봉사 활동이 늘면서 발생한 새로운 동향이라는 지적이다. 과거에는 시민사회 단체활동이 계층 구분 없이 참여하며 계층을 넘어서 '더불어 하는 활동'이 많았지만, 이제는 시민사회단체들이 중상류층 중심의 회원들이 충원되면서 중하류층 참여는 점차 줄면서 단체회원들의 자원봉사 활동은 지역의 저소득층이나 소외층을 '대상으로 하는 활동'으로 변화되었다고 분석한다(앞글: 227-228). 전통적인 계층 구분이 없는 일반시민 참여형 자선봉사단체들의 회원들은 급격히 줄고, 전문가나 직장 중심의 중상류층 회원조직들이 늘고 있는 추세이다. 지역사회의 환경문제를 주활동으로 하는 풀뿌리조직들의 활동도 일반 시민들은 거의 참여하지 않고 전문가 집단과 고학력·고소득자 중심으로 진행되며, '참여 불평등' 문제가 심화되고 있다는 지적이다.

나눔활동은 시민 누구나 참여해서 시민 공론의 장이 되는 시민사회를 건설하는 보다 원대한 목표를 지향할 필요가 있다. 공동체주의자 에치오니(Etzioni 2001: 8)는 "훌륭한 사회는 자원봉사보다 상호성(mutuality)에 더 의존한다"고 강조한다. 단순히 도움을 필요로 하는 사람들을 위해 봉사활동을 하는 것보다 공동체 구성원들이 서로 혜택을 주고받는 방향으로 협력하는 것이 더 바람직하다는 것이다. 그는 이를 위해 자발적 참여는 필수적이라며, 보육, 생산자, 소비자 조합 운영, 자조집단 활성화, 시간은행(time bank) 등으로 상호성을 확대할 것을 제안한다. 한국에서도 일부 지역에서 자원봉사은행, 품앗이 제도가 활용되고 있다. 시민들이 상호성을 확대할 수 있도록 되도록 많은 참여의 기회를 제공하는 것이 필수적이다. 마을회의 등의 공식적인 것도 중요하지만 예술, 음악, 스포츠 각종 모임의 활성화와 여기에 참여하는 기회를 확대시키는 것이다. 에치오니는 "상호성의 정신은 수단지향적 경제적 인센티브에 의존하면 훼손된다"며, 상호성은 '공개적인 도덕적 실천'에 기초해야 한다고 강조한다(앞글: 9-10). "공동체주의, 중도주의 사회는 공동체의 핵심적 제도들이 폐쇄되며 공동체의 손실에서 발생하는 인간적 및 사회적 비용을 고려해서 사회적 효율성을 더 중시한다(앞글: 15)."

2. 나눔의 경제

나눔이 중요한 또 다른 이유는 나눔활동으로 생산되는 경제적 가치에 있다. 기부자들의 기부금은 그 자체의 금전적 가치를 갖고 있으면서 많은 사람들의 기부와 나눔활동을 이끌며 경제적 가치와 함께 사회문화적 가치를 생산하며, 자원봉사와 이웃돕기 활동 또한 금전적 가치 이상의 경제적·사회문화적 가치를 생산한다. 이런 경제적 가치와 유익성 때문에 각국의 정부는 그들의 재정과 정책만으로 해결하기 어려운 사회문제 해결에 나눔활동의 역할을 기대하고 적극적인 진흥정책을 추진한다. 실제로 민간 기부자와 자원봉사자에 의해 수행된 활동은 모두 국가의 비용 또는 개인 자본에 의해 자금이 모아져 운영되었어야 하는 것이다. 이렇듯 나눔활동은 국가의 전반적인 경제적 생산에 보탬이 될 뿐 아니라 정부 지출 부담도 덜어준다.

또 나눔활동은 참여자 개인에게도 여가 선용, 경력 쌓기, 기술 습득, 자기 존중감 향상, 건강 개선 등의 혜택을 주고 또 참여하는 기업이나 기관들에게도 사회적 책임의 실천, 직원의 팀워크 개선, 조직관리, 이미지 제고 등의 다양한 혜택을 준다. 특히 시민들의 자발적인 기부와 자원봉사와 참여에 절대적으로 의존하는 시민사회 조직들에게는 물질적 지원의 혜택뿐 아니라 노동력 제공, 조직활동에 대한 지지 등 다양한 혜택이 되고 있다.

1) 국가 경제에 대한 기여

국가 경제에 대한 나눔활동의 기여도는 기부처럼 금전적 기여로 수치화되고 있지만, 자원봉사나 이웃돕기처럼 금전적 가치로 계산하기는 쉽지 않다. 대부분의 사람들이 자원봉사가 경제적인 기여를 한다는 데는 의심 없이 믿고 있는 편이지만, 그 영향이나 규모가 어느 정도인지를 정확히 파악하기는 쉽지 않다. 국가 보고서에서도 찾아보기 어렵고, 자원봉사 활동이나 이를 통해 산출되는 경제적 이익을 확대시키기 위해 체계적인 자료를 모으려고 하는 나라도 거의 없으며, 자원봉사의 기여도가 얼마나 되는지에 대해 조사를 한 연구도 별로 없는 게 사실이다. 나아가 일부 학자들은 자원봉사의 경제적 가치를 일반 임금소득과 동일시하는 '사회 크레디트 제도'(social credit system)를 도입할 것을 주창한다(Rifkin 1993; Anheier & Salamon 2001: 4). 그래서 자원봉사자의 시간을 '사회임금'(social wage)으로 간주해 각종 사회보장 혜택을 주도록 하자는 것이다.

자원봉사의 경제적 가치는 그간 과소 평가된 것으로 볼 수 있다. 자원봉사 활동이 국가의 GDP에 얼마나 기여했는지를 정확히 측정할 수 없어, 그 기여도가 낮게 평가되는 경우가 많다. 사실 자원봉사는 부수적인 효과나 비가시적인 다양한 효과를 거두고 있는데도 이런 막대한 비경제적 효과는 측정되지 않아 경시되고 있는 실정이다. 이러한 관점에서 가사노동의 사례를 생각해볼 수 있다. 주로 여성에 의해 창출되는 가계 경제의 가치를 둘러싼 여성운동은 가사노동의 정당한 가치를 합법화하자는 운동을 전개해 나가고 있다. 여성들의 가사노동의 가치가 여전히 경제적으로 드러나지 않게 된다면 정부도 여전히 그것을 무시하려 들 것이기 때문이다. 자원봉사의 경우도 마찬가지이다. 자원봉사의 내재적 가치 창출과 기여에 대하여 믿을 수 있는 정보를 정기적으로 제시하지 않으면 정부는 그 중요성을 간과하고 정책 개발에서 자원봉사의 영향력을 도외시하게 될 것이다.

자원봉사와 고용 능력 사이의 관계에 관한 보고서도 이미 많이 나와 있다. 자원봉사는 사업장 사이의 네트워크 접근성을 용이하게 하고 또한 특정 매매기술 개발의 기회도 제공하고 있는 등, 상업적인 많은 효과를 얻게 하고 있다. 또 자원봉사 활동을 통해 고용 직업으로 전환하거나 국가가 최근 취득한 서비스를 개발함으로써 새로운 일자리를 창출해낼 수도 있다. 최근 몇 년 동안 자원봉사에 대한 민간 분야의 움직임이 활발해지고 있다.

그간 많은 국제기관들이 자원봉사 활동의 중요성을 인식해, 각국이 자원봉사 활동을 측정하고, 정부의 자원봉사 진흥 역할을 강조하며, 국제자원봉사운동을 추진하였다.

① 유엔 자원봉사조직인 UNV는 1998년 특별보고서인 "자원봉사와 사회개발"에서 자원봉사를 통한 사회개발의 가치를 중시하고, 2011년 보고서에서도 자원봉사를 사회개발과 국제협력의 전략으로 간주한다.

② 유엔은 2001년 '국제 자원봉사자의 해'(International Year for Volunteers)를 추진해, 각국의 자원봉사 활동을 진흥, 활성화시켰다. 2001년 UN 총회(UNGA 2001)는 자원봉사가 "빈곤 감소, 지속가능한 개발, 보건, 재난 예방과 관리, 사회적 배제와 차별을 극복하는 전략에 중요한 요소"라 천명하면서, 각국이 자원봉사에 대한 "지식 기반"을 확충해서 "자원봉사의 경제적 가치를 수립"할 것을 권고하였다.

③ 국제적십자사와 적신월사(IFRC 2008)는 "자원봉사자가 수백만 명의 취약층을 구제하는 효과적인 인도적 구호의 심장 역할을 한다"고 강조하였다.

④ 유럽의회(EP 2008)는 결의를 통해 자원봉사가 "아마도 재생가능한 에너지의 가장 지속가능한 형태"라고 간주해, 유럽 회원국들과 지역과 지방 당국들이 "사회적·경제적 결속을 진흥시키기 위해 자원봉사의 가치를 인식"할 것을 권고하였다.

자원봉사 활동의 경제적 가치에 대한 관심이 높아진 것은 다음 몇 가지 배경에서 찾아볼 수 있다. 첫째는 자원봉사 활동은 그 규모가 상당할 정도로 증가하며 또 경제적 가치를 생산하고 있기 때문이다.

① 자원봉사자는 국가 인력의 상당 부분을 차지하며, 경제적 가치를 생산한다. ICNPO 연구진의 36개국 비교연구에 따르면, 자원봉사자 1억 3200만 명은 풀타임 노동자의 수로 환산하면 2020만 명에 해당되며, 이는 전체 풀타임 노동자의 44%, 성인 인구의 12%를 차지하는 엄청난 규모이다(Salamon et al. 2004: 16). 캐나다의 자원봉사자는 농업과 자동차 제조업보다 더 많이 국내총생산(GDP)에 기여한다고 한다(Statistics Canada 2006). 또 일본

■ **그림 2.1** 자원봉사의 시간 기여와 기부의 금전 기여 비교 : 7개국 (단위: %)

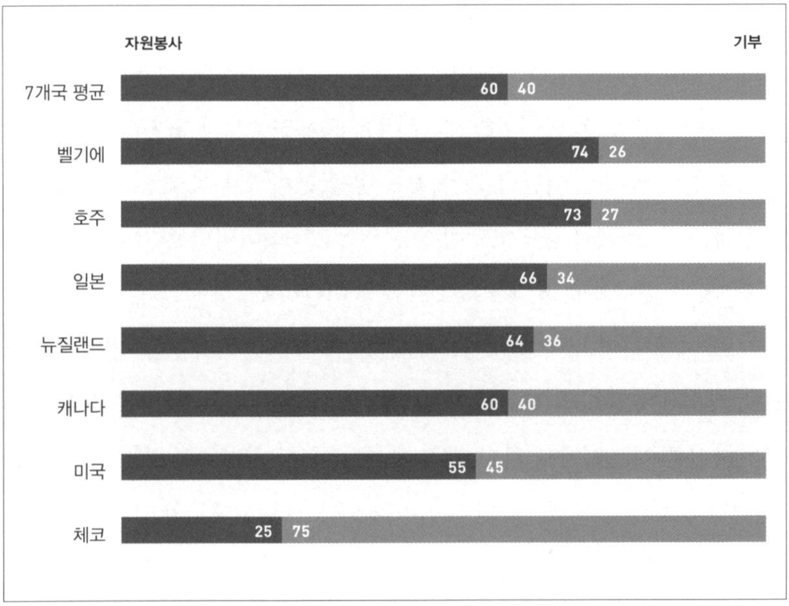

자료 Salamon et al. 2007: 11.

인 자원봉사 활동의 경제적 가치는 2009년 GDP의 2.2%에 달해, 기부금(0.12%)에 20배에 달할 정도이다(JFA 2011: 4).

② 또 자원봉사자의 '시간' 기여의 가치는 보수적으로 계산해도 기부(giving)에 의한 금전적 가치보다 적어도 50% 이상 되는 것으로 추산된다(ILO 2008: 4). ICNPO 연구진(Salamon et al. 2007: 11)이 조사한 7개국의 국가통계 자료에 따르면, 자원봉사의 기여도(시간 기여)는 기부의 기여도(금전 기여)보다 훨씬 높았으며, 양자의 비율은 60대 40으로 나타났다(그림 2.1). 자원봉사가 활성화되지 않은 체코를 제외하면 6개국 전체에서 자원봉사 활동은 적게는 55%(미국)에서 많게는 74%(벨기에)로 많은 비중을 차지하고 있다.

자원봉사의 경제적 가치는 여러 형태로 추산되고 있다. 먼저 자원봉사의 경제적 가치를 풀타임 노동력의 비중으로 환산하는 방식이 일부 국가들에서 일반화되고 있다. 샐러먼 등(Salamon et al. 2007)의 22개국 연구결과에 따르면, 총고용 평균이 4.8%인데 여기에 자원봉사자 노동력 2.1%를 포함시키면 6.9%로 늘어난다. 또 이것을 공공 분야 고용의 비중으로 바꾸어 계산해보면, 22개국 공공고용이 총고용의 27.6%이지만 여기에 자원봉사 고용 12.5%를 추기히면 40.8%로 크게 늘어난다.

또 이제 여러 국가들에서는 자원봉사자의 활동시간을 경제적 기여로 보고, 이를 풀타임 고용자의 임금으로 계산해 전체 자원봉사 활동의 부가가치를 계산하기도 한다. 미국에서는 매년 이런 계산을 하고 있는데, 2013년의 계산법으로는 자원봉사자(18세 이상 25.4%) 6260만 명의 자원봉사 활동 시간 77억 시간 × 시간당 23.07달러 = 1730억 달러가 된다(http://www.independentsector.org/volunteer_time?s=volunteer). 또 한국에서도 한국자원봉사문화의 계산에 따르면, 자원봉사자(20세 이상 22.5%) 929만 3252명의 자원봉사 활동 시간 × 1만 4312시간 × 시간당 1만 5938원 = 7조 9877억 원이다(주성수, 정희선 2014). 자원봉사의 경제적 가치가 많이 줄었는데, 물가상승을 감안하면 2011년의 절반 수준이다. 경제적 가치 방정식에서 가장 중요한 활동시간이 2011년의 절반 수준도 안 되기 때문이다. 이처럼 자원봉사가 국가 경제에 기여하는 성과에 대해 영국, 오스트리아, 스페인 등 각국 정부가 공식적으로 인정하고 있다.

자원봉사의 또 다른 경제적 가치는 고용 창출의 기회라고 볼 수 있다. 유럽의 경우, 1980년대 이후 심각한 실업의 위기를 겪으면서 자원봉사를 고용 창출의 기회로 활용해온 것이 사실이다. '유급 자원봉사자' 정책은 거의 모든 유럽 국가들이 추진했던 실업극복과 고용 창출의 정책 중 주요 정책 수단이다. 유럽연합은 2008년 유럽의회의 결의안을 통해 "자원봉사는 기술을 습득하는 데 중요한 역할을 하며 자원봉사자의 고용 가능성을 개선시킨다"고 평가하였다(EP 2008: 11). 청년 실업자의 경우, 자원봉사 활동으로 기술을 습득하는 교육을 통해 고용의 기회를 갖게 되는 주요 수단이 된다는 것이다. 그럼에도 자원봉사의 고용 가능성에도 불구하고, 자원봉사를 대체적인 고용수단으로 활용해서는 안 된다는 것도 결의안에 포함되어 있다(앞글: 12). 또한 다른 사회적 취약계층의 경우, 자원봉사를 통해 자신들의 삶을 변화시키는 자치 역량을 갖추어 사회활동에 적극적이며 자원봉사로 획득한 기술과 역량을 갖추어 더 높은 급여의 일자리를 찾게 되거나 교육과정에 진입하게 된다는 것이다. 유럽자원봉사센터(CEV) 또한 자원봉사가 국가 경제에 기여하는 가치를 유럽 각국의 국내총생산의 5~7%에 해당되는 가치가 있다는 추산을 중시하며, 또 다른 경제적 가치로 고용 창출의 가치를 다음 두 가지로 구분해 강조한다. 하나는 "자원봉사는 비공식, 무공식의 배움의 기회를 제공해, 평생학습의 필수적 도구로, 사람들은 자원봉사를 통해 지식을 습득하고, 기술을 실천하며, 개인적, 사회적 개발뿐 아니라 새로운 또는 양질의 고용 기회를 제공할 수 있는 사회적 네트워크를 확대시킨다"는 것이다. 다른 하나는 "자원봉사는 기업, 공공기관 및 자원섹터 조직들 사이의 혁신적인 파트너십 창출에 기여하므로, 무수한 자원봉사 활동의 선도적 특성과 결합된 이런 파트너십들은 새로운 고용 기회를 창출하는 역할을 할 수 있다"는 것이다.

2) 기업의 경제적 혜택

나눔활동은 참여하는 기업들에게도 직간접적인 혜택을 제공한다. 기업의 비즈니스에 도움을 주고, 참여하는 임직원에게도 적지 않은 혜택을 주며, 기업이 소속된 지역사회에도 물질적 혜택뿐 아니라 사회자본 등의 다양한 혜택을 준다. 그중 나눔활동의 경제적 가치에 초점을 맞추어보면, 다음과 같이 기업과 임직원 모두에게 경제적 가치가 있다고 볼 수 있다.

한국의 기업들도 사회공헌 활동을 경영전략과 연계해 중장기 계획에 따라 전략적으로 수행하고 있는 것으로 확인된다. 전경련의 사회공헌 백서(2011)에 소개된 기업들은 경영전략과의 연계 추진에서는 응답 기업의 80% 이상이 경영전략으로 고려하고 있다고 답했다. "사회공헌 전략을 경영전략과 연계하여 추진하고 있다는 기업들 가운데 45.5%가 "전체 사회공헌 전략이 경영전략을 바탕으로 수립되어 밀접하게 연계 추진되고 있다"고 답했고, 34.5%는 사회공헌 전략에 경영전략의 핵심 가치가 반영되어 있으며, 사안에 따라 제한적으로 연계 추진되고 있다고 응답하였다.

기업들은 좀 더 넓은 사회투자 전략과 자원봉사 전문인 개발의 두 가지 측면 모두를 위해 직원들이 각 지역에서 좀 더 활발한 자원봉사 활동을 하도록 적극 지원하는 방안을 개발하고 있다. 이런 방안은 물론 다양한 형태를 취하고 있다. 어떤 고용주들은 자원봉사를 위해 직원에게 노동시간을 줄여주고 수당을 주는 경우도 있고, 또 어떤 경우는 각 단체 참여를 유도하기 위해서 재정적인 지원을 한다든지 이동을 위해 차편을 마련해준다든지 하는 혜택을 주고 있다. 또는 직장 내의 자원봉사 담당부서를 운영하기도 한다. 이들 중 좀 더 나은 모델이 무엇이든 이러한 현상은 고용주들이 자원봉사를 지원하는 것이 직원들의 기술을 더욱 향상시키고 사기를 진작시키며, 나아가 지역사회 내에 자신들의 비즈니스 입지를 견고히 하는 데 도움이 된다는 것을 증명해주고 있다.

기업 비즈니스 혜택으로는 비용 절감과 생산성 향상의 효과를 주목해 볼 수 있다. 기업 사회봉사는 적은 비용을 투입해서 기업 경영과 실적에 높은 부가가치를 가져다주는 전략상품이 될 수 있다. '비용 절감'의 측면에서는 직원 교육훈련, 품질검사, 소비자 고발, 광고 등에 드는 비용을 크게 절감한다는 점이다. 사회봉사 활동은 조직의 구조와 직원의 태도에 커다란 변화를 주며 신뢰감과 협력의 분위기를 창출시키는 효과를 낳는다. 워크숍, 연수 등 모임을 통한 변화보다도 더 큰 실질적인 변화를 가져다주는 높은 효과성, 그런 모임에 투입되는 막대한 비용과 시간을 크게 절감하는 높은 효율성을 동시에 낳는 것이 사회봉사라는 지적이다.

기업의 비즈니스 혜택과 비교될 만한 임직원의 물질적 혜택도 적지 않다. 유럽자원봉사센터(CEV 2009b: 32)는 사회봉사에 참여한 직원들은 다음과 같은 혜택을 받는다고 소개한다.

- 리더십과 대인관계 기술을 개선한다.
- 새로운 기술 분야를 개척하는 기회를 제공해준다.
- 기업의 다른 부서 다른 직급의 직원들과의 관계를 개선한다.
- 다양성과 성취력을 높이고 자신감을 높인다.
- 직원과 가족들이 활용하는 지역사회 서비스를 개선한다.

한편 캐나다의 조사에 따르면, 사회봉사활동에 참여한 직원들은 다음과 같은 기술적 혜택을 받는다고 한다(VC 2010: 23).

- 대인관계 기술 67%,
- 커뮤니케이션 기술 45%,
- 조직적 기술 39%,
- 모금 기술 32% 등.

3) 참여자 개인에게 주는 혜택

또 나눔활동은 참여하는 개인들에게 인적자본을 생산해주는 경제적 효과가 있다. 나눔활동에 참여하는 개인들이 누리는 인적자본의 효과는 건강 유지, 행복감과 자신감 등의 웰빙이 있고, 또 경험 축적, 직업훈련, 학습 효과 등의 인적 자본 요소들이 있다.

특히 자원봉사는 공식적인 학습과는 별도로 비공식 학습의 과정으로 볼 수 있다. 개인이 생애주기를 통해 학습하는 과정에서 자원봉사는 학생들에게는 타인과 공동체를 배우는 사회화 과정이 되고, 특히 대인관계 기술이나 직업세계에 대한 이해, 경력의 경험 등 학습의 효과를 높여주는 활동이다. 학생이 아닌 성인들도 교육과정을 이수한 후에도 타인들과의 교제와 유대의 기회를 갖고 경험을 통해 자신의 지식과 지혜의 수준을 높이는 중요한 활동이 자원봉사 활동이다. 유럽에서는 지식기반의 사회와 경제 동향에서는 평생교육의 기회로 자원봉사만한 경험적 활동은 없다는 연구보고가 있다(GHK 2010: 32). 또 자원봉사는 직업교육훈련의 활동으로 인정받고 있어, 정부의 노동시장정책의 하나로 추진되고 있는 것이 서구의 실정이다. 실례로 유럽연합에서 추진된 레오나르도 다 빈치 프로젝트는 청년층의 자원봉사 참여로 기술과 지식을 습득하는 직업교육 프로젝트로 시행되기도 했다(앞글: 34).

실제로 개인 차원에서도 자원봉사 활동은 경제적 활동으로서의 중요성을 더 높여가고 있다. 자원봉사 활동은 직장을 갖지 않은 사람들이 직업 탐색이나 경력 쌓기를 위한 도구적 활동으로 점차 늘고 있다는 것을 알 수 있다. 한국에서 전업주부와 학생 신분을 제외한 무직자의 자원봉사 참여율은 2005년과 2008년에 21.3%와 20.6%에서 2011년 25.8%로 증가해 일반 자원봉사자 비율(21.4%)보다 훨씬 더 높다. 그런데 2014년에는 16.2%로 크게 줄어, 전계층 참여율 22.5%보다 훨씬 낮은데(주성수, 정희선 2014), 이는 일부 무직자들이 급여성 활동비를 지급하는 사회서비스 영역으로 이동한 것으로 보여진다. 영국에서도 구직활동을 하는 실업자가 자원봉사에 참여하는 비율은 2007년 조사에서는 일반참여율(59%)보다 약간 낮은 57%에 달한다. 또 캐나다의 경우, 2000년에 조사된 자료에서 실제로 자원봉사 활동에 참여하는 동기가 취업의 가능성을 높이기 위한 것이라는 응답이 15~24세에서는 55%에 달하며, 25~44세에서는 20%와 45~64세에서도 10% 이상으로 조사되었다(VC 2010: 19). 또 실제로 자원봉사 활동이 취업에 도움이 되었다는 응답도 15~24세에서는 25%, 25~44세와 45~64세에서도 10% 안팎인 것으로 나타났다. 캐나다의 실업자 자원봉사 참여율은 1997년과 2000년에는 30%에 못 미치는 비율로 저조한 편이지만, 2004년과 2007년 조사에서는 40%에 달하는 수준으로 높아졌다(앞글: 23). 미국의 경우 실업자의 자원봉사 참여율도 2006~14년 기간에 일반 참여율(26%)보다 약간 낮은 24%를 유지해왔다(USBLS 2014).

3. 나눔의 시민사회

1) 시민사회의 무보수 노동

자원봉사는 시민사회의 절대적인 인력 자원으로서 경제적 가치를 생산한다. 시민사회의 무수한 기관과 단체들은 정부와 기업과는 달리 절대적으로 자원봉사자의 '무급 노동'에 의존해 조직을 유지하며 사업을 진행하고 있다. 바꾸어 이야기하면 자원봉사자들이 조직의 행정, 업무, 행사 등 '일'을 도와주지 않으면 시민사회 조직들은 사업 추진은 물론 조직 유지조차 어려울 수도 있다고 볼 수 있다.

실제로 국제비영리조직분류(ICNPO)의 조사에 따르면, 36개국의 시민사회조직 인력 가운데 임금직이 56%, 자원봉사자가 44%를 차지한다(Salamon et al. 2004: 18). 국가마다 시민사회의 발전 수준에 따라 많은 차이가 난다. 북유럽 국가들의 경우 전통적으로 자원봉사 활동이 주로 시민사회조직에서 소속된 회원 봉사자로 이루어지고 있으며, 이는 임금직보다 훨씬 높은 비중을 차지한다. 시민사회조직의 인력에서 자원봉사자가 차지하는 비중이 가장 높은 그룹에 스웨덴(75.9%), 노르웨이(63.2%), 핀란드(54.3%)가 포함되어 있고, 그 밖에도 프랑스(51.6%), 영국(44.2%), 독일(40.4%), 미국(36.9%) 등이 있다. 시민사회조직이 자원봉사자를 잘 활용하지 않고 있는 한국(22.8%)과 일본(24.5%)은 하위 그룹에 속해 있다.

2) 시민사회조직에 대한 재정 기여

자원봉사자가 시민사회조직의 인적 구성에 상당한 비중을 차지하기 때문에 재정적 기여도 또한 상당하다. 다시 ICNPO의 조사에 따르면, 34개국 사례에서 시민사회조직의 수입은 회비와 이용료(fees)가 53%로 가장 많은 비중을 차지하고, 정부 지원이 34%, 그리고 기업이나 개인의 기부금이 12%를 차지한다(표 2.2). 그런데 여기에 자원봉사자의 활동시간을 인건비로 환산해 다시 계산해보면, 마지막 후원금 비중이 31%로 상승하면서 정부 후원금 비중(26%)을 능가한다. 또 회비와 이용료 비중은 42%로 줄어든다. 실제로 자원봉사자 비중이 높은 북유럽 국가들의 경우, 자원봉사자의 재정적 기여가 포함된 시민 개인들의 후원 역할이 가장 많은 비중을 차지한다는 것을 알 수 있다.

또 다른 방식은 자원봉사자의 활용으로 발생하는 부가가치를 산출하는 계산법이다. 영국 등 유럽의 시민사회조직들이 자원봉사에 투자해 조직의 활동에 활용하는 부가가치를 산출한 계산에 따르면, 자원봉사자 개발에 투자한 1파운드는 조직에 3~8파운드의 가치를 가져다준다고 한다(CFV

표 2.2 시민사회의 재원과 자원봉사: 34개국과 한국 (단위: %)

	자원봉사 기여 제외		자원봉사 기여 포함	
	34개국	한국	34개국	한국
자체 수입	53	71	42	63
정부 지원	34	24	26	22
외부 기부	12	4	31	15

자료 Salamon et al. 2004: 30-37.

2007: 6). 또 2006년 영국의 59개 호스피스 조직에서의 자원봉사자의 재정적 가치는 1억 1200만 파운드이며, 만약 자원봉사자의 일을 임금직의 일로 바꾼다면 운영비가 25% 가량 높아진다는 계산도 있다(앞글: 7). 또 이 호스피스 조직들이 자원봉사에 대한 1파운드의 투자금이 11파운드의 부가가치를 생산한다고 한다.

제3장

나눔문화의 발전

나눔문화는 보는 시각에 따라 여러 모습으로 나타난다. 거시적인 역사와 전통에서 바라볼 수 있고, 나눔활동이 이루어지는 사회경제적 분위기와 환경에 비추어 볼 수 있다. 또 미시적으로 개인 참여자의 배경과 참여 동기에 초점을 맞추어서 볼 수도 있다. 나눔문화의 역사적 발전에서는 먼저 역사적 전통을 살펴본 다음, 현대 복지국가와 시민사회의 발전의 시각을 차례로 살펴본다.

1. 역사문화적 전통

나눔문화는 오랜 역사적 전통의 산물이다. 인류 역사와 함께 나눔의 역사가 있었다고 보면, 인류의 역사는 나눔의 역사라 볼 수 있다. 인류는 생존을 위해서도 나눔활동을 유지해왔고, 현대인은 나눔을 통해 사회적 동물로서의 존재감과 자존감을 유지하고 있다. 또 복지국가만으로 담당할 수 없는 복지의 부담이 민간 나눔활동 위주의 민간복지로 보충되고 있다.

1) 자선과 종교적 구원

금진과 물품으로 기부하고 시간으로 자원봉사하며 이웃을 돕는 나눔의 역사는 인류의 역사라고 볼 수 있다. 인류는 서로 돕는 나눔으로 생계의 위협, 자연의 위협을 극복하는 역사를 거쳐 왔다. 인류 사이에 '조직화된' 제도의 형태를 가진 나눔의 역사는 종교의 등장에서 찾을 수 있다. 지구 상에 존재하는 어떤 종교든지 나눔의 실천을 중요시하고 있다. 요르단이나 이집트 등 이슬람교가 지대한 영향력을 행사하고 있는 아랍권에서는 이슬람교의 덕목 중 하나인 자캇(Zakat)이라는 불우한 이웃에게 자기 수입의 일정 비율을 기부해야 하는 의무가 있다. 이는 이슬람 세계의 자원봉사 활동을 촉진하는 역사적 배경이 된다(볼런티어21 2002: 380).

영어의 자선(charity)은 '기독교인의 사랑'을 의미하는 라틴어 카리타스(Caritas)에 그 어원을 두고 있다. 중세 유럽에서는 기독교적 사랑의 실천은 교회 중심의 조직적 노력의 결실로서 빈민 구제를 위한 병원과 수도원이 설립되었고, 이곳에서는 환자, 극빈자, 고아를 돌보았으며 여기에 참여하는 기부자가 되고 자원봉사자로 일하는 사람들이 늘어나기 시작했다. 유럽에서 기독교가 공인되면서 자선은 '개인이 구원받는 수단'이 된 것이다. 스페인 등지에서는 가톨릭 교회가 기부와 자원봉사에 있어서 중요한 역할을 해왔다. 교회는 교구민들에게 이웃과 지역사회를 위해 기부하고 자원봉사 활동을 하도록 권장하며, 교회 내의 다양한 조직활동에 자원봉사자로 참여할 것을 권장해왔다(앞글: 380). 스페인의 기부와 자원봉사의 전통은 중세 길드와 형제회에서 유래한 종교적 단체들에서 찾아 볼 수 있다. 최초의 자원봉사단체인 병자를 위한 가톨릭 형제회 등의 역할, 빈곤층 서비스를 위한 수도회의 자원봉사 활동 등이 대표적인 사례가 된다(앞글: 298). 핀란드에서 중세 시대 길드 조직이나 자매회의 멤버십은 의무적인 것으로, 상조가 조직 생활의 기본이었다. 핀란드의 자선과 자원봉사의 초기 역사는 1840년대 부유층 여성들이 가난한 아동들을 보살피는 보호소를 운영해, 이들을 자신들처럼 교육시켜 정상적인 사회인으로 성장하기를 바라는 목적을 갖고 있었다(Hilger 2008: 2).

영국의 청교도들은 1620년 종교의 자유를 찾아 신대륙으로 떠나는 선상에서 "모든 사람의 이익과 안전을 위해 서로 돕는다"는 사회계약을 공동체 생활의 통치 규정으로 마련하였다. 신대륙에서의 생활은 뭉치지 않으면 살기 힘들었고, 외부의 공격으로부터 부녀자와 노약자를 보호하고, 병자나 산모를 돌보고, 협동농장 등 공동작업을 통해 생계를 유지하는 모든 일들이 공동체의 일이지만 자신의 일이기도 했다. 또 앞선 이민자들이 뒤따르는 이민자들의 정착을 돕는 나눔의 문화와 전통을 마련해간 것이다. 청교도들은 마을을 개척해가면서 소방, 방범 등 모든 공동체 생활을 민주적인 자치로 결정하는 데 모든 구성원들이 자발적으로 참여하며 역할을 분담하면서, '참여자들'의 공동체를 만들어갔다.

현대적 의미의 기부와 자원봉사 활동이 시작된 것은 개인 차원의 자선이 집단 차원의 '사회복지'(social welfare)로 전환하면서부터이다. 미국의 경우 1662년 보스턴에 빈민 구제소가 설치되어 빈민 구제에 나섰고, 다른 다양한 클럽과 모임들도 자원봉사자들과 함께 사회복지 사업을 위한 활동에 동참하였다. 이런 전통은 1776년 독립과 국가의 건설 시기까지 역사적 전통으로 지속되었다. 이 전통은 "자신을 스스로 돕는 자조(self-help)이지만 지역사회 공동체에 대한 충성심, 나아가 국가에 대한 애국심을 고취시키는 결과"로 이어졌다(볼런티어21 2002: 22). 독립 이후 밀려드는 이민자들로 사회복지에 대한 수요는 급증하였다. 초기 국가의 역량이 부족한 상태에서, 제퍼슨은 "모든 사람이 자기 수입의 일정 부분을 자선활동을 위해 바치는 것을 의무"라고 판단하였다.

반면에 자선을 경시하는 문화를 가진 국가들도 있다. 보편적 복지국가를 대표하는 스웨덴에서는 '자선'은 부정적인 개념으로 배척되어왔다. 과거 빈민 구제법에 기초한 자선체계는 빈곤층을 수동적 대상으로 간주하는 비인간적인 것으로 배척하고, 복지국가 체계에서 동등한 시민으로 인정하는 시민권 개념을 정립하였다. 또 '자선'을 명목으로 일부 부유층이 사회적 불평등 현실을 자선으로 치부하려는 정치적 계산에 대해서도 부정적 시각이 지배적이다(Wijkstroem 2004: 17). 스웨덴에서 '자선'의 의미는 영미권과는 달리 빈곤층을 대상으로 하는 게 아니라 사회서비스 제공에 초점을 맞춘다. 따라서 스웨덴의 시민사회나 제3섹터는 영미권처럼 자선이나 기부에 의존하지 않고, 20세기에 걸쳐 대중운동으로 성장하였다(앞글: 19). 대중운동의 특징은 개방적이고 활성적인 회원제, 조직의 운영과 관리의 투명성, 고차적인 내부 민주주의와 정의 확보, 공공정책에 대한 관용적 접근 등이다. 이는 중앙과 지방정부로부터 거의 구속력이 없는 재정 지원에 힘입은 것이다. 1996년에는 시민사회조직에 대한 공식적인 재정 지원의 출처를 지방정부로 규정하는 법률을 도입하였다.

한국에서 현대적 의미의 나눔문화가 발달하게 된 배경 또한 종교적 영향이라 볼 수 있다. 한국에서 현대적 의미의 자선적 기부의 개념이 형성된 것은 200여 년 전 가톨릭이 전파되어 구빈사업의 형태로 시작된 이후부터

였고, 그 후 개신교가 전파되고 선교, 의료 및 교육 사업을 수행하는 과정에서 개신교의 복음정신과 이웃을 구제하는 정신 그리고 나눔의 정신이 일반인에게 자연스럽게 인식된 것으로 볼 수 있다(박세경 2009: 45). 이처럼 현대에 와서 기독교와 불교 등의 종교적 영향이 강하지만, 한국 나눔문화의 역사적 전통은 역시 유교의 전통에서 찾아볼 수 있다. 유교의 도덕적 가치와 의무는 사람들 사이의 관계를 형성하는 방식에서 핵심이 되어, 상부상조·이타주의·박애정신이 전통으로 이어지고 있다. 마찬가지로 같은 유교 문화권에 있는 중국과 일본에서도 나눔문화의 역사적 뿌리를 유교로 볼 수 있고, 여기에 불교적 생활방식이 강한 일본의 경우 의무와 책임이라는 관계망을 통해 사회적 관계가 규정되며 기부와 자원봉사 등 나눔활동이 이루어진다고 볼 수 있다(볼런티어21 2002: 380).

2) 산업화

현대적 의미의 나눔문화는 산업화의 폐해에 대한 사회적 대응으로 등장된 것으로 볼 수 있다. 산업화는 농촌인구의 도시집중 현상을 낳았고, 도시에 집중된 많은 인구들은 빈곤, 질병, 장애 등 심각한 문제들을 안고 있었다. 이는 더 이상 개인적 문제로만 방치할 수 없고 심각한 사회적 문제로 제기되면서, 선의의 자선활동을 위한 자선조직들의 등장을 촉발시켰고, 여기에서 활동하는 사람들은 대부분 자발성과 무보수성을 가진 기부자이며 자원봉사자들이었다.

산업화를 선도했던 영국의 경우, 19세기 산업화의 절정기에 무수한 자선단체들의 폭발적 증가를 목격하였다. 복지국가가 등장하기 이전부터 자발적인 민간 자선단체들은 산업화의 피해자인 무수한 노동자들의 빈곤과 질병 치료에 필요한 복지서비스 제공에 선도적인 역할을 수행하였다. 네덜란드에서도 19세기의 산업화는 다수의 빈곤층을 양산시켰고, 이에 대해 양심적인 부유층 주도의 빈민 구제 활동이 시민사회조직으로 확대되면서, 자발적인 시민들이 기부자나 자원봉사자로 등장함으로써 나눔문화의 현대적 초기 활동이 개시되었다(CEV 2007: 3). 남유럽의 포르투갈에서도 산업혁명은 심각한 사회문제를 유발하며, 다양한 사회단체들의 등장을 재촉했다. 노조단체, 종교 기관, 자조집단, 가톨릭 교회 중심의 자선기관 등이 폭발적으로 증가했다. 전통적으로 가톨릭 교회 중심의 자선, 인도적 구호활동이 자원봉사를 의미했고, 이것이 자원봉사의 전통이 되었다. 복지국가의 등장 이후로 정부-교회 이원 구조가 사회복지와 자원봉사의 특징이 되었다(CEV 2008: 7).

스웨덴에서도 산업화에 대한 대응으로 나눔문화의 제도가 발전되는 역사적 배경이 있었다. 산업화가 미치는 사회적 폐해에 대응하는 무수한 자선기관들의 확대기(1810~70)에 현대적 의미의 나눔운동이 시작되었고, 그 후 2차 대전 직전까지 나눔운동은 일련의 대중운동에서 비롯된 것이라 볼 수 있다(CEV 2007: 6). 19세기를 거쳐 개별적인 자선활동을 벌였던 자선조직들은 1903년 전국협회가 구성되면서 국가에 대한 사회복지정책에 영향을 미치면서 이 조직들의 지도자들이 복지국가의 지도자로 참여하는, 새로운 변화가 일어났다. 이후 2차 대전까지는 복지국가와 균형을 이루는 강력한 시민사회의 건설운동이었던 다양한 대중운동이 나눔운동의 밑거름 역할을 하였다. 19세기 말에 태동된 대중운동은 비민주적 정치, 경제, 사회의 질서에 대한 깨우친 대중들의 민주화 운동이었다. 대중운동은 정치성향이 강한 사회운동이었지만 일반 대중의 참여에 기초해, 종교운동을 비롯해, 노조운동, 정치개혁 운동뿐 아니라 교육, 소비자, 농부, 장애인, 연금 수혜자, 여성, 청년, 스포츠, 평화, 환경 등 거의 분야에 걸쳐 대부분의 시민들이 동참한 장기지속적인 운동이 되었다(앞글: 7).

3) 민주화

한편 민주화의 영향 측면에서, 스페인의 나눔문화는 다른 유럽 국가들과는 전혀 다른 역사적 배경을 갖고 있다. 오랜 프랑코 독재통치(1939~75)의 영향으로, 1970년대 중반 민주화 이후에 와서야 현대적 의미의 시민사회의 발전과 나눔운동의 활성화를 목격할 수 있었다(CEV 2005: 2). 프랑코 통치기간은 동원된 봉사활동으로, 한국의 새마을운동도 이와 비슷한 격동기를 거쳐 왔다. 이렇듯이 정부 주도의 나눔운동은 시민사회 주도의 자원봉사와 근본적으로 다른 목적을 추구한다. 전자는 개인 독재자의 정권 유지를 위한 목적으로 오용되고 후자는 사회복지와 시민의 삶의 질을 지향하는 목적을 지향한다. 1964년 이전에는 금지되었던, 단체 조직을 허용했던 결사체법의 시행으로 시민사회 조직들이 등장해, 시민사회 운동이 일부 진행되었지만, 독재정권의 통치에서는 정체된 활동에 지나지 않았다.

그러다 스페인 정부가 민주적 정권으로 교체되면서 많은 변화가 있었다. 시민사회가 활성화되면서 시민참여가 늘었지만, 다른 한편으로는 복지국가의 체제가 마련되면서도 시민사회와 나눔운동은 다시 복지국가의 그늘에서 지속적인 침체기를 맞을 수밖에 없었다. 또한 그간 권위주의 통치의 절대적인 영향권에 있었던 사회의 주요 기관들도 나눔운동에 대해 부정적인 시각을 갖고 있었다. 노조는 자원봉사자가 임금직 일자리를 대신하며 위협하는 것으로 보았고, 고용주 기관들은 적절한 교육훈련을 받지 않은 부적격자의 활동을 경계하였다. 1980년대 중반에 와서야 사회적 인식이 변화하기 시작했다. 복지국가가 더 이상 무수한 사회적 욕구를 수용할 수 없는 한계에 달했고, 중앙과 지방 정부 모두가 나눔운동을 통한 민간 자원의 활용과 시민참여에 긍정적인 입장을 제시한 것이다. 이후 기부와 자원봉사 조직화의 붐이 일어나면서, 조직들 중 절반 이상이 1986년 이후에 설립될 정도로 시민사회의 활성화가 진행되었다. 이에 정부도 자원봉사에 적극적으로 개입해, 1991년 카탈로니아 지역부터 최초의 자원봉사센터가 개설되었다. 지자체의 조례에 의해 개설된 센터들을 중앙 정부가 관장하기 위해 1996년 국가자원봉사법이 시행되었다. 일반 시민들도 시민사회단체에 대한 호의적인 여론(78%)을 보여주며, 또 시민사회단체에서 일하는 노동력의 70% 이상은 무보수의 자원봉사자이다. 1996년에 신설된 스페인의 자원봉사 활동법은 자원봉사가 다양한 사회 분야에 시민참여의 기본이라는 점을 확인하며, 이런 시민참여를 활성화시키고 지원하는 것이 정부의 임무라고 밝힌다. 그 결과 1997년 '자원봉사 활동을 위한 국가계획(1997~2000)'이 제시되어, 자원봉사 활동이 공식적으로 정부의 재정 및 행정 지원을 받게 되었다.

한국과 동유럽의 변화 또한 민주화에 많은 영향을 받았다. 민주화 이후 자발적인 시민들의 참여에 의한 시민사회의 활성화와 시민사회단체를 통한 다양한 나눔활동이 이루어진 것이다. 동유럽의 과거 사회주의 체제에서 시민들의 자발적인 시민사회 활동이 금지되었고, 대신 정부 주도의 관변 조직들에 의해 단체활동이 허용되었을 뿐이었다. 사회주의 체제 이전에는 전통적인 자발적 결사체 중심의 시민사회 활동이 있었던 헝가리 등지에서도 이런 전통의 맥이 끊어질 정도로 사회주의 영향은 위협적이었다(GHK

2010: 46). 따라서 민주화 이후의 동유럽 국가들은 시민들의 자발적인 참여에 의한 시민사회의 발전뿐 아니라 복지국가의 발전으로 시민들의 복지서비스 욕구를 충족시켜야 하는 이중의 과제를 안고 있다.

2. 복지국가의 발전

나눔문화는 복지국가와 밀접한 상관관계의 역사를 갖고 있다. 나눔문화는 복지국가의 태동으로 쇠퇴하고 복지국가의 위기로 다시 부활하는 역사적 발전을 보여준다. 20세기 초 서구 복지국가의 태동은 많은 사회복지의 문제들을 국가 중심으로 흡수해가며 시민들과 시민사회단체들의 나눔활동도 쇠퇴의 동향을 보였다. 보편적 모델을 대표하는 사회민주주의 복지국가인 노르웨이·핀란드·스웨덴에서도, 조합주의 모델인 독일과 프랑스에서도, 자유주의 모델인 영국에서도 복지국가의 등장은 새로운 변화를 초래했지만, 국가들 사이의 특이한 새로운 제도적 발전의 경로를 주목해볼 만하다.

1) 복지국가와 나눔문화

앞의 제2장에서 살펴보았듯이 나눔문화는 국가 간 두드러진 발전수준의 차이를 보여준다. 일반적으로 복지국가의 모형에 따라 차이가 있다는 것이 연구자들의 분석결과로 확인되고 있다. 그렇지만 제2장의 분석결과를 보면, 복지국가 유형 분류는 국가 간 나눔문화의 수준의 차이를 설명할 수 있는 분석틀로서 적합하지 않다는 것을 알 수 있다. 복지국가의 역할이 절대적인 북유럽의 국가들에서도 최근 나눔활동이 급성장해 상위권에 위치할 정도로, 나눔활동은 이제 복지국가 유형 분류로 설명하기 어렵고, 보편적인 세계적 동향으로 활성화되고 있다(주성수 2012).

복지국가의 등장과 위기

유럽에서 복지국가의 등장은 나눔활동의 쇠퇴를, 반면에 복지국가의 위기는 나눔활동의 성장을 가져다주었다. 20세기 초 복지국가의 등장은 노동자조직 등 자발적인 '사회적 경제'(social economy) 조직에 의해 제공되었던 다양한 복지서비스 부문에 근본적인 변화를 초래하였다. 공제회는 자본주의의 발달과 더불어 유럽에서는 19세기 초부터 노동자들의 산업재해, 질병, 노령연금 등 연대에 기초한 서비스 제공을 맡아왔다(Evers and Laville 2004: 25). 사회주의자들은 자율적인 공제보험을 자본주의로부터 노동자의 해방을 위한 중요한 변화로 간주하였다. 또 복지국가가 실업보험 또는 고용보험을 제도로 갖추기 전에 이미 공제조합에 의해 서비스가 제공된 경우도 많았다. 그러나 복지국가의 제도화로 전국 차원의 산업재해, 실업 또는 고용 보험의 표준화로 수용되어 복지국가의 보충적인 제도로 편입되었다. 독일, 프랑스, 벨기에 등 비스마르크 복지국가 유형에서는 복지국가의 일부로 제도화되어, 사회보장제도의 관리체제가 되었다.

한편 1970년대부터 진행된 복지국가의 위기는 나눔문화의 성장을 재촉했다. 복지국가의 재정적 위기가 확대되면서, 복지국가의 역할로 해결하기 어려운 서비스 제공의 역할을 민간 시민사회단체들의 역할로 대행하도록 하는 사회정책이 대부분의 국가에서 폭넓게 진행되었다. 이탈리아의 경우처럼, 복지국가의 재정적 위기를 극복하기 위한 방안은 자발적인 시민사회단체의 조직화와 역할을 정부가 지원해서 복지국가의 역할을 대신하도록 하는 '사회적 경제' 지원정책에 있었다. 영국에서는 1980년대 보수당 정권이 복지국가를 대신해 시민사회단체들이 효율적으로 저렴하게 복지서비스 공급을 주도하도록 하는 용역국가(contract state) 정책을 추진하였다. 이런 전통은 노동당의 토니 블레어 정권과 그 후의 보수당 정권에서도 더욱 확대되어 복지국가를 대신하는 사회적 경제의 활성화 전략은 현재 진행형이 되고 있다. 복지서비스 제공뿐 아니라 빈곤과 실업 극복을 위한 사회적 기업 활성화 등의 '사회적 경제' 정책은 보편적 복지국가를 대표하는 덴마크에서도 1980년대부터 추진되었다. 그 결과, 덴마크의 민간복지와 나눔문화의 수준은 앵글로색슨 국가들의 수준에 근접할 정도로 활성화되어 있다. 덴마크뿐 아니라 다른 많은 유럽 국가들에서도 복지국가의 위기를 시민사회의 활성화로 극복하려는 사회정책은 보편화되고 있다.

이처럼 복지국가의 위기는 나눔문화의 활성화에 크게 기여했는데, 그 시대적 배경은 몇 가지로 나누어 정리해볼 수 있다(Smith 1993: 5-6). 첫째, 경제 위기와 그로 인한 정부능력의 한계 때문이다. 1960년대 말 이래로 급격히 늘어난 유럽의 복지 지출은 점증되어온 경제적 어려움과 재정 위기와 맞물려 광범위한 축소를 요구받았다. 이와 더불어 유럽의 복지국가들은 국가의 공공 서비스만으로는 팽배하는 사회의 욕구들을 충족시킬 수 없음을 깨닫게 되었다. 그에 따라 저렴하고 효과적인 복지서비스 분배의 수단으로서 시민사회단체와 자원봉사 활동이 부상하게 된 것이다. 둘째, 유럽 각국 정부는 자원봉사 활동이 실업자 기술교육뿐 아니라, 정부지원과의 적절한 조화를 통해 고용을 창출하는 실업문제 해결의 근본적 해법이 될 수 있음을 새롭게 인식하게 되었다. 많은 유럽 국가들이 시민사회단체와의 연계 프로그램을 통해 실업자 구제에 나서고 있는 것은 이러한 인식에 대한 현실적 표현이다. 셋째, 나눔문화에 대한 관심이 높아진 또 다른 이유는 정치적 문제이다. 1980년대 후반 서구에 신자유주의의 영향으로, 사회민주주의 정부는 보수 우파 정당들에 의해 대체되었고, 이들은 국가개입의 제한, 국가 활동영역 축소, 복지에 있어 자구노력 원칙을 강조하였다. 보수파 정부는 사회복지 서비스의 책임을 민간 자원영역에 이양하였다. 그에 따라 정부 정책에서 국가복지주의(state welfarism)는 복지다원주의(welfare pluralism) 또는 혼합경제 복지(mixed economy of welfare)에 의해 대체되었다. 영국 등지에서 볼 수 있듯이 정부기관들은 민간부문과의 계약을 통해 복지서비스에 대한 책임의 일부를 면제받았으며, 그에 따라 민간 기부와 자원봉사의 활성화는 하나의 정책적 목표로 추진되었다.

그러나 복지다원주의를 전적으로 우파의 이념으로만 간주하기는 어렵다. 이미 1960년대 말부터 좌파로부터도 공공서비스에 관한 비판이 제기되었다. 이 시기 유럽에서는 새로운 형태의 자원봉사 활동, 즉 전통적 형태의 활동과 더불어 보다 진보적이고 민주적인 성향을 가진 활동들이 성장하였다. 좌파에게도 자원봉사는 국민의 참여를 증대하고 시민의 권리를 강화하는 것이며, 집단적이고 공동체적인 활동의 표현으로 이해되었기 때문에 지지를 받으며 옹호되었다. 이렇듯이 좌파에 있어 자원봉사에 대한 지지는 우파와는 다른 정치이념적 배경이 있다. 실제로 자원봉사는 요즈음 거의 모든 정파들로부터 지지를 받는다. 좌파 정당의 집권으로 유럽의 정치 지형이 새롭게 변한 오늘날에도 이런 경향은 계속 유지될 것으로 보인다.

복지국가 유형과 나눔문화

한편 서구 국가들의 나눔문화의 역사를 살펴보기 위해서는 복지국가 유형을 참고해볼 만하다. 복지국가의 모형은 일반적으로 에스핑 안데르센(Esping-Andersen 1990)의 3대 모델을 많이 참고하고 있다. 이 모델은 복지국가의 이데올로기적 근원에 따른 분류에 기초해서 사회정책의 실체적 내용을 분석대상으로 한다. 첫째, 자유주의(liberal) 복지국가는 시장자유주의에 기초한다고 할 수 있을 정도로 시장의 기능에 대한 탈규제 정책을 기본으로 하는 모델로, 영국과 미국이 대표적인 국가로 꼽힌다. 둘째, 조합주의(corporatist) 복지국가는 대부분의 유럽 대륙 국가들의 모델이다. 셋째, 사회민주주의(social democratic) 복지국가는 사회적 연대와 평등을 지향하는 보편적 복지국가 모델로, 스웨덴·노르웨이·덴마크·핀란드 등 스칸디나비아 국가들이 여기에 해당된다.

이 같은 세 유형의 복지국가 분류에 기초해, 안아이어와 샐러먼(Anheier and Salamon 2001)은 복지국가에서의 자원봉사 발전의 유형을 '사회적 기원'으로 설명한다. 그들은 안데르센의 세 유형에다 국가주의 모델을 추가해, 〈표 3.1〉과 같은 분석틀을 제시한다. 자유주의 모델은 정부의 사회복지 지출이 낮지만 비영리부문이 발달해 이를 보충하지만 국가주의에서는 비영리부문도 발달하지 않아 복지수요를 충족시키지 못한다. 사회민주주의 모델에서는 정부의 사회복지 지출이 높아 상대적으로 비영리부문이 덜 발달했지만, 조합주의 모델에서는 비영리부문도 발달해 비교적 높은 수준의 나눔문화가 형성되어 있다.

① 자유주의 모델을 대표하는 미국과 영국에서는 역사적으로 중산층 위주의 복지국가와 사회발전이 진행되어, 상류 엘리트들의 저항이나 하류 노동계급의 노동운동이 존재하지 않았거나 효과적으로 차단되는 전통을

표 3.1 사회적 기원에 기초한 비영리 레짐(nonprofit regime) 유형

		비영리 부문의 경제규모	
		낮음	높음
정부 사회복지 지출비	낮음	**국가주의** 모델 (한국, 일본)	**자유주의** 모델 (미국, 영국)
	높음	**사회민주주의** 모델 (스웨덴, 덴마크)	**조합주의** 모델 (독일, 프랑스)

자료 Anheier and Salamon 2001.

갖고 있다. 따라서 정부의 사회지출을 확대하는 복지국가의 발전에 이념적 정치적 적대감이 지배적이며, 대신 정부의 제한된 역할을 보완하는 서비스 제공 중심의 비영리부문의 발전이 이루어졌고, 기부와 자원봉사도 서비스 중심 영역에서 활성화되었다.

② 사회민주주의 모델은 스웨덴·노르웨이·덴마크·핀란드 등 스칸디나비아를 대표하는 모델이다. 노동계급의 계급적 이해를 중심으로 복지국가가 발달한 모델로, 보편주의에 기초한 복지국가가 많은 역할을 하기 때문에 상대적으로 비영리부문이 덜 발달되어 있다. 그럼에도 복지국가의 복지서비스 제공 역할이 미치지 않는 다른 레저, 스포츠, 환경 등의 시민사회 영역에서 회원 중심의 자원봉사가 발달되어 있다.

③ 조합주의 모델은 위의 두 모델과 달리 비교적 강력한 국가주도의 전통을 가진 모델이다. 독일과 프랑스 등 많은 유럽 대륙 국가들이 해당되는 조합주의 모델은 19세기 말의 독일처럼 강력한 급진적 노동운동에 직면한 절대 국가가 주요 사회 엘리트들과 연대해 국가지원의 사회복지국가 체제를 구축한 전통이 있다. 독일의 경우, 카리타스·디아니코니·적십자 등의

6대 민간 복지연합체들이 국가의 지원을 받아 복지서비스 제공을 하는 전통을 유지해왔다. 국가 주도의 전통이 강하면서도 민간 복지 기관들과의 조합주의를 유지하는 모델로, 앞의 자유주의에 비해 기부와 자원봉사 참여율이 비교적 낮은 편이다.

④ 국가주의 모델은 한국과 일본을 포함한 비서구의 개발도상국들이 해당된다고 볼 수 있다. 노동계급의 이해보다는 기업과 경제 엘리트들의 이해에 기초하는 국가주도의 전통이 강하면서 정부의 사회지출비는 낮은 수준에 머물러 복지국가가 발달되지 않았으며, 비영리부문 또한 발달되지 않아 기부와 자원봉사 참여율도 낮은 수준에 머물러 있다. 사회주의 전통의 동유럽의 경우도 지금은 국가주의 모델에 속하는데, 이 모델은 구소련 체제에서는 국가주도의 복지 지출이 높은 수준에 올랐지만, 그 수준은 사회주의의 붕괴와 민주화 이후에도 유지될 수 없는 경제적 한계가 있었다(GHK 2010: 48).

2) 자유주의 복지국가

먼저 자유주의 모델에서 나눔문화가 세계적으로 가장 발달해 있다. 자유주의 모델을 대표하는 미국과 영국은 복지국가의 발전 초기부터 자유주의에 기초했지만, 발전과정에서 영국은 노동계급의 정치적 압력으로 조합주의로 발전해, 자유주의-조합주의가 혼합된 모델에 속한다고 볼 수 있다(GHK 2010: 47). 일반적으로 미국과 영국뿐 아니라 캐나다, 호주, 뉴질랜드 등 앵글로색슨 국가들도 자유주의 모델에 속한다.

미국

자유주의 모델을 대표하는 미국은 복지국가로 발달하지 않은 대신, 세계에서 나눔문화가 가장 활발한 국가이다. 따라서 서구에서 전통적으로 국가보다는 시민사회가 주도적인 역할을 해온 자선과 자원봉사 국가로 먼저 미국을 꼽게 된다. 미국은 초기 이민의 역사부터 기부와 자원봉사의 역사를 갖고 있는 세계 유일의 국가라고 볼 수 있다. 미국의 기부와 자원봉사는 작은 정부와 복지다원주의에 대한 사회적 수용이며 동시에 국가전략이 되어 왔다. 미국에서는 '복지국가'라는 말은 잘 통용되지 않으며 오히려 '자원봉사국가'라는 새로운 용어가 등장되고 있다. '자원봉사국가'는 정부가 주도하는 형태가 아니라 정부는 이른바 '제3자 정부'(third-party government)가 되며, 오히려 제1섹터 기업계와 제3섹터 비영리, 비정부단체들이 더 많은 역할과 기능을 담당하는 모형이다(Salamon 1995).

미국의 역사는 민주주의 발전의 역사였고, 민주주의의 발전은 나눔문화의 발전과 밀접한 관계를 맺어왔다. 일찍이 1830년대에 미국 사회를 둘러보고 방문기를 역작, 『미국의 민주주의』(*Democracy in America*)를 발표했던 프랑스의 석학 토크빌(Alexis de Tocqueville)은 미국인을 공공선에 진정한 희생자며 적극적인 참여자로 이들은 자원봉사단체를 조직해서 학교, 병원, 교회 등 공익기관을 설립하는 공익의 관습을 갖고 있다고 썼다. 미국의 역사 하나하나가 거의 모두 기부와 자원봉사와 관련되어 발전해왔다는 연구결과들이 있다. 신대륙 이주 정착운동, 서부 개척사, 미국 혁명, 노예제 철폐 등의 역사는 개인과 집단 자원봉사자들의 창의력과 주민의 공동노력으로 달성한 민주주의 발전사였다. 초기에 재정과 인력의 부족으로 곤경에 처한 많은 지방정부들의 업무가 기부자들과 자원봉사자들의 헌신적인 노력으로 뒷받침되었고, 이런 전통이 시카고, 신시내티, 캔사스 시티, 오마하, 덴버 등 대도시에서 기부와 자원봉사가 시민의 의무로 풍미되면서 활발한 커뮤니티 운동이 발전되었다.

미국의 기부와 자원봉사 운동은 몇 단계로 구분되는 과정을 거쳐 발전되어 왔다. 초기 단계인 정착운동기에는 이민자들이 상부상조해서 공동의 목적을 달성하는 노력을 기울였기에 많은 사람들이 생존해갈 수 있었다. 교회의 역할이 가장 컸고, 일부 기부와 자원봉사 활동이 그 후 재단 형태로 조직화되면서 나눔운동이 초기부터 순조로운 출발을 할 수 있었다. 그 다음 제2단계는 남북전쟁과 대공황 사이의 기간으로 이때는 진보주의 운동기였고, '자선조직운동' 기간이기도 했다. 19세기 말과 20세기 초에 이르는 시기의 미국 사회는 중상류층의 사회적 의무인 노블리스 오블리제(noblesse oblige)가 진보철학으로 풍미되면서, 그들의 헌신적인 기부 실천과 자원봉사 활동으로 대학들이 설립되었고 적십자사가 창설되었으며(1881), YMCA, YWCA가 영국에서 수입되었고, 뒤이어 보이스카우트(1910), 걸스카우트(1912)가 조직되었다. 가장 많은 비영리 공익 기관단체들이 이때에 대거 조직된 것이다. 제3단계는 1938년 '마치 오브 다임즈'(March of Dimes) 모금운동이 새로운 자선모금의 시대를 개막한 시기로 구분해볼 수 있다. 이 운동은 소득세 면세, 지역사회 모금운동을 이끌었고, 이를 계기로 기부와 자원봉사는 여유 있는 중상류층의 운동만이 아니라 일반 시민의 보편적인 참여운동으로 확산되어갔다. 마지막 제4단계는 이제 모든 시민이 필요한 기부와 자원봉사 정보를 제공받고 자신에게 적합한 기관단체를 소개받게 되면 누구나 쉽게 기부자나 자원봉사자가 될 수 있는 개방적이고 체계적인 나눔문화 체제가 정립되고 있다. '나눔문화'의 제도화가 마련되고 있는 것이다.

기업의 사회공헌 활동 또한 역사의 일부를 점유해왔다. 기록이 남은 초기 사례 중 하나는 1792년 뉴욕상공회의소가 지역 주민의 지역사회 개발 봉사활동을 후원한 사례가 있다. 1895년에는 보험회사와 지역 제조업체들이 지원해서 설립된 전국화재예방협회는 지역사회에서 화재 등 재난 발생 시 지역 주민을 동원해서 문제를 해결하는 데 앞장서왔고, 지금도 많은 지역에는 기업이 후원하는 기부와 자원봉사로 화재예방과 재난에 대처하는 조직들의 활동이 활발하다. 또 청소년 개발에 관심을 갖고 20세기 초에 "청소년 성취"라는 단체를 조직해서 청소년 교육을 지원하고 취업을 돕는 기업가들도 있었다. 이 단체의 프로그램은 아직도 존속되면서 전국 1100지역에서 3만여 명의 기업인들이 지원하고 있다. 1930~40년대에는 기업인 자원봉사조직인 키와니스 키클럽(Kiwanis Key Club)과 써클 K 클럽(Circle K Club) 등이 조직되면서 전국의 고교생과 대학생들이 많은 자원봉사자로 동참해왔다.

오늘날과 같은 커뮤니티 개발 자원봉사 프로그램이 시작된 것은 2차 대전 직후였다. 지역과 각 주의 상공회의소가 중심 역할을 하면서 천연두 예방접종, 전염병 예방, 식품위생 등의 보건 분야 자원봉사가 크게 활성화되었다. 1952년 연방대법원이 판결한 기업의 조건 없는 대학기금 제공 판례는 기업 자원봉사 참여와 대학 지원의 길을 열어놓는 전환점이 되었다. 또한 실업이 심각한 사회문제가 되었던 시기인 1968년에 존슨 대통령은 기업이 실업문제 해결에 앞장설 것을 요청하면서, 기업은 '전국기업연맹'을 조직해서 1969년까지 한 해 동안 10만 명의 실직자를 취업시키는 공동노력을 기울였고, 이를 계기로 이 연맹은 지속적으로 실직자 교육훈련에 기금을 마련하고 자원봉사자를 모집해서 교육시키는 전통을 유지해왔다. 뒤이어 현대형 기업봉사 또는 직원봉사가 일부 기업들에서 속속 활동 개시에 들어갔다. 1968년에 레비 스트라우스(Levi Strauss & Co)를 선두로 1970년대 초

IBM, 올스테이트(Allstate) 보험사, 하니웰(Honeywell) 등이 대표적이며, 이 기업들은 지금도 꾸준히 기업 정책차원에서 재정과 인력을 동원해서 자원봉사 모델 기업으로 대표되고 있다. 최근에는 IBM, 인텔, 마이크로소프트 등 하이테크 기업들이 사이버 멘터링 등의 새로운 봉사활동 프로그램을 선보여주고 있다.

영국

영국에서도 복지국가의 등장 초기에는 민간 기부와 자원봉사의 역할이 쇠퇴하다가 복지국가의 문제들이 점차 부각되면서 다시 시민사회의 역할이 중시되는, 일종의 트레이드 오프(trade-off)가 재현되었다. 1945년 직후에 복지국가 체제가 갖추어지면서 국가가 '요람에서 무덤까지' 국민 복지에 주도적인 역할을 할 것으로 기대되면서 민간 기부와 자원봉사 활동은 불필요할 것이라는 기대감이 팽배했다. 그럼에도 복지국가의 역할을 보완하는 기부와 자원봉사 활동의 필요성에 대한 인식 또한 소수 의견이나마 유지될 수 있었다.

제2차 세계대전 후 복지국가의 완성은 자선이나 자원봉사에 대해 관심을 복지국가로 바꾸어 놓아 모든 사회복지활동을 복지국가로 통합하는 일에 정부는 적극적이었다. 그러나 영국 복지국가의 기초를 제시했던 비버리지는 「자발적 행동」(Voluntary Action) 보고서를 통해 기부와 자원봉사가 건강한 민주주의의 주요요소라고 중시하였다(Howlett 2008: 2). 또 실제로 국가보건서비스(National Health Service)의 기초와 복지국가의 초기 정책추진에도 자원봉사가 적절히 활용되기도 했다.

그러나 전후의 복지국가는 민간 주도의 사회서비스 제공만큼 효과적이거나 효율적이지 못한 문제를 노출하면서, 이에 대한 시민들의 불만도 높아지면서 복지국가는 여러 형태의 자원봉사자 활용을 시도하였다. 또 아동 빈곤, 홈리스 등 취약층 보호에서 자원봉사의 두드러진 역할에 대한 긍정적인 평가가 이루어졌다. 또한 전문가 중심의 복지국가의 운영 또한 효과성이 인정받지 못하고 관련 대상자들과 복지 기관들의 불신을 사게 되면서, 이해관계자들과 시민 자원봉사자의 참여가 확대되는 배경이 되기도 했다(앞글: 2-3). 1960년 초부터 시작된 개인적 사회서비스와 국가의료서비스 등 보건의료 분야의 시범적 자원봉사 활동이 성과를 보여주면서 정부 내 자원봉사 전달체계의 구축이 가시화되었다. 내무성에 자원봉사국(Vountary Services Unit)이 개설되었고, 민간 전달체계로 자원봉사센터들이 지역에 개설되었으며, 이를 총괄하는 전국조직인 영국자원봉사협회(Volunteering England)의 개설도 중요한 발전이었다. 정치권에서는 보수당이나 노동당 구분 없이 각기 자원봉사에 대한 정강정책을 갖고 있었다. 보수당 정권은 효율적인 작은 정부를 추구하는 정책방향에서 기부와 자원봉사 등의 민간 자원을 활용하는 '복지 혼합'(welfare mix) 정책을 추진하였다. 1990년대 초에 집권한 노동당 정권은 '제3의 길'(Third Way) 국정철학을 제시하며, 제3섹터를 복지국가의 파트너이자 사회문제 해결에 제3의 길 대안으로 간주해, 민간기관들의 기부금 모금과 자원봉사자 활용을 적극 지원하는 정책을 추진했다.

3) 조합주의 복지국가

유럽 대륙의 독일과 프랑스는 조합주의를 대표하는 국가들이다. 그럼에도 둘의 차이는 독일에서는 복지국가를 대신하는 시민사회의 역할을 중시하는 '보충주의'(subsidiarity) 원칙이 강한 전통이 되고 있지만, 이런 전통이 프랑스에서는 찾기 어려운 국가 주도의 전통이 유지되고 있다는 점이다.

독일

독일은 전통적으로 국가 주도형에 속한다. 그러나 현대에 와서는 사회복지의 일차적인 책임은 복지국가보다는 시민사회의 역할에 따르는 대표적인 국가이다. 이른바 '보충주의' 원칙에 따라 필수적인 사회복지의 일차적인 책임을 비영리적인 시민사회조직들이 전담하고, 대안이 없거나 보충할 필요성이 있는 경우 복지국가의 기능으로 보충한다는 원칙이다. 이 원칙에 따라 사회복지 관련 전국 6대 협회들과 지역조직들이 거의 모든 사회복지 서비스 전달체계를 갖추고 자원봉사자들을 폭넓게 활용한다.

이 같은 1970년대부터의 변화 이전에는 시민사회조직들의 활동은 제한적이었다. 일부 자선조직들이 개별적으로 모금하고 자원봉사자를 활용하거나 정부의 일부 자원봉사 프로그램들이 청년이나 여성들을 활용해 사회복지 서비스 전달 역할을 수행하도록 하는 사례들은 있었다. 최초의 청년 봉사활동 프로그램은 1964년 연방정부의 "사회서비스 자원봉사의 해" 프로그램으로, 청년들이 1년간 풀타임 봉사자로 사회복지기관에서 노인, 장애인 등 취약층 보호 서비스 활동을 하였다(CEV 2004: 4). 그러다 1994년에 와서는 환경보호를 위한 청년 프로그램으로 "환경서비스 자원봉사의 해"를 추진했고, 2002년에는 새로운 입법을 통해 문화와 스포츠 영역에서도 청년 봉사활동 프로그램을 확대하였다. 또 2002년 확대된 새로운 입법을 갖춤으로써 독일은 새로운 자원봉사의 법적, 제도적 장치를 갖추게 되었다. 1997년 로버트 보슈(Robert Bosch) 재단은 청년 자원봉사에 초점을 맞추어 특별위원회를 조직해, 이듬해 "청년의 사회변혁" 선언을 발표해, 청년 자원봉사가 교육적 목적뿐 아니라 취업을 위한 준비와 능동적 시민으로의 예비시민교육에 기여한다고 밝혔다(앞글: 5). 이 같은 입법 과정에 보조를 맞추어 독일의 행정부 또한 자원봉사 제도화를 착수해, 연방의 가족/노인·청년/여성부는 1999년 중앙 관장부서를 설치하고, 각 주의 사회과 또는 내무과에도 자원봉사 담당과가 설치되는 제도화를 진행하였다. 전국적인 민관의 합동조직으로는 연방시민참여네트워크(BBE)가 조직되어, 154명의 시민사회·기업·정부 대표들로 구성되어 자원봉사의 법과 제도 등 자원봉사 전반에 관한 협의와 연구를 하는 조식으로 활동하고 있지만, 정부 재정 지원을 받지 못해 활동이 정체되어 있다(앞글: 6-7).

독일의 기부와 자원봉사 활동은 시민사회조직 중심으로 조직화되어 있다. 전국적으로 300개가 넘는 민관 혼합의 자원봉사센터가 공식 등록되어 있어, 이들은 전국적인 사회복지 협회들이나 네트워크 조직으로 활동한다. 또 거의 300개에 달하는 노인 사무실에서 노인자원봉사 활동이 이루어지며, 약 800개의 시민사회 협회들이나 네트워크들도 있어, 여기에서도 많은 자원봉사 활동이 이루어지고 있다(Kamlage 2008: 3).

이처럼 현대적 의미의 시민사회 주도의 기부와 자원봉사의 활성화는 쇠퇴하는 복지국가와 성장하는 시민사회와 밀접히 관련된다. 전통적인 '명예로운 활동'(Ehrenamt)은 현대적인 '자발적 참여'(freiwilliges Engagement) 또는 자원봉사로 바뀌고 있다. 전자는 도적적 또는 종교적 사명·의무·자선을, 그리고 후자는 자기표현·자기이해·즐거움에 기초한 동기다. 전자는 교회·학교·노조·정당·사회복지기관 등에 대한 충성과 소속감을 갖게 하는 주요 동기가 되지만, 후자는 풀뿌리 조직·자조집단·환경과 소비자 등의 신사회운동, 인터넷 참여활동과 밀접히 관련한 포스트모던 활동이다(앞글: 5).

독일 자원봉사센터의 역사는 1977년 뮌헨 시정부가 첫 자원봉사센터를 개설하면서 시작되었다. 주로 여성 봉사자들이 시민사회조직의 활동을 할 수 있도록 연계해주는 역할을 하였다. 이어 1988년 베를린에도 제2의 자원봉사센터가 개설되었다. 또 1995년에 개설된 브레멘 자원봉사센터는 정부로부터 완전 독립적인 최초의 시민사회조직이었다. 나아가 1993~97년 기간에는 연방 가족노인부의 개입으로 노인전문봉사 조직의 설립을 추진해 전국 44개 지역에 노인 사무실이 개설되어 노인 자원봉사자를 활용한 다양한 프로그램을 추진하였다.

지금의 제도화된 조직화는 1996년 이후부터 6대 거대 복지협회들이 자원봉사계에 진입하면서 착수되었다. 시민사회의 자원봉사 활성화와 정부 정책의 추진에 자극을 받은 결과였다. 그 전에는 거대 사회복지조직들은 전문가와 직원들의 조직으로 머물러, 일반 시민의 사회복지 참여를 거부해왔다. 자신들의 전문적 입지와 직업적 안정에 위협이 될 수 있다는 좁은 편견 때문이었다. 이 조직들은 1200만 명의 전문가와 임직원을 고용하는 최대의 고용기관이다. 이 조직들은 재원의 대부분을 정부 재정에 의존하며 독일 복지국가의 조직으로 활동하는 준정부조직들이었다. 그러나 1990년대의 상황은 과거와 전혀 다르게 변하면서, 이 조직들의 개혁에 압력을 행사하였다. 경제 위기의 여파로 복지국가의 재정적 적자가 심화되고, 사회복지에도 시장형 효율성이 중시되면서 복지 기관들 사이의 복지서비스 제공의 경쟁이 심화되었기 때문이다. 재원의 80%를 정부에 의존하는 카리타스가 1996년 선도적으로 자원봉사센터 16곳을 개설하며 사회복지서비스에 본격적인 자원봉사 활동을 착수해, 지금은 전국 45곳에 자원봉사센터를 두고 있다. 뒤이어 다른 사회복지 협회들도 카리타스의 모델을 따라 자원봉사센터를 개설하거나 프로그램을 운영하고 있다.

독일에는 세 가지 유형의 자원봉사센터가 있다. 가장 보편적인 유형은 시정부 단위에 설치된 자원봉사센터들이다. 전국 300개 중 절반이 이 유형에 해당된다(앞글: 13-14). 이들의 운영 주체는 15%만이 시정부이며 독립협회가 30%로 가장 많았으며, 그리고 6%는 시정부와 시민사회조직, 교회 등의 복합으로 운영된다. 둘째 유형은 6개 전국단위의 복지협회들이다. 이들은 전체 자원봉사센터의 3분의 1을 직접 운영하지만, 다른 시민사회조직이나 시정부, 또는 교회 등과의 연합으로 운영하는 조직들을 합치면 전체 자원봉사센터의 절반 이상을 차지할 정도다. 셋째는 노인 사무실로 전국에 250개가 존재하며, 이들의 운영과 재원은 대부분 시정부에 의존한다. 그 밖에도 최근 번성하는 지역재단들이 있다. 전국적으로 200개에 달하는 지역재단들이 있어, 여기에서도 자원봉사자들이 다양한 봉사활동을 진행한다. 그런데 이 재단들 대부분은 서독에 위치해, 지리적 편중을 보여준다. 봉사활동도 2004년 동독 지역이 31%, 서독 지역이 37%로 약간 더 높지만 점차 수렴되는 결과를 보여준다. 독일 전체가 1999년 34%, 2004년 36%로 성장했다.

프랑스

프랑스는 서구에서 가장 전통적인 중앙집중적 국가이다. 프랑스 국가의 형성 과정에서 대혁명 직후에 중앙집권체제를 갖추게 한 자코뱅(Jacobin) 정권은 시민과 국가 사이에 '공익'에 관련된 모든 문제들을 국가의 독점적인 권리로 삼았다. 따라서 시민사회와 시민사회조직들의 공익 역할은 허용되지 않았다. 1791년의 법은 시민사회 조직들이 국가와 시민 사이를 중개하는 역할을 금지시켰다. 공익이나 공공 이해 문제들은 모두가 국가의 영역이지 시민사회의 영역은 아니었다. 한편 노조나 좌파 정당들은 자원봉사가 임금직에 대한 위협이 될 것이라는 시각에서 반대해왔다.

그러다 19세기부터는 지금의 시민사회 제도화가 법적으로 허용되었다. 1901년 협회법의 제정으로 국가는 시민사회의 조직을 법적으로 허용하였고, 이를 계기로 시민사회 조직들이 활성화되었다(CEV 2004: 6). 협회법은 지금까지도 자원봉사 활동을 규정하는 법적 근거가 되는데, 법에 따르면 자원봉사 활동은 조직 차원에서 단체를 통해 조직적으로 이루어져야 하고, 이 단체들은 자원봉사자들에 의해 운영될 것을 법적으로 규정하고 있다(볼런티어21 2002: 146). 이후 국가와 시민사회 관계에서 새로운 변화가 일어난 것이 2차 대전 이후의 일이었다. 그럼에도 자원봉사는 시민사회 영역에서 크게 활성화되지 못했고, 대신 국가의 정책에 의해 점진적 변화가 일어났다.

그러다 1960년대 국제협력 차원에서 시민사회 주도의 새로운 변화가 일어났다. 시민사회조직들은 국제개발과 연대를 목적으로 청년들을 해외봉사자로 파견했고, 이에 정부는 1986년에 와서야 해외 봉사활동을 인정했고, 1995년부터 정부 주도의 해외봉사자 파견을 개시해, 연간 2000여 명의 청년들이 2년간 정부 재정 지원을 받아 개발도상국에서 봉사활동을 한다(AVSO 2005: 9). 또 외무성과 경제재무성은 합동으로 국제시민봉사단을 조직해 청년들의 국제 직업교육훈련과 국제적 연대를 목적으로 재정 지원을 한다.

또 다른 변화는 지방분권화의 영향이다. 1980년대에 사회주의 정권이 추진한 탈집중화, 지방분권화 정책으로 지방자치가 활성화되면서 지역개발을 위한 정부와 시민사회 사이의 새로운 관계가 이루어졌고, 지역에서의 시민사회 운동이 활성화되는 변화가 일어났다(볼런티어21 2002: 144). 국내에서는 1974년 전국 자원봉사센터가 개설되었고, 2003년까지 71개 지역 센터들이 운영되고 있다.

오스트리아

국가의 강력한 지배, 정당과 조합주의의 사회적 영향으로 오스트리아의 시민사회는 거의 발전되지 못했다. 오스트리아는 전후 4대 노조와 기업협회 주도의 사회적 파트너십으로 강력한 조합주의를 형성한 대표적인 국가로, 이후 조합주의는 합의와 타협의 정치 문화로 안정성을 유지해왔다.

한편 전통적인 시민사회는 3대 캠프에 의해 발전되었다. 보수주의, 노동운동, 가톨릭 등이 그것이다. 2001년 세계자원봉사자의 해의 영향으로 2002년 새로운 결사체법이 시행되면서 정부지원이 확대되었다(CEV 2004: 6-7). 전체 시민사회 조직의 재정 절반 가량은 공공 지원이며, 절반은 민간 지원이다. 시민주창조직들도 재정의 80%를 정부지원에 의존하며, 사회서비스 부문은 44%를 의존한다. 그러나 최근 정부의 재정 악화로 지원금이 줄면서 많은 시민사회 조직들은 모금 자원봉사 활동에 의존하고 있다.

정부조직으로는 연방 사회보장성이 주무부서로 1997년에 지자체에 시민국(Citizen's Bureau)을 신설해 자원봉사조직 역할을 위임하였다. 전국 자원봉사대표기관으로 2002년 오스트리아 자원봉사위원회가 설치되어, 연방정부 대표 13명, 기업과 노조 대표 6명, 시민사회 대표 19명, 의회의 정당 대표 4명으로 구성되어 있다. 정부는 자원봉사에 대한 인정으로 '자원봉사 패스포트'를 발행해, 개인 봉사자의 봉사기록뿐 아니라 활동 내용의 기술 등을 기록한다. 학생들에게 자원봉사를 통해 직업훈련의 기회를 갖도록 하기 위해 마련된 것으로 실제로 기업들이 입사시험에서 많이 참고하기 때문에 구직자들이 자원봉사에 참여하는 계기가 되고 있다.

4) 사회민주주의 복지국가

복지국가가 제도적으로 가장 발달된 사회민주주의 모델에서는 나눔문화가 비교적 저조하다는 것이 역사적 관찰이다. 그러나 사회민주주의 복지국가에서도 비복지 분야인 레저와 스포츠, 문화예술 활동에서 전통적으로 시민참여 활동이 활성화되었고, 회원으로서의 자원봉사 활동도 전통으로 유지되고 있으며, 또 최근 기부 등의 나눔활동도 활성화되는 새로운 변화를 주목해볼 만하다.

노르웨이

보편적 복지국가를 지향한 노르웨이에서는 1920~70년 기간에 사회민주주의 복지국가 모델이 확대되면서 전통적인 자선과 자원봉사에 의한 복지서비스 제공에 부정적인 시각이 팽배했다(Lorentzen and Dugvtad 2008: 3). 전통적인 자선에 기초한 민간의 복지서비스가 복지국가 주도적인 공공서비스로 전환하면서 민간 나눔문화도 위축되었다.

그러나 1980년대에 들어서면서 새로운 변화가 일어났다. 하나는 영미식 신보수주의의 영향으로 복지서비스에 민간 자원을 활용해 작은 정부를 추구하는 시대적 요청이며, 다른 하나는 이와 관련해 복지국가의 재정악화를 극복하는 방안으로 민간 복지자원을 활용하는 방안이었다. 그러나 오랜 복지국가의 전통에서 이런 신자유주의 방안에 대해 정치인이나 시민들의 동의를 구하기는 쉽지 않았다. 그러다 1988년 정부는 〈시민사회 백서〉를 발간해, 사회복지에 대한 시민사회의 긍정적인 역할을 제시했지만 구체적인 정책방안은 제시되지 못했다. 복지국가를 부정적으로 평가하는 정치적 부담이 있었겠지만, 그만큼 시민사회에 대한 이해 부족의 문제도 있었다(앞글: 4).

핀란드

또 다른 보편적 복지국가인 핀란드에서는 1960년대 복지국가가 완성되면서 정부는 민간 비영리기관들이 수행한 다양한 사회서비스를 공공서비스로 수용하는 정책을 추진하였다. 1990년대 초까지 정부 주도적 공공서비스 제공의 확대 때문에 자원봉사자를 활용하는 민간 기관들의 서비스 제공은 거의 사라질 정도가 되었다. "1970년대 복지국가의 건설기는 시민결사체들의 수난기였다. 자원봉사 활동은 인정받지 못했고 심지어는 돌봄과 사회사업의 전문화에 위협이 될 수 있다고 간주되었다(앞글: 2)."

그러나 복지국가의 확대는 시민사회와 자원봉사를 질식시킬 정도는 아니었다. 시민사회의 전통적인 기반이 확고하면서 새로운 신사회운동의 영향으로 1990년대를 통해 새로운 시민사회조직들이 확대되면서 포스트모던 자원봉사 활동이 전개되었다. 1981년 전국 보건복지협회의 주도로 자원봉사 프로그램이 활성화되었고, 이어 다양한 사회복지 분야의 봉사 활동이 추진되었다. 그러다 1990년대 중반 전대미문의 경제 위기가 닥치면서, 신자유주의 정책이 복지국가의 전통적인 가치들에 도전하는 새로운 변혁기가 찾아왔다. 핀란드의 자원봉사는 조직 멤버십으로 조직화된 특성이 있다. 전체 자원봉사자 3분의 2 가량이 10만 개에 달하는 비영리·시민사회조직에서 회원으로 자원봉사 활동을 하고 있다. 공식적인 전국 차원의 자원봉사센터는 존재하지 않지만 3개의 시정부가 운영하는 것이 있고, 적십자사 등 전통적인 구호단체들이 센터의 역할을 하며 자원봉사자를 활용하고 있다. 또 경제 위기가 확대되면서 실업자의 고용을 돕기 위해 개설된 시민활동장(Citizen Arena) 등이 자원봉사 프로그램을 확대하는 등, 주로 시민사회 주도적 활동으로 발전하고 있다.

스웨덴

스웨덴에서는 복지국가의 확대와 더불어 시민사회 대중운동은 복지 영역보다는 새로운 대중운동의 영역을 확장하는 계기가 되었다. 스웨덴의 대중운동은 시민들의 다양한 자조, 협동조합 활동, 스포츠 등 복지국가가 관여할 수 없는 새로운 영역들과 활동을 확장해가며, 오늘날에도 복지국가와 시민사회의 균형을 유지하도록 만들었다. 스웨덴의 대중운동과 노동운동은 사회적 불평등의 해소가 교육에 있다는 것을 중시해 대중교육 운동을 전개했고, 또 이런 대중운동의 정치력을 확보하기 위해 1932년 일찍이 진보적 정당인 사회민주당을 창당해 실제로 노조지도자들이 정당을 대표하고 장기간 정권을 유지하는 정치변혁도 이루어냈다(CEV 2007: 7).

스웨덴 복지국가 모델은 제도적 보편주의 모델이다. 사회적 연대와 평등 지향적인 정책은 강력한 국가의 개입에 의해 '요람에서 무덤까지' 국민 모두의 보편적 복지를 국가가 책임지는 종합적인 제도적 체제이다. 그러나 여기에도 1990년대부터 새로운 변화가 일어나고 있다. 장기 실업이 확대되고, 사회적 배제 등의 사회경제적 이슈가 첨예화되면서, 복지국가의 역할에 대한 논의와 함께 질적으로 저하되는 사회서비스 생산과 공급의 대한 논의, 민영화에 관한 논의, 또 '복지 혼합' 논의가 활성화되었다(Pestoff 2004: 75). 전통적인 국가중심의 사회정책이 시장과 시민사회가 동참하는 '복지거버넌스' 모델로 변화하기 시작한 것이다. 따라서 복지국가의 역할을 대신하는 제3섹터 또는 사회적 경제조직들의 복지와 사회서비스의 생산과 공급 역할이 점차 확대되었다.

그럼으로써 제기되는 심각한 문제들도 있다. 첫째는 사회서비스의 질적 저하 문제이다. 사회서비스에 대한 공공지출의 삭감으로 서비스 현장에서 일하는 노동력 부족 현상이 심각한 문제가 된다. 전문서비스 제공의 필요성이 늘어나면서 전문인력의 확보도 심각한 문제가 된다. 둘째는 '복지혼합'에 관련된 이슈로, 사회복지에서 제3섹터의 역할이 늘어나면서 이 조직들이 '복지주창' 등의 자율적인 운동과 혁신자 역할에서 전문적인 복지전달자 역할로 위상이 바뀌며, 조직내부의 민주주의 문제도 제기된다. 셋째는 대의민주주의 제도들의 '민수수의 결핍' 문제로, 1950년대와 60년대의 문제에 이어 90년대에는 지구화로 정부 정책과 복지국가에 대한 신뢰의 쇠퇴가 부각되고 있다. 스웨덴 사회적 기업의 연구에 따르면, 종사자들은 물질적 인센티브보다 근로환경에 더 관심이 많다고 한다(앞글: 76-77).

한편 스웨덴의 국가-제3섹터 관계는 신뢰를 바탕으로 하는 일종의 '조용한 사회계약'과 같은 '노동의 분업' 관계라 볼 수 있다. 이런 특징은 많은 국가에서 양자가 갈등적·경쟁적 관계인 것과는 대조적이다(Wijkstroem 2004: 17). 대중운동의 전통을 가진 스웨덴의 제3섹터는 연대와 평등의 가치를 추구하는 주창활동을 하면서도 시민들의 스포츠, 레저 등 여가활동을 지원하는 조직들이 활성화되어 있다. 무수하고 다양한 성인교육 체계는 공공 교육기관이 아니라 무수한 비정부 공익기관들이 담당하고 있다. 기부와 자원봉사 활동도 비정부 시민사회조직들을 통해 점차 활성화되고 있는 추세를 주목해볼 만하다.

3. 시민사회의 성장

서구의 복지국가는 1970년대 1차, 2차 오일 쇼크로 인해 1980년대에 와서는 심각한 경제 위기와 함께 재정 위기를 맞았다. 이런 일련의 위기는 복지국가의 역할을 보완하는 새로운 민간복지에 대한 탐색을 재촉하였다. 복지국가의 공공서비스를 대신하는 시민사회단체들의 사회서비스 활동이 늘었고, 여기에 많은 자원봉사자들이 참여했다. 복지국가의 위기가 시민사회의 성장으로 발전한 것이다. 특히 포스트모던 시대의 삶의 질과 공동체 안녕을 위한 다양한 신사회운동(new social movement)의 흐름에 나눔 활동도 동반 성장하는 변화가 일어나고 있다.

1) 시민사회 유형 분류

나눔문화는 시민사회 중심으로 발전한다. 따라서 시민사회가 발달된 사회에서 나눔문화가 활성화된다고 볼 수 있다. 바꾸어 이야기하면 나눔문화의 발전 수준에 따라 시민사회의 발전 수준을 분류해 볼 수 있다. 아래에서는 앞서 살펴보았던 복지국가 이론에 비추어 시민사회를 세 유형으로 분류해볼 수 있고, 나아가 시민들의 단체활동과 자원봉사를 바탕으로 한 네 유형의 시민사회 분류를 참고해볼 수 있다.

복지국가와 시민사회 유형

앞의 복지국가 유형에 따라 시민사회 유형을 세 가지로 분류해볼 수 있다(Evers and Laville 2004: 27-29). 하나는 스칸디나비아의 제도적인 '보편주의' 유형으로, 국가가 원칙상 복지서비스의 주도적 역할을 하기 때문에 시민사회는 다양한 목소리를 모아 주창활동을 하거나 사회복지서비스 전달을 지원하는 역할에 지나지 않는다. 시장이나 시민사회가 하는 역할을 국가가 대신 통합해 주도하는 역할을 한다. 반면에 미국과 영국 같은 '자유주의' 복지국가 모형에서는 복지서비스는 국가보다는 개인들이 스스로 문제를 해결하거나 시장에서 서비스를 구매해야 하는 제한이 있다. 복지국가는 사회의 소외층이나 배제층 등 특정부문에 초점을 맞추어 국가의 용역을 받은 일부 복지조직들이 제공하기 때문에 광범위한 시민사회조직의 역할은 제한적이다. 그러나 21세기에 와서 노동당의 집권으로 제3섹터 역할을 강화하는 구조조정을 단행한 특징이 있다.

이처럼 보편주의나 자유주의 모형 모두가 서로 다른 이유에서 제3섹터의 역할을 중시하지 않는다. 둘 다 높은 수준의 사회복지 지출을 하지만 제3섹터에 대한 의존이 모두 빈약하다. 반면에 제3의 유형, '조합주의' 복지국가에서 제3섹터의 역할은 비교적 광범위하다. 복지서비스는 사회정책의 통합적인 부분으로, 국가를 대신해서 다양한 시민사회조직 또는 사회적 경제조직이 사회복지의 생산과 공급의 주역 역할을 수행한다. 국가는 서비스의 재정 지원과 보증의 역할을 하며 동시에 서비스 제공 절차에 관한 규정으로 규제자 역할을 하지만, 시민사회조직의 자율성은 비교적 높은 편이다. 따라서 다양한 형태의 사회적 기업이나, 협동조합, 공제회뿐 아니라 준정부형, 준시장형 복지단체들이 다양한 전문적 서비스 생산자 역할을 한다. 이들은 교회나 종교적 뿌리를 가진 자선조직, 공동체 기반을 둔 조직, 시민운동의 전통에서 발전한 유형, 지자체나 공공기관이 설립을 지원한 조직 등 다양하다. 또 재원도 자체수입뿐 아니라 정부의 재정 지원이나 기업의 후원, 개인적 기부나 자원봉사로 충당된다.

시민사회 발전 모델

현대적 의미에서 나눔활동은 복지국가보다는 시민사회가 일차적으로 주도하는 역할을 맡는다. 나눔활동에 정부나 기업도 관여하지만, 나눔활동은 시민들의 자발적인 참여에 기초해 시민사회단체를 통해 시민사회에서 이루어지는 활동이다. 자원봉사 활동이 주도적 역할을 하며, 여기에 국가가 보충적인 역할을 수행하는, 이른바 '보충주의 원칙'을 중시하는 국가로는 독일과 이탈리아를 꼽을 수 있으며, 네덜란드 또한 여기에 해당되나 네덜란드는 포스트모던 자원봉사를 대표하는 국가로 다음 절에서 소개한다. 위에서 소개한 영국의 경우, 국가주도적 유형과 시민사회 주도 유형의 중간에 위치해, 정부-시민사회의 협약을 제정하는 등, 국가와 시민사회가 역할의 분담 균형을 유지하고 있는 민관공조형 국가로 볼 수 있다.

시민사회의 모델은 '적극적' 모델과 '소극적' 모델로 구분해볼 수 있다. 벨(Bell 1999: 27)에 따르면, "오늘날 진행되고 있는 자원봉사라는 행동은 서비스 전달이라는 의미에서 비롯된 소극적 행동 모델이라기보다는 자치 역량(empowerment)의 경험에서 비롯된 적극적 행동 모델에서 나온 것이다. 후자는 지금까지 다른 사람들이 해왔던 뚫린 구멍을 매꾸는 일을 하거나 혹은 정부나 다른 기관의 재정을 아끼는 일을 하는 활동의 그림을 보여주며 '선행'을 하는 일로 표현될 수 있다." 다시 벨(Bell 1999: 27-8)의 설명에 따르면, "적극적 모델은 변화의 필요성을 인식하고 개인이 사회를 변화시키고 기여할 수 있다는 확신으로 충분한 자치 역량을 가진 개인을 갖고 있기 때문에 민주적 자유의 환경에서 가장 고귀한 가치를 가진 행동의 자유를 표현해주고 있다. 이 모델이 오늘날 가장 광범위하게 실천되고 있는 자원봉사 모델이다."

또 이런 '적극적 모델'은 서구 사회에만 국한된 모델이 아니라 지구촌 전체가 같은 방향으로 추구하는 글로벌 모델로 발전되고 있다. 물론 국가 간의 차이는 어느 정도 뚜렷하지만 마치 시민사회가 '지구적 시민사회'(global civil society)로 발전되는 일반화된 현상과도 같다고 설명할 수 있다. "중앙유럽과 동유럽에서, 아프리카, 중동, 남미 그리고 아시아태평양 지역에서 자원봉사자의 강력한 평화운동이 넘쳐나며, 특히 거의 모든 청년 세대들이 전쟁 또는 억압을 종식시키는 요구를 했던 결과, 오늘날 자원봉사 활동은 어떤 일에 대한 수동적인 대응이 아니라 광범위한 다양한 대의들을 추구하는 적극적인 요구가 되고 있다"(앞글: 29).

한편 서구 시민사회에 대한 연구자들의 분석에 따르면, 서구 국가들은 아래와 같이 네 가지로 구분되는 시민사회 모델을 갖고 있다고 볼 수 있다(De Hart & Dekker 1999: 77).

a. "활성적 시민사회"(active civil society)는 시민의 단체 멤버십 활동이 매우 광범위하고 또 자원봉사가 매우 적극적으로 활성화되고 있는 사회이다. 그렇기 때문에 많은 자원봉사 인구를 갖고 있고 이들의 자발적인 활동으로 타인에 대한 신뢰와 정부에 대한 신뢰가 매우 높은 수준에 있는 시민사회를 지칭한다.
b. "광범위한 시민사회"(broad civil society)에서는 시민의 단체 멤버십 활동이 매우 광범위하고 또 자원봉사 활동은 비교적 높은 수준에서 활성화되고 있다. 그렇기 때문에 비교적 많은 자원봉사 인구를 갖고 있고, 이들의 자발적인 활동으로 타인에 대한 신뢰와 정부에 대한 신뢰가 비교적 높은 수준에 있는 시민사회를 지칭한다.
c. "중간형 시민사회"에서, 시민의 단체 멤버십활동과 자원봉사 활동은 보통 수준에 머물러 있다. 타인에 대한 신뢰도, 정부에 대한 신뢰도 역시

중간수준에 머물러 있다.

d. "엘리티스트 시민사회"(elitist civil society)는 시민의 단체 멤버십 활동이 소수 엘리트 중심으로 활성화되어 있고, 일반 시민에까지 활성화되어 있지 않은 사회로서 자원봉사 활동 또한 저조한 수준에 머물러 있다. 또 타인에 대해서나 정부에 대해서도 신뢰도가 매우 저조한 사회로 분석되고 있다.

이상과 같은 4대 모델의 구분의 의미에 대해서는 몇 가지 자료들을 통해 충분히 검증되고 있다. 먼저, 단체의 멤버십과 자원봉사가 밀접한 관련을 갖고 있다는 것을 알 수 있다. 서구 15개국이 ①'활성적' 시민사회(미국, 캐나다, 아이슬란드), ②'광범위한' 시민사회(네덜란드, 덴마크, 노르웨이, 스웨덴), ③'엘리티스트' 시민사회(이탈리아, 스페인, 포르투갈), 세 그룹으로 명확하게 구분되어 있다는 것을 알 수 있다. 자원봉사가 단체 멤버십과 밀접한 관계를 가지면서 '활성적'이거나 '광범위한' 시민사회에서 가장 활성화되고 있는 것이다.

나아가 자원봉사단체의 인구대비 비중을 높음·보통·낮음으로 구분하는 EU 국가 연구를 참고해보면(GHK 2010: 83-4), 일반적으로 시민사회 모델에 거의 일치한다. 활동적 시민사회 국가들을 제외하면, 자원봉사단체의 조직화 수준은 광범한 시민사회에서 높음, 중간형 시민사회에서 보통, 엘리트 시민사회에서 낮음으로 나타난다. 일부 국가들의 자료를 살펴보면 ①광범한 시민사회에 해당되는 네덜란드, 덴마크, 핀란드, 스웨덴에서 높고, ②중간형 시민사회에 해당되는 영국, 아일랜드, 독일, 벨기에는 보통 수준으로, ③엘리티스트 시민사회인 그리스, 이탈리아에서 비교적 낮은 수준으로 나타났다. 예외적으로 프랑스는 높음, 스페인은 보통 수준으로 나타났다.

2) 포스트모더니즘

시민사회의 발전은 포스트모더니즘의 발전이다. 포스모더니스트 시민들의 활성적인 참여로 시민사회가 발전하며, 시민사회의 발전으로 포스트모더니즘이 진전되고 있다. 서구의 포스트모던 사회는 전통적인 사회복지 중심의 자원봉사보다는 작은 공동체 단위의 자조와 조합 활동으로, 스포츠와 레저 등의 취미활동으로 자원봉사에 참여하는 사람들이 늘어나는 추세에 있다. 제1세대 자원봉사 조직들이 '이웃돕기, 케어, 이타주의' 동기에 의존해 자원봉사자를 활용했다면 제2세대 포스트모던 사회의 자원봉사조직들은 전통적인 가치들보다 훨씬 더 다원적인 동기들에 의존해, "새로운 시민참여의 유형들"을 진흥시키고 있는 특징이 있다(Kamlage 2008: 5). 서구의 많은 국가에서 스포츠, 레크리에이션은 자원봉사자들이 가장 선호하는 활동이 되고 있다.

미국

현대 시민사회의 이론적 기초를 제공하는 토크빌의 시민사회 이론은 이미 1830년대 초에 제시되었다는 것을 주목해볼 필요가 있다. 토크빌은 당시의 미국 사회를 면밀히 관찰한 결과, 미국 민주주의를 '시민민주주의'(civic democracy)로 보았다. 시민 중심의 민주주의, 시민참여로 성장하는 민주주의로 특징화시킨 것이다. 토크빌은 시민사회가 정치적 특성과 법의 울타리 밖에서, 정부의 영향력에서 벗어나, 국가와 개인을 연결시켜주는 '중개조직'의 영역으로 보았다. 토크빌은 "민주주의 국가에서 결사의 과학은 모든 과학의 어머니이다 …… 인간이 문명화된 상태로 남거나 그러기를 바란다면 조건의 평등이 증가하는 것과 같은 비율로 사람들 사이에서 공동의 결사의 예술이 성장하고 개선되어야만 한다"고 강조하였다(Galston 2000: 65).

토크빌이 미국을 유럽으로부터 차별화시키는 판단의 기준은 '시민사회'였다. 그는 유럽을 "강한 국가, 약한 사회", 미국을 "약한 국가, 강한 사회"로 구분하며, 미국이 유럽과 크게 다른 점에 대해 "자기방어적인 봉건제 전통과 그에 따른 앙샹 레짐이 존재하지 않았고, 대도시가 거의 존재하지 않은 가운데 지방 소도시들이 중요한 역할을 하며, 관료제의 부재와 분권화의 전통"이라고 지적했다(Ehrenberg 1999: 161). 이 모든 요인들과 광범위한 사회적 평등사상이 베어 있는 자율의 문화와 낮은 수준의 계급갈등이 '강력한 국가' 전통보다는 '자율적인 시민사회'의 전통을 가능하게 했다는 것이 토크빌의 시민사회 이론의 기초이다.

지금 미국 사회는 세기의 초에 찾아온 시민사회의 부흥을 기대하고 있다. 한 세기 전의 '진보 시대'에 번성했던 무수한 자원기관단체들의 활동으로 미국의 민주주의가 국민의, 국민에 의한 참여민주주의로 발전되었듯이, 이제 다시 사회가 직면하고 있는 각종 심각한 문제들을 해결하고 정부도 시장도 해낼 수 없는 공동체 건설을 시민의 역량으로 해낼 수 있다는 자신감을 보여주고 있다. 한때 정부의 정책으로 사회를 개조하는 '사회 엔지니어링'(social engineering)이 유행했지만, 이제는 많은 지식인과 시민운동가들이 '사회 기업가정신'(social entrepreneurship)을 부활시키면서 미국의 재건을 꿈꾸고 있다. 꿈꾸는 이상으로 머물러 있는 게 아니라 나눔활동으로 나서서 실천하고 있다.

따라서 나눔활동의 기초에 시민사회가 있다. 기부와 자원봉사에 관한 한 정부의 역할은 '주도하는' 게 아니라 '조정하는' 역할이며, 기업의 역할은 간접 지원이나 소극 활동에 그치지 않고 직접 참여와 적극 개입형으로 변화되고 있다. 기업 재단이 생기는 것은 오래 전부터 유행한 것이고, 최근에는 기업이 자체 비영리기관을 운영하고 자체 연구기관과 교육훈련기관을 갖는 것이 점차 늘고 있으며, 또 자체 자원봉사 조직을 설치하고 프로그램을 짜고 집행하며 평가하는 일이 기업의 일상 업무처럼 간주되기도 한다. 기업은 재정 능력과 고급 인력으로 무장해서 무한한 창의력을 발휘하며 사회에 신선한 대안과 아이디어를 제공하는 '사회실험실' 역할을 맡아가고 있다. 일례로 공립학교 교육개혁에 기업대표들이 정책 결정 과정에 참여하며, 엄청난 규모의 기금을 내놓았으며 청소년 교육과 취업을 돕는 창의적인 프로그램들을 속속 개발해놓았다. 일부 기업들은 극빈자, 부랑인, 전과자, 에이즈 환자 등 사회가 외면하는 최저계층의 복지까지 담당하는 창의적인 '사회기업가정신'을 발휘하고 있다. 정부가 할 수 없는 일까지도 기업이 적극 수행하는 의욕도 강하다.

네덜란드

네덜란드만큼 시민사회 영역이 발달한 국가도 없다. 시민사회에 종사하는 노동력은 14.4%(상근직 9.2% + 자원봉사자 5.1%)로 세계에서 가장 높은 수준이다. 복지국가보다 시민사회가 더 발달한 앵글로색슨계의 미국 9.8%(상근직 6.3% + 자원봉사자 3.5%), 영국 8.5%(상근직 4.8% + 자원봉사자 3.6%)보다 훨씬 높은 수준이다(Salamon et al. 2004).

현대에 자원봉사와 시민사회가 이토록 발전한 배경에는 상대적으로 취약한 복지국가의 위기와 관련된다는 것을 앞서 살펴본 여러 국가의 사례를 통해 알 수 있다. 상대적으로 뒤늦은 1960년대 말에 복지국가로 진입한 네덜란드는 복지국가 주도의 영향력이 확대되면서 시민사회의 상대적 쇠퇴와 기부와 자원봉사의 열기가 시들해졌다. 심지어는 기부와 자원봉사에 대한 부정적인 시각도 제기되었던 것도 민간 나눔문화의 활성화는 정부 역할의 실패를 의미한 것으로 인식되었기 때문이었다(볼런티어21 2002: 310).

정부의 역할은 20세기 초에 이르러 복지국가의 입법에 의해 다양한 빈민 구제 등의 복지서비스가 제공되면서 점차 확대되었다. 민간 서비스기관들이 자원봉사자들의 역할에 의해 제공되었던 다양한 복지서비스가 복지국가의 임금노동자들에 의해 대체되었다. 2001년만 해도 정부의 주무부서인 보건복지스포츠성은 자원봉사의 필요성이 없고 자원봉사 진흥 역할도 필요 없다는 입장을 표명하기도 했다. 복지국가의 폭넓은 역할을 과신한 입장이었다. 그러나 2007년에 정부의 입장은 완전히 바뀌어 사회지원법을 통해 독립적인 생활을 하는 복지수혜자들을 지원하는 자원봉사 활동의 필요성을 중시하였다(CEV 2007: 3).

네덜란드는 1960년대 중반 이후 포스트모던 나눔문화의 개시를 목격하였다. 전통적인 제도화된 사회복지 중심의 자원봉사 활동에 대한 사회적 반감이 일어났다. 사회복지기관의 직원과 전문가 중심의 서비스 제공에 대한 불만이 팽배해, 다양한 시민참여 활동으로 자원봉사가 활성화된 것이다. 학교의 학부모회의 참여, 환경단체 활동, 지역사회 위원회 활동 등이 활성화되었다. 시민들이 다양한 포스트모던 시민사회 활동에 자원봉사자로 참여하면서 20세기 말의 시민사회의 성장은 자원봉사의 활성화에 밑거름이 되었다.

그러나 1970년대 말부터 복지국가의 재정 위기와 함께 다시 시민사회와 자원봉사에 주목하는 새로운 '포스트모던' 변화가 일어난 것은 서구 전반의 분위기를 반영한 것이었다. 복지 분야보다는 문화·오락·스포츠 분야에서 많은 시민단체들의 자원봉사 활동이 지속되었고, 특히 여성·장애인 등 사회적 배제층을 위한 새로운 사회운동이 활성화되면서 더불어 시민참여 운동으로서 자원봉사가 활성화될 수 있었다. 여성, 청년, 정신장애인, 동성애자들이 자신들의 권리를 주창하며, 그간의 복지국가에 의한 제도와 서비스가 제공되는 방식에 저항해 개혁을 요구하였다. 이들의 자조(self-help) 활동, 이들을 위한 쉼터 서비스 활동, 청소년상담센터, 자원봉사자들이 운영하는 법률보조센터 등 새로운 신사회운동으로서 나눔운동이 활성된 것이다(앞글: 317).

이런 시민사회의 변화에 대한 정부의 관심은 적극적인 지원정책으로 나타났다. 1970년대 중반부터 정부는 약 30개의 자원봉사센터를 설립하였고, 여기에 재정 지원을 하였다. 네덜란드 복지국가는 민간의 참여로 보완하는 '복지 혼합'을 추구하며, 중앙정부 주도로 자원봉사 활동을 지원하는 국가적 인프라 구축을 시작하였다(앞글: 319). 관련 단체로는 권익주창과 네트워크 개발에 목적을 둔 네덜란드 자원봉사단체(NOV), 인적 개발에 목적을 둔 자원봉사관리재단(SVM), 교육훈련과 상담(VTA) 등이며, 중앙정부는 재가간호, 말기환자 재가간호 등 특정 프로그램을 위한 자원봉사 활동 개발에 재정 지원도 하였다.

특히 정부 정책의 분권화 정책의 영향으로 지역 단위의 자원봉사 활성화가 두드러진 변화로 나타났다. 지방정부들은 공동체 자원봉사의 활성화를 위해 자원봉사센터를 통한 자원봉사 활동에 경비와 보험료 등을 지원하는 역할을 하며, 일부 지역에서는 장기 실업자의 일자리 구하기의 한 단계로 자원봉사를 장려하는 정책을 추진하기도 했다(앞글: 320). 실업구제 정책의 하나로 추진된 유급봉사자(paid volunteer)의 활용은 자원봉사의 새로운 변화를 이끌었다. 그러나 경제회복으로 일자리가 늘어나면서 이들의 자원봉사 참여는 줄고, 동시에 노동의 수요 증가로 노인층, 여성 등의 노동참여 활동으로 자원봉사 참여는 줄었다.

3) 신사회운동

'신사회운동'(new social movement)은 포스트모던 시민사회를 대표한다. 1960년대 말 서구는 물질적 이해를 추구하는 가치관에 도전하는 신세대인 포스트모더니스트의 새로운 가치관이 등장해서 '조용한 혁명'으로 진입해간다(Inglehart 1977). 포스트모더니스트는 경제성장보다 환경보호를 더 중요한 사회문제로 보며, 국가의 목표가 안정과 질서유지, 물가안정 등의 산업사회의 이슈보다 개인 자유의 보장과 시민의 정책참여 이슈들을 더 중시할 것을 주문하다. 환경, 소비자, 인권, 복지, 공동체운동 등 신사회운동의 성장은 포스트모던 가치관의 등장과 밀접한 상관관계를 갖는다. 환경운동을 비롯해서 반전반핵과 평화운동, 인권과 소외층 권익보호, 사회복지, 공동체운동 등이 포스트모던 시대 신사회운동의 주류를 형성한다.

'신사회운동'이란 무엇인가? 이 말은 독일 사회학자들이 서구의 정치문화가 '정치저항'의 문화로 급변하는 추세를 지칭한 데서 생겨난 용어이다(Olivo 2001: 26). 서구의 정치 문화가 선거 등 관례적 정치참여에서 시위와 서명운동 등 직접행동으로 변화함으로써 다원주의자들이 제시하는 '정치 문화' 중심의 이론적 기초는 설득력을 상실하는 한계를 보여준다. 포스트모던 가치관은 정치체제로서 민주주의에 대한 확고한 가치관을 갖고 있기 때문에 관례적인 정치참여와 대조적인 '비관례적' 정치참여를 통해 시민의 목소리를 표출하며 정책에 영향력을 행사한다. 참여의 방법으로는 선거, 정치인 접촉, 정치 집회참여 등 관례적 방식보다는 캠페인, 서명운동, 불매운동, 시위참여 등 비관례적 방식이 더 지배적이다. 정치집단으로는 정당, 이익집단, 노조 등 전통적인 중개기관보다는 신사회운동의 주체가 되는 무수한 NGO가 새로운 중개기관으로 부상한다. 많은 신사회운동은 유럽의 녹색당 등 일부를 제외하면 제도권 밖에 머물러 있다. 제도권 밖에서 새로운 사회운동을 통해 정부를 비판하고 정책대안을 제시하는 것이다. 이에 대해 사회학자 오페(Offe 1985: 826)는 '비제도적 정치'의 등장으로 지적한다.

> "자유주의 이론은 모든 행동이 "사적" 혹은 "공적" (또한 후자의 경우 "정치적")으로 분류될 수 있다고 가정하지만, 새로운 운동은 스스로를 제3의 중간 분류에 가져다 놓는다. 이 운동은 (타인에 대한 정당한 관심을 갖지 않는다는 의미에서) "사적"이지도 않고 (공식적인 정치 제도와 행위자의 정당한 대상으로 인정받는다는 의미에서) "공적"이지도 않은 자신들의 이슈 형태를 주창한다 …… 이 새로운 운동의 활동공간은 자유민주주의와 복지국가의 원칙과 실천에서는 제시되지 않고 있는 비제도적 정치(noninstitutional politics)의 공간에 위치한다."

스웨덴

스웨덴 나눔문화의 역사는 전통적인 대중운동에서 찾아볼 수 있다. 대중운동에 참여한 시민들은 종교 기관, 노조, 교육기관, 정당, 자조집단, 협동조합 등 무수한 조직들의 회원으로 참여해 자신들의 조직이 추진하는 대중운동에 참여자이자 자원봉사자 활동을 하였다. 스웨덴식 자원봉사 활동의 특징은 이런 대중운동의 전통에서 "멤버십과 또 조직 내부의 민주적 과정과 관련해 이루어진다"는 점이다(CEV 2007: 7). 그러나 이런 전통적 의미의 자원봉사 활동에도 변화가 일어난 것은 포스트모던 사회의 한 특징으로 환경, 소비자운동 등 신사회운동과 관련해 시민들이 조직의 회원으로서 자원봉사 활동을 하기보다는 비회원이지만 자신의 관심이며 공동체의 삶의 질 이슈에 동참하는 시민참여자로서 자원봉사 활동을 하는 새로운 동향을 보여준다.

스웨덴 시민사회의 특징은 사회서비스 중심의 사회복지 전통에서 찾아볼 수 있다. 20세기 대중운동의 확산 이전에 존재했던 시민사회 조직들은 중산층이나 저소득층 중심의 시민들의 소집단이 소외층을 돌보는 자발적인 복지조직들이 많았다. 제1세대 초기의 고전적 대중운동 조직들은 사회복지운동으로 시민사회의 고전적 모델이 되며 지금도 그 영향력이 적지 않지만 이들 대부분은 1950년대 복지국가의 확대와 함께 많이 자취를 감추었다. 대중운동의 제2의 물결은 1930년대와 40년대의 레저, 스포츠, 문화 영역에서 진행된 운동으로, 가장 많은 시민들이 조직의 회원으로 활동하는 거대한 시민사회운동이다. 제3의 물결이 1960년대의 '신사회운동'이다. 환경, 반전운동, 양성평등 등 심각한 사회 이슈들에 초점을 맞춘 다양한 시민운동이 등장해왔다. 이상의 제3의 물결과 협동조합 등이 오늘날의 비영리 섹터를 구성하고 있다. 또 다른 비영리 조직은 신협동조합과 재단이다(앞글: 21). '신협동조합'이란 복지서비스를 생산, 공급하는 조직으로 협동조합 형태를 갖추고 있다. 부모들이 운영하는 공동육아, 알코올 중독 치료센터 등 무수한 협동조합들이 있다. 이들은 1980년대와 90년대를 통해 성장해왔는데, 대부분이 작은 규모로 풀뿌리 차원에서 긴요한 서비스를 제공해주는 조직들로 스웨덴에서 가장 성장하고 많은 관심을 모으며 또 시민들이 필요로 하는 주요 서비스를 제공하는 조직들로 신뢰를 받고 있다.

스웨덴 비영리 섹터는 주로 멤버 중심의 활동을 이루어지기 때문에 안정적인 회비수입과 자원봉사로 활성화되어 있다. 서구에서 가장 많은 회원들이 있는데, 누구나 균등하게 참여할 수 있고, 내부 관리와 운영이 투명해서 신뢰를 받고 있다. "국민들이 결사체에 참여하는 것은 스웨덴 민주주의의 근본적인 일부가 되고 있다"(앞글: 22). 따라서 자원봉사도 조직을 통한 회원 활동으로 이루어지는 특징이 있다. '회원 봉사자'로 보면 스웨덴이 86%

로 세계 1위다. 다음으로 독일(68%), 아일랜드(60%), 벨기에(60%) 순서이다(앞글: 22). 자원봉사 활동이 사회복지나 보건의료 분야보다는 레저와 스포츠 등 시민사회 활동에 집중되어 있다.

토크빌의 전통 이래로 미국은 '참여자의 국가'(nation of joiners)라는 자부심을 갖고 있다. 그러나 1970년대부터 서구에서 시민사회 조직들의 시민참여도가 높은 국가들은 미국이 아니라 스칸디나비아 국가들이다(Pestoff 2004: 63). 스웨덴·덴마크·노르웨이·핀란드가 세계에서 가장 높은 수준의 시민참여 멤버십을 갖고 있다. 특히 스웨덴은 1970년대 이래 지금껏 세계에서 가장 높은 '참여자의 국가'가 되어 왔다. 유권자 10명 가운데 9명이 하나 이상의 제3섹터 조직의 회원으로 활동한다. 다른 국가들과 다른 스웨덴 제3섹터의 특징은 정부에 대한 의존이 적고 자원적 자율성을 유지하고 있다는 점이다(앞글: 74). 스칸디나비아의 역사적 전통이 되는 시민사회 조직들은 회원제에 기초하고 민주적으로 운영되는 대중운동에서 비롯되었기 때문이다. 스웨덴의 제3섹터는 복지국가가 가장 발달한 전통에서 의료나 교육 분야에서는 덜 발달되었지만 반면에 스포츠, 레저와 문화 활동, 성인교육, 주택조합이나 노조 등에서는 세계적으로 가장 발달한 제3섹터를 갖고 있다.

이탈리아

이탈리아도 전통적으로 국가주도형에 속한다. 그렇지만 최근에 와서 독일같이 '보충주의 원칙'에 기초해 나눔활동에서 시민사회 주도적 역할을 중시하는 변화의 과정에 있다. 역사적으로 이탈리아는 2차 대전 후 현대식 복지국가 체제를 갖추면서 복지의 책임과 역할이 정부 주도적인 것이 되면서 시민사회의 역할은 크게 위축되기도 했다. 전통적인 가톨릭 교회 중심의 사회서비스 활동은 민간 기부와 자원봉사자 활동에 크게 의존해왔지만, 교회 중심의 복지서비스 활동은 전후 복지국가의 사업으로 흡수되면서 역할이 크게 제한되었다.

그러다 1970년대에 복지국가의 위기와 함께 나눔문화가 활성화되기 시작했다. 정부의 새로운 복지정책의 추진으로 교회 등 민간 복지 기관들의 역할이 확대되고 더불어 기부자와 자원봉사자의 참여가 늘었다. 자원봉사는 복지국가의 비효율적인 서비스 제공을 보완하는 역할을 하면서, 특히 청소년 상담, 가족의 해체, 도심의 슬럼화 등 복지국가가 다루기 어려운 서비스 활동에서 두드러진 성과를 보임으로써 이후 지속적인 사업 확대로 발전하였다(CEV 2006: 5). 민간 영역에서는 최대 복지 기관인 카리타스(Caritas)가 1971년 자원봉사 전국 포럼을 개최하며 활동을 확대해갔다.

특히 1991년의 자원봉사기본법(Framework law on volunteering)은 자원봉사에 대한 새로운 변화를 가져왔다. 자원봉사에 대한 공공기관의 인식이 자원봉사가 보충적 자원이라는 소극적 자세에서 자원봉사가 공공정책 전반에 대한 의미 있는 기여에 대한 완전한 인식으로 변화가 일어난 것이다(앞글: 6). 1991년 법 도입 이후 2000년의 새로운 법은 중앙과 지방정부, 정부와 시민사회 사이의 관계, 즉 수직적·수평적 관계에서의 '보충주의 원칙'을 중시하는 일대 개혁을 추구하였다. 정책 결정의 분권화와 민영화가 추진된, 새로운 복지체제의 등장이었다. 시민사회가 정부와의 실질적인 파트너 관계로 발전한 것이다. 공익(general interests)의 추구는 정부 등 공공의 배타적 활동이 아니라 모든 시민들이 참여하는 시민참여 활동으로 본 것이다. '복지 혼합'에서 시민의 역할이 중시된 것이다. 법은 시민들이 정책의 기획부터 집행과 평가에 이르는 모든 단계에 참여할 권리를 가진다고 선언한다.

다시 1990년대 경제 위기로 이한 복지국가의 재정 위기가 심화되면서 가톨릭 교회 등 민간 복지 기관들의 역할을 확대하는 새로운 정책이 추진되면서, 더불어 기부와 자원봉사의 활성화가 시작되었다(van den Bos 2008: 2). 전통적인 교회 중심의 활동이 재개되었으며, 마침 새로운 신사회운동의 확대로 나눔문화의 활성화에 기여했다.

4) 비영리부문의 경제적 가치

나눔문화는 국가나 시장 부문보다 제3섹터 또는 비영리부문의 성장과 더불어 성숙하는 역사적 배경을 가지고 있다. 앞서 살펴보았듯이 서구 나눔문화의 성숙도는 비영리부문의 성장과 밀접히 관련된 것을 확인할 수 있다.

그렇다면 비영리부문 또는 제3섹터는 어느정도의 경제적 규모를 차지하는가? 경제적 규모의 측정방법은 경제적 기여도로 일반적으로 국내총생산(GDP)에서 차지하는 비중과 전체 고용에서 차지하는 노동력의 비중으로 측정된다. 사실 비영리부문의 범위에 대해서는 아직 국제적으로 표준화된 조사가 이루어지고 있지 않은 가운데 UN의 NPI(NonProfit Institution) 방식으로 추정된 일부 국가들의 사례들을 참고해볼 만하다.

먼저 NPI 방식에 포함되는 비영리 조직들은 그간 국제비영리조직표준화(ICNPO)에 분류된 조직들을 중심으로 이들의 경제적 규모(GDP 생산 비중, 노동력)을 측정해왔다. 한국의 경우, 1997년에 조사된 결과를 보면 비영리부분의 GDP 비중은 4.8%이며 노동력은 전체의 2.4%를 차지해, 아래에서 비교되는 OECD 9개국에 비해 작은 규모에 해당되지만 이후 10년새에 급성장한 것으로 추정된다.

■ **그림 3.1** 비영리부문의 노동력과 GDP 기여도: OECD 9개국 (단위: %)

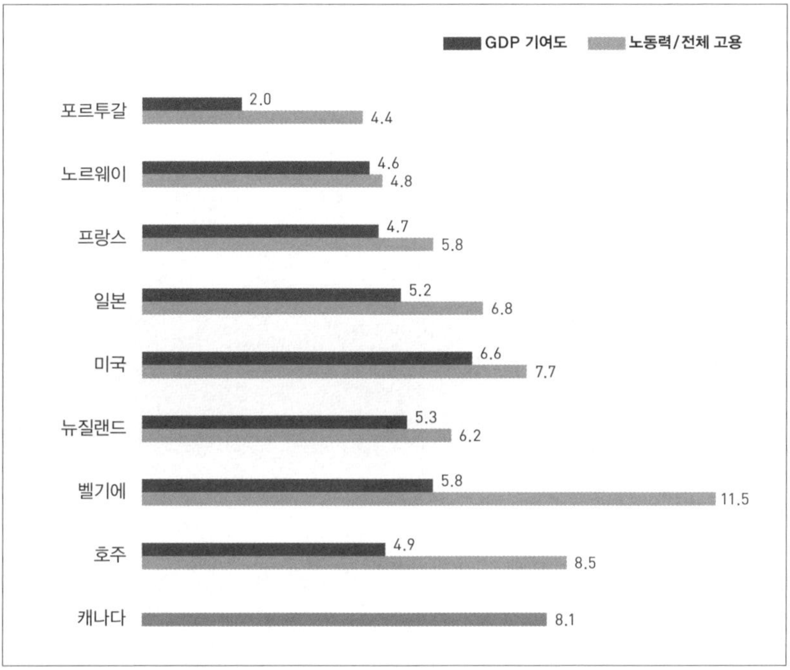

참고 호주(2007), 벨기에(2008), 캐나다(2008), 프랑스(2002), 일본(2004), 뉴질랜드(2004), 노르웨이(2009), 포르투갈(2009), 미국(2009).

자료 Salamon 등 2013. pp.2~3.

경제적 규모를 먼저 GDP 비중으로 살펴보면, OECD 9개국은 적게는 2%(포르투갈)에서 많게는 8.1%(캐나다)에 이른다. 미국과 캐나다를 비롯해 호주, 뉴질랜드 등의 앵글로색슨계가 비교적 광범위한 비영리 섹터를 갖고 있고, 복지국가가 발달한 노르웨이와 프랑스의 비영리 섹터는 적은 규모를 보여준다. 또한 전체 고용에서 비영리 섹터의 고용이 차지하는 비중에서도 유사한데, 벨기에가 11.5%로 가장 많은 비영리 일자리를 갖고 있다.

제2부

나눔활동의 참여

제4장

나눔활동의 참여

나눔문화는 어떤 변화의 동향을 보여주는가? 우선 세계적인 동향을 살펴본 다음, 기부와 자원봉사의 관계, 나아가 기부와 이웃돕기, 자원봉사와 이웃돕기, 단체활동과 기부, 자원봉사, 이웃돕기 등의 관계를 주요국 사례와 한국의 동향으로 구분해 정리해본다.

1. 나눔활동의 세계화

이제 나눔은 세계적인 동향이다. 앞장에서 살펴보았던 역사적 발전을 거쳐, 특히 시민사회의 발전을 통해 나눔문화가 정착되고 있는 것이다. 현물을 기부하고, 시간으로 자원봉사하며, 도움이 필요한 사람들을 돕는 이웃돕기, 공공선을 위한 단체활동은 지구촌 어디서나 볼 수 있는 보편적인 현상이다. 세계적으로 경제 침체가 지속되고 있지만, 이런 분위기를 극복하기 위해서도 기부·자원봉사·이웃돕기·시민참여의 나눔은 점차 늘고 있다. 한국에서는 최근 몇 년 사이에 기부활동은 활성화 추세를, 자원봉사는 정체 상태를, 이웃돕기는 감소 추세를 보여주는 반면에 시민참여 활동은 두드러진 증가세를 보여준다.

1) 나눔의 세계적 동향

세계 대다수의 국가에서 나눔활동은 점차 늘고 있는 추세이다. 글로벌 여론조사기관인 갤럽 인터내셔널(Gallup International)이 조사한 최근 자료를 보면, 세계인 절반 이상이 기부나 자원봉사 또는 이웃돕기 하나 이상에 참여하고 있다.

세계적으로 2013년 현재 기부자는 27.7%, 자원봉사자는 21%, 이웃

그림 4.1 세계 153개국의 나눔: 기부, 자원봉사, 이웃돕기 (단위: %)

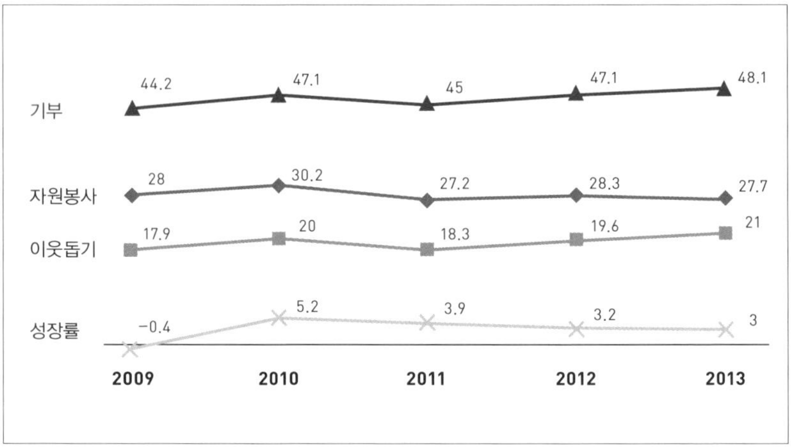

■ **표 4.1** 세계 나눔(기부, 자원봉사, 이웃돕기) 톱 20대 국가: 2014년 (단위: %)

국가	순위	나눔 지수	이웃돕기	기부	자원봉사
미얀마	1	66	55	92	50
미국	2	61	76	63	44
뉴질랜드	3	61	65	73	45
캐나다	4	60	69	67	44
호주	5	59	66	72	40
영국	6	57	63	75	32
네덜란드	7	56	59	73	36
스리랑카	8	56	60	59	48
아일랜드	9	56	59	67	41
말레이시아	10	52	62	58	37
케냐	11	52	74	39	43
말타	12	51	50	78	26
바레인	13	51	71	51	30
UAE	14	50	69	59	22
노르웨이	15	49	55	60	32
과테말라	16	49	68	38	41
부탄	17	49	53	55	38
키르기즈스탄	18	49	53	57	36
태국	19	48	44	87	14
독일	20	47	61	49	32

자료 World Giving Index 2015.

돕기는 48.1%로, 세계 나눔지수(giving index)는 32.4%에 달한다. 이는 글로벌 금융위기 직후인 2009년에 비하면 크게 개선된 것이다. 〈그림 4.1〉을 참고해보면 글로벌 경제 위기로 글로벌 GDP 성장률이 -0.5%로 그쳤던 2009년에 나눔활동이 크게 위축되다 2010년부터 점차 회복되는 추이를 엿볼 수 있다.

나눔문화는 선진사회만이 갖고 있는 문화는 아니다. 개발도상국이나 빈곤국에서도 사람들은 기쁨도 고통도 함께 나누는 문화와 전통을 갖고 있다. 기부·자원봉사·이웃돕기·시민참여의 나눔활동은 국가 특유의 역사와 전통, 그리고 경제적·사회적 상황이 만들어내는 문화적 특징이다. 경제적으로 부유한 국가에서 나눔의 수준이 높을 것 같지만, 실제는 그렇지 않다. 선진국인데 후진국보다 못한 나눔활동 수준을 보여주는 국가들도 적지 않다. 미얀마, 부단, 스리랑카 등 가난한 국가들이 오히려 OECD 국가들보다 더 높은 수준의 나눔활동을 보여준다. 갤럽 인터내셔널의 2014년 보고서에는 세계 20대 상위 나눔국가들 중에는 개발도상국 8개국이 포함되어 있다. 서구에서는 미국과 캐나다, 뉴질랜드와 호주, 영국 등 앵글로색슨계가 서구의 나눔문화를 선도하는 문화권이라는 것을 알 수 있다.

이처럼 국가들 사이의 두드러진 차이는 앞장에서 살펴보았듯이 역사적 전통과 복지국가와 시민사회의 발전 수준의 차이로 이해해볼 수 있다. 일부 국가들, 특히 미국·영국·아일랜드·호주·뉴질랜드·캐나다 등 앵글로색슨 국가들이 세계 최고의 나눔문화 국가에 위치한 것은 역사적 전통에서 비롯된 나눔문화의 수준을 보여주는 것이다. 일찍이 국가보다 사회, 공부문보다 사부문의 공익활동이 역사와 문화의 전통으로 이어온 것이다. 이 때문에 복지국가가 다른 서구 국가들에 비해 덜 발달해 있는 특징이 있다. 어려운 이웃을 돕는 사회복지 부문이 국가의 제도적 전통보다는 민간의 자선과 나눔으로 보충되는 전통이 있는 것이다. 따라서 복지국가가 가장 발달되어 있는 북유럽의 스웨덴·노르웨이·덴마크·핀란드에서는 민간의 나눔에 의존하는 사회복지의 전통이 비교적 취약하다고 볼 수 있다. 그럼에도 최근에 들어 이런 보편적 복지국가들에서도 기부·자원봉사·이웃돕기 등 나눔이 확대되는 새로운 세계화 동향을 목격해 볼 수 있다.

표 4.2 물질자본, 인적자본, 사회자본 지표: OECD 31개국 (2013)

나눔순위	국가	국민소득*	인간개발**	나눔지수	기부	자원봉사	이웃돕기
1	미국	52,308	0.91	64	68	44	79
2	캐나다	41,887	0.90	60	71	44	65
3	아일랜드	33,414	0.90	60	74	41	64
4	뉴질랜드	32,569	0.91	59	62	44	69
5	호주	41,514	0.93	56	66	37	65
6	영국	35,002	0.86	55	74	29	61
8	아이슬란드	35,116	0.89	50	70	29	52
10	덴마크	42,880	0.90	47	62	23	55
12	핀란드	32,438	0.88	43	43	32	54
13	노르웨이*	63,909	0.94	42	43	38	45
16	스웨덴	43,201	0.90	39	55	12	51
7	네덜란드	42,397	0.91	53	70	34	54
9	오스트리아	35,719	0.88	48	57	29	57
11	스위스*	53,762	0.92	44	54	28	49
14	독일	43,049	0.91	42	42	25	58
17	벨기에	33,357	0.88	36	41	24	43
20	룩셈부르크	50,557	0.88	31	40	22	31
18	한국	30,345	0.89	33	33	22	43
22	일본	36,747	0.89	26	24	28	26
19	스페인	30,561	0.87	32	27	15	53
21	이탈리아	32,669	0.87	28	28	9	47
22	프랑스	36,629	0.88	26	26	22	30
26	포르투갈	24,130	0.82	24	24	15	46
30	그리스	24,658	0.85	21	9	10	43
15	슬로베니아	26,809	0.87	40	41	32	47
24	헝가리	21,239	0.82	29	24	12	51
25	슬로바키아	25,336	0.83	26	30	15	32
27	에스토니아	23,387	0.84	23	16	18	36
28	폴란드	21,487	0.83	22	21	9	35
28	체코공화국	24,535	0.86	22	21	14	32
31	터키	18,391	0.76	18	12	5	38

자료 국민소득(GNI per capita 2011 PPP $), 인간개발(UNDP 2014); 나눔지수, 기부, 자원봉사, 이웃돕기(CAF 2014). 노르웨이와 스위스는 2011년 자료.

그림 4.2 나눔지수와 인간개발지수와 국민소득 수준 상관성

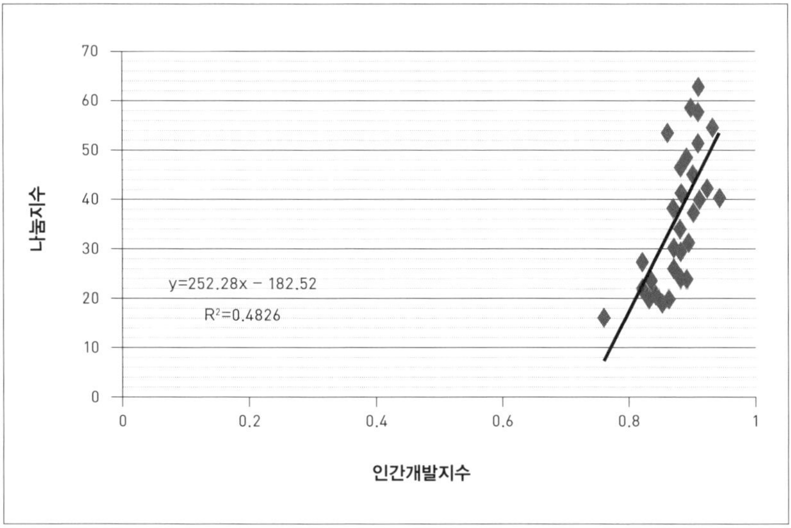

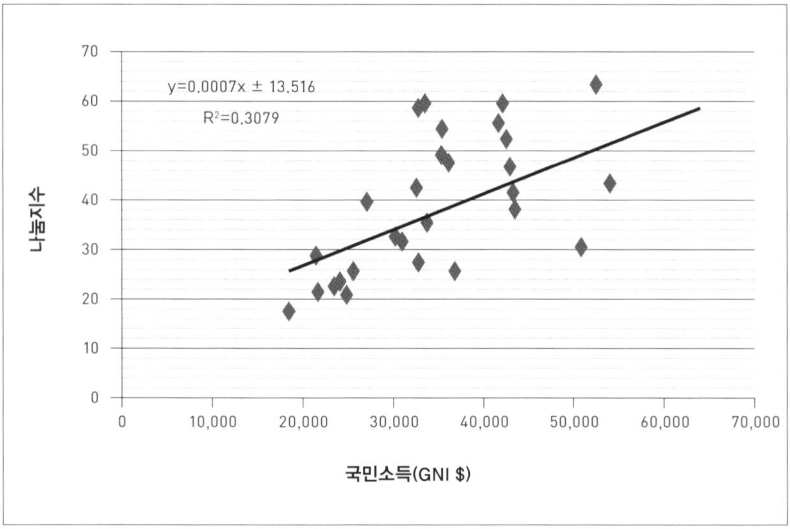

■ **그림 4.3** 자원봉사와 인간개발 / 기부와 인간개발 상관성

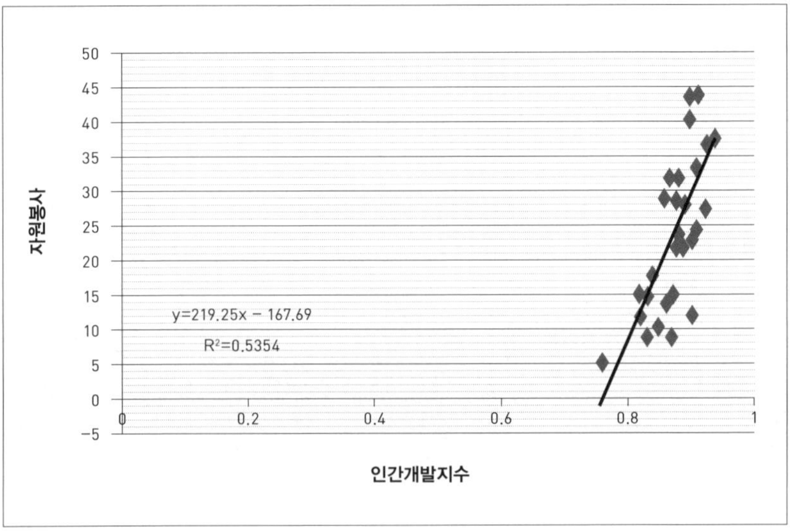

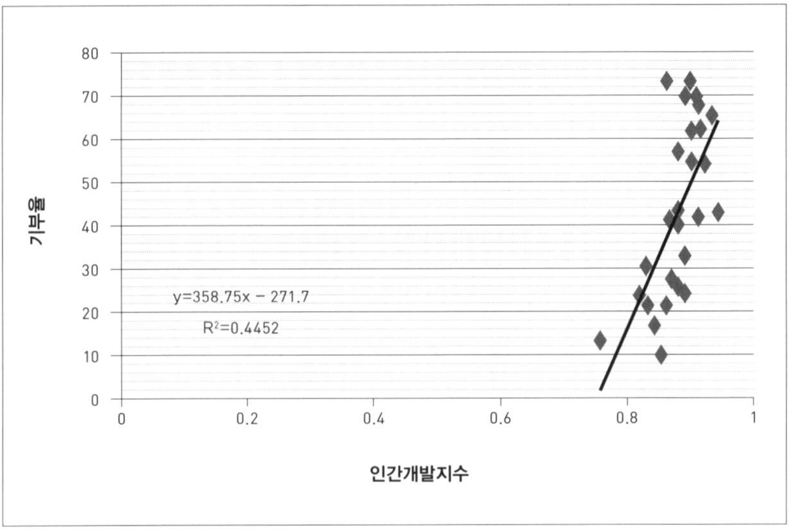

■ **그림 4.4** 이웃돕기와 인간개발 상관성

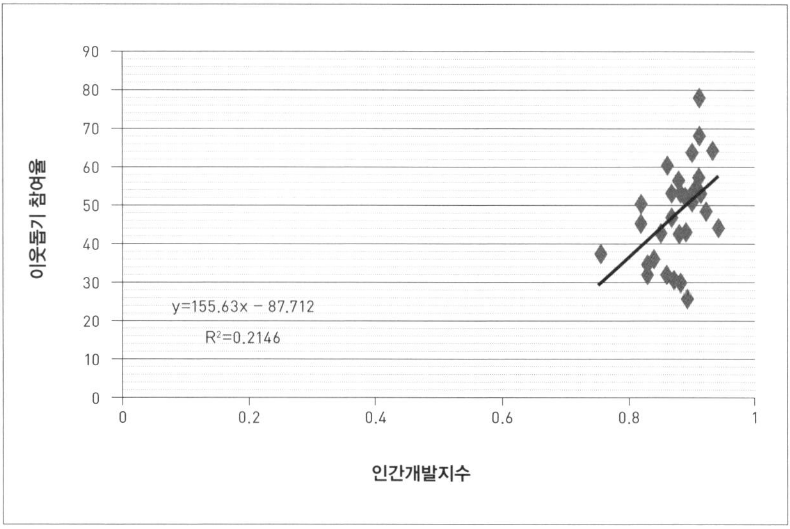

한국과 비교대상이 되는 OECD 차원에서 국가별 나눔문화의 현황을 보면, 〈표 4.2〉에서 볼 수 있듯이 앵글로색슨 국가들과 북유럽 스칸디나비아 국가들이 상위권에 있고 남유럽 라틴 국가들과 동유럽 구사회주의 국가들이 하위권에 머물러 있다. 앞장에서 살펴보았듯이 나눔문화는 앵글로색슨 국가들을 중심으로 발달한 문화적 전통이라는 것을 엿볼 수 있고, 이제 복지국가의 발달로 나눔문화의 성장이 미뤄졌던 유럽 대륙과 북유럽에서도 복지국가의 위기로 나문문화가 점차 확대된 것도 엿볼 수 있다.

OECD에서는 앞서 살펴보았던 글로벌 차원과는 달리 경제성장과 인간개발의 발전 수준에 따라 국가 간의 나눔문화 수준의 차이가 있다는 것을 알 수 있다. 〈그림 4.2〉에서 OECD 31개국의 나눔문화 차이를 보여주는 나눔지수는 인간개발 수준과 국민소득 수준과 밀접한 상관성을 보여준다.

또한 자원봉사, 기부, 이웃돕기 각각과 국민소득와 인간개발 수준과의 상관성도 확인되고 있다(그림 4.3). 국민소득 수준이나 인간개발 수준이 높을수록 기부, 자원봉사, 또는 이웃돕기 참여이 높다는 것이 통계적으로 유의미한 것으로 나타난다. 기부와 자원봉사에 비해 이웃돕기의 경우 그 상관성이 비교적 낮게 나타난다.

2) 나눔(기부·자원봉사·이웃돕기)과 삶의 질

기부·자원봉사·이웃돕기는 같은 나눔활동으로 서로 밀접한 상관관계에 있다. 하나 이상 나눔활동을 한 사람이 다른 나눔활동도 같이 한다고 볼 수 있다. 기부 경험자는 자원봉사나 이웃돕기 경험자인 가능성이 높고, 또 자원봉사자는 기부나 타인돕기 경험자일 가능성이 많다.

기부와 자원봉사의 관계를 살펴보면, 〈표 4.3〉에서처럼 기부-자원봉사 수준이 상위-상위(5개국), 중간-중간(7개국), 하위-하위(9개국)로 대부분 일치하며, 나머지 9개국이 다소 예외적이다. 한국, 일본, 프랑스는 자원봉사는 중간 수준이지만 기부문화가 하위권 그룹에 속한다.

나아가 기부·자원봉사·이웃돕기 각각의 활동과 주요 삶의 질 지표와의 상관관계 대부분도 유의미한 밀접성을 보여준다. 나눔활동(기부·자원봉사·이웃돕기) 각각이 높은 수준에 있는 사회는 타인과 정부에 대한 신뢰도가 높고, 가계의 가처분소득이 높은 고소득의 사회이며, 인간개발지수(HDI)와 국민소득을 제외한 비소득 HDI 수준이 높으며, 부패 수준이 낮고 사회적 소수자를 이웃으로 포용하는 관용의 수준이 높으며, 또 어려움에 처한 개인이 도와줄 친지나 친구 또는 이웃이 많은 사회로 이해할 수 있다.

■ **표 4.3** 기부율과 자원봉사 참여율 상관관계: OECD 30개국, 2013

		기부		
		상위 60% + (9개국)	중간 40~59% (8개국)	하위 39% – (13개국)
자원봉사	상위 35% +	미국, 아일랜드, 호주, 뉴질랜드, 네덜란드		노르웨이
	중간 26~34%	영국, 캐나다 아이슬란드	핀란드, 룩셈부르크, 스위스, 독일, 오스트리아, 벨기에, 슬로베니아	한국, 일본, 프랑스
	하위 25% –	덴마크	스웨덴	이탈리아, 스페인, 포르투갈, 그리스, 폴란드, 체코, 슬로바키아, 헝가리, 터키

한편 한국인 개인 차원의 설문조사 결과를 참고해보면, 기부자·자원봉사자·이웃돕기 활동자는 서로 밀접한 상관관계에 있다는 것이 확인되고 있다. 그런데 기부자가 자원봉사자가 될 가능성보다 자원봉사자가 기부자가 될 가능성이 더 높다는 것을 알 수 있다. 자원봉사 × 기부 × 이웃돕기를 3차원 교차분석을 해보면, 셋 다 참여한 사람은 13.2%에 불과하고, 셋 다 참여하지 않은 사람이 전체 24.6%를 차지한다. 기부와 이웃돕기는 했지만 자원봉사는 하지 않은 사람이 27.7%로 가장 높은 비중을 차지한다. 기부와 이웃돕기보다 자원봉사자가 가장 참여하기 어려운 활동이라는 것을 보여준다. 소중한 시간을 내서 활동해야 하기 때문이다.

■ **표 4.4** 나눔활동(기부/자원봉사/이웃돕기)과 삶의 질 상관관계: OECD 34개국

	타인 신뢰	정부신뢰	가계소득	HDI	비소득HDI	부패	소수자포용	도움줄 이웃
나눔지수	.418*	.662**	.657**	.593**	.530**	.611**	.732**	.713**
기부	.476**	.677**	.674**	.580**	.503**	.617**	.716**	.747**
자원봉사	.422*	.529**	.658**	.670**	.615**	.476**	.577**	.575**
이웃돕기	.193	.646**	.419*	.362*	.326*	.656**	.403*	.686**

참고 * p〈0.01 **p〈0.001. 자료: OECD 2011.

■ **표 4.5** 한국인의 자원봉사, 기부, 이웃돕기 참여율 비교: 2014년

		자원봉사 참여	자원봉사 비참여	전체
기부 참여	**이웃돕기 참여**	198 (13.2%)	242 (16.1%)	440 (29.3%)
	이웃돕기 비참여	35 (2.3%)	136 (9.1%)	171 (11.4%)
기부 비참여	**이웃돕기 참여**	73 (4.9%)	415 (27.7%)	488 (32.5%)
	이웃돕기 비참여	31 (2.1%)	369 (24.6%)	400 (26.7%)
	전체	337 (22.5%)	1152 (77.5%)	1,499 (100%)

참고 chi-sq 검증(기부-자원봉사, 기부-이웃돕기, 자원봉사-이웃돕기 모두 p,〈0.000)
자료 주성수, 정희선 2014. "2014 한국인의 자원봉사, 기부, 이웃돕기."

3) 한국인 나눔문화의 수준

한국인의 나눔문화는 국제적으로 어느 정도의 수준에 있는가? OECD 국가와 비교한 한국 나눔문화의 수준을 아래에서 살펴볼 만하다.

한국 나눔문화의 정체

한국은 〈표 4.2〉에서 볼 수 있듯이 국민소득과 나눔지수 모두 중간수준에 머물러 있다. 남유럽과 동유럽 국가들보다 더 높은 위치에 올라 있고, 국민소득 수준이 더 높은 일본보다 다섯 단계 높은 17위에 있다. 한국은 일본에 비해 경제력만 뒤져 있을 뿐 인간개발에서는 같은 수준이며, 나눔문화 수준에서는 오히려 앞서 있다. 한국은 2013년 현재 세계 153개국 가운데 60위를 기록하며 중위권에 위치해 있다. 2010년 81위에서 크게 올라선 것이다. 나눔지수는 35%로 기부 34%, 자원봉사 27%, 이웃돕기 44%로 조사되었다. 세계 평균에 비교해보면 한국인의 기부와 자원봉사는 비교적 높은 수준이지만, 이웃돕기는 세계 평균(47%)보다 낮은 수준에 머물러 있다. 그러나 OECD 평균에 비교해보면, 한국인의 나눔문화 수준은 하위권에 머물러 있어 선진국 진입이 경제력만으로 이루어지는 것이 아니라는 한 단면을 보여주는 것 같다.

한국인 나눔문화의 수준은 점차 상승해오다 최근에 와서 정체 추세가 뚜렷하다. 위와 같이 국제 비교에서 지속적인 상승세 이후 최근 정체세에 있는 것처럼 국내의 각종 통계지표에서도 나눔은 지속 성장세에서 최근 몇 년간은 정체세에 빠져 있다. 한국은 전통적으로 농업 공동체의 상부상조로 쌀, 물품, 노동력 등을 주고받는 나눔의 전통 유산을 간직하고 있다. 품앗이, 좀두리, 애경사 부조 등 다양한 형태로 나눔문화의 전통이 이어지고 있다. 1960년대 산업화 이후 개인주의의 팽배로 이타주의와 공동체 의식이 퇴조되는 문제들이 심화되었지만, 이에 대해 나눔의 실천으로 해결하는 지혜를 모아왔다. 국가가 해결하지 못하는 복지문제를 민간 개인들과 법인들이 어려운 이웃을 돌보는 나눔의 실천에 앞장섰다. 1998년 외환위기를 금모으기운동으로 극복했고, 2008년 태안기름유출 재난을 130만 자원봉사자의 힘으로 극복했다. 또 부유하고 더 많이 배운 가진 자의 노블리스 오블리제의 실천도 점차 확대되며, 선진형 나눔문화를 가꿔가고 있다.

한국인의 나눔활동은 통계와 개인 설문 자료에서는 다소 불확실한 추세를 보여준다. 기부는 꾸준히 늘고 있지만, 자원봉사 활동은 최근 성장 정체 상태에 있으며, 어려운 이웃에게 베풀고 나누는 이웃돕기는 오히려 줄고 있다. 사람들을 직접 상대로 하는 사적 이웃돕기보다는 간편한 기부활동으로 참여하는 새로운 동향이다. 또 시간으로 봉사하는 자원봉사보다 물품으로 대신하는 기부활동을 선호하는 사람들이 더 늘고 있기 때문에, 자원봉사가 활성화되지 못하고 정체 상태에 머물고 있는 것 같다. 통계청과 볼런티어21의 자료는 같은 시기에 조사되었지만, 수치에는 두드러진 차이를 보여준다. 통계청은 15세 이상을, 볼런티어21은 20세 이상을 대상으로 하였다. 자원봉사에서는 중고교생 10대가 가장 높은 70% 이상 참여하기 때문에, 통계청 자료가 중고교생을 제외한 볼런티어21의 자료보다 더 높은 참여율을 보여준다고 볼 수 있는데, 실제로는 더 낮게 나타났다.

통계청의 자료를 보면(그림 4.5), 기부와 시민참여 활동은 상승하다 최근 정체세를 보여주고, 기부와 자원봉사는 심각한 하락세를 보여준다. 이 같은 추세의 배경으로는 앞서 글로벌 동향에서 살펴보았듯이 경제 침체가 주요요인이라 볼 수 있다.

한편 2014년 한국갤럽의 조사 결과를 보면(표 4.6), 한국인의 자원봉

■ **그림 4.5** 한국인의 기부, 자원봉사, 단체참여: 1999~2015년 (단위: %)

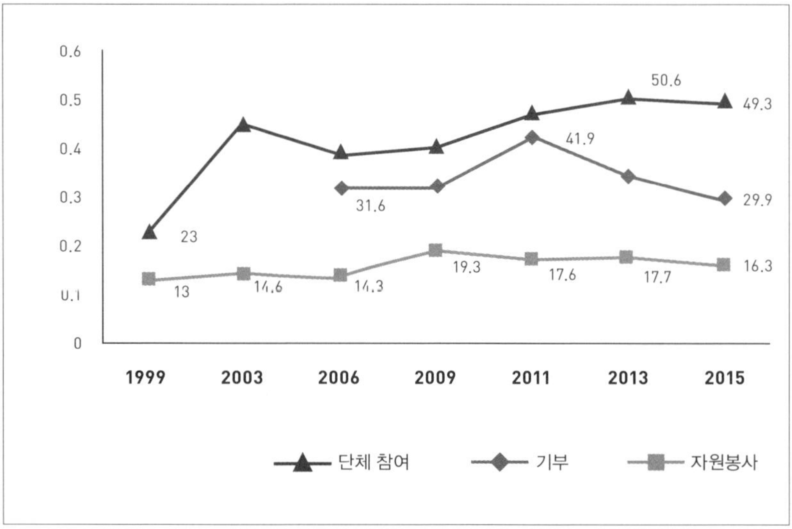

자료 통계청, 사회조사 각연도.

사·기부·이웃돕기는 개인 특성별로 살펴보면 다음과 같다.

- 남성보다 여성이 더 많이 참여하고, 기혼자가 훨씬 더 많이 참여한다.
- 연령에서는 40대가 자원봉사와 이웃돕기, 50대가 기부에서 가장 많이 참여한다.
- 성-연령 조합에서는 여성 50대가 세 가지 모두에서 가장 활동적이다.
- 고학력층과 고소득층 참여가 가장 높고, 저학력층 참여가 가장 낮다.

표 4.6 자원봉사, 기부, 이웃돕기 참여자 개인 특성별 비교 (단위: %)

	자원봉사, 기부, 이웃돕기 모두 참여자	자원봉사 참여자	기부 참여자	이웃돕기 참여자
전체	13.2	22.5	40.8	61.9
남자	11.7	20.5	38.8	59.0
여자	**14.9**	**24.5**	**42.7**	**64.7**
미혼	8.9	21.5	32.3	59.7
기혼	**14.7**	**23.1**	**43.1**	**62.9**
이혼/사별	8.5	17.1	40.9	54.2
20대	10.2	24.2	28.0	59.4
30대	13.3	23.3	43.9	62.0
40대	**15.7**	**25.0**	**42.9**	**65.5**
50대	15.0	23.4	48.3	64.1
60세 이상	11.1	17.2	38.5	58.0
남 20대	9.4	26.7	25.3	53.9
남 30대	12.6	20.9	39.0	58.9
남 40대	16.7	22.8	43.3	64.3
남 50대	8.6	16.2	42.3	59.9
남 60세 이상	10.2	16.5	41.7	55.8
여 20대	11.2	21.5	30.9	65.5
여 30대	14.9	25.9	49.2	65.2
여 40대	14.8	27.3	42.5	66.7
여 50대	**21.5**	**30.9**	**54.4**	**68.5**
여 60세 이상	11.8	17.7	36.0	59.7

	자원봉사, 기부, 이웃돕기 모두 참여자	자원봉사 참여자	기부 참여자	이웃돕기 참여자
중졸	5.6	10.7	33.5	55.3
고졸	12.8	21.8	41.1	61.8
대재 이상	**15.8**	**26.7**	**42.6**	**63.9**
199만 원 이하	6.2	14.3	32.1	55.3
200~299만 원	9.8	14.3	35.8	59.0
300~399만 원	12.8	24.4	40.0	59.3
400~499만 원	15.0	25.7	45.5	62.8
500만 원 이상	**20.1**	**29.6**	**46.5**	**71.9**
전문/자유직	**33.3**	**50.0**	**66.7**	**83.3**
관리직	28.6	43.0	43.0	85.7
반전문기술직	17.1	28.7	48.4	74.3
사무직	15.4	24.8	44.1	64.7
자영업	10.5	20.2	46.4	60.7
판매직	14.7	24.9	33.1	71.3
서비스직	10.0	19.3	31.8	55.6
생산직	10.1	12.1	41.9	66.7
농어민	2.6	2.6	33.0	74.4
전업주부	15.8	24.3	43.3	59.6
학생	10.9	30.2	28.2	54.3
미취업	10.0	16.2	34.6	44.9

자료 주성수, 정희선 2014. "2014 한국인의 자원봉사, 기부, 이웃돕기."

한국인 나눔활동시간

한국인의 나눔활동시간은 점차 줄고 있다. 통계청의 활동시간 자료를 보면, 나눔활동 가운데 자원봉사는 현상유지 상태지만, 특히 이웃돕기와 시민참여는 뚜렷한 하향세를 보이고 있다. 통계청의 자료에서 활동시간 비율은 하루 24시간 동안 각 행동을 10분 이상 한 사람의 비율을 보여주는데, 2009년 나눔활동시간 비율은 0.8%에 지나지 않는다. 나눔활동은 하루 24시간 중 2분에 지나 않아, 여가활동시간(드라이브, 소풍, 관광) 1분에 비해 많고, 영화 등 관람과 문화행사 참여와 같은 활동시간이다.

또 취업자는 비취업자에 비해 나눔활동이 적게 나타나, 2009년에 취업자는 나눔활동시간 비율은 1.2%로 비취업자(3.2%)에 비해 훨씬 저조하다(그림 4.6). 나눔활동 중 자원봉사, 이웃돕기, 시민참여에서 취업자와 비취업자의 차이는 각기 0.3대 1.1%, 0.5대 0.9%, 0.4대 1.3%로 3배 이상 차이

그림 4.6 한국인의 나눔활동시간 비율(%)

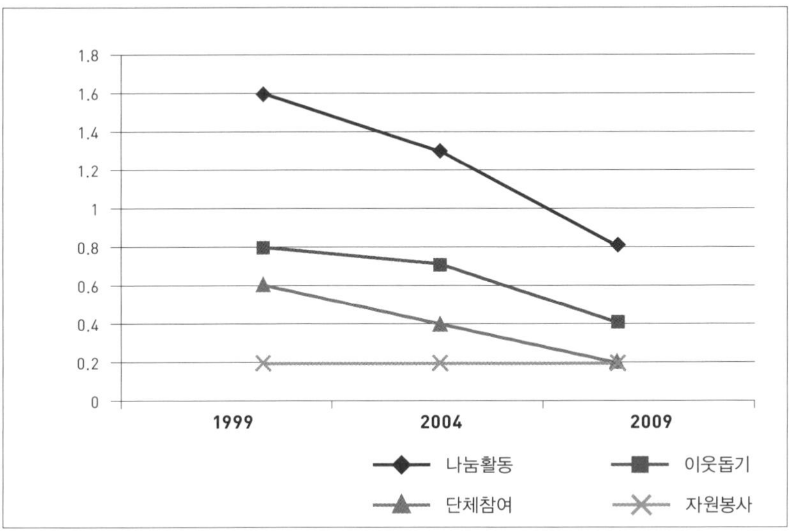

를 보여준다. 그런데 중요한 사실은 자원봉사는 1999년 수준에 정체된 반면, 이웃돕기와 시민참여 활동시간은 각기 절반 가량 감소하는 뚜렷한 추세를 보여준다. 나눔활동 참여자 수도 줄고 있지만, 참여자 중에서도 활동시간이 점차 줄어들고 있는 것이다. 한국인들은 세계에서 가장 바쁜 삶을 살면서 나눔활동시간을 점차 줄이고 있는 것이다.

남성에 비해 여성이 더 많이 활동하는 것은 직장 등 경제활동을 적게 하기 때문이다. 남성뿐 아니라 여성의 나눔활동시간 비율도 점차 줄고 있다 (통계청 2009).

2. 기부자, 봉사자, 참여자

나눔활동 참여자는 기부자, 자원봉사자, 이웃돕기와 단체 참여자가 된다. 아래에서는 기부자와 자원봉사자의 관계, 자원봉사자의 시민참여 활동을 차례로 살펴볼 만하다. 소중한 시간으로 나눔을 실천하는 자원봉사자들은 기부, 이웃돕기, 시민참여에서 비자원봉사자와 뚜렷이 구분되는 나눔활동을 하고 있다는 것을 주요국 사례에서 확인해볼 수 있다.

1) 기부자의 자원봉사 활동

기부자는 자원봉사나 이웃돕기에도 참여할 가능성이 많다. 마찬가지로 자원봉사나 이웃돕기에 참여한 사람이 기부자가 되기도 한다. 시간이

표 4.7 영국인 기부자와 자원봉사자: 성별/연령별 비교 (단위: %)

	전체	남성	여성	16~24	25~34	35~44	45~54	55~64	65+
봉사활동만	1	2	1	3	*	2	1	1	1
기부활동만	38	42	34	40	39	34	38	33	43
기부/봉사 모두	58	52	63	54	57	63	57	63	51
모두 안 함	3	5	2	4	3	2	3	3	5

자료 UK Cabinet Office 2008: 105.

없어 자원봉사를 하지 못해 기부로 참여하는 사람들도 있듯이, 기부와 자원봉사 중 하나를 선택해 참여하는 경우도 적지 않다. 일반적으로 기부자가 자원봉사도 참여하는 경우보다 자원봉사자가 기부도 참여하는 경우가 더 많다. 이는 〈표 4.7〉을 통해 확인할 수 있으며, 한국에서도 그러하다.

적극적인 나눔활동자는 기부자이자 자원봉사자인 경우가 많다. 그런데 기부자라고 모두 자원봉사자인 경우는 많지 않지만, 자원봉사자가 동시에 기부자인 경우는 많이 볼 수 있다. 그런데 일본인의 경우, 2010년에 조사된 자료를 보면(JFA 2011), 일본인 기부자 54.7%가 자원봉사자이며, 자원봉사자 51.5%가 기부자로 둘 다 비슷한 수준이다. 이와는 대조적으로 영국, 미국, 한국에서는 기부자가 자원봉사를 하는 경우는 일부이지만 자원봉사자는 대부분 기부자로도 참여하는 일반적인 동향을 보여준다. 먼저 영국인의 경우를 살펴보면, 100명 가운데 기부활동만 하는 사람은 38명인데 봉사활동만 하는 사람은 한 명에 불과하다(표 4.7). 다수인 58명이 기부와 자원봉사를 함께 한 활동자이다. 여성이 남성보다 더 많이 참여하며, 나이가 많은 중장년층 참여도 높지만, 젊은 청소년층에서도 비슷한 참여 프로필을 보여준다.

미국에서도 영국처럼 자원봉사자 대부분이 동시에 기부자가 되지만, 기부자 가운데 일부만이 자원봉사에 참여한다. 미국인 기부율 89% 기록을 달성한 2000년에 기부자 가운데 절반은 자원봉사 활동도 같이 했고, 절반은 기부자로만 남았다. 반면에 자원봉사자는 2% 정도만을 제외하고 모두 기부자로서 나눔활동에 동참하였다. 남녀 차이는 거의 없지만 연령에서는 20대의 참여가 저조하지만 고령층의 참여는 비교적 높다. 또 다른 특징은 노블리스 오블리제의 실천이다. 교육과 소득 자료를 보면 더 많이 배우고 더 많이 가진 계층의 기부와 자원봉사 참여가 다른 계층에 비해 더욱 헌신적이다.

또 기부자와 자원봉사자 유형에 따라 기부 금액의 차이를 비교해볼 만하다. 기부와 자원봉사를 함께한 활동자가 하나만 했거나 또는 둘 다 하지 않은 사람에 비해 기부 금액이 더 클 것으로 가정해볼 수 있다. 이것이 사실이라는 것은 위의 자료에서 확인되고 있다. 기부와 자원봉사에 모두 참여한 가계의 기부금은 연간 2249달러로 기부만 참여한 가계의 기부금에 비해 두 배가 넘으며, 가계 수입 중 기부금이 차지한 비중도 거의 두 배에 달한다.

2) 자원봉사자의 기부활동

자원봉사자는 대부분이 기부자로 참여하고 있다. 일례로 미국인의 기부활동에서 자원봉사자는 비자원봉사자에 비해 훨씬 더 많이 참여한다.

■ **그림 4.7** 자원봉사자의 기부활동 참여율 변화추이: 2002~2014 (단위: %)

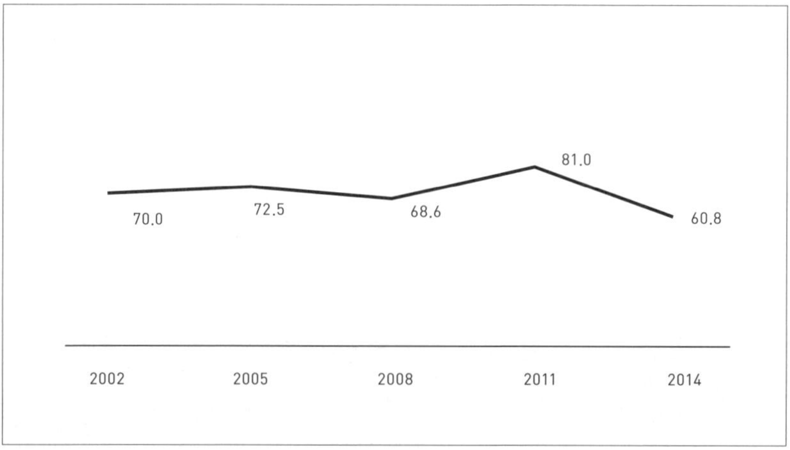

자원봉사자는 비자원봉사자에 비해, 전체 응답자에서부터 더 많고, 기부한 가계가 기부를 하지 않는 가계에 비해 훨씬 더 많다. 기부 금액과 기부금의 가계소득 비중에서도 훨씬 더 높다는 것을 알 수 있다(Indepoendent Sector 2001).

한국인 자원봉사자를 보면 대부분의 자원봉사자가 기부자로 참여하고 있음을 알 수 있다. 2011년에는 자원봉사자 81.0%가 기부에도 참여해 증가세를 보여주다가, 2014년에는 경기침체의 영향으로 60.8%로 크게 감소되었다(그림 4.7)(주성수, 정희선 2014).

한편 통계청의 최근 2013년 자료에서는 자원봉사나 기부(현금, 물품)를 지난 1년간 한 번이라도 한 나눔의 실천자는 42.5%로 조사되었다. 기부나 자원봉사 둘 중 하나도 하지 않은 사람이 더 많은 57.5%를 차지한다.

2014년 한국갤럽이 전국조사에서는 100명 가운데 자원봉사와 기부 중 하나 이상을 실천한 참여자는 48명으로 비참여자 52명보다 약간 적

■ **그림 4.8** 한국인 기부자와 자원봉사자: 2013년 (단위: %)

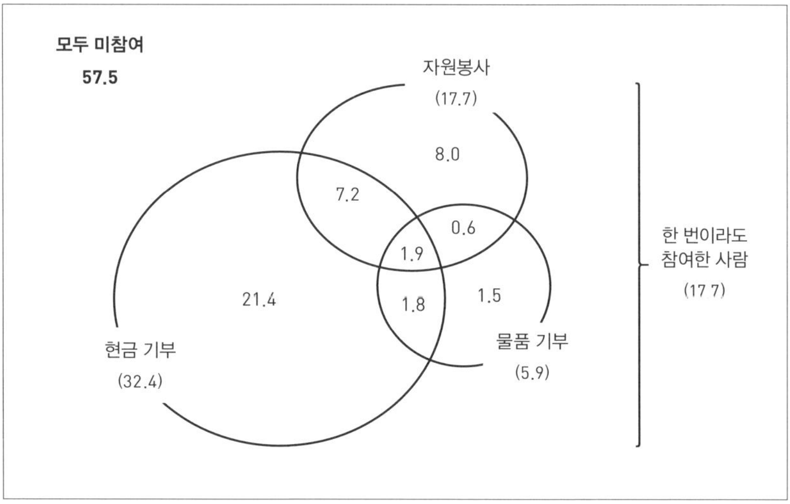

자료 통계청, 사회조사, 2013.

다. 자원봉사와 기부 모두를 실천한 사람은 16명, 기부만 실천한 기부자는 25명, 자원봉사만 실천한 자원봉사자는 7명으로 구분된다.

3) 자원봉사자의 단체참여

또 자원봉사자와 비자원봉사자는 사교적 활동과 단체활동에서 뚜렷한 차이를 보여준다. 사회자본의 차이라고 볼 수 있다. 비자원봉사자에 비해 자원봉사자가 봉사단체, 지역시민단체, 전국시민단체, 종교단체 등 공익단체 활동을 많이 하고, 비자원봉사자는 공익단체 활동보다는 계모임, 동창회, 직장단체, 스포츠와 취미단체 등 친교단체에서 더 활동적이다.

자원봉사자는 비자원봉사자에 비해 종교단체, 구호와 지원단체, 시민사회단체 등 공익단체 활동을 많이 하고, 비자원봉사자는 단체 활동을 하지 않은 편이지만 특히 공익단체에 거의 참여하지 않는다.

■ **그림 4.9** 단체소속 참여율: 자원봉사자와 비자원봉사자 비교 (단위: %)

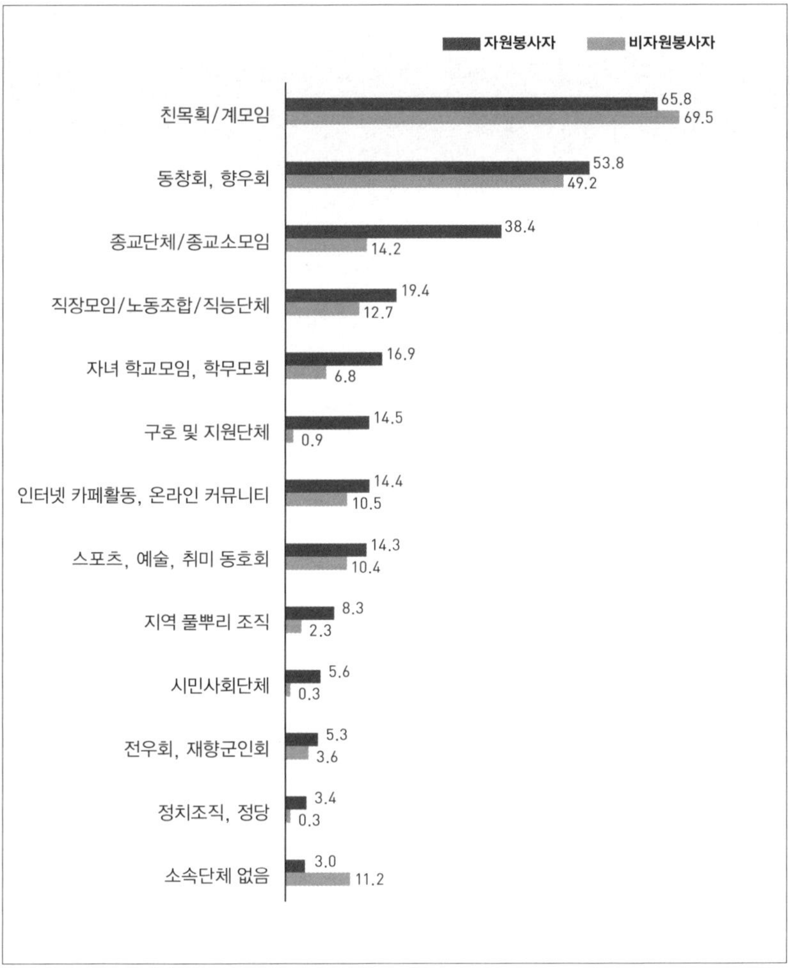

3. 나눔의 삶의 질

현대 사회는 물질적으로 풍요롭고 시민들의 학식과 기술 등의 인적 자본(human capital)이 풍부한 사회만으로는 행복한, 삶의 질이 높은 사회라고 보기 어렵다. 현대 사회는 나눔으로 삶의 질을 높이는 사회를 추구한다. 나눔의 물질적 토대가 되는 물질자본(physical capital)과 개인 나눔활동의 기초가 되는 인적자본뿐 아니라 나아가 공동체 구성원들이 서로 우호적이며 지지하는 나눔의 자본으로서 사회자본(social capital)도 삶의 질 또는 웰빙의 공동체에 반드시 필요한 제3의 자본이다.

1) 물질자본, 인적자본, 사회자본

인간의 기본생계를 유지하기 위한 물질자본이 갖추어지지 않으면 인적자본이나 사회자본도 갖추어지기 어렵다. 그렇지만 경제적으로 넉넉하지는 않지만 시민들 사이의 신뢰와 유대가 강한 사회는 경제성장에 더 유리한 조건을 갖고 물질자본을 더 많이 축적하고 더불어 인적자본에 더 많이 투자할 수 있을 것이다.

나눔문화는 사회자본을 생산하는 공장과도 같다. 나눔활동을 통해 사람들은 자발적으로 이웃과 소통하고 이해를 나누며, 도움을 주고받는 우호적 관계를 형성하고, 나아가 공동체가 당면한 문제 해결에 동참해 물질로 기부하고, 시간으로 봉사하며, 도움이 필요한 사람들에게 도움을 주는 참여자가 된다. 따라서 국제기관들과 연구자들의 삶의 질과 웰빙의 지표에는 나눔활동이 포함되어 있다. OECD(2011, 2013)와 갤럽 인터내셔널

■ **그림 4.10** 한국인의 물질, 인적, 사회자본의 세계적 위상: 2013년

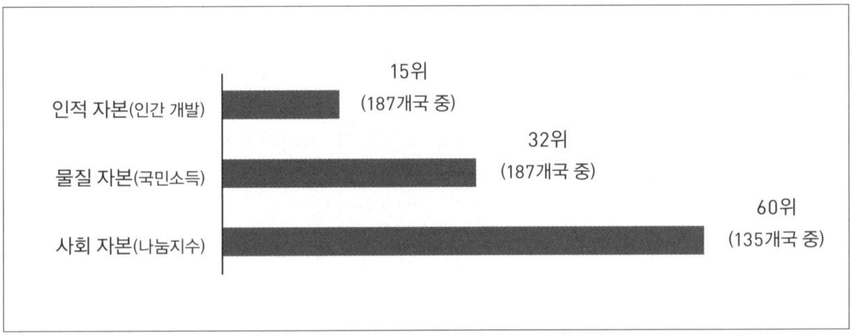

참고 국민소득(일인당 GNI, 2011년 PPP); 인간개발지수(GNI, 기대여명, 수학연령 복합지수; 1점 최고); 나눔지수(기부, 자원봉사, 이웃돕기 비율; 100% 최고)

자료 UNDP, 2014; CAF 2014.

(Gallup International 2011, 2014)은 나눔활동을 친사회적 사회 통합 지수로 삼아 기부·자원봉사·이웃돕기를 조사해 국가 간 삶의 질, 웰빙 비교분석에 활용한다.

한국은 이제 국민소득 3만 달러를 넘어서는 경제력으로 풍부한 인적 자본을 누리는 사회로 성장하고 있다. 국제적으로 인적자본의 지표로 활용되는 UNDP의 인간개발지수(HDI: Human Development Index)에서 한국은 세계 15위에 올라선 선진사회로 성장해 있다. 그런데도 국내외적으로 한국 사회를 삶의 질이 높은 웰빙의 사회라 생각하는 사람들은 그리 많지 않다. 경제적 풍요와 사람들의 학력과 기술 수준이 높고 오랜 기대여명을 누리는 사회로 발전해 있지만, 아직 사람들 사이의 친화적 관계로 만들어지는 사회자본이 넉넉지 않은 사회에 머물러 있기 때문이다. 바꾸어 이야기하면, 선진사회로 진입하기 위한 한국 사회는 경제적 수준과 인적자본의 수준에 걸맞는 사회자본의 수준을 갖추어야 하는 과제를 안고 있다. 사회자본의 축적은 정부나 기업의 역할보다는 시민들의 자유로운 활동에 달려 있는 사

회문화적 차원의 문제이다. 사회자본은 시민들 사이의 신뢰나 유대, 관용, 협력, 네트워킹의 확대뿐 아니라 폭력이나 차별 등 반사회적 행위의 차단에 달려 있다. 따라서 나눔문화는 경제적 풍요(물질적 자본)와 인간개발의 달성(인적자본)뿐 아니라 사람들 사이의 유대적 관계(사회자본)를 기초로 한다고 볼 수 있다.

2) 나눔지수와 물질자본

물질자본은 나눔활동의 물질적 토대가 된다. 물질적으로 풍요한 사회에서 나눔활동이 활성화되어 있다는 것은 비교 국가 연구들에서 확인되고 있다(OECD 2011a). 아래에서는 나눔문화와 물질자본, 사회자본, 인적자본의 관계를 경험적으로 분석하기 위해 OECD의 최근 자료를 활용해 한국을 포함한 30개국을 대상으로 한다. 먼저 〈표 4.8〉은 나눔문화와 삶의 질과 관련된 30개국의 최근 자료를 보여준다. 물질자본과 관련된 자료뿐 아니라 인적자본과 사회자본 관련 자료들을 보여주는 것으로, 12개의 변수들은 모두 통계적으로 유의미한 상관관계를 보여준다. 표는 기부, 자원봉사, 이웃돕기 등의 나눔지수가 높은 국가 순서로 정리한 것인데, 앵글로색슨 국가들이 세계적으로 최상위에 위치해 있고, 그 다음 북유럽, 유럽 대륙, 아시아, 남유럽, 동유럽 순서이다.

스웨덴은 대표적인 예외 국가이다. 나눔지수만 하위에 있고, 다른 모든 지표에서 상위에 있는 복지국가이다. 나눔지수에서 스웨덴과 덴마크는 하위권에 있지만, 같은 북유럽에서도 노르웨이와 핀란드는 상위권에 있다. 일반적으로 복지국가가 발달한 북유럽에서는 빈곤과 복지는 국가의 책임으로 나눔활동을 포함한 민간복지 영역이 덜 발달되어 있지만, 최근까지는 새로운 변화가 일어난 것으로 볼 수 있다. 반대로 표의 상단에 위치한 앵글로색슨 국가들은 복지국가가 발달하지 않은 '자유주의' 복지국가들로, 국가의 역할이 부족한 부분을 민간복지로 보충하는 역사적 전통 때문에 나눔활동이 세계적으로 가장 높은 수준에 있다. 이 같은 복지국가의 시각으로 보면 자원봉사 참여도가 높은 북유럽의 노르웨이와 핀란드를 설명하기는 어렵지만, 한국과 일본은 앵글로색슨계의 '자유주의' 모형을 따르는 경향이 있다고 볼 수 있다. 두 국가는 나눔지수와 삶의 질 지표에서 거의 중간 수준에 머물러 있는데, 국민소득, 기대여명, 교육기간을 복합한 인간개발 지수에서는 상위권에 속한다.

3) 나눔활동과 사회자본

나눔활동은 시민들 사이의 관계가 활성화되어 서로 신뢰하고 유대하며 시민들이 소수층도 이웃으로 포용하며 단체와 공동체 모임에 적극적인 참여자가 되는 사회, 즉 사회자본이 풍부한 사회에서 활발하다고 가정해 볼 수 있다. 이 가설은 실제로 OECD 30개국 비교분석에서 여러 지표를 통해 유의미한 것으로 검증되고 있다.

기부, 자원봉사, 이웃돕기 등 나눔지수가 높은(낮은) 국가는 국민소득(1인당) 수준이 높은(낮은) 국가들이다(그림 4.11). 상관관계는 0.59로 비교적 높은 편이다. 세계적으로 최상위 나눔지수를 기록하는 앵글로색슨 국가들(미국, 호주, 캐나다 등)은 국민소득수준(1인당) 이 가장 높은 국가들이다. 이에 비해 그리스, 포르투갈 등의 남유럽 국가들과 폴란드, 헝가리 등의 동유럽

표 4.8 나눔활동과 삶의 질 지표: OECD 30개국 비교

	나눔지수순위	나눔 지수	가처분 소득	인간 개발	기대 여명	고등 교육
1	미국	60	37,685	0.91	77.9	89
2	아일랜드	59	24,313	0.91	79.9	69
3	호주	58	27,039	0.93	81.5	69
4	뉴질랜드	57	18,819	0.91	80.4	72
4	영국	57	27,208	0.86	79.7	70
6	캐나다	54	27,015	0.91	80.7	87
8	아이슬란드	47	–	0.90	81.3	64
9	덴마크	46	22,929	0.90	78.8	74
10	핀란드	44	24,246	0.88	79.9	81
12	노르웨이	42	29,366	0.94	80.6	81
17	스웨덴	39	26,543	0.90	81.2	85
6	네덜란드	54	25,977	0.91	80.2	73
10	룩셈부르크	44	–	0.87	80.6	68
10	스위스	44	27,542	0.90	82.2	87
13	독일	43	27,665	0.90	80.2	85
13	오스트리아	43	27,670	0.88	80.5	81
18	벨기에	35	26,008	0.89	79.8	69
18	한국	35	16,254	0.90	79.9	79
24	일본	26	23,210	0.90	82.7	87
21	프랑스	31	27,508	0.88	81.0	70
22	스페인	30	22,972	0.88	81.2	52
24	이탈리아	26	24,383	0.87	81.5	53
27	포르투갈	22	18,540	0.81	79.3	28
30	그리스	13	21,499	0.86	80.0	61
16	슬로베니아	41	19,890	0.88	78.8	81
20	폴란드	32	13,811	0.81	75.6	87
23	체코공화국	28	16,690	0.86	77.3	91
26	슬로바키아	25	15,490	0.83	74.8	90
27	헝가리	22	13,858	0.82	73.8	79
29	터키	20	–	0.70	73.6	30

참고 가처분소득(가계, $)과 인간개발(0-1점 척도)을 제외한 모든 지표들은 백분율(%).

자료 CAF 2011a; OECD 2011; UNDP 2011.

민간 복지	건강 상태	생활 만족	정서 안정	도와줄 이웃	정부 신뢰	타인 신뢰	소수자 포용
39.3	88	72	76	92	58	49	76
8.4	84	73	77	97	56	59	78
19.2	85	75	74	95	71	64	84
2.1	90	72	78	97	67	69	81
22.1	88	72	76	95	65	69	71
23.9	88	77	80	95	67	–	84
25.9	80	69	83	98	50	–	81
9.0	74	78	77	97	75	89	75
4.2	68	74	73	93	82	86	64
8.8	80	72	75	93	68	88	69
6.6	79	75	76	96	65	84	75
25.6	81	75	72	95	72	80	81
4.2	74	71	74	95	73	–	76
30.1	81	75	76	93	71	74	60
10.3	64	67	72	93	53	61	70
9.1	69	73	75	95	61	62	53
15.1	77	69	74	93	46	69	66
25.5	44	61	57	80	41	46	43
16.1	33	61	68	90	61	53	42
9.3	72	68	72	94	59	56	73
2.3	70	62	72	94	50	62	78
7.8	63	64	73	86	49	–	51
7.8	49	49	72	83	43	38	61
6.5	76	58	66	86	44	40	48
4.7	59	61	66	91	51	53	51
0	58	58	68	92	56	47	36
2.1	68	62	62	89	44	56	42
6.0	31	61	61	89	43	47	44
0.8	55	47	63	88	40	47	44
0	67	55	57	79	57	24	35

국가들은 비교적 낮은 수준의 나눔지수와 국민소득을 가진 국가들이다. 예외적으로 국민소득이 높으면서 나눔지수가 낮은 국가 그룹에는 노르웨이와 룩셈부르크와 일본이 포함되며, 반대로 국민소득은 낮지만 나눔지수가 높은 국가로는 뉴질랜드가 있다.

또 가계의 가처분소득 차원에서 보면, 시장소득에서 세금 부담(혜택)과 정부의 복지 혜택 등의 소득재분배 이후의 가계소득 수준이 높은(낮은) 국가에서 나눔문화 수준이 높은(낮은) 상관관계가 있다. 예외적인 국가들은 한국, 스웨덴, 뉴질랜드를 비롯해 남유럽의 스페인, 이탈리아, 그리스, 슬로베니아이다.

세계적으로 나눔문화 수준이 높은 국가들은 미국, 영국, 캐나다, 호주, 뉴질랜드 등의 앵글로색슨 국가들로, 북유럽이나 유럽 대륙 국가들에 비해 복지국가가 발달하지 않은 '자유주의'(liberal) 모형의 복지국가들로, 자원봉사나 기부 등 민간복지에 대한 의존도가 비교적 높은 역사적 전통을 갖고 있다. 따라서 나눔지수 수준이 높은(낮은) 국가에서 전체 사회복지 지출비에서 민간복지 지출비가 상대적으로 높은(낮은) 정비례 관계를 보여준다(그림 4.12). 그림의 오른편 상단에 있는 미국의 경우, 민간복지의 비중이 39%로 세계적으로 가장 높으며 호주, 캐나다, 영국 등 다른 앵글로색슨 국가들과 네덜란드, 아이슬란드, 한국과 일본도 복지국가보다 민간복지에 의존하는 국가들이다. 반면에 복지국가의 전통이 강한 북유럽, 복지국가와 시민사회의 전통 모두가 취약한 남유럽과 동유럽은 민간복지의 수준도 미미하다.

■ **그림 4.11** 국민소득과 가계 가처분소득과 나눔지수

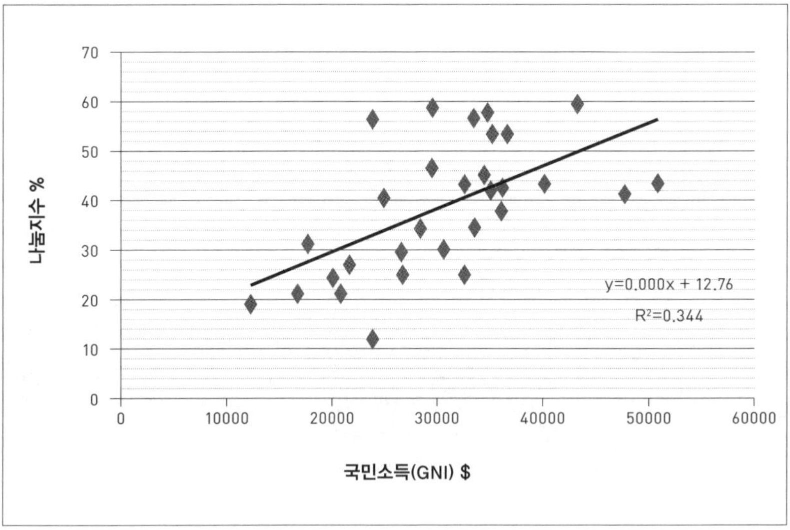

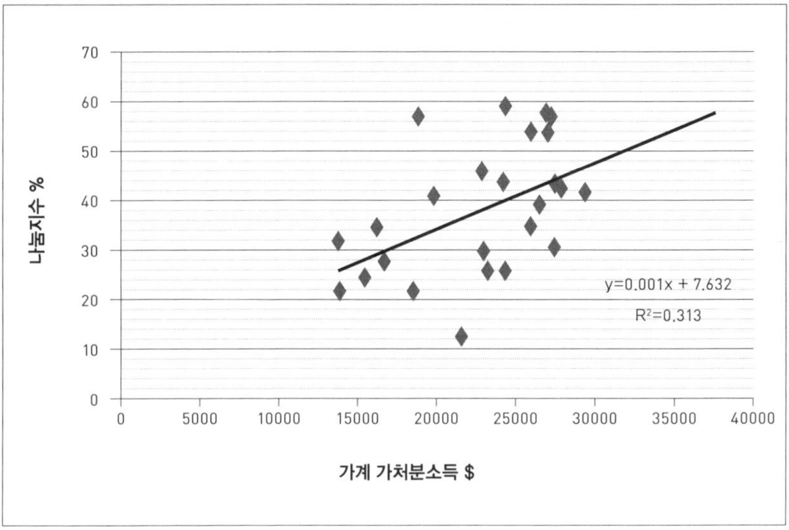

■ **그림 4.12** 민간 복지 비율과 나눔지수

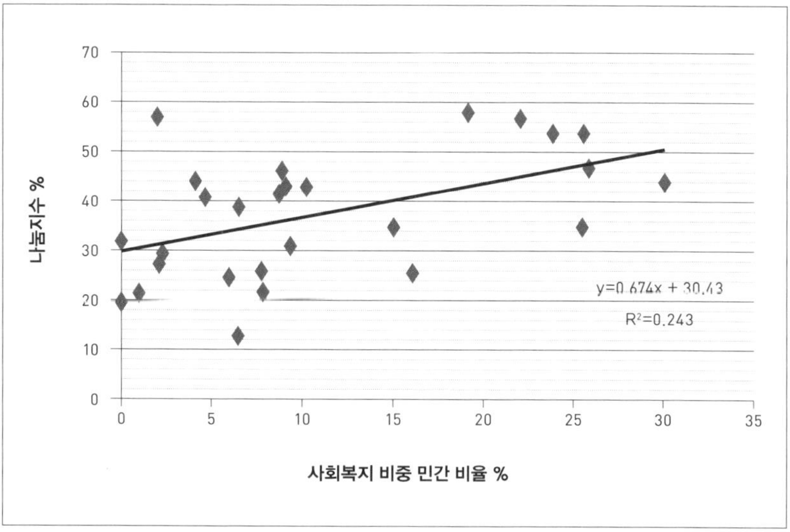

3) 나눔지수와 인적자본

먼저 인적자본 지표가 되는 UNDP(2011)의 인간개발 지수와 나눔지수는 밀접한 상관관계를 보여준다(그림 4.13). 여기에서도 예외적인 국가들이 있는데, 스웨덴을 비롯해 남유럽의 스페인·이탈리아·포르투갈·그리스가 해당된다.

또 나눔지수는 건강 지표들과도 밀접한 상관관계를 보여준다. 주관적인 건강평가로 조사된 양호한 건강상태 비율과의 상관관계, 주관적인 생활만족도와의 상관관계를 확인할 수 있다. 건강상태와 생활만족도 모두에서 그리스는 둘 다 높은 수준이지만 나눔지수가 낮은 국가로, 반면에 한국과 일본은 둘 다 낮은 수준이지만 나눔지수가 높은 수준에 있는 예외적인 국가에 해당된다. 또 정서적 안정을 보여주는 하루 동안의 좋은 감정(편히 쉬

■ **그림 4.13** 인간개발지수와 건강상태와 나눔지수

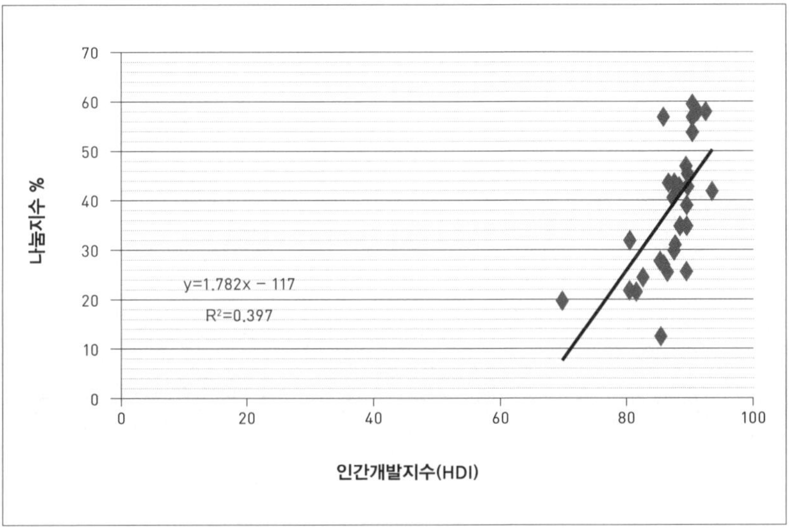

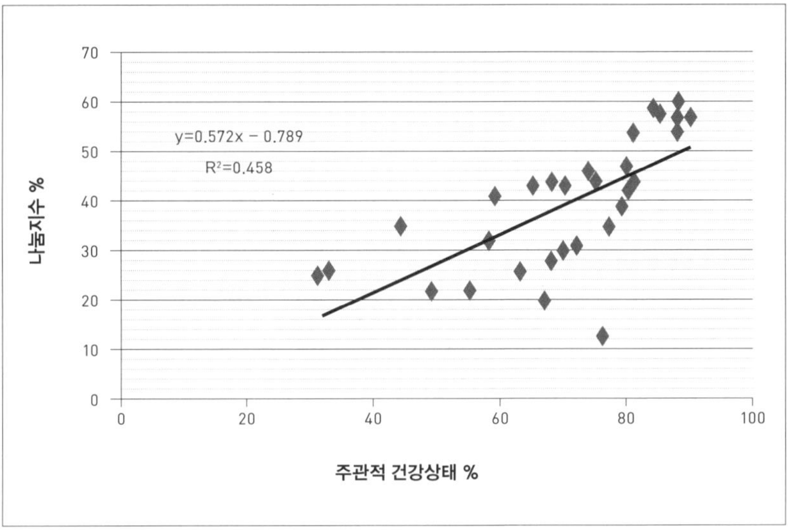

그림 4.14 생활만족도와 정서적 안정과 나눔지수

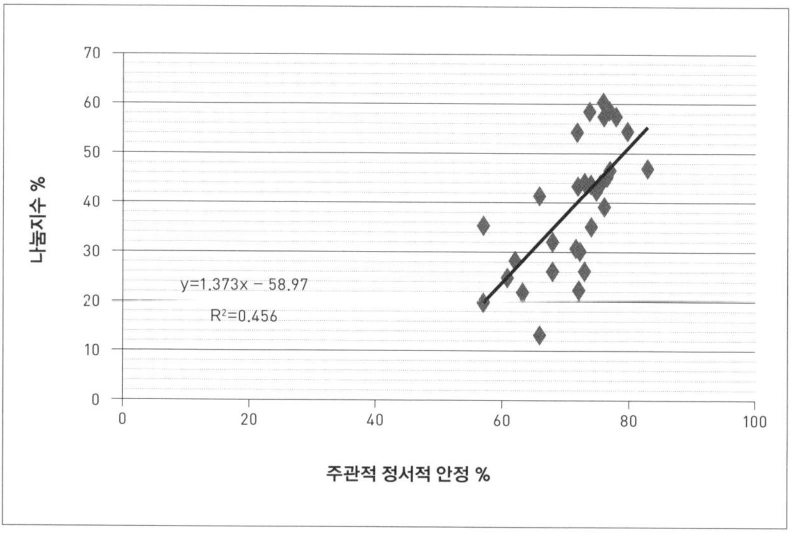

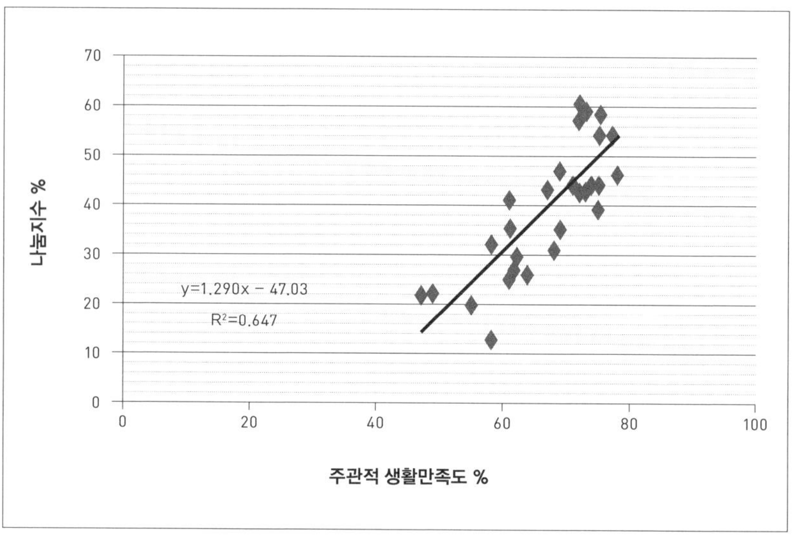

고, 존중받으며, 웃고, 흥미로운 일을 하며, 즐거운 기분)과의 상관관계도 의미 있는 결과를 보여준다. 예외적으로 정서적 안정 수준이 높으면서 나눔지수 수준이 낮은 국가는 스웨덴을 비롯해서 남유럽 4개국이 해당되고, 반대로 나눔지수 수준은 중간수준이지만 정서적 안정에서 하위를 기록한 국가는 한국과 일본이다.

4) 나눔지수와 사회자본

나눔활동은 관계의 활동으로, 사람들 사이의 밀접한 우호적인 관계가 풍부한, 즉 사회자본이 풍부한 사회에서 활발하다고 가정해볼 수 있다. 경험적 분석 결과, 신뢰와 유대 등 사회자본이 풍부한 사회에서 나눔활동이 활발한 것을 확인할 수 있다.

먼저 신뢰(trust) 차원에서는 타인에 대한 신뢰와 정부기관에 대한 신뢰가 높은(낮은) 국가에서 자원봉사 참여도가 높은(낮은), 비교적 높은 상관성을 보여준다. 상관관계는 각각 0.57과 0.62로 비교적 높다. 예외적으로 신뢰도가 높으면서 나눔지수가 저조한 국가로는 스웨덴이, 반대로 나눔지수는 높지만 신뢰도가 낮은 국가로는 미국, 아일랜드, 한국이 있다.

다음으로, 네트워크에서는 "어려움에 처해 있을 때 도움을 줄 수 있는 친척, 친구, 이웃이 있다"고 응답한 사람의 비율이 지표가 되는데, 이 비율이 높을수록 나눔활동 참여율이 높은 상관성(0.75)을 보여준다. 또 사회자본의 또 다른 지표가 되는 관용(tolerance)에서는 "자신이 거주하는 도시나 지역이 인종적·성적 소수자들이 거주하기 좋은 곳인지를 보여주는 비율인데, 이 같은 소수자를 이웃으로 포용하는 관용의 수준이 높을수록 나눔활

■ **그림 4.15** 타인신뢰와 정부신뢰와 나눔지수

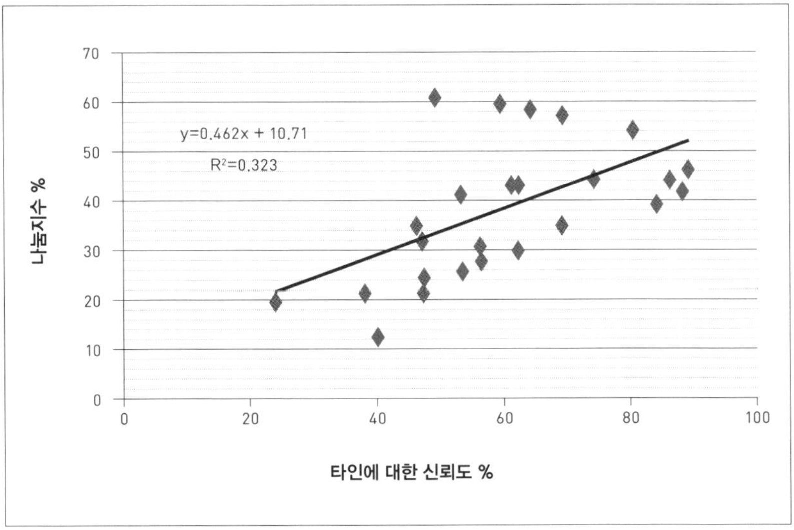

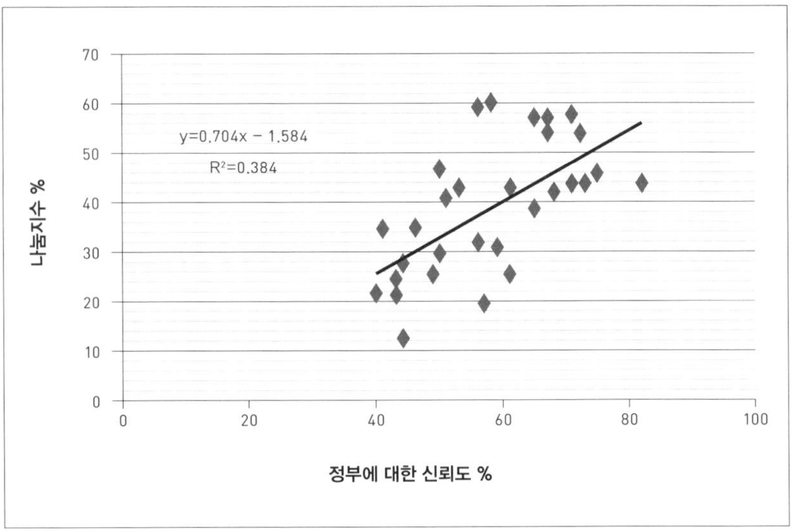

■ **그림 4.16** 소수자 포용과 도움줄 이웃과 나눔지수

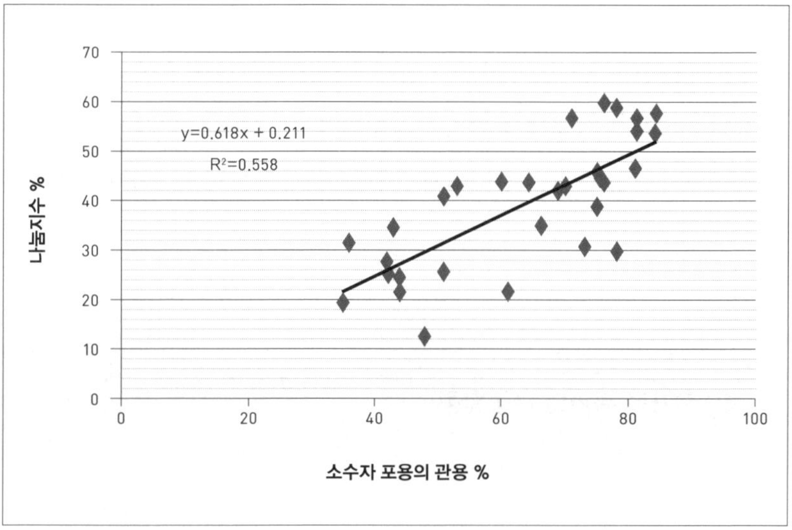

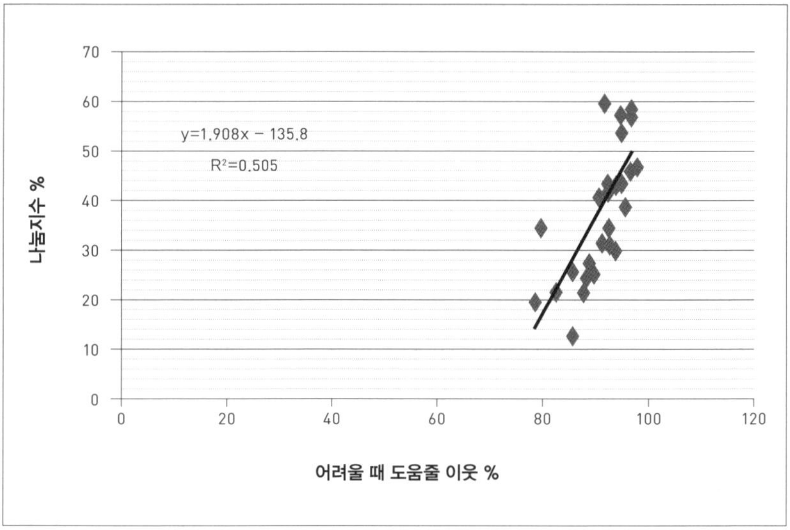

동 참여율이 높은 상관성을 보여준다. 여기에서도 스웨덴은 대표적인 예외 국가이며, 소수자 포용에서는 덴마크와 스웨덴이 자원봉사 참여도가 낮은 편이지만 소수자 포용도가 강한 공동체를 갖고 있는 반면에 한국과 일본은 자원봉사 참여도에 비해 소수자 포용도가 약한 국가에 해당된다. 또 어려움에 처한 이웃을 돌보는 나눔에서도 한국은 가장 인색한 국가에 속한다.

4. 국가적 위기와 나눔활동

2007년부터 지구촌을 위협했던 경제 위기는 시민사회조직에게도 심각한 타격을 입혔다. 경제 위기는 일부 국가에서는 경제 위기 극복을 위한 자원동원의 방안으로 기부와 자원봉사 활동이 늘어난 경우도 있지만, 많은 국가들에서는 참여하는 개인들의 경제적 여유 부족, 생계유지를 위한 시간 부족 등으로 나눔활동이 위축되기도 한다. 유럽의 경우, 전자 그룹의 사례로 아일랜드와 네덜란드가 있고, 후자 그룹에는 이탈리아와 동유럽 국가들이 있다(GHK 2010: 68-69).

또 미국의 9·11 테러 사태, 일본의 동북지역 대지진, 네팔 지진 사태처럼 국가적 위기 상황에서는 국민들이 나눔활동에 적극적으로 동참하는 사례들은 무수하다. 한국에서 외환위기 극복을 위한 금모으기운동과 태안반도 기름유출 사태를 수습하는 자원봉사 참여도 대표적인 사례가 된다.

1) 경제 침체기의 기부와 자원봉사

앞서 글로벌 동향에서 살펴보았듯이 경제 침체기에는 기부, 자원봉사, 이웃돕기 등의 나눔활동은 위축되는 것이 일반적이다. 글로벌 경제 위기로 글로벌 GDP 성장률이 -0.5%로 그쳤던 2009년에 나눔활동이 위축되었으나 2010년부터 점차 성장률이 높아지자 나눔활동 참여도 회복되는 추이를 보여준다.

일부 국가들의 사례에서도 경제 침체와 나눔활동의 상관성은 확인되고 있다. 영국의 경우, 경제 위기 기간(2007~08) 기부 참여율과 기부 금액 모두 약간 감소되었다. 미국도 같은 기간에 6% 정도 감소되었다. 영국 통계청(CLG 2010) 자료를 보면, 영국인 기부율은 2003년 76%에서 2005년 78%로 상승하다가 2007~08년 76%, 2008~09년 74%로 감소세로 돌아섰다. 역사적 자료에 따르면, 경제 침체기가 길수록 기부율과 기부금이 감소하지만, 기부처에 따라 증감의 변화는 있다. 미국의 경우, 교육 분야 기부는 줄고 복지 분야 기부는 오히려 늘었다. 특히 개인의 기부에 크게 의존하는 미국이나 영국에서는 개인의 기부가 개인의 경제적 사정뿐 아니라 이타주의나 사명감 등에 의존하기 때문에 자선단체들이 지속적으로 기부요청을 하는 것이 중요하다고 지적한다(CAF 2011b: 1). 영국의 경우, 전문직과 중소득층 이상에서 기부 참여율과 기부 금액 모두가 약간 감소되었다. 그럼에도 10% 고소득층의 기부가 전체의 절반 이상을 차지할 정도로 고소득층의 기여는 적지 않다. 영국과 미국의 부호 500명을 조사한 결과를 보면 75%는 경제 침체기에도 자신들의 기부를 줄이지 않았고, 25% 이상이 오히려 기부액을 늘렸다고 한다.

경제 위기를 겪고 있는 미국에서 모금기관들도 상당한 어려움에 처해 있는 것으로 조사되었다(NRC 2011). 65%의 모금기관들이 경제적 위기로 기부의 수요가 늘었지만, 민간 기부금은 크게 줄지 않았다고 답했다. 모금기관들 중 28%만이 기부가 줄었다고 답했고, 31%는 작년과 같은 수준이라 답했다. 정부지원금을 받는 과반수 이상인 54%는 정부 지원금이 줄었다고 답했다. 그 밖에도 기부자 수가 감소되었다는 기관은 48%, 기부 금액이 줄거나 같다는 기관이 52%에 달했다. 재정 압박으로 응답한 모금기관의 8%가 활동중단의 위협에 처해 있다고 하는데, 소기관의 경우 그 비중이 20%로 매우 높다. 재정 위기를 극복하는 대안으로는 모금활동 등 자원봉사 프로그램 인력 활용과 일반 행정 인력 활용을 확대할 계획이라는 기관들이 각기 65%와 54%에 달한다.

미국의 경제가 침체되면서 기부율도 크게 줄어든 경향이 있다. 경제 침체기(2008~09)에는 기업 기부를 제외한 개인 기부, 유증 기부, 재단 기부에서 기부율이 크게 줄었다. 그러나 경제가 회복되면서 기부 참여도 동시에 회복되는 동향을 엿볼 수 있다.

자원봉사 또한 경제가 침체되면서 적지 않은 변화를 겪고 있다. 자원봉사자의 공급 입장에서는 생계활동에 더 많은 시간을 투자해야 하는 사람들의 참여가 줄면서 자원봉사 활동이 위축된다고 볼 수 있다. 그러나 사회적 수요 측면에서는 경제적 어려움을 겪고 있는 이웃과 나누기 위한 자원봉사의 수요가 증가한 경우도 있고, 경제 위기로 정부와 기업의 지원금이 삭감되어 재정적 타격을 입은 시민사회단체들이 자원봉사자의 '무보수 노동'을 많이 활용한 경우도 있다. 일례로 아일랜드 자원봉사센터에 따르면 2008년에 비해 경제 침체기인 2009년에 자원봉사자 참여가 80% 가량 급증했다고 한다. 또 네덜란드의 220개 자원봉사센터 조사에 따르면, 25% 가량이 경제 침체로 자원봉사 수요가 크게 늘었다. 반면에 폴란드에서는

■ **그림 4.17** 미국 경제 위기에 따른 시민사회조직의 자원봉사자 활용 확대 (단위: %)

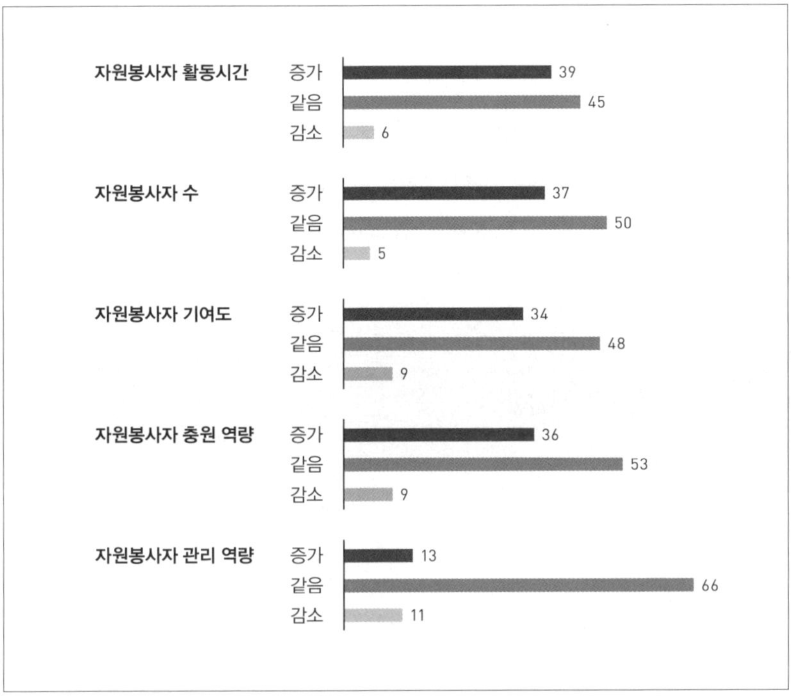

자료 Salamon and Spence 2009: 3.

2008년 말에 심각해진 경제 위기로 시민사회에서 '심각한 위기' 논의가 있었다. 한국에서도 2005~11년 기간에 경제 상황이 악화되면서 자원봉사 참여율도 정체되거나 감소되는 추세가 아닌지를 분석해볼 필요가 있다.

미국의 국가지역사회봉사단(CNCS)의 분석에 따르면, 시민사회조직 40%가 직면했던 경제 위기는 "매우 심각" 또는 "심각"한 것으로 조사되었다(Salamon and Spence 2009). 이들은 경제 위기가 초래한 재정적 위기를 극복하기 위한 대안으로 직원 감축, 신규 채용의 보류 등으로 대처하면서, 특히 직원의 빈자리를 보충하는 방안으로 더 많은 자원봉사자를 활용한 것으로 조사되었다. 자원봉사자의 수가 늘고, 자원봉사자의 활동시간도 크게 늘었다. 더불어 자원봉사자의 기여도도 늘면서, 자원봉사자를 활용하는 기관들은 자원봉사자 충원역량도 증가했다고 답했다. 그럼에도 자원봉사자가 임금직 직원을 대신할 수 있는 업무는 한정되어 있기 때문에 직원 감축과 자원봉사자 확대가 최선의 대안은 아니라고 볼 수 있다. 시민사회조직들은 자원봉사자를 적극 활용해 위기에 대처하였다.

2) 나눔활동과 실업률

나눔활동의 경제적 가치에 관한 실증적 분석의 결과로는 미국국가봉사단(CNCS 2010)의 연구를 참고할 만하다. 미국 50개 주와 주요 도시들의 실업률을 분석한 이 연구는 전통적인 경제적 요인들로는 실업률의 변화를 설명하는 데 한계가 있음을 지적하고, 오히려 비경제적인 나눔활동 요인들이 더 높은 설명력을 가지고 있다는 결과를 제시해준다.

실업률의 변화(2006~10)를 종속변수로 설명하는 〈모형1〉은 먼저 독립변수로 경제변수 8개를 분석한 결과, 설명력은 38%로 조사되었다. 여기에 나눔활동 5개 변수를 추가한 〈모형2〉는 설명력은 64%로 크게 늘었는데, 중요한 것은 경제변수 8개 어느 것도 실업률과 의미 있는 상관성을 보여주지 않았고, 반면에 나눔활동 변수 4개는 통계적으로 의미 있는 상관성을 보여주었다. 분석 모형에서 나타난 나눔활동 변수들과 실업률의 관계는 다음과 같이 50개주 분석에서 비교적 높은 상관성을 보여준다.

a. 이웃과의 나눔활동 1% 증가는 실업률 0.26% 감소를 보여주고

(R2=0.556),

b. 공공 모임 참석율 1% 증가는 실업률 0.24%를 더 감소시키며(R2=0.480),

c. 자원봉사 참여율 1% 증가는 실업률 0.19%를 더 감소시키고(R2=0.546),

d. 투표율 1% 증가는 실업률 0.1% 가량을 더 감소시키는 효과(R2=0.505)가 있다.

그럼에도 나눔활동이 실업률을 낮추는 요인이라는 직접적인 인과관

그림 4.18 실업률 증가율(2006~10)과 지역문제 해결에 이웃과 공조 참여율

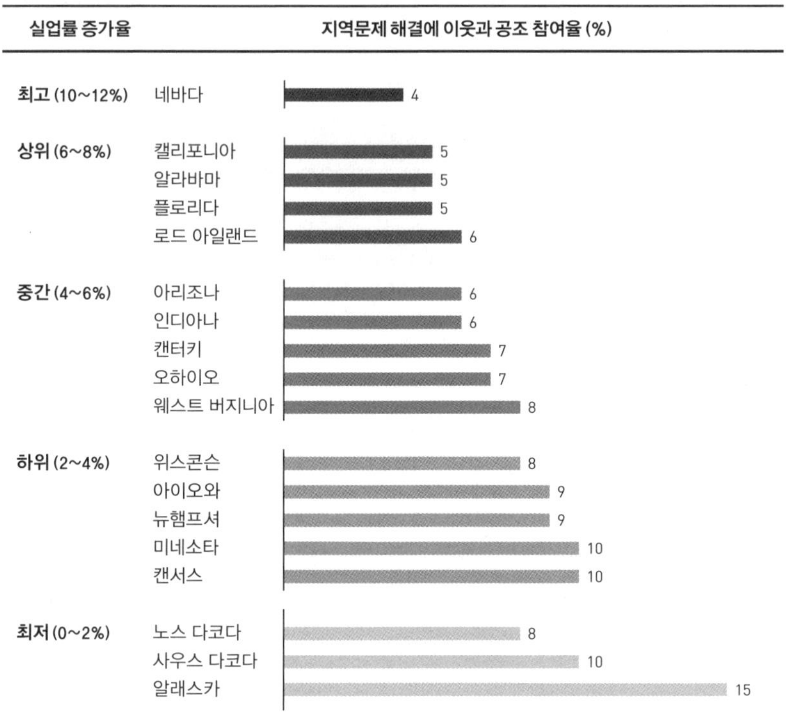

자료 CNCS 2011.

계를 설명하기는 쉽지 않다. 다만 나눔활동이 활발한 지역에서는 주민들의 일자리 찾기 등의 경제활동도 활발하기 때문에 비교적 낮은 실업률을 유지한 것으로 해석해볼 수 있다.

아래에서는 이웃과의 나눔관계와 자원봉사가 실업률의 변화와의 밀접한 상관성을 일부 주와 도시들의 사례로 살펴볼 수 있다. 먼저 지역문제 해결에 이웃과 공조활동이 높은 주에서는 실업률 증가가 뚜렷하게 낮게 나타난 것을 알 수 있다(그림 4.18). 네바다의 경우, 2006~10년 기간에 실업률

그림 4.19 실업률 증가율(2006~10)과 자원봉사 참여율 상관성

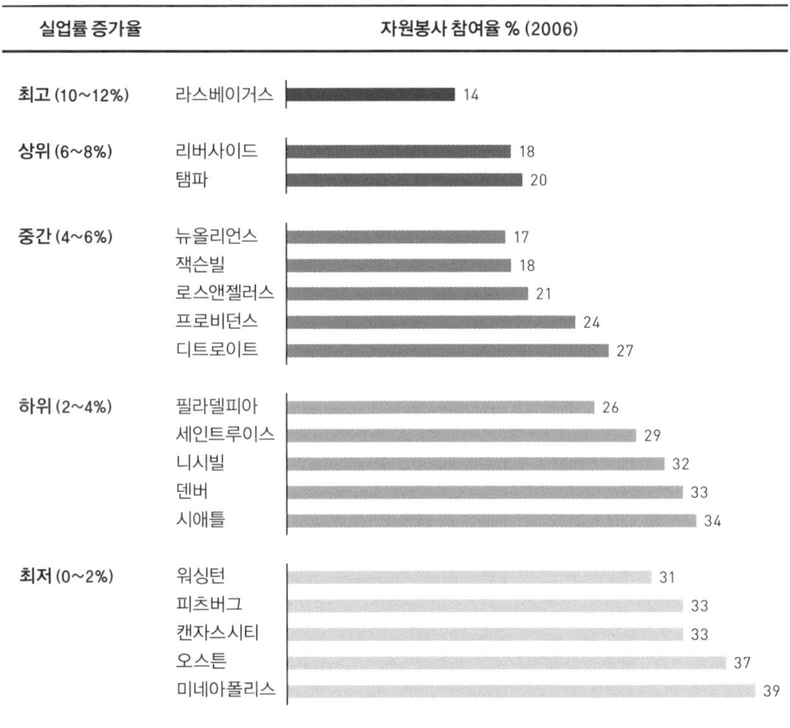

자료 CNCS 2011.

이 10% 늘었는데, 이곳의 이웃공조 활동은 전국적으로 가장 낮은 4% 수준에 머물러 있다. 반면에 이웃공조 활동이 전국적으로 높은 알래스카와 사우스 다코다에서 실업률 증가는 2% 미만에 머물렀다.

또한 자원봉사 활동이 높(낮)은 지역에서 비교적 낮(높)은 실업률을 보여준다는 점도 미국 주요 도시 사례에서 발견된다(그림 4.19). 전국 최고의 실업률을 기록한 라스베이거스, 리버사이드 등은 시민 자원봉사 참여율이 이 두드러지게 낮으며, 반면에 실업 증가율 2% 미만의 최저 기록을 가진 미네아폴리스 등의 도시들에서는 시민 자원봉사 참여율이 전국 최고 수준을 보이고 있다.

3) 국가적 위기와 나눔활동

지진, 테러, 외환위기, 금융위기 등 국가적 위기 상황에서 국민들은 나눔활동에 적극적으로 동참한다. 현대적 나눔문화를 갖고 있지 않은 중국에서 자원봉사법이 도입된 것도 2008년 쓰촨 대지진으로 정치지도자들과 학계, 지역사회로부터 법률 제정의 요청으로 이루어졌다(UNV 2011a: 13). 1995년 일본의 고베 대지진 또한 5만 명의 사상자를 만든 참사였는데, 130여만 명의 자원봉사자가 복구작업에 참여해 "자원봉사자 혁명"을 이루며, 일본인 자원봉사의 참여에 결정적인 역할을 하였다(OSIPP 2011: 11). 또 2001년 지진 발생으로 엘살바도르에서도 자원봉사법이 도입되었고, 2005년 카시미르의 지진이 발생한 파키스탄에서는 자원봉사자들의 참여의 물결을 잘 활용하고 관리하지 못하는 문제로 이어지면서 정부의 자원봉사법의 제정을 압박하였다(UNV 2011a: 13).

미국의 9·11 사태

미국의 사례로는 2001년 9·11 사태 직후 2002년에 조사된 세 가지 여론조사를 참고해볼 만하다(CP 2002). 먼저 9·11 직후 2주간의 조사에서는 미국 성인 59%가 기부나 자원봉사에 동참한 것으로 파악되었다. 미국인 절반 가량(49%)은 현금 기부를, 24%는 헌혈이나 물품 기부를, 8%는 자원봉사 활동을 추가로 더했다고 답했다. 또 9·11이 한 달쯤 지난 기간에 조사한 결과는 70% 이상이 나눔활동에 참여했는데, 현금 기부자는 58%, 물품이나 헌혈 기부자는 14%, 자원봉사자는 11%로 조사되었다. 마지막으로, 9·11 이후 2~3개월이 지난 기간에 조사된 전국조사에서는 국민 74%가 어떤 형태로든 국가위기 수습과 희생자 가족돕기 등 나눔활동에 참여한 것으로 조사되었다.

참여자들의 프로필은 다음과 같이, 하나 이상의 나눔활동에 참여하였다. 미국인 전체 74.4%의 참여자 가운데, 세 가지(현금 기부, 현물 기부, 자원봉사) 모두 참여한 사람은 3%, 하나의 나눔활동에만 참여한 사람은 52%, 두 개의 나눔활동에 참여한 사람은 20% 등이다(CP 2002: 2). 또 소득수준별 기부율을 보면, 저소득층(연 4만 달러 이하) 72달러, 중소득층(연 4-8만 달러) 142달러, 고소득층(연 8만 달러 이상) 242달러로 나타나, 소득 수준이 높은 참여자들의 기여도가 더 높게 나타났다(앞글: 3-4).

한국의 외환위기 극복 민간운동

1997년 말 외환위기로 촉발된 IMF 경제 위기는 빈곤 인구를 양산하고 각종 사회병리현상과 사회양극화를 초래하는 계기가 되었다. 경제 위기 이후 빈곤율, 빈곤갭, 센지수 등 빈곤 관련 지표들은 1999년에 최악의 수준에 도달한 후 점차 개선되다가, 2003년부터 다시 악화되어 2009년에 정점에 도달해, 2013년 현재 인구 100명 중 8명은 '절대 빈곤' 인구로 추산된다(김미곤 2014: 8). 만 65세 이상 노인 2명 중 1명은 '상대 빈곤'에 시달리고 있으며, 근로자 3명 중 1명은 비정규직이다. 이런 상황은 1990년대 후반 외환위기 당시와 비슷하거나 일부는 더 나빠졌다.

1990년대 말의 경제 위기를 극복하는데 정부 정책뿐 아니라 민간의 나눔운동도 큰 몫을 하였다. 자발적인 금모으기 운동뿐 아니라 각종 기부와 자원봉사와 이웃돕기 등의 나눔활동, 그리고 민간 차원의 사회안전망 운영을 대표적인 사례로 꼽을 수 있다. 1997년 말과 1998년 초까지 모금된 이웃돕기 성금은 경제 위기 속에서도 1996년보다 8% 늘어났다(한국일보, 2008.1.12.). 모금액 중 93%는 일반시민들이 낸 푼돈으로, 이때부터 개인 기부액이 기업 등의 법인 기부액을 앞서가는 전환점이 되었다. 또 이때부터 사회복지공동모금법이 공포되면서 1998년 7월부터는 이웃돕기모금이 연중 모금체제로 바뀐다. 정부가 주도해온 모금활동은 민간단체에 넘겨져 민간의 사회복지 참여가 제도화하며 가정의 달 모금, 장애인을 위한 모금식으로 주제별 모금활동이 전개되었다. 새 법의 제정에 따라 폐기된 종전의 사회복지사업기금법에는 정부출연금이 첫번째 재원으로 규정되어 있었으나 정부는 그동안 한 푼도 내지 않은 채 국민들의 성금을 거두어 생색을 낸다는 비난을 받아 왔다.

당시에는 국민들이 내는 성금은 크게 불우이웃돕기와 재해 의연금, 적십자회비, 구세군 자선냄비, 월드비전 성금, 실업 성금 등이 있었다. 5000만원 이상의 성금을 모금하기 위해서는 '기부금품 모집 규제법' 에 의해 행정자치부에서 허가를 받아야 하고 또 모금실적을 정부에 보고하도록 되어 있다. 모금도 국제적인 구제사업이나 대규모 재난이 발생해 구호가 필요할 때와 불우이웃돕기 등 자선사업, 공익을 목적으로 국민의 참여가 필요한 사업을 할 때만 가능했다. 또 불우이웃돕기성금은 1998년 7월에 시행된 사회복지공동모금법에 따라 시행되었다. 전국 규모의 불우 이웃돕기 사업은 전국공동모금회가, 16개 시·도사업은 지역공동모금회에서 주관하기 했다. 1997년 12월 1일부터 98년 1월까지 두달간 모금한 196억 원 중 가장 많은 111억 원이 사용된 곳은 사회복지시설 지원액(36억 원)과 추석과 연말에 지급되는 사회복지시설 위문금(13억 원), 기타 사회복지사업비(55억 원) 등이다(매일경제 1999.12.13). 그외 전국의 경로식당 운영비(9억)와 시각장애인 심부름센터지원액(8억 원), 자원봉사 안내센터 지원(7억 원), 저소득 혼혈인 보조금(2억) 등에도 성금이 쓰였다.

또 외환위기를 극복하는 데 크게 기여했던 '실업극복 국민운동본부'의 역할을 살펴볼 만하다. 실업 성금은 문화방송과 실업극복 국민운동 계좌를 통해 모금되며 노동부 산하 근로복지공단에서 성금을 관리했다. 1998년 6월 23일부터 올해 1월 말까지 950억 원이 거두어들여졌다. 한국전력공사 (464억 원)와 포항제철(255억 원), 한국담배인삼공사(50억 원) 등 공기업이 많은 돈을 냈다. 모금액 가운데 지난 1월 말까지 사용된 액수는 144억 원. 주로 비영리 사회복지사업을 하는 곳이나 사회복지관, 여성단체, 노숙자 쉼터 등 80개 단체가 실업 성금을 받아 실직가정을 돕는 사업을 벌렸다. 국민운동본부는 60억 원을 들여 시민단체와 사회단체 28곳의 연합체를 통해 '10만 실직가정 범국민 결연운동'을 펼쳤다. 또 새마을중앙회 등이 주축이 된 '실직가정 돕기 범국민 캠페인본부'는 국민운동본부에서 44억 원을 받아 지난 연말에 전국 실직가정들에게 쌀과 김장을 지원했다. 여성단체연합과 대학사회복지관협의회도 각각 14억 원, 3억 6800만 원을 받아 실직자와 그 자녀를 돕는 사업을 펼쳤다.

실업극복국민운동이 추진했던 '10만 실직저소득가정돕기 범국민 결연운동'에는 특히 평소 한자리에 모이기 힘든 보수성향의 단체들과 진보성향의 단체들, 그리고 각 직능단체들이 주도적으로 참가해 결연사업에 앞장서는 등 시민단체들이 총망라되어 전국을 사회안전망으로 엮는 민간사회안전망을 만들었다. 전국 236개 시군구에서 '실직가정돕기를 위한 지역본부'를 결성해, 29개 지역 민간네트워크와 함께 결연사업 확산의 한 축을 구성하는 본부에는 89개 시민단체들이 동참하였다(한겨레신문 1998.12.08). 주요 참여단체들로는 새마을운동중앙협의회와 산하단체들, 한국부인회총본부, 한국상록회, 한국학원총연합회 등 보수적인 성향의 단체들과 민주노총, 민주화를 위한 교수협의회, 전교조, 한국여성단체연합, 한국민족예술인총연합 등 상대적으로 진보적인 성향의 단체들이 포함되어 있다. 또 각 분야를 대표하는 주요 직능단체들이 한자리에 모였는데, 한국직능단체총연합회와 대한영양사회, 한국간호조무사협회, 한국경비협회, 한국농업경영인중앙연합회, 한국보육시설연합회, 한국사회복지사협회, 대한약사회, 대한미용사중앙회, 대한한의사협회 등이 동참했다.

실업극복국민운동이 추진했던 '10만 저소득실직가정돕기 범국민결연운동'은 1단체 단위에서 1가구 이상의 실직가정을 지원하는 것이다. 교회, 성당, 사찰, 기업, 공공기관, 학교 등 각종 단체가 실직가정들에 일정 금액 상당을 일정기간 이상 지원하도록 하자는 것이다. 국민운동은 정부지원의 사각지대에 놓인 실직가정에 생존에 필요한 최소한의 물품을 3개월 이상 지원하는 것을 기본개념으로 설정하였다. 민간사회안전망 구축이 필요한 이유는 당시의 실업 대란을 막기에는 국가 복지안전망이 너무 허술했기 때문이다. 이른바 달동네에 밀집한 저소득 비정규직 노동자, 여성, 장애인 등 우리 사회의 저소득 소외계층을 결연운동의 주요 대상으로 설정한 이유도 이 때문이다.

전국의 19개 지역협의체는 특정지역의 여러 민간단체들이 실업자 및 실직가정을 돕기 위해 구성한 연합기구로 지역단위 실직자돕기 민간네트워크의 구심체였다. 서울에서는 서울북부지역실업자사업단 등 저소득층 밀집 지역을 중심으로 한 지역의 민간단체들이 중심이 되었고, 서울 이외에는 광역 및 공업도시 중심으로 조직화되었다. 부산과 대전에서는 부산지역실업대책협의회와 대전실업극복시민운동협의회는 부산경실련, 부산장애인총연합회, 대전 나눔의집, 대전경실련 등이 참여했고, 대구에서는 민주노총의 지역본부 등 노동계 중심의 지역협의체가 조직되었다(한겨레신문 1998.11.24.). 지역협의체는 대체로 해당 지역 민간단체들의 지도급 인사들이 이끌었다. 또 실직가정을 위해 헌신적으로 일하겠다는 뜻에서 자발적으로 만들어졌다는 공통점을 가졌다.

또 실업극복 사업비는 모금된 실업 성금 388억 원을 지급하였는데, 1차적으로 실업 가정 지원에 우선순위를 두고, 실업자숙식의료지원, 재취업교육, 일자리만들기, 실업극복캠페인, 실업대책프로그램 등으로 사업을 선정해 지원하였다. 한국여성단체연합이 제안한 '실직여성 겨울나기'에 14억 6000여 원을 지원했고, 인도주의실천의사협의회의 실업자 진료비 감면, 영등포산업선교회의 노숙자 자활교실, 한국협동조합연구소의 부도기업 노동자 인수, 장애우권익문제연구소의 장애인실직자모임터, 환경운동연합의 민간단체 인턴제도, 인천지역건설일용노조의 건설노동자 고용안정복지센터, 봉천동 나눔의집의 실업극복 한가족운동 등이었다(한겨레신문 1998,12.08).

한국의 태안반도 자원봉사

2007년 12월 7일 태안반도에서 유조선 사고로 인한 대규모 기름유출 사고가 발생하여 국가적 재난으로 부각되었다. 이에 전국적으로 123만 명에 달하는 자원봉사자들이 현장으로 달려가 기름떼를 수거하고 청소하는 봉사활동에 참여했다. 이와 관련된 전국적인 조사가 2008년 볼런티어21의 정기 조사에서 진행되었는데, 아래와 같이 일부 정보를 참고해볼 만하다. 조사는 2007년 말부터 2008년 9월 말경까지의 자원봉사자를 대상으로 하였는데, 그 기간 자원봉사자 중 태안 자원봉사에 참여한 비율은 19.3%로 나타나 5명의 자원봉사자 중 1명은 태안 자원봉사에 참여한 셈이다. 태안 자원봉사 활동이 첫 자원봉사 활동 경험이었는지에 대한 질문에서는 태안 자원봉사 참여자 중 15.6%만이 첫 활동이라고 대답하여, 대부분의 사람들은 자원봉사 경험을 가진 사람이었다. 또 이 수치는 태안 봉사활동을 계기로 첫 자원봉사자가 된 사람들이 15.6%임을 보여준다.

태안 자원봉사자의 개인적 프로필을 보면, 먼저 교육 수준이 높은 계층이 더 많이 참여해 노블리스 오블리제의 실천을 확인할 수 있지만, 소득에서는 중간 소득이 가장 많이 참여한 것으로 나타났다. 저소득층부터 중소득층까지 참여율이 15% → 14% → 27%로 높아지다가 중상소득층 18%, 고소득층 19.6%으로 낮아진다. 태안 자원봉사자들은 참여 동기로 '친구 또는 동료의 요청' 43%, '많이 가진 자의 의무' 40%, '의미 있는 여가' 36%로 답했다.

세월호 참사 관련 시민참여

세월호 참사 관련 시민참여 활동은 사고 발생 직후부터 활발했다(주성수 2015). 자원봉사단체 등을 통해 자원봉사자들이 팽목항과 안산시 현장으로 달려가 봉사활동을 했고, 기업, 단체 등지에서 구호품과 기부금이 줄을 이었다. 시민참여와 시민사회단체의 활동은 전국 각지에서 동시 다발적으로 진행되었고, 온라인에서도 같은 추모행사뿐 아니라 진상규명과 특별법 제정 촉구 주창활동이 지속되었다. 진도 팽목항 현장을 찾은 자원봉사자는 사고 직후인 4월 18일에 이미 2000명을 넘었다(동아일보 4.19). 자원봉사자들은 실종자 가족들이 있는 진도실내체육관과 팽목항 등에서 급식과 지원물품 배급 등을 도우며 가족들을 지키는 위로자가 되었다. 자원봉사자들은 적십자사 등 구호단체와 종교단체를 통해 많이 참여했고, 안산시에서 단체를 통해 팽목항에 달려온 봉사자들도 적지 않았다. 세월호 참사 관련 자원봉사자는 연말까지 연인원 5만 5035명에 달했고 학생, 주부, 자영업자, 회사원, 은퇴자 등 다양한 계층들이 참여한 것으로 알려졌다(중앙일보 2014.12.24.).

시민들은 온라인을 통해서도 십시일반 정성들을 모았다. 안산시 페이스북 커뮤니티 '안산소식'에는 후원금 모금 계획이 올라오자마자 약 1000명의 시민이 모금에 동참했고(동아일보 4.19), 구호단체 희망브리지 전국재해구호협회는 '네이버 해피빈'과 '다음 희망해' 누리집을 통해 하루만에 성금을 2억 원 넘게 모았다(한겨레신문 4.21). 대학가도 봄축제를 취소하고 기부와 자원봉사에 나섰다. 사고 하루 다음날인 4월 17일 인터넷 포털 다음과 네이버에서는 한 누리꾼이 "세월호 생존자 무사귀환과 희생자를 위한 응원 댓글을 달고 모금을 하자"는 청원을 시작했고 18일부터 '희망브리지 전국재해구호협회'를 집행기관으로 지정해 모금에 나섰다.[1] 성금모금에서

1 열흘 만에 '다음 희망해'에 6만 7075명, '네이버 해피빈'에 11만 8637명이 참여해 7억 4189만 원을 모으는 등 전국에서 모두 18만여 명이 참여해 23억 원을 모금했다(한겨레신문 4.22).

는 기업들의 참여도 활발했다.

2014년 세월호 참사 관련 자원봉사와 2008년의 태안반도 기름유출 사고 관련 자원봉사를 비교해볼 만하다. 두 사례를 조사한 한국갤럽의 전국 설문조사에는 자원봉사 활동 뿐 아니라 정부 비판 집회와 시위가 수개월간 지속되었고, 그런 분위기에서 설문조사가 실시되었다는 점에서 공통점을 갖고 있어 두 사례를 자원봉사에 초점을 맞추어 비교해볼 만하다.

2008년 1년간 자원봉사자 중 태안 자원봉사에 참여한 비율은 19.3%이며, 그중 태안 자원봉사로 처음 자원봉사를 경험한 사람은 15.6%에 달할 정도로 자원봉사가 새로운 시민참여의 장으로 발전하는 계기가 되었다. 2008년 20세 이상 성인 가운데 3.8%가 태안반도에서 기름제거 봉사활동에 참여했고, 2014년에는 성인 3.1%가 세월호 참사 관련 자원봉사 활동에 참여했다. 둘 다 여자보다 남자가 더 많이 참여했고, 연령에서는 40대와 50대가 많았으며, 고학력층과 중간 소득층의 참여가 많은 공통점을 보여준다. 직업에서는 다소 차이가 있지만 직장인과 무직(은퇴자 포함)이 많은 공통점도 있다. 특히 단체소속에서는 구호단체와 시민사회단체가 많은 공통점도 있지만, 태안반도 봉사활동에는 직장과 노조와 종교단체 역할이 많았고, 세월호 참사 관련 봉사활동에는 학교관련단체와 정치단체의 참여가 많은 특징이 있다.

표 4.9 2008년 태안반도 자원봉사와 2014년 세월호 참사 자원봉사 비교 (단위: %)

	2008년 태안반도 자원봉사	2014년 세월호참사	
		자원봉사	참여활동
전체	**3.8**	**3.1**	**26.4**
남자	4.7	3.4	27.0
여자	3.1	2.6	25.7
20대	4.9	2.8	39.2
30대	3.0	2.5	31.0
40대	3.9	5.2	29.7
50대	6.4	3.0	22.7
60대 이상	1.6	1.5	12.9
중졸	2.3	1.0	6.6
고졸	3.1	3.0	23.3
대재 이상	5.4	3.7	35.2
199만 원 이하	2.7	1.0	12.3
200~299만 원	2.4	2.6	19.9
300~399만 원	6.0	4.3	26.6
400~499만 원	3.6	3.8	31.5
500만 원 이상	5.5	2.4	35.9
농업/임업/어업	6.7	0	9.8
자영업	4.6	2.4	26.9
판매/서비스	1.9	1.6	23.5
생산직	2.1	0	24.4
사무기술직	2.0	4.8	33.2
관리직	6.3	0	28.1
전업주부	2.8	2.1	19.9
학생	3.9	1.1	40.0
무직	3.9	4.0	22.3

	2008년 태안반도 자원봉사	2014년 세월호참사	
		자원봉사	참여활동
구호봉사단체	19.3	10.0	58.3
친목회/계모임	4.7	2.8	26.1
동창회	5.1	2.8	31.5
지역풀뿌리단체	0	5.5	32.7
학교/학부모회	4.3	6.6	39.0
직장관련단체	27.0	3.2	44.1
시민운동단체	22.1	18.2	50.0
종교적가입단체	14.5	4.7	36.2
정치조직/정당	0	6.3	56.3
재향군인회	6.1	3.4	35.0
스포츠/취미단체	0	3.0	40.2

자료 주성수, 정희선 2014; 주성수 2015.

제5장

기부 문화

이제 나눔문화의 세부 지표별로 주요국의 동향과 한국인의 참여 실태를 차례로 살펴볼 만하다. 먼저 기부문화의 동향을 살펴보면 미국, 영국 등 주요국과 한국의 일반적인 동향은 경제적 위기를 경험하면서도 기부활동이 침체되어 있지 않다. 기부자의 개인적 특성부터 각국의 문화와 전통에 따라 두드러진 차이가 있고, 교육과 소득과 직업 유형별로 살펴보는 노블리스 오블리제의 추이도 적지 않은 차이가 있다는 것을 알 수 있다. 아래에서는 한국인 기부자의 특성과 문제를 주요국의 사례분석을 통해 정리해본다.

1. 누가 어떻게 참여하는가?

기부 관련 나눔문화의 우선적인 관심은 누가, 왜, 어떻게 참여하는가 하는 문제이다. 누가 참여하는지에 관련된 분석으로는 먼저 전체 기부 인구의 규모를 알아보고, 기부자의 일반적 특성인 성과 연령, 그리고 기부활동의 동향에 대해 각국의 사례와 한국을 중심으로 정리해볼 수 있다.

1) 기부 인구

기부는 세계적으로 활성화되고 있다. 기부 참여자의 비율이 국가마다 점차 늘어나며, 세계 153개국 평균이 2011년 29%에 달한다. 그러나 최근 경제 침체가 지속되면서 기부 인구는 늘지 않고 정체 상태에 있다. 이에 비해 한국인의 기부활동은 지속적으로 성장하는 추세에 있다. 개인 기부와 기업 기부 모두 늘어나는 추세이다. 한국과 비교대상이 되는 OECD의 경우, 갤럽의 2013년 자료를 보면 기부 인구의 비율은 최고 74%(영국과 아일랜드)부터 최저 9%(그리스)에 이르는데, 한국은 33%로 중하위 수준에 머물러 있다. 앞서 분석했듯이 국가의 경제력 규모뿐 아니라 인간개발과 사회자본이 이 같은 기부문화의 수준과 밀접히 관련되어 있다.

미국·영국·일본 동향

일반적으로 나눔활동 가운데 사람들이 많이 참여하는 활동이 기부이다. 현금이나 현물 기부가 생활에서 간편하게 참여할 수 있는 다양한 제도와 기술들이 도입되었기 때문이다. 그래서 OECD 국가들에서 사람들이 시간을 내서 자원봉사를 하는 부담을 기부로 대신하는 것이 아닌가 하는 분석도 제시되고 있다. 물질집약적인 기부는 늘고 있는데, 시간집약적인 자원봉사는 늘고 있지 않기 때문이다.

세계적으로 나눔문화와 기부문화가 가장 발달한 국가는 미국이다. 미국은 기부의 국가이며 자원봉사의 국가이다. 미국인은 세계적으로 가장 많이 기부하고 자원봉사하며 단체에 참여하는 국민이다. 나눔문화가 일상생활의 일부가 되고 있다. 이미 1973년에 인구의 88%가 기부자가 되었다. 〈Giving USA 2013〉에 소개된 통계를 보면, 1987~2008년 기간에 기부총액은 지속적으로 늘었다. 특히 증권시장의 전성기였던 1990년대 후반에 크게 늘었다. 그러다 2007~08년 기간은 1970년대의 불황기와 같은 경제적 위기를 맞으면서 2008년의 기부금이 전해에 비해 2% 하락세로 놀아섰고, 2010년에는 다시 경기회복으로 3.8% 다시 상승했다. 국내총생산(GDP)에서 기부가 차지하는 비중을 보면, 1968~2008년 기간에 내내 2.1~2.2% 수준을 유지하다가 2009~10년에는 2%로 하락했다.

영국인도 기부활동에 많이 참여한다. 영국은 미국과 같은 앵글로색슨 국가로, 또 앞서 서술한 '자유주의' 복지국가를 대표하는 국가로 많은 기부 인구를 갖고 있다. 〈UK Giving 2014〉을 보면, 영국인 성인 중 기부자는 2004~07년 평균 56%를 유지하다가 경제 침체기에 54%로 줄었지만 다시 2009~11년에 56%, 58%로 늘었다. 경제 침체기(2007~08)에 영국인의 기부 참여율과 기부 금액 모두 약간 감소되었다. 미국도 같은 기간에 6% 정도 감소되었다. 역사적 자료에 따르면 경제 침체기가 길수록 기부율과 기부금이 감소하지만, 기부처에 따라 증감의 변화는 있다. 미국의 경우, 교육 분야 기부는 줄고 복지 분야 기부는 오히려 늘었다. 특히 개인의 기부에 크게 의존하는 미국이나 영국에서는 개인의 기부가 개인의 경제적 사정뿐 아니라 다른 이타주의나 사명감에 의존하기 때문에 자선단체들이 지속적으로 기부 요청을 하는 것이 중요하다고 지적한다(CAF 2009: 1). 영국의 경우, 전문직과 중소득층 이상에서 기부 참여율과 기부 금액 모두가 약간 감소되었다. 그럼에도 10% 고소득층의 기부가 전체의 절반 이상을 차지할 정도로 고소득층의 기여는 적지 않다. 영국과 미국의 부호 500명을 조사한 결과를 보면, 75%는 경제 침체기에도 자신들의 기부를 줄이지 않았고, 25% 이상은 오히려 기부액을 늘렸다고 한다(앞글: 2).

일본은 미국과 영국에 비하면, 기부 인구의 규모는 매우 왜소하다. 일본의 기부통계 〈Giving Japan 2010〉를 보면, 2009년 개인 기부가 15세 이상 인구의 34%에 해당된다. 기부 금액은 GDP의 0.12% 수준에 불과해, 미국(2.0%)의 거의 20분의 1 수준에 불과하다(JFA 2011). 그런데 2011년 동북대지진으로 기부 금액이 2010년에 비해 두 배로 늘어, 15세 이상 인구의 77%가 기부한 것으로 나타났지만, 2012년에 다시 2010년보다 약간 높은 수준으로 퇴보하는 변화가 있었다(JNAC 2014: 13).

한국인의 기부 동향

한국인의 기부 인구는 갤럽의 2013년 개인설문 자료에서는 일본(24%)보다 무려 9% 더 많은 33%로 조사되었다. 통계청의 설문조사를 참고하면, 기부자는 2013년 34.5%로 2011년 42%에 비해 많이 줄었지만 2006년 31.6%와 2009년 32.3%에 비해 늘고 있다. 그런데 한국자원봉사문화의 전국조사 자료는 2002년 52.4%에서 2008년 46.8%로 감소하다 2011년에 48.9%로 그리고 2014년 28.7%로 대폭 감소로 바뀌는 불명확한 동향을 보여준다. 경제 침체의 영향으로 보여진다.

기부자의 수가 뚜렷한 증가세를 보여주는 것은 아니지만, 근로소득공제 기부자의 수는 분명히 급증하고 있다. 기부에서 가장 높은 비중을 차지하는 소득공제 기부금의 경우, 1999년 2.9조 원에서 2012년 11.8조 원으로 크게 늘어, 연평균 30% 증가율을 보여준다.

또 주요 모금기관들의 모금 실적에서는 뚜렷한 증가세를 보여준다. 대

■ **표 5.1** 한국인 소득공제 기부금의 폭증추세

	소득공제 기부금(조원)			구성비
	1999년	2003년	2013년	
총액	2.9	5.9	12.4	
개인	0.9	3.7	7.8	63%
법인	2.0	2.2	4.6	37%

자료 국세청 "국세통계연보" 2013.

표적인 사회복지 공동모금회(사랑의 열매)의 경우 모금액이 2004~09년 사이에 두 배 가량 늘어, 연평균 32%에 달하는 증가율을 보여준다. 공동모금회의 모금액은 개인보다 기업의 기여가 더 높지만 증가세에서 개인 기부가 기업 기부를 훨씬 능가한다. 기업의 사회공헌도 꾸준히 늘고 있지만 개인들의 기부참여가 폭증하고 있는 것이다. 다른 모금기관들도 공동모금회에 비해 모금액은 비교적 적지만, 연평균 증가율에서는 유니세프(UNICEF)와 굿네이버스는 연평균 50% 이상의 증가율로 높은 모금실적을 올리고 있다.

장기기증 등 생명나눔도 꾸준히 늘고 있다. 생명나눔의 기증자는 2001년 2191명 → 2005년 7만 7166명 → 2008년 18만 5046명으로 크게 늘었다(보건복지부 2011). 장기기증 운동이 확산되면서 지난 10년간 장기기증 희망자도 크게 늘었다. 2010년 말 국내 장기기증 희망등록자는 총 59만 3000여 명으로 10년 전에 비해 12배 이상 증가했고, 장기기증 희망자도 18만 5000여 명에 달해 2009년보다 2.4배 증가하는 등 장기기증 문화가 활성화되고 있다.

공동모금회에 접수된 현물 기부에도 다양한 현물들이 기증되고 있다. 전체 현물 기부액은 2010년 539억 원으로, 전체모금에서 16%를 차지한다.

■ **그림 5.1** 한국 주요 모금기관의 모금액(억 원): 2004~2010

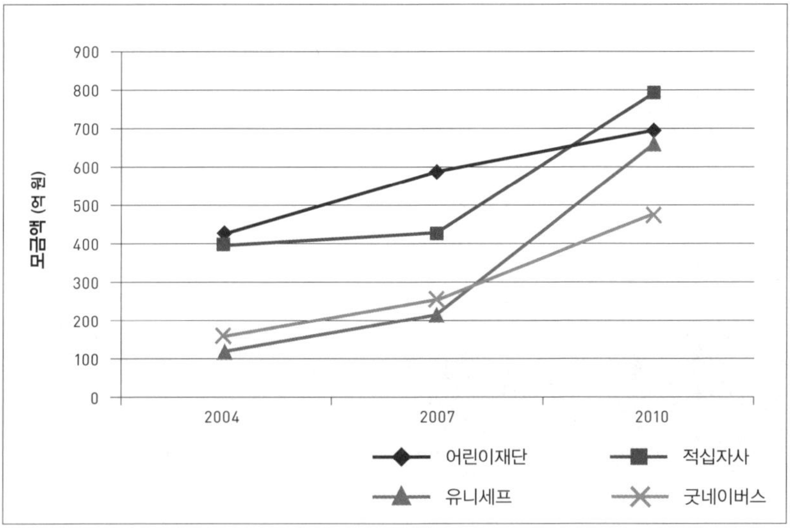

기부 건수로 볼 때도 2009년 4만 8781건에서 2010년 5만 7618건으로 15% 늘었다. 2010년 현물 기부유형은 의식주 관련 기부가 80% 정도로, 쌀 등 식품이 35%로 가장 많고, 다른 식품과 의약품이 16%, 의류·잡화가 14%, 생필품과 침구류 14%, 상품권 6.6%, 도서·완구 5.7% 등이다. 특히 상품권의 경우 큰 폭의 증가세를 보여주는데, 이는 재래시장 활성화를 위한 재래시장 상품권 기부가 증가한 데 기인한다. 또한 학원 강의 기부 참여 증가도 눈에 띈다.

유산 기부의 경우, 미국 등 서구에서는 많이 일반화되어 있지만 한국에서는 아직 활성화되고 있지 않다. 미국의 경우, 유산 기부가 전체 기부의 12%로 재단 기부(5%)나 기업 기부(8%)를 크게 앞선다. 한국인 가운데는 향후 유산의 기부의향에 대해 2015년 60대 이상 고령층에서는 80.3%가 부

■ **그림 5.2** Naver 해비빈 기부자와 기부액: 2005~2014

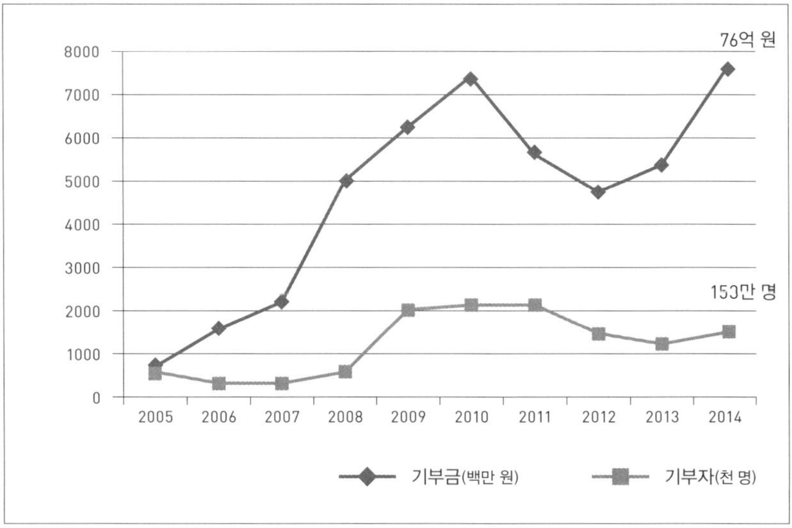

자료 해피빈(http://happybean.naver.com/introduction/DonationStatusGuide.nhn)

정적인 반면, 10대 청소년 중 49.7%가 긍정적으로 생각하고 있어, 유산기부에 대한 세대 간 인식차이를 보여준다(통계청 2015). 일본인 가운데 14.7%만이 유산 기증을 하고 싶다는 조사 결과에 비교하면(JFA 2011), 한국의 나눔문화가 비교적 건실한 편이라고 볼 수 있다.

또 온라인 기부 등 간편한 기부방법이 개발되면서 기부자들이 부쩍 늘고 있다. 온라인을 대표하는 해피빈 기부활동에는 초기(2005~07)부터 매년 50만 명의 네티즌들이 기부자로 참여했고, 2010년에 221만 명으로 정점에 달한 후 2014년 153만 명이 76억 원을 기부했다.

2) 성별·연령별 기부 참여율

기부자의 남녀 차이, 연령 차이는 모든 국가에서 확인되고 있다. 미국과 영국에서는 남성보다 여성이 더 많이 기부하지만, 한국에서는 소득활동을 하는 남성이 더 많이 기부한다. 연령별로는 미국과 영국에서는 연령에 관계없이 고루 높은 참여율을 보여주지만, 한국에서는 30~50대의 근로소득층에서 높고, 청소년과 은퇴자 등 비근로층의 기부율이 저조하다.

미국과 영국 사례

먼저 미국의 2000년 자료를 살펴보면, 기부율이 남녀 차이가 거의 없다. 연령별로도 커다란 차이가 없는데, 21~29세 청년층이 81.4%로 가장 낮고, 30~39세 88.2%, 40~49세 90.5%, 50~64세 90.1% 등이며, 65세 이상 고령층의 참여(88%)도 높다는 것을 주목해볼 만하다. 2007년 종교 기부를 제외한 자선 기부 통계에서는 65세 이상 가계에서 가장 높고(64.3%), 41~64세 가계 60.6%, 40세 이하 가계 44%로 커다란 차이를 보여준다. 그러나 평균 기부액에서는 중년층 가계가 연간 1200달러으로 젊은층 가계의 두 배가 넘고, 노인층 가계는 992달러로 나타났다.

영국에서는 다른 요인들보다 젠더 요인이 기부 참여율과 기부 금액과 밀접히 관련된 것으로 여러 연구들이 확인하고 있다(Einolf 2010; Cowley 2011). 일례로 1978~2008년 기간 분석에 따르면, 여성의 기부가 기부자의 소득·연령·직업 등의 요인들보다도 기부참여 가능성과 기부 금액에 결정적으로 중요한 영향을 미치는 일차적인 결정 요인이라는 분석이다(CAF 2011b). 여성이 남성보다 기부활동에 더 적극적인 이유는 남성에 비해 여성들이 종교생활을 더 많이 하며, 도덕적 사명감도 더 강하며, 기부 등 친사회적인 나눔활동에 더 적극적으로 기부와 자원봉사에 참여한다는 것이다 (CAF 2011b: 13).

한국인 남녀 비교

반면에 한국인의 기부는 남성 중심적이다. 남성이 주된 가계소득자 역할을 하기 때문에, 소득공제 등에서 가장으로서 기부자 역할을 대표한다. 〈표 5.2〉에서 볼 수 있듯이, 2013년 남녀의 기부율 차이가 5% 이상으로 높은 편이다. 또 연령별로는 미국이나 영국처럼 40대 중년층에서 기부율이 가장 높고, 60세 이상의 은퇴자 참여율은 매우 저조하다. 한국의 노인 빈곤율이 49%로 OECD에서 가장 높다는 심각성을 감안한다면, 한국 노인들

표 5.2 한국인 성별·연령별 기부 참여율 (단위: %)

	2006년	2009년	2011년	2013년
전체	31.6	32.3	36.0	34.5
남자	34.3	34.2	38.3	37.3
여자	29.1	30.4	33.7	31.9
15~19세	15.3	19.4	37.8	27.5
20~29세	19.2	23.2	25.5	24.8
30~39세	36.3	38.4	40.2	38.0
40~49세	42.2	42.9	45.7	44.9
50~59세	39.3	38.9	41.1	40.9
60세 이상	26.7	21.5	24.0	25.4

자료 통계청 사회조사 2006, 2009, 2011, 2013.

의 기부 등의 나눔활동은 근본적으로 제한적이라고 볼 수 있다.

3) 개인 기부와 법인 기부

기부에 참여하는 기부자는 개인과 기업 등의 법인으로 구분해 살펴볼 수 있다. 미국과 영국 등 서구는 개인 기부에 많이 의존하는 개인형에 해당되지만, 한국과 일본 등은 기업 등의 법인에 더 의존하는 법인형으로 구분해볼 수 있다.

미국·영국·일본 사례

개인 기부형을 대표하는 국가는 미국이다. 〈Giving USA 2013〉 자료에서 기부자 유형을 보면, 개인 72%(2277억 달러), 재단 15%(474억 달러), 유증 7%(221억 달러), 기업 6%(190억 달러)로 기부문화가 압도적으로 개인 기부자들의 참여에 기초하고 있다. 재단 기부 중 45%는 비중이 가장 높은 가족 재단이 기부한 것으로, 개인과 가족의 역할이 결정적으로 중요하다. 개인 기부는 1974~78년 기간에 86%로 절정를 이루었지만, 2004~08년 기간에는 76%, 2011년 73%, 2012년 72%로 점차 감소한 것인데, 경제불황의 요인이 큰 것으로 볼 수 있다. 미국인 기부의 특징은 부유층 기부자 수가 많으며, 유산 기부도 많고, 또 기부자가 자신과 수혜기관에 돌아올 잠재적 이득을 최대화하는 비용의 최소화를 고려하는 계획적인 기부가 이루어지고 있다는 점이다(박세경 2009: 61-2). 또한 재단을 통한 기부활동도 주요 특징인데, 약 7만 1000개의 재단들이 각종 기부활동을 하고 있다. 비영리 시민사회단체들의 성장으로 단체에 기부하는 기부활동도 활발하다. 시민사회단체가 세제 혜택을 받기 위해서는 창립후 15개월간 5000달러 이상의 기부를 받아야 한다. 이런 시민사회단체들은 매년 증가해서, 2001년 86만 개에서 2010년 128만 개로 약 50% 가량 증가했다.

영국인 개인 기부는 소득공제 기프트 에이드(Gift Aid)의 도입으로 크게 활성화되고 있다. 기프트 에이드는 1990년 자선단체에 대한 기부 촉진을 위해 도입한 조세감면제로, 기부자의 소득공제 혜택을 자선단체가 받으며, 고소득세율이 적용되는 기부자의 경우, 추가 소득공제 혜택을 받는다. 이 제도로 개인 기부가 크게 늘었고, 특히 고소득층의 기프트 에이드가 크게 늘었다. 2010~11년에 전체 기프트 에이드 이용자는 42%인데, 2005~06년 32%에서 지속적으로 상승했다(CAF 2011b). 월평균 100파운드 이상 고액을 기부한 기부자 70%가 기프트 에이드를 이용하였고, 거액의 기부자들의 이용 비율은 훨씬 더 높다.

일본의 기부금 통계에는 단체회비 기부와 개인 기부로 구분되는데, 이 둘의 합계에서 단체회비 비중은 41% 개인 기부는 59%를 차지한다. 여성과 노인이 기부 가능성이 가장 높다. 또 기부자의 교육 수준과 기부 참여율, 기부 금액과 밀접한 상관관계가 있다. 또 가계소득과 재산이 많은 사람들이 더 많은 기부를 한다. 기부자 53%가 가게나 직장에 비치된 기부함에 기부했고, 뒤를 이어 길거리 기부(32%), 보상 포인트(14.8%), 기부 클릭 사이트(14.7%), 우편 송금(14.5%) 등이다.

일본의 기부자 비율이 낮은 이유는 몇 가지로 추정되어진다(박세경 2009: 156-7). 첫째는 일본 인구 중 기독교 인구가 2%에 불과하다는 점이다. 대부분의 기독교인들이 재분배는 자신들이 해야 할 일이라고 생각하는 반면, 기독교인이 인구에서 차지하는 비율은 매우 낮아, 기부자 비율이 낮게 나타나는 것일 수 있다. 둘째, 일본인들의 많은 수는 소득재분배가 개인이 아닌 정부의 일이라고 생각한다는 점이다. 빈부격차 감소를 위한 책임이 정부에 있다고 생각하는 응답은 꾸준히 50~60% 비율을 나타내고 있는 반면, 소득재분배가 정부 책임이 아니라는 응답은 30~40%의 비율을 나타내고 있다. 이와같이 소득재분배에 대해 정부의 책임을 강조하는 인식이 강할수록, 민간 영역에서 이루어지는 기부의 중요성에 대한 인식이 상대적으로 약할 수 있으며, 이는 기부자 비율이 낮은 원인 중 하나로 유추해 볼 수 있다.

일본 기업은 연간 소득의 1.4%를 기부하는 수준이다. 2008년 후반기부터 닥친 세계적인 경제 침체로 전년에 비해 기부액을 크게 감소시켰지만, 이후 기업소득 대비 1.4%를 유지하고 있다. 개인 기부(52.5%)가 기업 기부(47.5%)를 약간 능가하고 있다. 그러나 기부에 참여하는 기업은 전체 기업의 9.8%에 불과하다. 기업 기부의 기부처는 교육 · 연구(30.5%)가 높은 비중을 차지하고, 이어서 문화예술(24%), 환경보호(13.5%), 부동산 개발(8.6%), 사회서비스(8.1%) 등이다. 지난 30년간 대기업 중심의 기부활동이 특징이었다. 자산규모 100억 엔 이상의 대기업들은 1991년까지 기부 지출을 점차 늘렸지만 1992년 이후로 기부 지출을 줄였고, 반면에 100억엔 이하 중소기업들이 기부 지출을 늘렸다. 이런 변화는 세제와 관련된 것으로, 2008년 기업 기부 중 45%는 세금공제를 받지 못하는 기부이며, 세금공제 한도를 초과한 기업만도 35%에 달한다(JFA 2011).

한국의 개인과 법인 기부

한국인 기부에서 가장 높은 비중을 차지하는 소득공제 기부금의 경우, 1999년 2.9조 원에서 2012년 11.8조 원으로 크게 늘어, 연평균 30% 증가율을 보여준다(표 5.1). 법인보다 개인 소득세 공제 기부금이 2000년부터 더 많은 비중을 차지하며 이후 높은 증가율을 보여준다. 외환위기 직후인 1999년 개인 기부는 법인 기부의 절반 수준도 되지 않았지만, 2001년에 와서 개인 기부는 세 배 이상 늘었던 반면에 법인 기부는 30% 가량 감소하였다. 그 후 개인 기부는 지속적으로 늘고 있지만, 노블리스 오블리제의 실천은 미미하다. 연간 소득이 높을수록 종합소득 대비 기부금 비율은 줄었다. 종합소득액 4000만 원 초과~1억 원 이하가 전체 기부금 신고자의 30.8%로, 금액 비중도 30%에 달해 기부활동이 가장 활발했는데, 소득이 더 높은 1억 원 초과~5억 원 이하 고득자의 기부금 비율은 소득액의 1.92%(1인당 341만 원), 5억 초과 고소득자는 1.62%(2152만 원)에 불과했다.

소득공제 기부금에서도 법인의 기부금은 1999년 2조 원에서 2003년 2.2조 원 → 2007년 3.3조 원 → 2012년 3.4조 원으로 2008년 이후 정체세를 보여준다. 1990년대 말의 외환위기와 2000년대 말의 금융위기를 겪으면서도 기업의 기부활동은 지속적인 증가세를 유지해왔다. 사랑의 열매 모금에도 여전히 가장 높은 비중을 차지하는 기관이 기업들과 기업 재단들이다.

4) 기부금 사용처와 기부 경로

개인과 법인들은 어떤 기부처에 기부금을 제공하는가? 또 사랑의 열매 등 주요 모금기관들은 어떤 복지사업에 기부금을 사용하는가? 기부처 또는 기부금의 사용용도는 국가에 따라 특이한 모습을 보여준다. 미국과 영국이 다르고, 일본과 한국도 서로 다른 특이한 유형들이 나타나고 있다. 대부분의 국가에서 종교 기관이 제1의 기부처가 되고 있지만, 특이하게도 영국인은 의학 연구에 가장 많은 사람들이 기부하고 가장 많은 금액의 기부금이 사용되는 전통을 갖고 있다.

미국, 영국, 일본 사례

먼저 〈Giving USA 2013〉에 보여준 미국인의 기부처로는 종교(32%)가 가장 많은 비중을 차지한다. 이어서 교육 13%, 복지 13%, 재단 10%, 의료 8%, 시민사회 7%, 국제사회 6%, 문화예술 5%, 환경/동물 2%, 개인 1% 등

표 5.3 영국인 기부처와 기부 금액 (단위: %)

	기부자 비중	기부금 비중
의학연구	33	13
아동	30	12
병원	25	11
해외	20	12
동물	21	7
종교	12	14
장애인	12	3
노숙자	11	4
보건	9	4
노인	7	3
학교	6	3
환경	7	2
스포츠	4	1
예술	2	1

자료 UK Giving 2014: 14.

이다. 의료와 복지가 종교와 교육보다 훨씬 더 낮은 비중을 차지하고 있다는 점을 주목해볼 만하다. 이처럼 기부처로는 전통적으로 종교 기관이 압도적인 우위를 차지했다. 그런데 1980년대 후반까지 절반 이상이 종교 기관에 기부했지만, 그 비중이 2008년에는 36%로 크게 줄었다. 뒤를 이어 교육, 단체(재단), 복지에 대한 기부가 2~4위의 높은 비중을 차지한다.

일본인 개인 기부 중 종교 기관 기부가 가장 높은 비중(44%)를 차지한다. 뒤를 이어 국제협력(12%), 중앙/광역/기초정부(9.6%), 교육/연구(7.8%), 긴급구호(4%), 모금기관(3%) 등이다(JFA 2011).

영국인만의 특성이 되는 기부문화는 의학연구에 대한 기부 지원에서 찾아볼 수 있다. 〈UK Giving 2014〉 자료에서는 의학연구에 대한 지속적인 기부금 지원은 영국의학계가 암연구에서 획기적인 치료방법을 개발해 생존율을 지난 40년간 두 배로 높인 기여도에서도 확인된다. 의학연구 기금의 60%가 개인들의 기부금에 의존할 정도로 개인들의 기여도는 대단하다. 의학연구에 개인 기부자들의 38%가 기부금을 보내며 기부금 비중에서도 종교 기관을 앞서, 의학연구 기부가 단연 제1의 기부처가 되고 있다. 의학연구와 병원, 보건 등 의료에 대한 기부자 비중이 3분의 2를 넘고, 전체 기부금 중 28%가 몰려 있다. 이에 비해 아동, 장애인, 노숙자, 노인 등 복지 대상자를 합쳐도 복지 분야는 60%로 의료 지원자 비중에 크게 미치지 못한다. 복지는 국가의 책임이라는 의식에서 나온 기부 배경이라 볼 수 있다.

한국인 기부처와 기부 경로

한국인의 기부처는 정확하게 알려지지 않고 있다. 미국이나 영국에서는 기부금의 사용처에 맞추어 기부활동이 이루어지고 있지만, 한국에서는 기부금을 전달하는 중개처별로 기부금 조사가 이루어지고 있다. 다만 정부가 지정하는 법정기부단체들을 보면, 개인과 법인의 소득공제 기부금이 사용되는 주요 단체들을 파악해볼 수 있다. 2011년부터 대한적십자사, 사회복지공동모금회 등 39개 기관이 법정기부금 단체에 새롭게 포함되었다. 2010년 세제 개편에서 기부문화 활성화를 위해 전문 모금기관과 공공기관 가운데 공공성 등 일정 요건을 충족하는 기관을 법인세법 시행규칙에서 법정기부금 단체로 규정하기로 한 데 따른 조치이다. 현재 일반기부금은 개인 소득의 30%, 법인 소득의 10%까지만 공제 혜택을 받을 수 있지만 법정기부금은 개인의 경우 소득의 100%, 법인은 50%까지 공제가 가능하다. 법정기부금 단체에는 국제교류재단, 독립기념관 등 공공기관, 문화유산국민신탁과 자연환경국민신탁 등 공익신탁, 2012년 여수국제박람회 조직위원회, 그리고 약 20여 개에 이르는 과학기술·항공·해양·화학·의료연구 공공기관들이 포함되어 있다.

한편 개인 설문 자료에서도 기부처와 기부중개기관의 유형을 파악해볼 수 있다. 볼런티어21의 개인설문 자료는 기부금을 보낸 개인 기부자의 입장에서 파악된 기부처 자료이다. 한국인의 제1의 기부처는 종교 기관으로, 종교 기관에 보내는 헌금이나 시주를 제외한 자선적 기부만을 보면, 언론사의 각종 캠페인에 보내는 기부금이 그 다음을 차지하고 또 사회복지기관, 전문모금단체, 공익민간단체 등이 높은 비중을 차지한다.

2002~14년 기간 시계열 자료에서는 다음과 같은 특징을 요약해볼 수 있다.

- 종교단체를 통한 기부는 줄어들고, 국제기구를 통한 기부는 늘고 있다.
- 언론사, 신문사, 방송사를 통한 기부가 줄어드는 반면에
- 전문모금단체를 통한 기부는 늘고, 2014년에 추가된 SNS 기부도 주목

표 5.4 한국인의 기부처와 중개기관별 기부 참여율: 2002~2014 (단위: %)

구분	2014	2011	2008	2005	2002
종교단체 통한 이웃돕기	22.9	27.3	38.9	24.0	27.6
국제기구	18.3	18.5	6.3	3.2	2.5
언론사 통한 이웃돕기	17.3	28.5	38.0	39.7	37.3
신문사, 방송사, ARS	10.4				
사회복지기관	15.4	17.8	30	18.3	14.7
전문모금단체	12.3	11.9	–	–	–
공익민간단체	6.3	20.4	9.2	2.9	2.5
정치인 및 정당후원금	4	2.7	–	–	–
보건의료기관	3.9	4.4	6.9	1.3	1.9
SNS(해피빈 등)	3.7	–	–	–	–
교육기관	3.2	4.1	3.5	3.5	5.4
주변의 어려운 이웃	1.9	–	–	–	–
환경단체	1.6	2.6	2	1.4	2.9
청소년단체	1.2	2.2	1.4	1.8	1.2
성인취미단체	0.9	1.1	0.5	1.0	0.8
협동조합이나 중소기업	0.9	–	–	–	–
기타	0.9	3	3.0	–	
예술문화단체	0.7	1.1	0.5	1.0	0.8
지역 내 모임/단체	0.7	–	–	–	–
기업/민간재단	–	–	3.4	1.8	1.9

할 만한 규모(3.7%)로 성장하고 있다.

기부자들이 기부에 참여하는 경로는 주로 라디오, TV, 인쇄매체가 가장 높은 비중을 차지한다. 또 소속단체나 누군가로부터의 요청도 제2, 제3의 높은 비중을 차지한다.

2. 노블리스 오블리제

더 많이 배우고, 더 많이 가진 자가 더 많은 나눔을 실천하고 있는가? 개인의 기부활동에서 교육 수준이 높고, 소득 수준이 높은 사람들이 더 많이 참여해 나누며, 또 사회적으로 많은 보수를 받으며 지위가 높은 직업을 가진 사람들의 자원봉사 참여가 비교적 높다는 것이 선행연구들의 결과로 제시되고 있다. 한국인의 노블리스 오블리제 실천 수준은 어느정도인지, 우선 기부활동부터 살펴볼 만하다.

1) 교육 수준별 기부율

교육 수준은 기부 참여율과 밀접한 관계가 있다는 것은 대부분의 국가들에서 경험적으로 확인되고 있다. 유럽의 대부분의 국가들과 미국, 일본에서도 거의 일치하고 한국 또한 비슷한 동향을 보여준다. 높은 교육 수준은 지적 능력뿐 아니라 다양한 사람들과의 유대, 사회조직 활동을 의미

표 5.5 미국인 교육/소득 수준별 기부율과 기부금

		기부율(%)	기부액($)
전체		56.1	1,011
교육	고졸 이하	41.7	555
	고졸	57.9	735
	전문대학	73.9	1361
	대졸 이상	82.5	2,182
소득	5만 달러 이하	39.4	514
	5~10만 달러	64.9	779
	10만 달러 이상	84.6	1,858

참고 2006년 통계, 기부금은 연평균.
자료 Center on Philanthrophy 2007.

하기 때문에 중요한 인적자본으로 꼽힌다(McPherson and Rotolo 1996). 높은 교육 수준이 기부 참여를 높이는 것은 높은 교육으로 가능해진 사회적 지위가 높은 기술과 지식 그리고 더 많은 인적 관계 형성을 갖기 때문이며, 이런 인적자본이 풍부한 사람들이 여러 조직들에서 중요한 기부자나 자원봉사자로 우선적으로 참여 요청을 받고 충원된다(Wilson and Musick 1997: 710).

미국 사례

먼저 미국인의 종교 기부를 제외한 자선 기부를 보면, 최근 56% 정도의 참여율을 보여준다. 평균 기부 금액은 연간 1000달러(100만 원) 정도로 높은 수준이다. 또 미국은 노블리스 오블리제의 오랜 전통을 가진 국가로,

표 5.6 캐나다인 교육 수준별 기부율, 기부금

	기부율(%)	연평균 기부금($)	기부금총액 (백 만 $)	기부금 비중(%)
전체	82.6	535	12,131	100.0
중졸 이하	67.1	321	756	6.2
고교 졸업	79.4	415	2,736	22.6
전문 대학	87.5	446	3,376	27.8
4년제 대학	88.2	851	5,262	43.4

자료 Statistics Canada 2014.

고학력자의 기부율과 기부금이 다른 계층보다 훨씬 높다. 고졸 이하의 저학력층에 비해 대학원 이상의 고학력층의 기부율은 두 배, 기부 금액은 네 배에 달한다.

캐나다 사례

한편 캐나다 통계청(Statistics Canada)의 최근 자료에서도, 교육 수준이 높을수록 기부율이 높아진다는 것을 알 수 있다. 또 기부 금액도 전체 평균이 연간 535달러인데, 중졸 이하의 저학력층에서는 321달러로 가장 낮고, 4년제 대학 졸업의 고학력층에서 가장 높은 851달러로 조사되었다. 고학력층의 기부금이 전체 기부금에서 차지하는 비중도 전체 43%에 달한다.

한국인 교육 수준별 기부율

한국인 고학력자의 노블리스 오블리제는 잘 실천되고 있는가? 먼저 통계청의 2006~11년 기간의 자료를 살펴보면, 답은 긍정적이다. 저학력부

■ **그림 5.3** 한국인 교육 수준별 기부율: 2006~2011

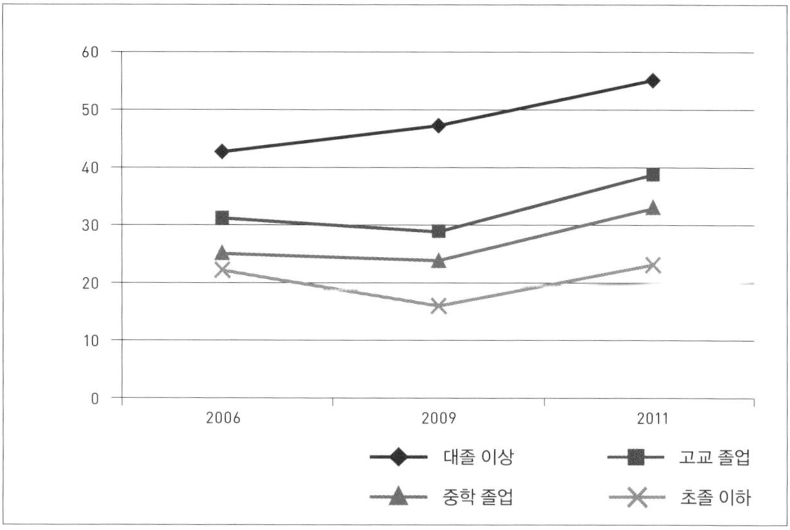

자료 통계청, 사회조사, 각연도.

터 고학력으로 교육 수준이 높아질수록 기부 참여율은 크게 차이가 난다(그림 5.3). 대졸 이상 고학력자의 기부 참여율이 초졸 이하의 저학력자의 참여율보다 두 배 이상 높다.

그런데 20세 이상을 대상으로 하는 한국자원봉사문화의 조사 결과를 보면, 2014년에는 학력이 높을수록 기부 참여율이 높아지고 있으나, 2011년에는 고등학교 졸업의 학력을 가진 사람이 대학 재학 이상의 학력을 가진 사람보다 8.1% 높은 것이 특징이다.

2) 소득수준별 기부율

소득이 높은 고소득층의 노블리스 오블리제는 서구의 소중한 기부문화로 정착되어 있는데, 한국에서도 이를 확인할 수 있는지에 관심의 초점이 모아진다. 미국과 영국의 경우, 노블리스 오블리제를 경험적으로 확인할 수 있지만, 한국에서는 미흡한 수준의 노블리스 오블리제를 확인할 수 있다. 더 많이 가진 자의 더 많은 기부가 잘 실천되고 있지 않은 것이다. 앞서 살펴본 더 많은 배운 자의 더 많은 기부와는 조금 다른 특성을 보여준다.

미국·영국·일본 사례

세계적으로 무수한 갑부들의 노블리스 오블리제의 실천으로 유명한 미국의 사례는 나눔문화에서 유명인사들의 역할을 잘 보여준다. 미국의 백만 달러 리스트에 올라 있는 최고의 기부자들을 살펴보면(http://www.milliondollarlist.org/donors), 1위 워렌 버펫은 줄곧 개인 명의로 11회에 걸쳐 372억 달러를, 2위 빌과 멜린다 게이츠 재단은 부부 명의의 재단을 통해 2243회에 걸쳐 201억 달러를, 또 3위 빌과 메린다 게이츠 부부는 개인 명의로 5회에 걸쳐 104억 달러를, 또 4위 빌과 메린다 게이츠 신탁재단은 73억 달러를 기부했다. 5위는 818회에 걸쳐 67억 달러를 기부한 익명자이며, 6위부터는 개인 또는 개인의 재단들로, 이들이 회사의 재단보다 훨씬 더 많은 기부자 역할을 한다. 2005~08년 기간 미국 기부금 전체에서 개인 기부자의 기여도는 75.6%이다. 호주인 개인 기부 비중도 70%로 기업 등의 법인 기부보다 훨씬 높다.

미국인 자선 기부자는 2006년 56%에 달했는데, 소득수준이 높은 가계에서 기부에 더 높은 참여율을 보여준다. 기부율은 연간 가계소득이 5만 달러 이하 가계에서 39%로 가장 낮았고, 5~10만 달러 미만 가계에서 65%, 10만 달러 이상 고소득 가계에서는 84.6%로 높아진다(표 5.7). 연간 기부 금액도 소득 수준에 비례해서 저소득 가계 514달러 → 중소득 가계 779달러 → 고소득 가계 1858달러로 높아진다. 그러나 기부 금액을 가계 소득의 비중으로 살펴보면, 오히려 저소득층이 더 많이 기부하고, 고소득층이 더 적게 기부하는 수치를 보여준다. 기부금이 가계 소득에서 차지하는 비중은 저소득층부터 고소득층까지 4.2% → 3% → 3% → 2.7% → 2.7%로 뚜렷하게 낮아진다(Giving USA 2010).

영국통계청(CLG 2010) 자료를 보면, 소득 수준이 높은 고소득층의 기부율이 가장 높다. 연간 5000파운드 이하의 저소득층 기부율이 69%이지만 연간 7만 5000파운드 이상의 고소득층의 기부율은 86%로 높다. 매달 100파운드 이상의 고액 기부자들의 평균 기부금은 점차 줄고 있다. 2005~06년 215파운드에서 2006~07년 196파운드 → 2008~09년 204파운드 → 2010~11년 198파운드로 줄고 있다. 그럼에도 전체 기부자 중 7% 정도의 고액 기부자들이 전체 기부금이 45%를 기부한다.

반면에 일본의 경우, 개인 기부는 매우 미미한 수준에 머물러 있다. 소득재분배는 개인이 아니라 국가의 책임이라는 인식이 강하고, 소득공제 기부금 신청자가 3.7%에 불과할 정도로 세제 혜택이 부재하며, 또 인구의 2%만이 기독교인이라는 점에서 개인의 기부활동이 저조하다는 것이다(손원익 2010: 67).

캐나다 소득소준별 기부율

한편 캐나다 통계청(Statistics Canada)의 최근 자료에서 소득 수준별 기부율을 살펴보면, 소득 수준이 높을수록 기부율이 높아진다는 것을 알 수

표 5.7 캐나다인의 소득수준별 기부율, 기부금, 소득 대비 기부율: 2013년

	기부율(%)	연평균 기부금($)	소득 대비 기부율(%)	기부금 비중(%)
전체	82.4	531		100.0
2만 달러 미만	67.2	318	3.18	2.4
2~4만 달러 미만	76.8	318	1.56	10.5
4~6만 달러 미만	80.2	395	0.79	10.7
6~8만 달러 미만	83.4	402	0.57	11.0
8~10만 달러 미만	82.5	441	0.49	11.0
10~12만 달러 미만	86.0	655	0.59	13.3
12~14만 달러 미만	84.0	412	0.31	7.2
14만 달러 이상	87.6	794		34.0

있다. 연간 12~14만 달러 소득층에서는 기부율과 기부금이 8~12만 달러 이하의 소득층보다 더 낮은 예외는 있지만, 대체적으로 기부율과 기부금 모두가 소득수준에 따라 높아진다고 볼 수 있다.

그런데 소득수준 대비 기부금의 비중은 소득 수준이 높을수록 낮아진다. 2만 달러 미만 저소득층의 소득 대비 기부금은 3.18%로 12~14만 달러 고소득층(0.31%)에 비해 10배 더 높은 비중을 차지한다.

한국인 소득수준별 기부율

한국에서도 최근 정치인, 운동선수, 연예인 등 유명인사들이 기부에 동참하는 새로운 변화를 목격할 수 있다. 이명박 전 대통령의 청계재단, 안철수 국회의원의 재단, 최경주 재단 등 유명 인사들의 거액 기부 행렬은 멈추지 않고 있다. 한국인 고소득층의 개인 기부자의 노블리스 오블리제는 어떠한가? 개인 설문에 기초한 통계청의 2006~15년 기간의 자료를 보면(그림 5.4), 저소득층에서 고소득층으로 갈수록 참여율이 비례적으로 높아진다는 것을 알 수 있다. 그래서 2015년 월 소득 600만 원 이상의 고소득층이 100만 원 미만의 저소득층에 비해 세 배 이상 높은 기부 참여율을 보여준다. 그런데 이 차이는 2006년에 비해 점차 벌어지는 추세이다. 경제 침체로 저소득층의 참여가 위축되면서 참여의 불평등이 높아지고 있다.

■ **그림 5.4** 한국인 소득수준별 기부율: 2006~2015

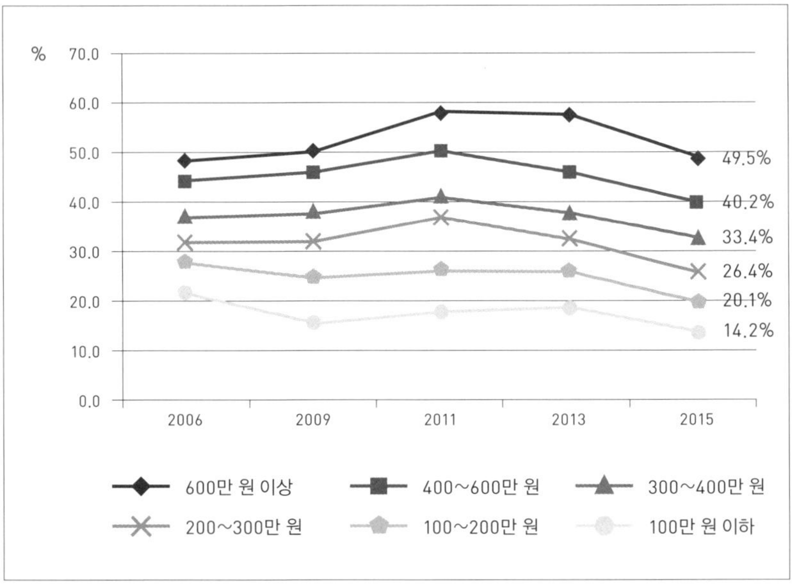

그러나 이상의 설문 자료와 다른 실제 기부율과 기부액을 중심으로 살펴보면, 고소득층의 노블리스 오블리제는 확인되지 않고 있다. 국세청의 자료를 보면, 2010년 종합소득 금액에서 기부금이 차지하는 비율은 소득 금액 8000만 원 초과~1억 원 이하 구간이 2.08%로 가장 높았던 것으로 나타났다. 하지만 1억 원 초과 구간에서는 기부금의 비율이 오히려 감소해, 5억 이상 고소득층에서는 1.62%에 불과했다. 한편 종합소득 금액 4000만 원 이상~1억 원 이하인 기부자가 전체 기부금 신고자의 30.8%를 차지했으며, 전체 기부 금액 대비 이들이 차지한 비율도 30.0%로 가장 활발한 기부 활동을 했던 것으로 조사되었다.

이처럼 소득에 대비한 기부율이 노블리스 오블리제의 또 다른 측면이다. 이에 관한 캐나다의 자료를 보면, 저소득층이 고소득층보다 오히려 더 높은 비율을 차지하는 역비례 관계를 보여준다. 2만 달러 이하 가계의 기부율은 1.6%, 10만 달러 이상 고소득층에서는 0.5%로 나타났으며, 이는 거의 세 배 이상의 차이를 보여준다(Statistics Canada 2007). 2004년과 2007년 모두 동일한 추세를 보여준다. 물론 절대 금액으로 보면 고소득층이 훨씬 더 많이 기부를 한다.

3) 직업별 참여율

직업은 노블리스 오블리제를 확인해볼 수 있는 또 다른 지표가 된다. 직업은 사회경제적 지위를 보여주는데, 일반적으로 직장인 가운데 관리직이 일반 사무직이나 노무직에 비해 더 많이 참여하고 더 많이 기부한다고 볼 수 있다. 한편 일자리에 초점을 맞추어보면, 일자리를 갖고 있는 직장인들이 소득공제 등의 세제 때문에도 기부에 많이 참여하고, 일자리를 갖고 있지 않은 실업자·은퇴자·학생 등의 기부율은 저조하다.

영국 사례

먼저 영국인 기부자의 사례를 보면, 직장인 가운데 지위가 높은 전문 관리직이 일반 직장인에 비해 높은 참여율을 보여준다. 이는 2004~11년 기간에 일관된 추세가 되고 있다.

한국인 직업과 기부 참여율

한국인의 기부율도 더 많은 소득을 올리는 고위직에서 더 높게 나타나, 노블리스 오블리제의 한 측면을 확인할 수 있다. 통계청의 자료에서

그림 5.5 한국인 직업과 고용형태별 기부 참여율: 2006~2011

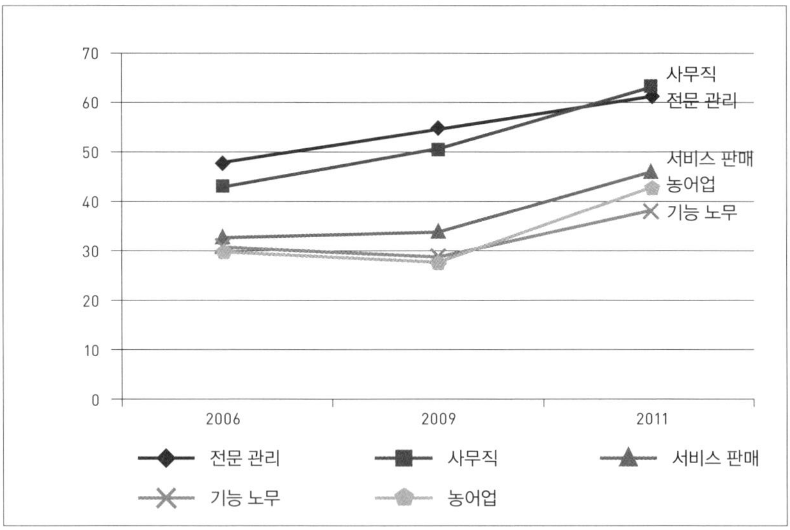

자료 통계청, 사회조사, 각연도.

■ **그림 5.6** 기부자의 직업별 비교: 2011, 2014 (단위: %)

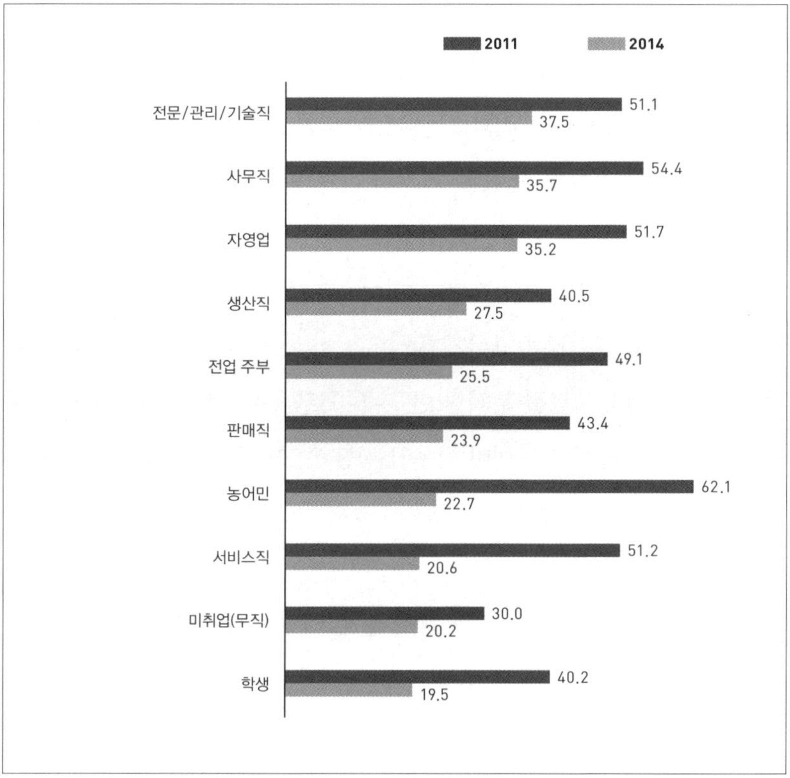

2006년부터 2011년까지 일관된 추세를 확인해볼 수 있다.

또한 2011년과 2014년의 한국자원봉사문화의 조사 결과도 직업별로 뚜렷한 기부 참여율 차이를 보여준다. 전문 관리직의 참여가 가장 높고, 사무직, 자영업 순이다. 2011년과 2014년을 비교해보면 급여 수준이 높은 전문관리직·사무직·자영업 등에 비하여 급여가 낮은 전업주부·판매직·농어민·서비스직·학생 등이 참여 폭이 상대적으로 크게 떨어졌음을 알 수 있다.

4) 기부율과 기부금

나아가 기부금이 개인의 소득에서 차지하는 비중을 보면, 또 다른 기부활동의 특징을 발견하게 된다. '소득 대비 기부금 비중'에서 고소득층보다 저소득층이 비교적 더 많이 기부하고 있다는 것이 한국뿐 아니라 미국과 캐나다 등지에서도 확인되고 있다. 미국의 경우, 기부금이 가계 소득에서 차지하는 비중은 저소득층부터 고소득층까지 4.2% → 3% → 3% → 2.7% → 2.7%로 뚜렷하게 낮아진다(Giving USA 2010). 또 지난 2006~12년 기간의 미국 국세청 자료를 분석한 연구에 따르면, 소득이 2만 5000달러 이하 저소득층의 전체 소득대비 기부금 비율은 6년새 16.6%포인트 높아진 반면 소득이 20만 달러 이상인 고스득층의 비율은 오히려 4.5%포인트 낮아졌다(Daniels and Narayanswamy 2014). 캐나다에서도 2007년 연간 2만 달러 이하 가계의 기부율은 1.6%, 10만 달러 이상 고소득층에서는 0.5%에 불과해, 세 배 이상의 차이를 보여준다(Statistics Canada 2007).

영국의 〈UK Giving 2014〉에는 소득수준과 기부금의 관계를 보여주는 자료가 소개되고 있다. 소득에 비례한 기부금의 비율이 고소득층에서 낮고, 오히려 저소득층에서 더 높게 나타나는 반비례 관계를 보여준다. 노블리스 오블리제에 반하는 기부문화의 이면을 보여준다.

한국에서도 유사한 상황을 보여준다. 2010년 종합소득 금액에서 기부금이 차지하는 비율은 소득 금액 8000만 원 초과~1억 원 이하 구간이 2.08%로 가장 높았지만, 1억 원 초과 구간에서는 기부금의 비율이 오히려 감소해, 5억 이상 고소득층에서는 1.62%에 불과했다. 한편 종합소득 금액 4000만 원 이상~1억 원 이하인 기부자가 전체 기부금 신고자의 30.8%를 차지했으며 전체 기부 금액 대비 이들이 차지한 비율도 30.0%로 가장 활발

■ **그림 5.7** 연소득 대비 기부금 비율(%) : 영국, 2014년

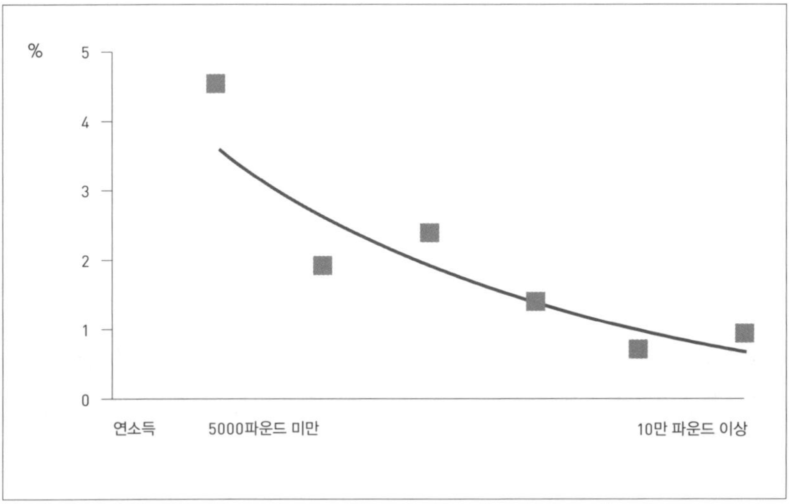

자료 UK Giving 2014, p.12

한 기부활동을 했던 것으로 조사되었다(국세청 2011).

또한 한국갤럽과 볼런티어21(2011)의 설문조사 결과를 보면, 기부 금액에서는 고소득층인 경영/관리직과 전문/자유직의 기부 금액은 종교단체 기부(헌금과 시주 포함)에서는 고액 기부로 나타나지만, 이런 종교적 기부를 제외한 공익적인 자선 기부액에서는 판매/서비스직이나 자영업직보다 더 낮은 수준에 머물러 있다.[2] 설문 자료를 분석해보면, 기부 참여율과 '소득 대비 기부금 비율'은 반비례 관계를 보여준다(표 5.8). 소득이 높아질수록 기부

---

2 2011년 지난 1년간의 자선적 기부금은 판매/서비스 51.3만 원과 자영업 50.2만 원으로 가장 많고, 경영/관리직과 전문/자유직이 같은 43.5만 원, 기능/숙련직 40.7만 원, 사무/기술직 29.8만 원 농임어업자 29.3만 원이다(볼런티어21, 2011).

표 5.8 기부 참여율과 기부 금액: 소득수준별, 2011

	기부 참여율	소득대비 기부금(%)*
200만 원 미만	58.2	1.6
200~300만 원	62.7	0.7
300~400만 원	64.3	0.8
400~500만 원	66.7	0.6
500만 원+	71.0	0.8

참고 * 소득계층별 중위소득의 연간 합계에서 연간 기부금이 차지하는 비중.
자료 한국갤럽 2011 data file 분석.

참여율은 높아지지만, '소득 대비 기부금 비율'은 낮아지는 현상이 뚜렷하게 나타난다.

한국의 기부조사 자료에서는 고소득을 올리는 직장인들의 기여도가 높지 않아 노블리스 오블리제를 확인하기는 어렵다. 고소득층인 경영/관리직과 전문/자유직의 기부 금액은 2011년 종교단체 기부(현금과 시주 포함)에서는 고액을 기부하는 것으로 나타나지만, 이런 종교적 기부를 제외한 공익적인 자선 기부액에서는 판매/서비스직이나 자영업직보다 더 낮은 수준의 기부에 머물러 있다.

3. 기부자의 참여 동기와 불참 요인

1) 기부자의 참여 동기

나눔활동에 참여하는 개인들의 동기는 다양하다. 기부활동에 대해서도 개인들은 다양한 동기를 보여주는데, 자료가 유용한 일본인과 미국인의 기부동기를 차례로 살펴본다.

일본과 미국 사례

먼저 일본인 기부자의 주요 동기로는 다음 몇 가지가 제시되고 있다 (JFA 2011).

- 매년 정기적으로 기부를 한다 (33.1%),
- 이웃과 사회의 웰빙을 위해 (30.9%),
- 금전 기부가 기여의 가장 적절한 수단이다 (28%),
- 자원봉사 활동에 참여할 시간이 없어 대신 금전적 기부를 한다 (26.7%),
- 기부는 나의 사회화 과정의 일부이다 (23.6%).

또 기부금에 대한 세금공제 신청을 하지 않는 사람들이 많은데, 그 이유는 다양하게 나타났다(JFA 2011).

- 공제액에 비해 기부 금액이 적기 때문 (28.7%),
- 세금 공제액이 적기 때문 (24.1%),
- 세금 공제제도를 몰랐기 때문 (22.7%),

- 세금 공제 신청을 하고 싶지 않아서 (12.5%),
- 내가 기부한 단체가 공제 대상이 아니다 (7.5%).

한편 미국인 기부자에게 기부에 참여한 이유가 무엇인지를 알아보는 방법으로, 기부의 주요 동기에 해당되는 다섯 요인 중 어려운 사람을 돕는 의무감에서 참여하게 되었다는 답이 가장 많았고, 그 다음으로 지역사회에 대한 의무, 기부 요청을 받아서, 종교적 의무나 신념에서 등으로 조사되었다. 가장 마지막 문항인 세금공제를 받기 위해서는 '그렇다'는 답보다 '아니다'는 답이 훨씬 더 많았다. 세금공제를 위한 이기적인 동기가 아니라 이웃이나 지역사회를 돕는 의무감이 훨씬 더 강한 동기라는 '마음의 습관'을 보여준다.

또 미국인 기부 참여 동기를 세분화해서 교육과 소득 수준별로 분석한 자료를 참고해볼 만하다. 2009년에 조사한 자료에서는 기부의 주요 동기를 기본생계 유지를 지원하는 이타주의 동기(17.8%)가 가장 중요했고, 다음으로 빈곤층 자활 지원(11.5%), 보다 나은 세상(16.6%)과 보다 나은 공동체(12.5%)를 위한 이타주의 또는 의무감에서 기부에 참여한 것으로 조사되었다. 또 사회적 형평성을 위한 동기(11%), 현금으로 지원해 수혜층이 필요로 하는 욕구를 충족하도록 하는 동기도 주요 동기로 나타난다.

나아가, 기부의 동기는 사람에 따라 다양한 차이를 보여주는데, 특히 교육과 소득 수준에 따라 두드러진 차이가 있다는 것을 통계적 유의도 검증에서 확인되고 있다. 저학력층과 저소득층은 다른 동기들보다 기본생계와 빈곤층 자활에, 고학력층과 고소득층은 좋은 세상이나 좋은 공동체에 더 많은 기대를 갖고 기부에 참여하는 경향이 있다(표 5.9).

■ **표 5.9** 미국인 기부자의 교육/소득 수준별 주요 동기 비교

	기본 생계	빈곤층 자활	좋은 세상	좋은 공동체
고졸 이하	49.0***	42.7***	32.8---	33.9---
전문대	40.5	34.2	36.1	38.1
대졸	39.6	31.6	36.5	41.4***
대학원 이상	33.2---	29.2---	41.3***	36.3
저소득층	47.8%***	40.9%***	33.3%--	34.2---
중소득층	40.6%	34.1%	37.5%**	38.9***
고소득층	36.5%---	31.9%--	36.5%	38.8

참고 수치는 복수 응답율. 유의도 *(-) 높은(낮은) 확률 **(--) p〈0.01, ***(---)p〈0.001.
자료 CP 2009: 26.

한국인의 기부 동기

한국인의 기부 동기 또한 어려움 사람들에 대한 동정, 이타주의가 가장 돋보인다. 한국인의 기부동기 또한 어려운 이웃에 대한 의무감 요인이 가장 중요한 것으로 조사되었다. 〈표 5.10〉의 통계청 자료는 기부의 주요 요인 여섯 가지를 제시하고 어느 것이 가장 중요한 동기였는지를 묻는 방식으로, 미국 방식과는 다르다. 그럼에도 내용 면에서는 어느 요인이 중요한지는 비교해볼 만하다. 한국인의 기부동기에서도 기부단체나 직장 등의 요청을 받아 참여했다는 요인도 두 번째로 중요한 요인으로 부각되고 있다. 종교적 신념보다는 개인적 신념이 더 중요한 요인으로 나타나 있다. 또 미국인처럼 세제 혜택 때문이라는 문항에는 극소수만이 그렇다는 답을 하였다. 이 같은 결과는 2013년 조사에서도 거의 유사하게 나타난다. 어

■ **표 5.10** 한국인 기부 동기: 2005~2011 (단위: %)

기부 참여의 개인적 동기	2011	2008	2005
요보호자의 물질적 욕구 해결 위해	**71.1**	**32.7**	**28.3**
많이 가진 자의 의무라고 생각해서	**73.8**	28.9	26.7
사회문제 해결에 도움이 되기 때문에	75.2	21.7	20.9
종교적 신념에 따라	59.8	22.7	19.8
사회 환원의 차원에서	59.3	22.8	26.1
사회도덕성을 강조하기 위해	58.9	19.2	13.6
친구/동료의 요청을 받아서	34.6	16.9	9.9
기부처의 요청을 받아서	43.0	-	-
세금/기타비용을 줄이기 위해	19.4	6.2	3.6
고용주가 장려했기 때문에	22.6	2.9	2.9

참고 복수 응답률(%). 자료: 볼런티어21, 2011.

려운 사람을 돕고 싶어서가 40.6%, 기부단체나 직장 등의 요청을 받아서 26.8%, 개인적 신념 17.8%, 종교적 신념 8.1%, 국가나 지역사회 기여 4.5% 등이다(통계청 2014).

한편 한국자원봉사문화가 제시하는 자료에도 도움이 필요한 요보호자에 대한 동정이 가장 중요한 요인으로 나타나 있다.

〈표 5.10〉과 같이 기부 참여자들이 복수로 응답한 설문조사에서, 응답자들은 요보호자에 대한 지원과 노블리스 오블리제(많이 가진 자의 의무)를

제1, 제2의 주요 동기로 꼽았다. 이는 2005년, 2008년 2011년 거의 일관된 동향이다. 특히 2011년에 포함된 기부처의 요청 문항도 적지 않은 영향력을 가진 것으로 조사되었다. 2011년에는 "사회문제 해결"이 가장 중요한 요인으로 부각되는 특징이 있다. 또 다른 특징은 "사회적 환원"과 "사회도덕성"으로 모두 의무감에 관련된 요인들도 중요하며, 친구/동료의 요청과 기부처의 요청도 중요한 요인들이다.

2) 기부불참의 요인들

기부 참여의 동기 요인만큼 기부 불참의 동기 요인들도 다양하다. 영국의 사례를 우선 살펴본 다음, 한국인 불참자의 장애요인에 대해 정리해본다.

영국인 사례

2013년 영국인의 기부 불참에 영향을 미치는 장애요인들은 다양하게 제시되고 있다. 가장 중요한 것인 자신의 기부금이 직접적인 도움이 된다는 것을 알게 되면 기부할 것이라는 답인데, 그만큼 기부의 투명성과 기부처에 관한 정보제공이 중요하다는 것을 보여준다.

한국인의 불참 요인

한국인의 기부동기에서 남녀, 연령별 차이는 비교적 뚜렷하다. 특히 비기부자의 기부 불참의 이유로는 "경제적 여유가 없어서"가 68%로 가장 중요하며, 또 "기부에 관심이 없어서"도 적지 않은 비중(16.6%)을 차지하고, "기부방법을 몰라서"(2.4%), "기부단체에 대한 불신"(8.5%), "직접 요청이 없어

표 5.11 영국인의 기부 불참의 요인들: 2014 (단위: %)

기부 참여의 개인적 동기	동의	다소 동의	매우 동의
기부금이 직접적인 도움이 된다는 것을 알게 되면 기부할 것이다	70	43	27
기부단체들이 너무 많아 어디에 기부할지 결정하기 어렵다	68	40	28
기부하게 되면 더 많이 기부해달라고 할까봐 우려된다	53	35	18
기부단체들은 사람들의 재정적, 시간적 중압감을 잘 모른다	44	34	10
기부단체들이 내거는 대의가 내 생각과 같지 않다	26	22	4
기부단체에 기부한다고 달라질 게 없을 것이다	24	19	5

자료 UK Giving 2014: 22

서”(4%)로 조사되었다.

불참 이유는 소득수준별로 다소 차이를 보여준다. 소득수준이 낮을수록 “경제적 여유가 없어서” 참여하지 않았다는 답이 더 많고, 반면에 소득수준이 높을수록 “기부에 관심이 없어서”, “기부단체에 대한 불신”, “직접 요청이 없어서” 참여하지 않았다는 답이 더 많다.

또 불참 이유는 남녀 및 연령별로 뚜렷한 차이를 보여준다. 여성은 남성에 비해 기부에 더 많은 관심을 갖고 있지만 “경제적 여유가 없어서” 참여하지 않았다는 이유가 더 많으며, 남성은 여성에 비해 경제적 여유가 더 많지만 “관심이 없어서” 또는 “기부단체에 대한 불신”이 더 많은 것으로 나타난다. 2013년에도 ‘경제적 여유가 없어서’가 가장 많은 비중을 차지하는데, 특히 연령에 따른 차이가 심하다. 15~19세에서는 42.7%, 20대 56%, 30대 57%, 40대 63%, 50대 66%, 60세 이상 72%로 점차 높아진다(통계청 2014).

3) 기부 참여 경로

기부단체 중심의 기부

영국인의 기부참여 경로는 기부방식과 관련해 다음과 같이 소개되고 있다. 현금(55%), 현금직불카드(30%) 방식이 가장 일반적이며, 그 밖에 복권(27%), 물품구매(21%), 모금행사(19%), 온라인(15%), 데빗 카드(14%), 텍스트(11%), 회비(9%), 체크(9%), 신용카드(3%), 급여(2%) 등 매우 다양하다(UK Giving 2014).

온라인 테크놀로지 이용

온라인 기부방식은 전체 15% 정도로 이용도가 높은데, 이를 수단별로 구분해보면 또 다양한 방식이 이용되고 있다는 것을 엿볼 수 있다.

그림 5.8 다양한 온라인 기부 참여 방식: 영국, 2014 (단위: %)

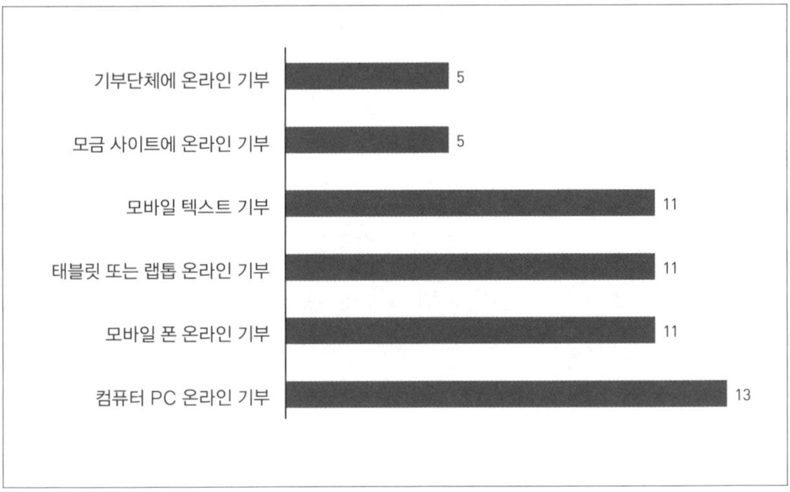

자료 UK Giving 2014: 25

4. 온라인과 소셜 나눔활동

나눔문화의 확산은 최근 온라인을 통해 활성화되고 있다는 경험적 자료들이 제시되고 있다. 온라인 기부는 주요국에서 기부문화가 확산되고 있는 주요 배경 요인이 되고 있고, IT 강국의 한국인도 기부활동에 적극 동참하고 있다. 아래에서는 한국인의 온라인 기부활동의 참여 사례들을 살펴본다.

1) 온라인 나눔활동 유형

온라인 나눔활동은 웹사이트나 이메일 등 온라인을 통해 유무형의 재산 등을 기부하거나 자원봉사에 참여하는 활동이다. 온라인을 통한 자원봉사 활동이 있고, 기부활동으로는 현금이나 현물 등의 재산의 기부, 지식이나 노동의 기부 등으로 구분해볼 수 있다. 또 온라인 접속 방법에 따라 단체 홈페이지, 전용사이트, 아이콘이나 배너, 켐페인, 메일링 등 다양한 형태로 나눔활동이 이루어지고 있다(표 5.12).

온라인 나눔활동이 점차 확대되고 있는 주요 배경은 오프라인에 비해 온라인 나눔활동이 갖고 있는 몇 가지 장점들에서 찾아볼 수 있다. 그것들은 정보전달의 용이성, 관리비용의 효율성, 실시간 피드백, 쌍방적 의사소통을 꼽을 수 있다(표 5.13).

■ **표 5.12** 온라인 나눔활동의 유형

온라인 기부활동 유형	주요 특징
1. 단체 홈페이지 유형	단체 홈페이지를 통해 단체, 나눔활동 홍보 (오프라인의 온라인 연장)
2. 나눔 전용사이트 유형	다양한 나눔활동 정보를 제공하고 네티즌의 참여를 유도
3. 아이콘 배너 유형	소셜네트워크를 활용해 참여자 확대를 도모하는 노출형태
4. 포털 제휴 유형	포털 인프라를 활용해, 나눔활동의 네티즌 노출도 증대 도모
5. 기업과 마일리지 제휴형	백화점, 카드사, 통신사 등과 제휴해 마일리지를 기부
6. 모바일 활용형	텍스트 메시지 등으로 나눔활동 홍보 및 스마트폰의 앱을 활용한 나눔활동
7. 온라인 판매 후원형	온라인 쇼핑몰 등과 제휴해, 판매수익의 일부를 나누는 방식
8. 온라인 공동캠페인 유형	주도적 기업과 나눔단체의 공동캠페인으로 빠른 홍보 도모 (최근 SNS의 성장으로, 트윗나눔과 같은 개인주도형 나눔활동 캠페인이 등장했고, 영향력이 증가하는 추세)
9. 메일링 유형	개인의 동의를 받은 메일을 활용해 나눔정보 제공, 참여 홍보

자료 정영수, 이윤희 2010: 3-4.

■ **표 5.13** 온라인 나눔활동의 특징

나눔활동 단체 관점	주요 특징	나눔 참여자 관점
1. 다양한 정보를 쉽게 전달	정보 전달 용이성	취향에 맞는 나눔활동 참여 가능
2. 적은 시스템 관리비용	관리비용 효율성	원하는 활동에 간소한 신청절차
3. 투명한 관리 가능	실시간 피드백	신뢰도 참여 효능감 향상
4. 다양한 회원 관리 용이	쌍방적 의사소통	맞춤형 서비스 수혜 가능

자료 정영수, 이윤희 2010: 4.

2) 온라인 기부활동 현황

온라인을 통한 기부활동의 빈도와 규모에 대해서는 정확한 통계가 나와 있지 않다. 이를 짐작할 수 있는 사례로는 먼저 한국정보화진흥원의 2010년 네티즌 조사 결과, 주요 포털 사이트 사례, 금융기관과 통신사 등의 사례를 정리해보며 또한 2013년의 스마트미디어 나눔문화를 정리해볼 수 있다.

먼저 한국정보화진흥원(2010)이 조사한 2010년의 "온라인 현황조사"를 참고해보면, 온라인 기부활동의 동향을 가늠해볼 수 있다. 조사에 응한 2500명의 네티즌들의 응답을 기초로 살펴보면, 응답자의 81%가 기부활동을 한 것으로 조사되었고, 기부자들은 정기적(27.8%) 또는 비정기적(72.2%) 참여했다는데, 주요 기부처는 사회봉사단체와 종교단체로 나타났다. 기부활동의 빈도는 '월 1회'(29.5%), '2~3개월에 1회'(22.3%), '6개월에 1회'(26.4%)로 비교적 정기적인 기부활동을 한 것으로 나타났다. 또 기부 금액은 1회 평균 3만 2000원 정도로 연간 25만 6000원 가량된다. 주된 기부이유로 '사회적 배려'(68%)가 가장 많았고, 기부금을 보낸 기부처는 '기부캠페인을 하는 포털/클럽/미니홈피 등'이 64%로 가장 많아, 오프라인에서의 주요 기부처(종교단체나 사회봉사단체)와는 두드러진 차이를 보여준다. 온라인 기부자들은 온라인 방식에 81%가 만족한다고 답했고, 불만으로는 '사용처 피드백이 충분하지 않음'을 꼽았다.

또 사이버 재산의 소유에 대해서도 장래의 나눔활동 참여 가능성을 보여준다. 네티즌의 3분의 2가 사이버 재산을 소유하고 있는데, 포인트나 마일리지가 77%로 가장 높은 비중을 차지한다. 사이버 재산의 기부에 대해서도 비교적 높은 기부의사를 보여준다. 사이버 재산을 공유할 의향에 대해 절반 가량이 긍정적 반응을 보였고, 실제로 사이버 머니 기부경험자는 55%에 이른 것으로 조사되었다.

3) 포털과 기업 주도의 온라인 모금

다음으로 주요 포털과 금융기관, 통신사, 온라인 쇼핑몰, 항공사 등의 사례를 통해 온라인 기부활동의 현황을 살펴볼 만하다.

a) 주요 포털 : 주요 포털로는 네이버의 해피빈, 야후의 나누리, 싸이월드의 사이좋은 세상, 다음의 희망모금 등이 있다. 〈해피빈〉은 2005년 7월부터 운영되고 있는데, 3600개가 넘는 사회복지단체와 77개 후원파트너 기업을 네티즌과 연결하여 누구나 참여할 수 있도록 한 대표적인 나눔사이트이다. 2012년 3월 현재 5400여 단체가 모금활동 중이며, 최근에는 모금단체 뿐만 아니라 기부대상을 찾는 기업과 개인 기부자들이 다양한 형태로 배분함을 만들어 제안함으로써 모금과 배분이 동시에 이루어지고 있다(김기룡 2013: 40). 해피빈은 네티즌들이 다양한 방법으로 나눔에 참여할 수 있도록, 네이버 페이지의 배너광고를 통한 유입, 네이버의 블로그와 카페의 멤버들은 자체적으로 콩을 저금하여 기부하는 콩저금통, 기부 물품을 판매에서 수익금전액을 기부하는 경매 및 콩스토어 등 기부를 즐겁게 체험할 수 있는 다양한 서비스를 제공하고 있다. 〈나누리〉는 국제원조단체인 월드비전이 후원대상자를 선정해 나누리 홈페이지에 소개해 네티즌이나 후원기업이 나눔활동에 참여하고, 나눔 뒷이야기에 소개하는 프로세스를 가지고 있는 모금사이트이다.

b) 금융기관 : 은행, 카드사, 보험사 등의 금융기관은 마케팅의 하나로 판매 이윤의 일부를 기부금으로 사용하는 방식으로 나눔문화에 동참하고 있다. 신용카드사의 경우 사용시 발생하는 포인트를 지정기부처에 기부할 수 있는 창구개설, 언제든 지원하는 곳에 기부할 수 있도록 사이를 운영한다.

c) 통신사, 쇼핑몰 : 그 밖에도 통신사, 쇼핑몰도 온라인 기부문화 확산에 동참하고 있다. 명분은 기업의 사회공헌이며 이를 통해 사사의 이미지 제고와 경쟁사와의 경쟁력 확보를 위한 경영 비즈니스 목적도 갖고 있다. G-마켓의 경우, '후원쇼핑'의 개념을 통한 새로운 비즈니스 모델을 제시하고 있는데, 판매자가 후원상품을 설정하면 G-마켓은 '노출우선권'을 부여해 소비자의 관심을 증대될 수 있도록 '후원사실'을 표시하는 방식이다.

이상과 같이 다양한 온라인 기부활동의 활성화되고 있지만, 온라인 기부활동은 몇 가지 문제점과 과제를 안고 있다(앞글: 11-12). 첫째는 네티즌의 관심에 부응하는 아이템 개발과제가 있다. 온라인 나눔활동의 대부분이 네티즌의 관심사에 대한 지속적 파악을 토대로 이루어지기보다는 오프라인의 연장선에서 이루어지고 있는 문제가 있다. 네티즌들의 피드백이 우선적으로 반영되어야 할 것이다. 온라인 나눔활동은 대부분이 기존의 모금활동을 소개하고, 네티즌의 참여를 유도하기 위해 홈페이지를 개설하는 수준에 머물러 있다. 한편 포털사이트의 지원으로 채널과 콘텐츠가 다양지는 긍정적인 측면도 있지만 네티즌의 참여를 유도하는데는 역부족이라고 볼 수 있다.

온라인에 특화된 나눔활동 사이트 개발이 중요하지만 그것을 기획하고 진행할 전문가가 부족한 것이 문제로 부각되고 있다. 많은 시민사회단체들이 재정 등의 역량 부족으로 온라인 특화 사업을 진행하는 데는 일정한 한계가 있다. 온라인모금의 장점을 잘 알고, 모금전용 홈페이지를 잘 운영해, 발전된 형태의 블로그, SNS 웹사이트, 마이크로 블로그 등을 잘 활용해 모금활동과 홍보활동을 지원하는 전문가가 많이 필요하다.

또 신뢰도 제고를 위한 정보제공 부족 문제도 있다. 다수의 중소규모의 모금기관들은 대형 모금기관에 비해 모금액에 대한 투명성과 신뢰성을 확보하기 어려운 실정에 있다. 모금된 모금액을 조직관리나 운영에 어떻게 사용하고 있는지에 관한 투명성 확보를 위해 재정보고서와 활동보고서를 공개해야 할 것이다.

4) 공익 콘텐츠 플랫폼과 소셜미디어 나눔활동

최근 온라인 플랫폼의 성장과 더불어 공익 콘텐츠 플랫폼의 등장을 주목해볼 수 있다. 여기에는 세가지 유형의 플랫폼이 기부와 자원봉사 관련 나눔의 플랫폼 형태라 볼 수 있다(노재권 2015). 첫째는 모금 중심의 플랫폼으로 온라인 포털 서비스인 네이버의 해피빈, 씽월드의 사회좋은 세상이 대표적이다. 이 같은 포털 이외에는 비영리기관이 자체 홈페이지 등을 개발해 일시적으로 또는 정기적으로 기부자를 모집하는 경우가 늘고 있다. 특히 대형 비영리기관의 경우 서구에서처럼 거의 대부분이 자체적으로 운영하는 모금 플랫폼과 해피빈과 같은 포털을 활용한 모금 플랫폼을 동시에 운영하는 특징이 있다.

둘째는 공익사업 홍보를 위한 플랫폼의 등장이다. 공익 콘텐츠를 유통

하는 플랫폼이지만 비영리기관의 반대편에 있는 기업들이 기업사회공헌(CSR) 차원에서 마케팅이 되는 홍보매체를 활용하는 것이다. 기업의 다양한 사회공헌 사업을 발굴하고 홍보하는데 목적이 있으며, 기업 사회공헌의 성장과 더불어 향후에도 지속적인 성장을 할 것으로 내다 볼 수 있다.

마지막은 이상의 두 유형 모두가 포털에 공익 콘텐츠 유통 플랫폼으로 통합되는 변화이다. 비영리기관이나 기업 모두가 사회적 가치를 위한 공익 콘텐츠를 캠페인 형태로 네이버 등에 참여하게 된 것이다.

한편 스마트 시대의 나눔문화도 스마트해지고 있다. 스마트폰의 보급으로 트위터, 페이스북 등 SNS(소셜네트워크서비스)가 발달하면서 새로운 나눔문화의 매개체로 부각되고 있다. 2010년 국내 첫 모바일 기부 앱을 선보인 굿네이버스는 "2011년 8월까지 개인 기부자 11만 7000여 명 중 30%에 달하는 3만 3000여 명이 인터넷과 트위터 등 SNS나 기부 앱을 통해 참여했다"고 한다(세계일보 2011.09.19.). 기업도 이에 동참하고 있다. SK텔레콤은 회사 페이스북 등에 도움이 필요한 사례를 매달 올려 응원 댓글이나 리트위트 1개당 500원을 적립하는 '행복한 소셜 기부' 캠페인을 진행하였고, CJ제일제당은 트위터를 통해 1명의 팔로우가 1개의 햇반을 어려운 환경의 어린이들에게 전달해주는 '더 건강한 나눔' 캠페인을 진행하였다. e-나눔은 일회성·수동적 기부에서 점차 '참여형 기부'로 나눔문화를 바꾸고 있다는 점에서 주목할 만하다(한동우 2013: 6).

또 스마폰 사용자의 자발적인 나눔활동도 점차 활성화되는 추세이다. 사용자들의 자발적 모금활동으로 '트윗나눔'을 예시해볼 만하다. 트윗나눔은 2009년에 트위터 사용자들로부터 시작된 자발적 나눔 캠페인으로, '1트윗 1원' 캠페인에 참여하는 트위터 사용자들은 캠페인 마감일까지 목표 트윗수를 정하고, 자신이 올린 트윗수 당 1원씩 캠페인에 적립하여 캠페인 종료 후 자발적으로 기부하게 된다(김기룡 2013: 43). 트윗나눔은 트위터의 해시태그(Hash Tag) 기능을 통해 트위터 사용자들에게 알려졌고 이후 여러 소셜미디어를 통해 확산되었다. 2009년 트윗나눔 시즌1과 2010년 트윗나눔 시즌2가 진행된 결과, 총 2억 3500여만 원의 기부금을 모금하였다. 1트윗 1원이라는 명확한 메시지와 소액기부라는 측면에서 온라인 기부의 속성에 적합하며, 자발성적 참여라는 특성을 갖고 있다. 트윗나눔 캠페인은 오프라인 활동인 트윗나눔 파티로 이어져 파티 현장에서 참여자들의 자발적인 공연, 재능기부, 물품기부 등이 진행되기도 한다.

그런데 소셜 미디어를 통한 나눔활동의 활성화가 지속되려면 반드시 투명성과 책무성 확보가 중요하다. 소셜 미디어를 활용해 모금을 하거나 자원봉사를 모집하는 비영리단체들 모두가 참여하는 네티즌들에게 모금된 재원이 투명하게 사용되고 있고, 네티즌들이 갖고 있는 의문들에 대해 정확한 객관적인 자료로써 응답하고 문제제기와 불만에 대한 개방적이고 투명한 공개로 피드백을 제공할 때 투명성과 책무성이 확보될 수 있다. 그렇지 않으면 그간 기부금을 둘러싼 사회적 문제제기가 여러 형대로 심각하게 알려진 만큼, 일부 단체들의 투명성 문제로 한국 나눔문화 전체가 위축될 가능성도 있다.

온라인 플랫폼과 이니셔티브로 지원되는 크라우드 펀딩(crowd funding)은 자본금이 절대 필요한 소셜 벤처(social venture)를 위한 금융자본을 직접 동원하고 있다. 인터넷은 금융기관에 가지 않고도 투자할 수 있는 새로운 방식들을 가능하게 만들며 시민들이 자신들이 선호하는 프로젝트나 조직들에 직접 기부 또는 투자해 지원하는 길을 열고 있다. 스토리 펀딩(story funding) 등은 이미 포털에서 유행하는 하나의 흐름이다.

제6장

자원봉사

1. 누가 참여하는가?

누가 자원봉사에 참여하는가? 자원봉사에 참여하는 사람들은 어떤 특성을 갖고 있는가? 자원봉사자는 성별과 연령별 차이는 물론, 직장과 일자리를 갖고 있는지에 따라 두드러진 차이를 보여준다. 또 인적자본 요소가 되는 교육과 소득 수준과 직업 유형에서 개인 간 참여의 차이가 크게 나타나는데, 그 차이는 국가에 따라서도 뚜렷하게 나타나고 있다.

1) 자원봉사 인구

자원봉사에 참여하는 인구의 규모는 어느정도인가? 앞서 갤럽 인터내셔널이 조사한 2014년 자료에서 세계 자원봉사 인구는 21%에 달해, 이는 2011년에 비해 평균 2.3% 상승한 것으로, 한국은 7% 하락한 21%를 기록하며 OECD에서 중간 수준에 머물러 있다(CAF 2015).

자원봉사 인구의 규모

각국의 자원봉사 참여도는 자원봉사의 개념정의에 따라 크게 달라질 수 있다. 단체를 통한 공식적인 활동만을 인정할 것인지, 개인 대 개인의 사적인 비공식적 활동도 포함할 것인지에 따라, 그간 조사된 통계치는 심각한 참여도의 차이를 보여준다. 대표적으로 유럽 국가들을 대상으로 한 조

표 6.1 유럽 국가들의 자원봉사 수준 비교

	국내 조사	유로 바로미터 2006	유로 바로미터 2011	갤럽 2011
최상 40% 초과	오스트리아, 네덜란드, 영국 스웨덴,	오스트리아, 독일, 아일랜드, 룩셈부르크, 네덜란드, 스웨덴, 덴마크, 핀란드,	오스트리아, 네덜란드, 영국, 독일, 스웨덴, 핀란드, 덴마크	없음
상위 30~39%	덴마크, 핀란드, 독일	벨기에, 체코, 프랑스, 이탈리아, 슬로바키아, 슬로베니아	아일랜드, 룩셈브루크, 슬로바키아, 슬로베니아	아일랜드, 노르웨이, 핀란드, 네덜란드, 슬로베니아
중간 20~29%	프랑스	영국	벨기에, 프랑스, 영국, 에스토니아, 이탈리아	영국, 벨기에, 오스트리아, 독일, 프랑스, 덴마크
하위 10~19%	벨기에, 아일랜드, 체코, 폴란드, 스페인, 포르투갈, 슬로바키아, 슬로베니아	그리스, 헝가리, 폴란드, 포르투갈, 스페인	스페인, 체코, 헝가리, 폴란드, 루마니아, 라트비아, 불가리아	스웨덴, 이탈리아, 헝가리, 폴란드, 포르투갈, 스페인
최하 10% 미만	그리스, 이탈리아		그리스, 포르투갈	그리스

자료 GHK 2010: 65; CAF 2011a; Eurobarometer 2012.

사 결과를 참고해보면 〈표 6.1〉과 같다.

각국의 국내조사와 유럽연합 전체의 유로바로미터 조사뿐 아니라 가장 최근에 조사된 갤럽 인터내셔널의 조사 결과를 보면 심각한 차이를 발견할 수 있다. 네 조사에서 대부분의 국가들의 수준이 심하게 차이가 있다는 것을 알 수 있다. 가장 심한 사례들은 스웨덴, 덴마크, 영국 등이다. 스웨덴의 경우, 앞의 세 조사에서 모두 최상(40% 이상)으로 조사되었지만, 갤럽의 2011년 조사에는 하위(11%)로 나다났다. 덴마크는 국내조사에서 상위에, 유로바로미터 2006년과 2011년 두 조사에서는 최상위에, 갤럽 조사에서는 중위에 있다. 영국 또한 국내와 유로바로미터 2011년 조사에서 최상의 수준으로 조사되었지만 유로바로미터 2006년과 갤럽 2011년 두 조사에서는 같은 중간 수준에 머물렀다. 국내조사에서는 공식, 비공식 구분 없이 조사한 차이가 있지만, 유로바로미터와 갤럽 조사는 모두 조직을 통한 공식적 자원봉사 활동만을 집계한 것이다. 각국과 국제기관들이 조사한 결과를 신뢰하기 어려울 정도로 심각한 차이가 있다는 것을 알 수 있다. 이는 자원봉사조사의 국제적 표준안이 부재한 문제로, 국제표준안의 도입과 시행이 시급하다.

자원봉사 참여율 추세

한국에서 자원봉사는 성장세가 멈춘 정체 상태에 있다. 한국자원봉사문화의 자료에서는 1999년 14.0% → 2002년 16.3% → 2005년 20.5%로 상승하다가 2008년 20.0%, 2011년 21.4%, 2014년 20.5%로 상승세를 이어가지 못하고 있다. 통계청의 자료에서는 1999년 13%부터 2003년 14.6% → 2006년 14.3% → 2009년 19.3%로 상승하다가 2011년 17.6%, 2013년 17.7%, 2015년 16.3%로 하락하는 추세마저 보여준다. 미국도 최근까지 뚜렷한 하락 추세를 보여준다. 2003~05년 같은 28.8% 수준에서 2006년 26.7% → 2008년 26.4% → 2010년 26.3% → 2014년 25.3%로 감소하는 동향을 보여준다. 한편 유럽 각국의 통계와 보고서를 중심으로 살펴본 자원봉사의 동향은 일반적으로 상승세에 있다. 유럽 24개국 가운데 슬로바키아만이 감소세이며, 16개국이 상승세, 현상유지 7개국으로 조사되었다.

2011년 '유럽 자원봉사자의 해'를 맞아 EU가 실시한 특별 조사 자료에 따르면, 현재 자원봉사 활동 중인 인구의 비율은 24%로 조사되었다(EC 2011). 27개국 2만 7000명을 대상을 조사한 결과, 정기적으로 봉사활동을 한다는 인구는 11%, 나머지 13%는 비정기적으로 가끔 봉사활동을 한다고 답했다.

유럽 국가별로는 네덜란드가 57%로 가장 높고, 뒤이어 덴마크 43%, 핀란드 39%, 오스트리아 37%, 룩셈부르그 35%, 독일 34%, 슬로베니아 34%, 아일랜드 32% 에스토니아 30%로 상위 그룹을 이루어었다. 이어서 슬로바키아 29%, 벨기에 26%, 이탈리아 26%, 프랑스 24%, 리투아니아 24%, 체코공화국 23%, 시플루스 23%, 영국 23%, 라트비아 22%, 헝가리 22%, 스웨덴 21%가 중위 그룹에 있다. 16% 이하 하위그룹으로는 몰타 16%, 스페인 15%, 루마니아 14%, 그리스 14%, 포르투갈 12%, 불가리아 12%, 폴란드 9% 등이다(European Commision, 2012: 7).

2) 성별·연령별 차이

자원봉사 활동에서 성별, 연령별 차이는 어느 사회에서든지 나타나며, 이런 차이는 특히 자원봉사 활동 유형에 따라 두드러지게 나타난다.

남여 자원봉사 참여율

남여 차이로 보면, 선행조사들에서는 남성과 여성의 참여율이 각가 다르게 나타나 있다. 유로바로미터의 2011년 조사 결과를 보면, EU의 27개국 평균에서는 남성 참여율(28%)이 여성 참여율(24%)보다 4% 능가한 결과를 보여준다. 또 1997년에 조사한 유럽과 미국 10개국의 평균에서는 여성 참여도가 높지만, 불가리아, 덴마크, 독일, 네덜란드, 스웨덴 등 5개국에서는 오히려 남성 참여도가 더 높다. 미국의 경우, 전통적으로 여성 자원봉사자 활동이 두드러지게 나타나, 2014년 여성 28.3%, 남성 22%로 큰 차이를 보여준다(USBLS 2014).

이처럼 국가에 따라 남성 또는 여성이 더 많이 참여하는 차이가 있는데, 이를 여성 우위, 남성 우위, 남녀 균형 등 세 가지 유형으로 구분해 볼 수 있다(표 6.2).

남녀 자원봉사 참여의 차이는 자원봉사 활동 영역의 차이에 많은 영향을 받는다. 스포츠 자원봉사 활동이 많은 사회에서는 남성이 더 많은 활

표 6.2 성별 자원봉사 참여율: 유럽 24개국

	국가명
여성 우위(5)	영국, 불가리아, 체코, 말타, 슬로바키아
남성 우위(11)	오스트리아, 벨기에, 덴마크, 프랑스, 독일, 헝가리, 이탈리아, 룩셈부르크, 포르투갈, 슬로베니아. 스웨덴
남녀 균형(8)	사이프러스, 에스토니아, 핀란드, 아일랜드, 리투아니아, 네덜란드, 폴란드, 루마니아

자료 GHK 2010: 69.

동을 하고, 보건과 복지 서비스 활동이 많은 사회에서는 여성이 더 많은 활동을 한다고 볼 수 있다. 최근 덴마크에서 남성 참여가 크게 늘어난 것은 스포츠 활동이 늘었기 때문이며, 핀란드에서 스포츠 자원봉사 참여율은 남성은 19%, 여성은 13%로 큰 차이가 있다(GHK 2010: 69). 또 네덜란드에서도 남성은 스포츠와 종교활동에서, 여성은 학교와 복지서비스 활동에서 두드러진 차이를 보여준다. 네덜란드에서는 자원봉사자의 역할에 따라 남성이 관리 업무에, 여성은 일반 업무에 더 많이 활동하며, 덴마크에서는 단체의 위원회나 이사회와 교육훈련 역할에 남성 참여 비중이 높고, 영국에서는 교육 봉사활동은 여성에게 더 많이 의존한다고 한다(앞글: 90). 미국의 경우도 남녀 활동의 차이는 나타난다. 남성은 정치, 주창활동이나 스포츠 레저에서 많은 활동을 하고, 여성은 종교활동, 교육, 보건 활동에 많이 참여한다(USBLS 2014).

한국인 자원봉사자는 "남녀 균형" 모형에 속한다. 통계청 자료를 보면, 자원봉사 참여율의 남녀 비율을 보면 1999년 12.2%와 13.8%로 다소 차이가 있지만 2003년에는 15.1%와 14.1%로 남성이 오히려 앞섰고, 이후 2006년에는 14.%와 14.6% → 2009년 19.3%로 같은 비율 → 2011년 19.6%와 20.1%로 남녀 차이가 거의 없는 균형을 이루는 추세이다.

연령별 자원봉사 참여율

자원봉사 연령에서는 더 두드러진 참여율 차이를 보여준다. 일반적으로 자원봉사 참여율은 생애주기에서 나이가 들수록 점차 높아지다 60대 노후에 점차 줄어드는 추세를 보인다. 많은 국가에서 30~50대의 경제활동인구가 가장 많이 참여한다고 볼 수 있지만, 청소년들이 많이 참여하는 국가들이 있고, 은퇴자들이 많이 참여하는 국가들도 있다.

표 6.3 자원봉사 연령별 차이: 유럽 24개국

	국가명
청년층(15~30세) 주도 (9)	불가리아, 체코, 라트비아, 리투아니아, 폴란드, 루마니아, 슬로바키아, 슬로베니아, 스페인
중년층(30~50세) 주도 (8)	벨기에, 사이프러스, 덴마크, 에스토니아, 핀란드, 헝가리, 포르투갈, 스웨덴
모든 연령 높은 참여 (7)	오스트리아, 프랑스, 독일, 아일랜드, 이탈리아, 네덜란드, 영국
노인층 참여 증가세 (8)	오스트리아, 벨기에, 핀란드, 프랑스, 루마니아, 슬로베니아, 스페인, 스웨덴

자료 GHK 2010: 71.

그간의 선행연구에서도 30~50대의 높은 참여율과 60대 이후 은퇴자의 낮은 참여율을 확인해볼 수 있다. 유럽 27개국의 2011년 통계를 보면, 40~54세 중년층이 평균 29%로 가장 높고, 다음으로 55세 이상의 장년층이 27%로 높으며, 학생 중심의 15~24세는 24%, 25~39세는 23%로 가장 저조하다(Eurobarometer 2012). 미국의 경우 노동통계국(USBLS 2011)의 자료에 따르면, 35~44세가 32.2%로 가장 높고, 다음으로 45~54세가 30%로 높은 참여율을 보여주며, 65세 이상 고령층의 참여율도 23.6%로 이들을 미국에서는 다른 연령층에 못지 않은 열성적인 자원봉사자로 간주해 "수퍼 자원봉사자"라 부른다.

은퇴자들은 자원봉사 활동 시간과 기간에서도 다른 연령층보다 훨씬 더 많이 기여한다. 미국 노동통계청 자료를 보면, 65세 이상 은퇴자의 연간 활동시간은 96시간으로, 전체 16세 이상의 평균 활동시간(52시간)을 훨씬 능가한다. 15~24세와 25~34세는 같은 40시간, 35~44세 48시간,

45~54세 52시간, 55~64세 60시간 등으로 나이가 많을수록 활동시간은 늘어난다. 유럽 27개국의 2011년 통계를 보면, 월평균 활동시간은 55세 이상 장년층이 14시간으로 가장 길고, 다음으로 15~24세 청소년이 11.8시간, 25~39세가 10.1시간으로 가장 짧고, 40~54세가 11.1시간으로 조사되었다(Eurobarometer 2012).

네덜란드의 경우, 청년층 참여율은 실업/고용과 밀접한 관계를 보여준다. 청년층 참여율이 2000년 48%로 피크를 기록했고, 2002년 34%로 심각한 하향세로 돌아 섰지만, 2008년 다시 42%로 회복하는 추세로 나타났다. 2002년의 하락세는 청년층이 실업에서 취업으로 이동함으로써 실업대책 자원봉사 참여가 줄었고, 이 때문에 청년층에서는 자원봉사에 대한 부정적 이미지가 작용해 참여가 줄었지만, 최근 다시 회복세로 돌아선 것은 '의무적 사회봉사' 때문이다. 먼저 기업 사회봉사활동이 늘면서 청년 사원들의 참여도 늘었고 또 고교생들의 사회실습(social traineeship) 차원에서 교과과정에 자원봉사 활동이 포함되어 학생들의 봉사활동은 의무적으로 수행된다(GHK 2010: 72).

노인들의 자원봉사 참여도 점차 늘고 있는 추세이다. 스웨덴에서는 특히 여성 노인들의 참여가 늘고 있는데, 이는 고령화의 영향으로 여성 노인 인구의 증가를 의미하면서 또 건강유지를 위한 사회활동으로 자원봉사를 선호하는 것으로 조사되고 있다(앞글: 72). 프랑스에서는 연금제도의 영향으로 조기퇴직 때문에 노인 자원봉사 참여가 늘고 있다는데, 70~79세 참여율은 19%, 80세 이상에서도 7%이다. 일부 국가들에서는 이미 오래 전부터 노인 참여가 활성화되어 있는데, 네덜란드에서는 65~74세 참여율이 41%, 75세 이상은 24%로 매우 높다. 오스트리아에서는 70세 이상 노인들의 25% 가량이 자원봉사에 참여한다.

3) 한국 : 청소년 주도의 참여

한국인의 자원봉사 활동은 최근까지 정체 상태에 있다. 참여자는 늘지 않고 활동시간은 줄고 있다. 시간으로 나눔을 실천하는 자원봉사자의 참여는 계속 늘다가 2000년대 중반부터는 성장의 정체 추세를 보여준다. 한국의 자원봉사는 1990년대 중반부터 대학을 중심으로 학생들의 자원봉사 활동이 활성화되면서 자원봉사자를 활용하는 시민사회단체들이 증가하기 시작했고, 전국의 지자체들이 조례를 제정해 자원봉사센터를 설립하고, 기업들이 사회공헌 차원에서 조직적으로 동참하는 등 각계각층의 참여가 폭증해, 이른바 국민자원봉사운동이 되었다. 이 같은 자원봉사운동에 힘입어 자원봉사 참여도는 2000년대 중반까지 지속적으로 성장하였다. 2007년부터 자원봉사 활동기본법이 도입되면서 정부의 다양한 지원정책이 확대되었지만 성장세가 정체되는 국면에 들어섰다. 그것도 2007~08년 태안 기름유출 재앙수습에 123만 명의 자원봉사자가 참여하는 자원봉사운동이 있었기에 참여율이 감소되지 않았다.

개인별 자료를 분석해보면, 같은 기간에 15~19세 청소년의 자원봉사 참여율은 1999년 33.8%에서 2009년 79.8%로 피크를 이루다가 2011년 72.3%, 2013년 75.4%로 감소했고, 대학생 연령인 20대의 참여율도 2006년 8.3%에서 2013년 13.7%로 급증했다. 그런데 15세 이상 한국인 전체 참여율은 2009년 19.3%에서 2013년 17.7%로 오히려 하락했다. 60세 이상 노인층의 참여율은 1999년 7.2%에서 2013년 7.8%로 약간 늘었지만, 청소년을 제외한 다른 모든 연령층에서 참여율이 1999년 수준에 머물러 있는, 심각한 정체 국면을 보여준다(그림 6.1).

이 같은 10대 청소년 주도의 자원봉사 참여율을 서구 국가들과 비교

■ **그림 6.1** 한국인 연령별 자원봉사 참여율: 1999~2013 (단위: %)

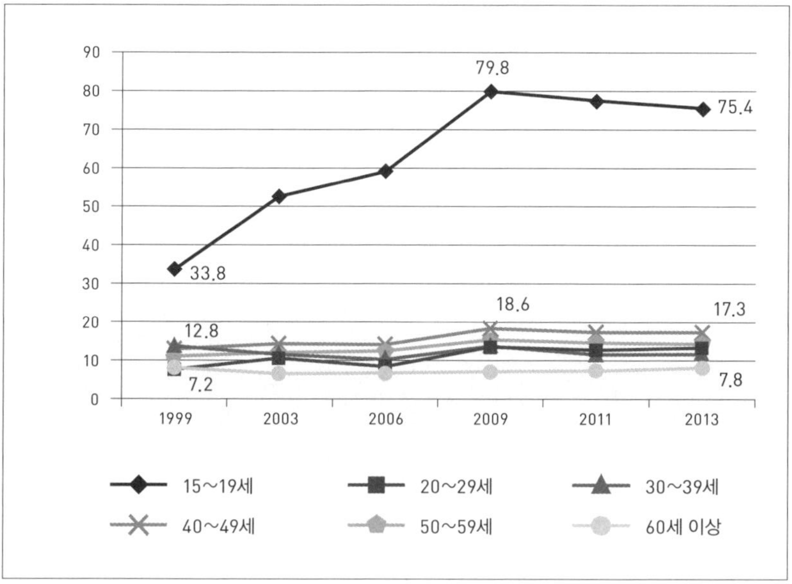

해보면, 뚜렷한 특징을 발견하게 된다. 〈그림 6.2〉에서 EU 27개국(Eurobaometer 2012)과 미국(USBLS 2011)과 영국(CLG 2010)을 볼 수 있듯이 서구 자원봉사자의 연령별 참여의 공통점은 청소년부터 중장년층까지 높아지다 고령으로 가면서 약간 감소되는 "역U자형"을 보여준다(세 자료의 연령별 구간이 달라 그림에서는 일부 추정치가 제시됨). 반면에 한국인 자원봉사자는 ①10대 청소년기에 가장 높고, ②직장인(20대 중반- 50대 중반)이 되면서 참여가 급락하며, ③노년기(65세 이상)는 거의 참여하지 않는 최저 수준으로 추락하는, "L자형" 특성을 보여준다.

또 자원봉사자 참여라는 양적 성장의 문제뿐 아니라 자원봉사 활동의 활동기간과 시간이 점차 줄어드는 질적 성장의 문제도 보여준다. 지난 1년

■ **그림 6.2** 미국, 영국, EU 27개국, 한국 자원봉사자 연령별 비교

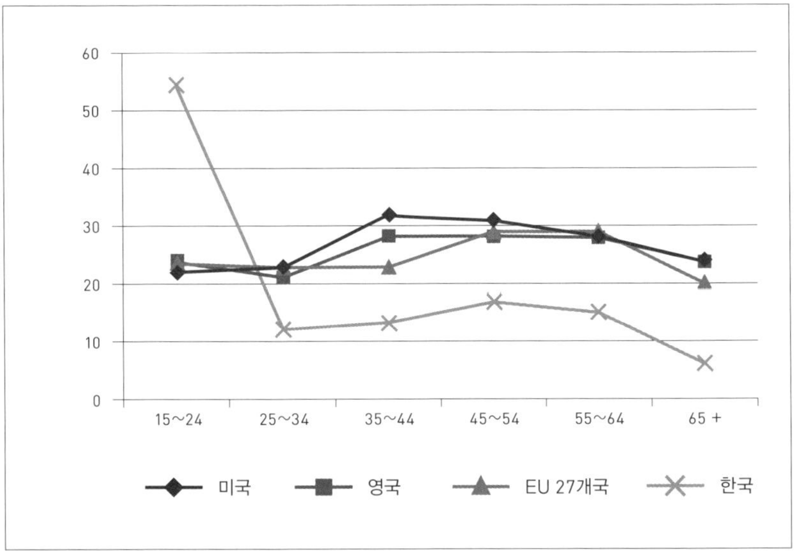

간 자원봉사자 중에서 활동시간이 줄고 있고, 월1회 이상의 정기 자원봉사자의 활동시간도 점차 줄고 있다. 한국 자원봉사자의 연평균 활동시간은 2005년 102시간에서 2008년 80.4시간으로 줄었고, 이는 타국에 비교해 현저히 낮은 수준이다. 연평균 봉사활동시간은 2007년 캐나다는 166시간, 영국은 130.8시간이다. 또 한국인 정기봉사자 (월 1회 이상)의 활동시간도 1999년 11.2시간과 2005년 12.4시간에서 2008년 8.4시간과 2011년 10.5시간으로 감소하였다(볼런티어21, 2011). 가장 많이 참여하는 청소년들의 활동시간이 짧고 비정기적이기 때문에 자원봉사의 질적 성장에는 한계가 있다. 노인층의 경우 활동기간도 길고 활동시간도 길지만, 가장 적게 참여하므로, 퇴직을 시작한 베이비부머를 포함한 은퇴자 봉사활동이 활성화되면 새로운 변화를 기대해볼 수 있다.

2. 노블리스 오블리제

더 많이 배우고, 더 많이 가진 자가 자원봉사에 더 많이 참여하는가? 자원봉사에서도 교육과 소득 수준이 높은 사람들이 더 많이 참여해 나누며, 또 사회적으로 많은 보수를 받으며 지위가 높은 직업을 가진 사람들의 자원봉사 참여가 비교적 높다는 것이 선행연구들의 결과로 제시되고 있다. 그러나 이런 일반화는 국가에 따라 다소 두드러진 차이를 보이며, 한국의 경우는 예외적인 국가에 해당된다고 볼 수 있다. OECD에서 한국인의 노블리스 오블리제 실천 수준은 미흡하다. 바꾸어 이야기하면, 한국인의 자원봉사 참여에서 노블리스 오블리제는 취약하지만, 계층간 비교적 고르게 참여하고 있다는 점에서 긍정적으로 볼 수 있다.

1) 교육 수준별 참여

교육을 많이 받은 사람들이 더 많이 참여하고 있다는 것은 대부분의 국가들에서 경험적으로 확인되고 있다. 유럽의 대부분의 국가들, 미국과 일본에도 거의 일치하지만, 한국의 상황은 예외적으로 노블리스 오블리제가 실천되고 있지 않은 듯하다.

주요국 동향

유로바로미터의 2011년 조사를 보면, EU 27개국에서 교육 수준이 자원봉사 참여에 많은 영향을 미친다는 사실이 확인되고 있다. 자원봉사 참여율은 고졸 이하 저학력자 19%, 전문대 수준 학력자 23%, 대졸 이상 고학력자 36%로 나타나, 학력이 높을수록 참여율은 비례해서 높아진다.

또 자료가 유용한 유럽 21개국 가운데 20개국에서 통계적으로 유의미한 상관관계가 확인되고 있고, 이탈리아에서만 상관관계의 유의도가 불명확하다(GHK 2010: 74). 프랑스에서는 대졸 이상 고학력자 참여율은 40%로 전체 참여율(30%)보다 훨씬 높으며, 고졸 이하 저학력자의 참여율은 9%에 지나지 않는다. 스웨덴에서도 자원봉사 참여율은 저학력 여성 30%, 대졸 이상 고학력자 60%로 두 배가 넘는다. 오스트리아의 경우도, 초중등 19%부터 직업고교 23%, 일반고교 28%, 직업대학 34%, 일반대학 37%, 대졸 이상 45%로 나타나, 학력이 높을수록 참여율이 높아진 것을 확인할 수 있다(GHK 2010: 75). 덴마크의 경우도 유사하다. 자원봉사 참여율이 초등졸업 이하 25%, 직업학교 36%, 일반고교 중 단기(고교) 36%, 중기(전문대) 42%, 장기(대학) 45%로 조사되었다(앞글: 75). 독일의 경우도 참여율이 초중등 졸업 22%, 고졸 32%, 대졸 이상 43%로 점차 높아진다. 미국에서도 2011년 미국 노동통계청의 조사 결과를 보면, 참여율은 중졸 이하 8%, 고졸 17.9%, 전문대 졸업 29.2%, 대졸 이상 42.3%로 커다란 차이를 보여준다.

한국의 동향

한국에서도, 저학력-저참여, 고학력-고참여 가설은 확인하기 어렵다. 먼저 통계청의 2013년 자료는 15세부터 중학생과 고교생을 포함시키고 있기 때문에 20세 이상 성인 가운데 학력에 따른 참여율의 차이 가설을 확인하기 어렵다. 20세 이상을 대상으로 하는 한국자원봉사문화 자료는 매우 상이한 결과를 보여준다. 2002년에는 중졸자의 참여가 가장 높았지만, 2005년 이후부터는 대재 이상 학력자가 가장 높은 참여율을 보여준

■ **표 6.4** 유럽인 자원봉사 참여율, 활동시간, 불참 이유: 27개국, 2011

	자원봉사 참여율(%)	활동시간 월평균(시간)	자원봉사에 참여하지 않는 이유(%)	
			시간이 없어서	관심이 없어서
전체	26	12	50	25
남성	28	12.8	49	28
여성	24	11.1	52	22
15~24세	24	11.8	53	24
24~39세	23	10.1	65	22
40~54세	29	11.1	61	22
55세 이상	27	14.0	30	31
고졸 이하	19	–	32	30
전문대	23	–	54	26
대졸 이상	36	–	61	21
재학생	29	–	56	22
전문직	45	10.4	75	16
사무직	26	9.4	69	19
자영업	28	9.2	69	21
실업자	17	14.9	32	32
은퇴자	25	15.6	22	32
주부	21	11.6	47	24
학생	29	11.3	56	22

자료 Eurobarometer 2012.

다. 1990년대 말부터 전국적으로 확대된 대학생 봉사활동의 제도화 효과로 추정해볼 수 있다. 그런 다음 2005년 이후 2014년 기간에는 뚜렷한 교육 수준별 차이를 보여준다. 대재 이상의 고학력층 참여가 높고, 중졸 이하의 저학력층 참여가 크게 위축되고 있다.

2) 소득 수준별 참여

자원봉사 활동은 소득 수준이 높아질수록 높아지는 정비례 관계를 보여준다. 반면에 소득수준이 낮은 계층의 참여가 늘지 않는 문제를 보여준다.

■ **그림 6.3** 한국인 교육 수준별 자원봉사 참여율: 1999~2014 (단위: %)

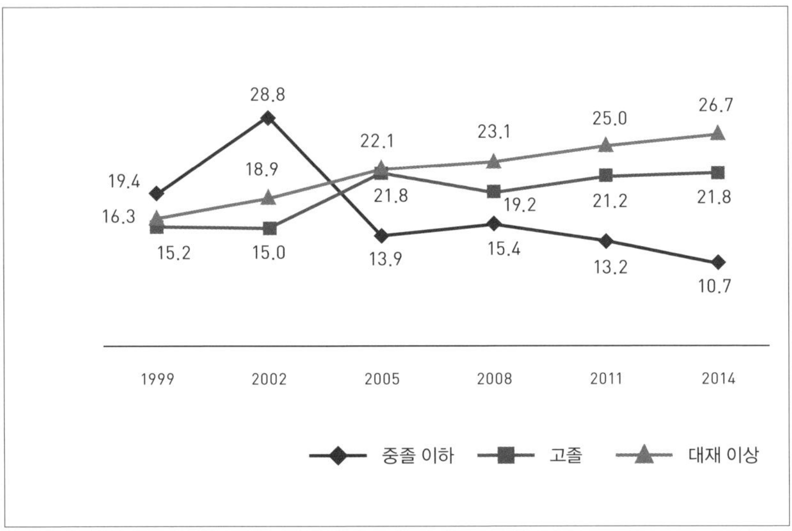

유럽 14개국 사례

유럽 14개국 분석 결과를 보면, 자원봉사 참여율이 저소득층(16%)에서 → 중저소득층(21%) → 중간 소득층(27%) → 중상소득층(34%)로 높아진다(Barker 1993; Anheier & Salamon 2001: 10). 미국의 경우, 연소득 1만 달러 이하 저소득층에서는 자원봉사자가 35%에 지나지 않지만, 소득이 중간 소득을 넘어 고소득층까지 점차 높아질수록 참여율이 비례해서 높아진다. 고소득층의 노블리스 오블리제가 잘 실천되고 있는 것이다. 1~2만 달러 미만(34%) → 2~3만 달러 미만(45%) → 3~4만 달러 미만(46%) → 4~5만 달러 미만(53%) → 5~7.5만 달러 미만(60%) → 7.5~10만 달러 미만(65%) → 10만 달러 이상(69%)으로 꾸준히 높아진다.

한국인의 소득수준별 자원봉사

한국에서도, 통계청의 자료에서 저소득-저참여, 고소득-고참여 가설이 사실인 것으로 확인할 수 있다(그림 6.4). 최저소득층은 다른 소득층에 비해 지난 10여 년간 거의 늘지 않고 같은 10% 수준에 머물러 있다.

3) 직업 형태별 참여

직장을 가진 사람들의 자원봉사 참여율은 높고, 실업자의 참여율은 낮은가? 또 직장을 그만둔 은퇴자의 경우는 자원봉사 활동 수준이 높은가, 아니면 낮은가? 다양한 고용형태에 따라 자원봉사 참여율의 차이가 두드러지게 나타나는데, 국가별로도 적지 않은 차이를 보여준다.

■ **그림 6.4** 한국인 소득수준별 자원봉사 참여율: 2006~2015 (단위: %)

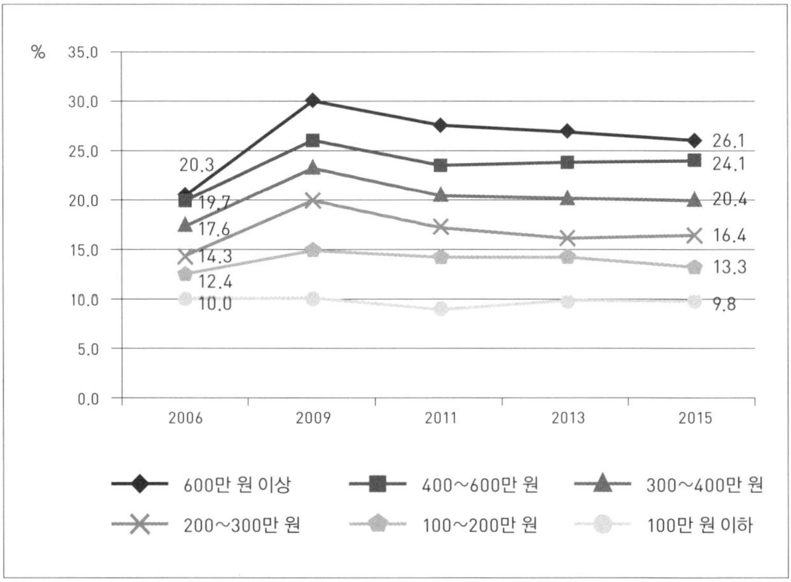

주요국 동향

먼저 유럽 27개국의 2011년 통계를 보면, 참여율이 지위가 높은 관리직은 45%로 가장 높고, 자영업자 28%, 사무직 26%, 노무직 23%, 주부 21%, 실업자 17%, 은퇴자 25%, 학생 29%로 나타났다. 또 다른 국가별 조사 자료를 보면, 많은 국가에서 풀타임 직장인들의 참여가 높고, 이에 비해 실업자나 비경제인구(학생 또는 은퇴자)의 참여율은 낮은 편이다(표 6.5).

예외적인 국가로는 벨기에, 네덜란드, 헝가리가 있다. 네덜란드에서는 직장을 갖지 않은 사람들의 참여가 상대적으로 높다. 일반 직장인들의 참여율이 43%인데 비해 학생층 58%, 집에서 아동을 돌보는 주부 등 55%, 은퇴자 49%, 실업자 48% 등이다. 특히 실업자의 경우, 일자리를 찾기 위한 사

■ **표 6.5** 직업별 자원봉사 참여율: 유럽 16개국

	국가명
풀타임 직장인 높음 (13)	오스트리아, 사이프러스, 덴마크, 에스토니아, 핀란드, 프랑스, 독일, 아일랜드, 이탈리아, 루마니아, 슬로바키아, 스웨덴, 영국
실업자와 비경제인구 높음 (3)	벨기에, 네덜란드, 헝가리
학생 참여 높음 (5)	오스트리아, 체코, 폴란드, 슬로베니아, 스페인

자료 GHK 2010: 76.

회활동의 하나로 자원봉사 활동을 선호한다. 벨기에서도 일자리를 탐색하는 실업자들의 참여율은 풀타임이나 파트타임 직장인에 비해 더 높게 나타난다. 이들 국가에서 자원봉사 활동은 실업대책의 하나로 활용되며, 일부 보수를 받는 자원봉사자(paid volunteer)도 적지 않다. 헝가리에서도 구직자의 47%가 자원봉사 활동을 하고, 주부나 학생 참여율도 44%로 높은 수준에 있다(GHK 2010: 76). 스페인에서 학생 참여율(34%)은 직장인 참여율(31%)보다 높고, 은퇴자 참여율(12%)을 훨씬 능가하는데, 이는 일부 고교에서 종교교육의 교과에 매주 정기적으로 자원봉사 활동이 포함되어 있기 때문이라고 한다(앞글: 77).

그런데 미국과 일본은 유럽과 크게 다른 특성을 보여준다. 미국에서는 풀타임 직장인보다 파트타임 노동자의 참여가 훨씬 더 높다. 이는 최근까지 매년 동일한 추세를 보여주는데, 풀타임과 파트타임 노동자 참여율

은 2006년 27.3%와 35.5%, 2010년 28.2%와 33.2%이다. 실업자의 경우, 2006년과 2010년이 같은 23.8%로 비교적 높은 수준이다(USBLS 2011). 일본의 국내조사에 따르면, 2009년 평균 36%의 자원봉사 참여율을 기록했는데, 기업이나 조직의 간부와 공직자의 참여율이 가장 높은 44.5%이며, 파트타임 및 프리랜스 노동자가 38%, 실업자 37%, 가정주부/가정남편이 35.7%이다(JFA 2011: 4).

고용형태별 활동시간의 차이는 뚜렷하다. 일반적으로 시간적 여유면에서 은퇴자와 실업자들의 활동시간이 가장 길다고 볼 수 있다. 유럽 27개국의 2011년 통계를 보면, 월평균 자원봉사 활동 시간에서 은퇴자는 15.6시간, 실업자는 14.9시간이며, 다음으로 주부 11.6시간, 학생 11.3시간, 그리고 자영업자 9.2시간, 관리직 10.4시간, 사무직 9.4시간, 노무직 11.0시간으로 조사되었다.

한국의 동향

이상의 주요국들에 비교해 한국에서도 고용형태별로 자원봉사 활동의 뚜렷한 차이를 보여주는가? 그래서 한국인의 노블리스 오블리제의 실천을 확인해볼 수 있는가? 통계청의 자료에서는 소득수준이 높은 전문관리직보다 사무직의 참여가 더 높은 편이다. 이 둘의 참여율이 서비스판매직이나 기능노무직보다 훨씬 더 높은 참여율을 기록하는 점도 주목할 만하다.

한국갤럽 자료에서도 관리직, 사무직, 판매/서비스직, 기능/숙련(생산직)으로 소득수준이 낮으면 자원봉사 참여율도 뚜렷이 낮아지는 점을 확인할 수 있다(표 6.6).

■ **표 6.6** 한국인 직업과 고용형태별 자원봉사 참여율 (단위: %)

구분	2014	2011	2008	2005
관리직	43.0	33.3	36.8	16.7
학생	30.2	32.5	21.9	28.1
반전문기술직(전문,자유직)	28.7	30.4	31.4	42.9
사무직(사무/기술직)	24.8	23.4	21.5	21.0
전업주부	24.3	19.7	20.2	24.0
자영업	20.2	18.9	22.3	21.6
판매/서비스직	16.6	18.1	15.8	13.4
무직	16.2	25.8	20.6	21.3
생산직(기능숙련공)	12.1	13.0	9.3	14.3
농어민	2.6	35.1	23.0	21.1
일반 작업직	–	–	–	6.1

3. 자원봉사자의 동기

자원봉사자는 다양한 동기에서 참여한다. 이웃에 대한 이타주의 동기가 그간 가장 중요한 동기로 간주되어 왔지만, 최근 자원봉사를 통한 다양한 경험이나 기술의 습득, 취업이나 진학을 위한 스펙 쌓기 등 도구주의 특성이 크게 부각되고 있다. 학계의 이론들도 전통적인 이타주의와 사회적 의무감, 그리고 도구주의에 초점을 맞추어 다양하게 논의되고 있다.

1) 이론적 배경

사회적 배경과 개인적 동기

자원봉사는 개인의 자발적인 선택에 기초한 개인 활동이지만, 조직이나 단체를 통해 조직적으로 이루어지고 있다. 따라서 자원봉사 활동이 이루어지는 배경 또는 동기에 대해서는 넓게는 역사와 문화적 전통, 사회경제적 배경, 그리고 좁게는 주변의 기회와 접근, 개인적 동기 등으로 구분해볼 수 있다(Rochester 2006: 12-14).

자원봉사 활동은 역사적 전통과 문화에 기초한다. 미국인들이 세계적으로 가장 많이 자원봉사 활동을 하는 것도 건국 초기부터의 공동체참여와 이웃돕기의 역사적 전통에서 비롯된 것으로, 영국도 마찬가지로 볼 수 있다. 또 스웨덴의 역사적 전통에서는 대중운동이 복지국가의 발전에도 불구하고 레저와 문화 등 비복지 분야에서 새로운 대중운동의 영역을 개척하며, 자원봉사의 전통을 유지했다. 독일의 경우, 자원봉사 활동은 가장 가까운 이웃, 공동체 등 풀뿌리 차원에서 시작되는 '보충주의 원칙'의 전통에서 복지국가의 역할보다 우선적인 민간 차원의 시민참여가 되어 왔다.

둘째, 사회경제적 배경은 특정 인구가 다른 인구에 비해 자원봉사에 더 많이 참여하는데, 그 차이는 인적자본, 특히 사회경제적 배경의 차이에서 비롯된 것으로 볼 수 있다. 일반적으로 교육 수준이 높은 사람이 낮은 사람보다, 소득이 더 많은 사람이 적은 사람보다 자원봉사에 더 많이 참여하고 있는 것은 세계적으로 보편적인 동향으로 볼 수 있다. 또 청소년보다 중장년층이 봉사활동에 더 많이 참여하는 국가들이 많지만, 한국, 미국 등 일부 국가들에서는 10대와 20대 청소년의 봉사활동은 학교교육의 연장으로 더 많이 활성화되어 있다. 또 대부분의 국가에서 노인의 참여는 일반인의 참여에 비해 저조한 편이지만, 미국의 일부 주(state)와 도시에서는 노인 자원봉사 참여율이 일반인 참여율을 능가하고 있다(CNCS 2010). 또 유럽 10개국의 비교연구에 따르면, 50대 이상 장년층 봉사활동이 많은 상위 3개국(스웨덴, 덴마크, 네덜란드)의 경우, 65~74세의 노인층 자원봉사 참여율이 50~64세보다 더 높다(Böörsch-Supan, et al. 2005).

셋째는 자원봉사 활동으로 유도하는 기회와 접근에 관한 것이다. 자원봉사 활동은 개인 차원에서 여러 동기들이 존재하고 다양한 사회경제적 동기부여가 존재하지만, 자원봉사로 유도하는 직접적인 계기 또는 기회가 주어지거나 활동에 참여하는 접근이 이루어짐으로써 실제 봉사활동이 될 수 있다고 볼 수 있다. 기존의 자원봉사자의 권유나 요청, 직장의 집단적 참여 기회, 대학 동아리의 봉사활동 기회, 언론이나 자원봉사조직의 홍보 등 자원봉사의 기회와 접근의 통로가 되는 사회적 네트워크의 역할은 매우 중요하다. 특히 '누군가 자원봉사를 요청해서 활동했다'는 비중이 미국에서는 80%, 영국에서는 60%가 넘을 정도로 주변의 권유와 요청은 자원봉사의 가장 중요한 요인 중 하나로 부각되고 있다. 실제로 사회단체 활동이 많은 사람이 자원봉사자가 되는 경우가 많다는 것은 여러 연구들에서 확인되고 있는 경험적 사실이다.

마지막으로, 개인적 동기는 자원봉사자 개인 차원의 다양한 동기에 초점을 맞춘다. 이에 대해서는 몇 가지 선행연구들을 우선 살펴볼 수 있는데, 먼저 클러리 등(Clary et al. 1996, 1998)의 연구는 다음 여섯 가지로 개인적 동기를 구분한다.

a) 가치(values) - 인도주의 또는 이타주의 가치를 표현하기 위해 봉사활동을 한다.

b) 이해(understanding) - 세상에 대한 지식을 확대하고 기술을 습득하기 위해 봉사활동을 한다.

c) 안정(enhancement) - 심리적 안정과 자긍심을 높이기 위해 봉사활동을 한다.

d) 경력(career) - 경력에 도움이 되는 경험을 쌓기 위해 봉사활동을 한다.

e) 사교(social) - 다른 사람들과 집단적인 사교 활동을 하기 위해 봉사활동을 한다.

f) 방어적(protective) - 내부 심리적 죄책감이나 갈등을 해소하기 위한 방어적 수단으로 봉사활동을 한다.

이타주의와 도구주의

자원봉사 활동의 동기 중 가장 많이 언급되는 것이 이타주의(altruism)이다. 이타주의란 "행동의 원칙으로 타인의 복지에 대한 헌신"이다. 사회학 이론들은 이타주의가 인류의 발전에 따라 자연스런 규범으로 정립된 측면을 강조한다. 선각자들이 타인에 대한 선행과 봉사를 베푸는 관습을 후세들이 학습해 실천하는 사회적 규범은 어느 사회에서나 존재한다.

일반적으로 이타주의 동기는 자원봉사의 동기에 대한 질문을 통해 찾는 경우가 많다. 어떻게 자원봉사 활동을 하게 되었느냐고 묻게 되면, 많은 자원봉사자들이 남을 돕기 위해 또는 어려운 처지에 있는 사람이나 이웃을 돕기 위해 봉사활동을 한다고 답한다. 또는 어떤 확고한 신념이나 대의를 실천하기 위해 봉사활동을 하는 경우도 적지 않다.

그럼에도 이타주의는 구체적으로 개인의 이기주의로부터 분명하게 구분되는지 의문이 제기된다. 빈곤층이나 장애인을 돕는 자원봉사 활동은 이타주의라고 간주하지만, 일면 봉사활동을 통해 자기위안을 삼으려는 이기적 동기도 숨어 있다는 주장도 설득력이 없는 것은 아니다. 따라서 이기적 동기와 이타적 동기를 엄밀히 구분하는 것이 자원봉사 동기에 대한 이해를 어렵게 하고 있다. 자원봉사자의 순수한 이타주의 동기에서만 자원봉사가 이루어진다고 보기는 어렵고, 자원봉사는 일반적으로 이타주의와 이기주의가 복합된 형태로 나타난 것으로 볼 수 있다(Stebbins 2004).

도구주의(instrumentalism) 이론은 자원봉사자가 봉사활동을 통해 자신이 바라거나 기대하는 무엇인가를 얻게 되리라는 기대를 갖고 봉사활동을 한다고 본다. 도구주의 이론에서 자원봉사자는 남을 돕는 이타주의 동기가 아니라, 자신에게 돌아오는 어떤 보상이나 기대 때문에 봉사활동을 한다고 본다. 도구주의 이론은 ①자원봉사라는 구체적인 행동은 어떤 특정한 결과를 가져다줄 것이라는 높은 기대를 낳고(기대성), ②그 결과는 다른 결과들을 초래하며(도구성), ③다른 결과들은 가치로서 인정을 받는다(가치성).

자원봉사에 대한 경제적 시각 또한 도구주의에 초점을 맞추는데, 도구적 동기로는 몇 가지 모델로 제시되고 있다(Prouteau and Wolff 2008: 316). 첫째는 투자 모델로, 일자리를 찾거나 지금의 직장생활에 도움이 되는 진로개척이나 기술 습득 등 주로 개인의 인적자본의 증대 수단으로 자원봉사에 참여한다고 본다. 여기에서 인간관계도 인적자본의 하나로 볼 수 있지만, 인간관계는 일반적으로 인적자본의 확보를 위한 도구로 간주될 뿐, 인간관계 그 자체를 목적으로 보지는 않는다. 둘째, 공공재화의 증대를 위한 생산적 활동에 시간을 투입하는 모델이다. 여기에서 자원봉사 활동은 공공재화나 서비스를 생산하는 활동으로 산출을 높이는 데 활동의 목적이 있다. 때로는 서비스 수혜자에게 실질적인 혜택이 제공되기를 바라는 기대가 동시에 작용되면서 이타주의 동기가 복합될 수 있다. 세 번째는 자원봉사를 개인의 사적 혜택을 누리기 위한 활동으로 간주하는 모델이다. 타인으로부터의 인정, 자존감, 사회적 명성 등이 그것으로, 이 같은 사적 재화를 축적하는 데는 타인과의 관계 등 사회자본 요소가 관련될 수 있다.

2) 이타주의, 도구주의, 의무감

자원봉사의 동기를 이타주의, 도구주의, 의무감에 초점을 맞추어 먼저 유럽인과 한국인의 동기를 비교해볼 만하다.

유럽인 사례

자원봉사의 동기는 문화권에 따라, 그리고 같은 문화권에서도 각국의 역사와 전통에 따라 많은 차이를 보여준다. 또 세대 간의 차이도 뚜렷해서 젊은층은 경험과 기술 습득 등의 도구주의 동기가 강하고, 장년층 이상에서는 이타주의가 비교적 강하게 나타난다. 도구주의 시각에서는 타인을 돕겠다는 순수한 동기보다 그 일로부터 무엇을 얻을 수 있다는 생각에 더 자극을 받는다는 것으로(Meneghetti 1995), 자원봉사도 그런 의도에서 참여하는 사람들이 적지 않다는 것을 시사해준다. 프랑스의 경우, 남을 돕는 선의(이타주의)와 자신의 능력향상(도구주의)이 같은 71% 비중을 차지한 것으로 조사되었다(볼런티어21, 2002: 150).

한국인의 자원봉사 동기

한편 한국 자원봉사자들의 참여 동기도 이타주의, 도구주의, 의무감이 복합되어 있다는 것을 알 수 있다. 2014년 전국 조사 결과를 참고해보면

■ **그림 6.5** 유럽인 자원봉사의 동기: 이타주의, 도구주의, 의무감 (단위: %)

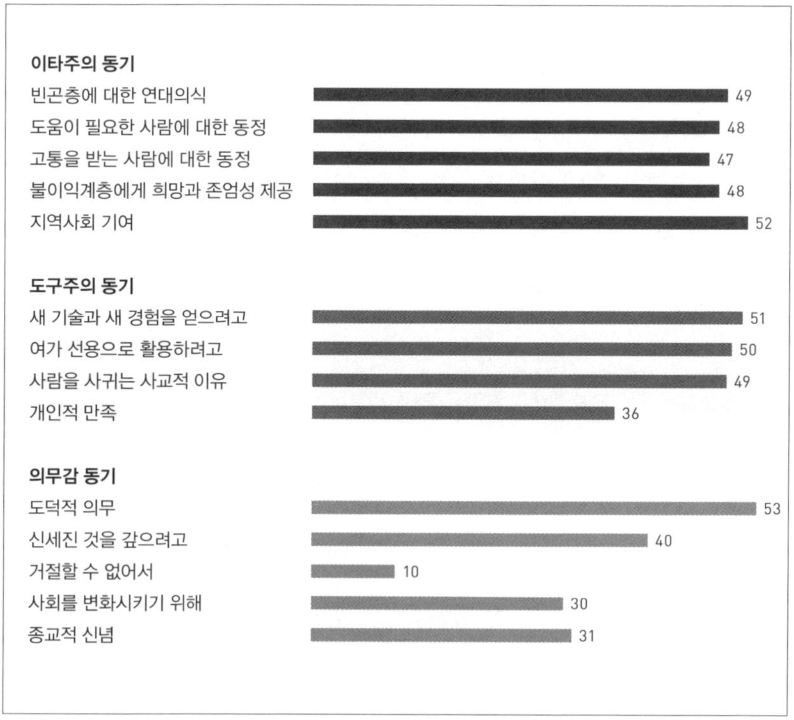

참고 유럽 12개국의 개인 설문 복수응답율.
자료 Barker 1993: 27-8.

(그림 6.6), 자원봉사자의 참여 동기는 '도구적' 동기가 되는 '여가시간 활용'과 '다양한 경험'이 가장 많다. 다음으로 '의무감' 동기가 되는 '도덕적 의무와 책임', '사회문제 해결'이 주요 동기로 나타난다. 2011년과 비교해보면, '도구적' 동기가 '의무감' 동기를 앞서는 특징이 있다. 다음에 나오는 '스스로 위로받기'와 '새로운 사람 만나기'도 도구적 동기로 2011년에 비해 크게 늘었다. 반면에 '도덕적 책임', '사회문제 해결', '많이 가진 자의 의무' 등 의무감 동기들은 크게 줄어든 특징이 있다.

자원봉사 참여의 주요 동기를 개인 특성별로 살펴보면 비교적 뚜렷한 특징들이 발견된다. 남녀 차이는 뚜렷하지 않지만 여성은 여가시간 활용, 남성은 사회문제 해결을 주요 동기로 제시한다. 여가시간 활용은 나이가 많을수록 부각되며, 젊을수록 사회문제 해결을 중시하는 편이다. 교육 수준별로는 저학력층이 그리고 소득수준에서도 저소득층이 모든 동기에서 가장 낮은 점수를 보여준다. 직업별로는 농어민을 제외하면 미취업 층이 네 가지 모든 동기 요인들에서 가장 낮은 점수를 보여주며, 전업주부도 비교적

■ **그림 6.6** 자원봉사 참여의 개인적 동기: 2011, 2014 (단위: %)

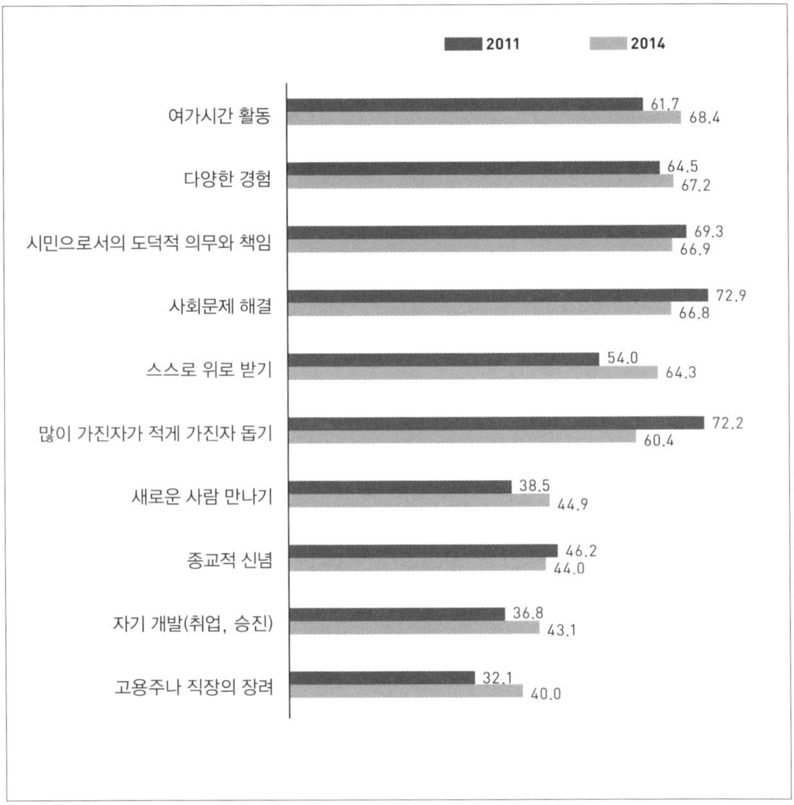

낮은 점수대에 속한다. 반면에 전문/자유직, 관리직, 반전문/기술직에서 비교적 높은 점수를 보여준다.

자원봉사 참여 동기에 관한 의견에서 자원봉사자는 비자원봉사자와 구분되는 여러 특징들을 보여준다. 여러 동기들 가운데 여가시간 활용, 사회문제 해결, 다양한 경험, 시민의 책임과 의무에서 뚜렷하게 강한 동기를 보여준다. 2011~14년을 비교해보면, 자원봉사자의 주요 동기는 여가시간 활용, 다양한 경험, 스스로 위로받기, 자기개발, 새로운 사람 만나기 등 '도구적' 동기에서 뚜렷한 상승을 보여주며, 반면에 '의무감' 동기에 해당되는 사회문제 해결, '많이 가진 자가 적게 가진 자 돕기', '시민의 의무와 책임'은 두드러진 감소로 나타난다.

3) 누구로부터의 요청

자원봉사자들이 활동에 참여하게 된 것은 어떤 경로를 통하고 있는가? 대부분이 누구의 요청을 받거나 어느 단체의 권유에 의해 참여한다고 볼 수 있다.

미국과 유럽 사례

1999년 미국의 자원봉사 참여율이 사상 최고의 기록을 세운 것은 특히 주위에서 사람들에게 봉사활동을 해볼 것을 권유한 결과였다는 사실을 강조해준다. 이런 요청을 받은 사람들 가운데 실제로 89.5%가 봉사활동에 참여했다고 한다. 요청한 사람은 친구(50%), 종교 교우(32%), 가족과 친지(19%), 직장 동료(12%) 순서로 나타났다(Independent Sector 2000).

또 유럽 9개국의 경우도 자원봉사 활동을 시작한 중요한 계기가 누군가 요청했기 때문이라는 답변이 53%에 달한다(Gaskin & Smith 1997). 이에 비해 자신이 직접 알아서 신청하고 나섰다는 경우는 35%에 이른다. 누구에 대해 구체적으로 살펴보면, 가족과 친구(44%)가 가장 높고, 다음으로 단체/조직의 회원으로서(27%), 종교단체(13%) 순서이다. 영국의 경우, 공식 자원봉사자의 참여 정보를 제공해준 주체는 기존에 활동 중인 자원봉사자 56%, 자원봉사를 하지 않는 친구나 타인 24%로 나타났고, 학교 24%, 종교 기관 21%로 나타났다(UKCO 2008 : 29). 캐나다의 경우, 참여 경로에 대해 보다 자세한 자료를 제공해준다. 자원봉사자가 직접 단체를 방문하는 경우와 방문하지 않는 경우가 각기 45%와 55%로 나타났는데, 방문한 경우 홍보 광고물을 보고 간 사람이 16%로 가장 많고, 기타 TV나 라디오 3%, 인터넷 2%, 다른 기관 추천 2%로 나타났다. 단체를 방문하지 않고 참여한 경우는 활동 중인 단체의 누군가의 요청이 69%로 가장 많았다(VC 2010: 15.)

한국인 동향

한국에서도 유사한 조사 결과를 보여준다. 2011년과 비교해보면, 2014년에 자원봉사 요청이 더욱 중요해진 것 같다. 자원봉사자 가운데 참여 요청을 받은 사람들이 10% 이상 늘었고, 비자원봉사자 중에는 참여 요청이 1.8% 줄였다.

자원봉사 요청에서 개인 특성별 차이는 비교적 뚜렷하다. 남성에 비해 여성이 더 많은 요청을 받고, 연령에서는 나이가 들수록 더 많은 요청을 받으며, 직업에서는 자영업, 사무직, 판매직, 서비스직, 학생보다는 전문·자유직, 관리직, 농어민, 생산직이 더 많은 요청을 받는다(주성수, 정희선 2014). 2014년에도 '친구나 이웃'이 가장 많았다. 그런데 2011년에 비교해보면 친

■ **그림 6.7** 자원봉사 활동 요청자별 참여율: 2011, 2014 (단위: %)

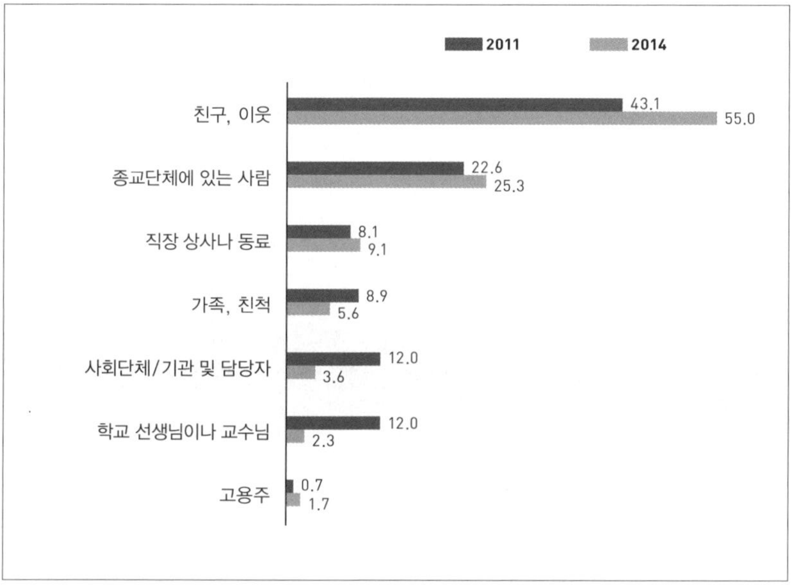

구나 이웃의 요청, 종교단체나 직장이나 고용주의 참여 요청도 늘었다(그림 6.7). 반면에 가족·친척의 요청, 사회단체의 요청, 학교 선생님이나 교수님의 요청은 상대적으로 크게 줄었다.

4) 자원봉사 불참 요인

자원봉사에 참여하지 않는 사람들의 불참의 요인은 무엇인가? 비자원봉사자의 불참 이유를 자료로 살펴보면, "시간이 없어서" 라는 이유가 가장 많다. 영국의 조사에 따르면(UKCO 2008: 69), "시간 여유가 없어서" 82%

■ **표 6.7** 자원봉사에 참여하지 않는 이유: 1999~2014 (단위: %)

구분	2014	2011	2008	2005	2002	1999
개인적으로 너무 바빠서	61.2	79.9	69.3	64.4	63.6	64.7
흥미가 없어서	14.8	–	5.8	5.7	5.1	5.1
어떻게 참가하는지 몰라서	7.5	5.8	6.5	6.7	7.4	8.5
건강상/신체적인 문제로 인해서	5.1	6.1	7.1	6.8	6.3	5.9
봉사활동의의를 공감하지 못함	2.4	0.8	2.5	1.5	2.2	2.4
내가 원하는 자원봉사가 없어서	2.4	1.7	–	–	–	–
경제적 이유(활동경비가 부담돼서)	2	2	–	0.2	2	2.6
교통수단이 없어서	1.9	1.8	0.3	0.2	0.1	0.1
참여했으나 더 참여하기가 싫어져서	1.2	–	–	–	–	–
요청하는 기관/사람이 없어서	1	0.8	1.5	0.5	3.1	1.9

자료 주성수, 정희선 2014.

로 가장 많고, "어떻게 하는지를 몰라서" 39%, "적절한 기술/경험이 없어서" 39%, "한번 참여하면 중단할 수 없어서" 36% 등이다. 그 밖에는 다른 부정적인 인식이 지배적이라는 것도 엿볼 수 있다. "관료주의 때문에" 49%, "리스크에 대한 우려 때문에" 47%, "안전 위협이 염려되서" 27%, "다른 사람들과 잘 어울릴 것 같지 않아서" 23%, "질병이나 장애 때문에" 22%, "너무 나이가 들어서" 20%, "가족/배우자가 원하지 않아서" 20% 등으로 나타났다.

한국의 경우, 2014년 조사에서는 자원봉사에 참여하지 않은 이유에 대한 비자원봉사자의 의견은 다양했는데(표 6.7), '시간이 없어서'라는 이유가 가장 중요한 것으로 나타난다. 다음으로 '관심(흥미)이 없어서', '어떻게 참여하는지 몰라서' 등의 순서였다. 자원봉사에 참여하지 않는 이유에 대해서는 1999년부터 줄곧 조사되었는데, 여전히 '시간이 없어서'는 제1의 주요인을 유지하고 있다. 그 밖에도 '건강상 문제로'와 '어떻게 참가하지는 몰라서' 문항들도 1999년부터 2014년까지 주요인이라는 것을 알 수 있다.

4. 자원봉사 활동 시간

자원봉사 활동의 참여에 가장 많은 영향을 미치는 요인은 시간이다. 유럽 27개국 조사에서 비자원봉사자의 50%가 시간이 없어서 참여하지 않는다고 답했는데, 특히 직장인의 경우 그 비율이 70%에 달하지만 실업자는 30%, 은퇴자는 20%로 커다란 차이를 보여준다. 따라서 한창 직장생활 등 경제활동을 하는 20~50대에서 시간은 다른 요인들보다 훨씬 더 중요한 참여요인이라고 볼 수 있다.

1) OECD 29개국 비교

OECD 주요국의 자원봉사 활동 시간을 비교해보면 두드러진 차이를 보여준다. OECD(2011) 자료에서는 하루 24시간 중 수면시간을 제외하면, '일과 공부'(paid work or study)가 차지하는 비중이 가장 많고, 나머지가 '무급 노동'(unpaid work)에 해당된다. OECD 29개국 평균에서 '무급 노동시간'

이 차지하는 비중은 42.8%인데, 한국인의 무급 노동시간은 OECD에서 가장 짧은 28%에 불과하다. 일본은 30.3%, 미국은 41.6%이다. 무급 노동시간 중에서 집안일, 쇼핑, 가족돌보기, 이웃돕기, 자원봉사, 여행 등에서 자원봉사 활동 시간은 하루 24시간 중 OECD 평균은 4분인데, 한국은 겨우 1분에 지나지 않는다.

표 6.8 자원봉사 활동 시간과 무급 노동시간: OECD 15개국

	자원봉사 활동 시간(분)	무급노동시간	무급/전체 비율(%)*
뉴질랜드	13	227	45.5
미국	8	207	41.6
아일랜드	7	213	44.0
독일	7	212	47.7
호주	6	243	50.5
네덜란드	5	219	48.6
벨기에	5	200	46.8
핀란드	4	201	44.5
스웨덴	4	213	41.3
오스트리아	4	203	39.8
일본	4	164	30.3
영국	2	211	44.7
이탈리아	2	215	45.3
프랑스	1	197	44.0
한국	1	136	28.0

참고 무급노동시간이 전체 활동시간에서 차지하는 비율.
자료 OECD 2011.

2) 한국인의 자원봉사 활동 시간

한국인의 자원봉사 활동 시간을 자세히 분석해보면, 자원봉사 활동 시간은 1999년부터 2009년까지 10년 동안 큰 변화 없이 동일한 1분을 보여준다(통계청 2009). 인구학적 특성 가운데 남녀 차이, 연령별·취업형태별 차이가 두드러지게 나타난다. 성별로는 차이가 거의 나타나지 않지만, 연령별로는 교육이나 경제활동으로 바쁜 생활을 하는 20대부터 50대까지 가장 적은 시간을 투입하지만, 50대 이후에는 활동시간이 두드러지게 늘어난다. 특히 취업자의 자원봉사 활동 시간은 비취업자에 비해 훨씬 적게 나타난다.

바쁜 생활을 하는 직장인에게 자원봉사는 적지 않은 부담이기 때문에 직장내 직원봉사 프로그램을 통해 집단적으로 참여하는 것이 가장 효과적인 직장인 자원봉사 활동이 될 수 있다. 마찬가지로 교육과 취업활동에 많은 시간을 투자해야 하는 대학생들에게도 대학이 마련하는 단체 봉사활동에 참여하는 기회를 제공하는 것이 대학생 봉사활동의 참여를 높일 수 있는 가장 효과적인 방법이 될 수 있다.

또한 2014년 한국자원봉사문화와 한국갤럽이 공동 조사한 결과에서도 자원봉사 활동 시간이 크게 줄었다는 것을 알 수 있다. 2014년 자원봉사자의 '지난 1년간'의 활동시간은 1회당 평균 5.63시간, 평균 5.19회, 1인당 1개월 평균 22.49시간 활동하였다. 가장 많은 활동이 이루어진 사회복지기관에서는 평균 8.2회, 1회당 4.4시간의 활동이 이루어졌다. 종교단체가 평균횟수가 17회로 가장 많고, 국제기구에서는 연간 1회로 횟수는 적지만 한달 평균 활동시간이 16.2시간으로 가장 많다. 2014년을 2008년과 2011년과 비교해보면, 먼저 '지난 1년간' 활동 횟수는 크게 줄었지만, 1회당 평균 활동시간은 늘었다. 그럼에도 전체 활동시간은 2008년 4만 9000시간에서

2014년 1만 4000시간으로 크게 줄었다.

또 2014년 조사에서 지난 1년간 자원봉사자의 활동경험이 있는 자원봉사자를 대상으로 일생 동안 수행한 자원봉사 활동기간을 살펴보면, 2~3년 미만이 35%로 가장 많았고, 4~5년은 22%, 6년 이상은 8.6%에 지나지 않았다. 그리고 일생 동안 수행한 전체 자원봉사 활동 시간을 살펴보면, 10시간 미만이 14.3%, 10~49시간 25.9%, 50~99시간 26.8%로 99시간 미만이 전체 70% 이상을 차지했고, 100시간 이상은 30%가 되지 않았다.

3) 나눔활동별 활동시간

끝으로, 통계청의 1999, 2004, 2009년 자료는 나눔활동별 활동시간을 취업자와 비취업자로 비교해 보여주는데, 활동시간이 점차 줄고 있는

그림 6.8 자원봉사자의 평생 자원봉사 활동기간: 2014 (단위: %)

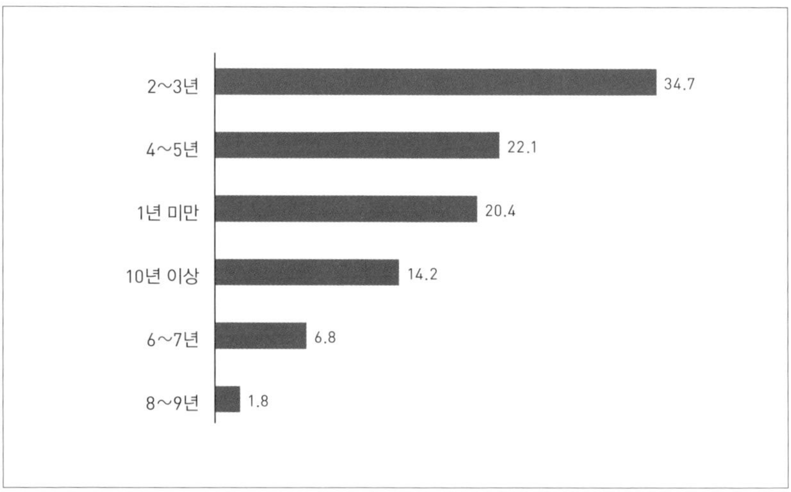

■ **표 6.9** 나눔활동, 자원봉사, 이웃돕기, 단체참여 활동시간: 취업자와 비취업자

	2009년		2004년		1999년	
	취업자	비취업자	취업자	비취업자	취업자	비취업자
나눔활동	1.2	3.2	1.6	4.3	1.9	4.0
이웃돕기	0.5	0.9	0.7	1.8	0.9	2.0
단체참여	0.4	1.3	0.4	1.5	0.7	1.3
자원봉사	0.3	1.1	0.6	1.1	0.2	0.8

자료 통계청, 1999, 2004, 2009. "생활시간조사".

추세를 주목해볼 수 있다. 전체 나눔활동시간이 취업자의 경우 1.9분에서 2009년 1.2분으로, 비취업자의 경우 4분에서 3.2분으로 줄었다. 또 이웃돕기, 시민참여, 자원봉사 활동 시간 모두 줄었는데, 그중 자원봉사 활동 시간이 이웃돕기나 시민참여 활동시간에 비해 짧다. 단체를 통한 '자원봉사' 활동시간보다 개인 대 개인으로 이루어지는 비공식적 자원봉사인 '이웃돕기'에 더 많은 시간을 할애하고 있다는 것도 주목해볼 만하다.

5. 자원봉사와 웰빙

자원봉사는 정신적 보람을 추구하는 활동으로 자원봉사자들은 상당한 정서적 만족과 웰빙의 보람을 얻는다고 볼 수 있다.

1) 생애주기별 건강증진

선행 연구들에 따르면, 젊은 나이에 자원봉사 활동을 하면 건강한 라이프 스타일을 증진시키고 위험한 행태를 억제시킨다. 또 자원봉사는 청년층이 당면하는 문제들, 십대 임신, 퇴학, 약물 중독, 폭력 등의 문제들에 대응하는 중요한 자원이 된다는 것이다(OECD 2015; Wilson and Musick 2000).

또한 자원봉사는 아동기의 발달에도 상당히 중요한 영향을 미칠 수 있다는 것이 선행연구들의 결과로 제시되고 있다(OECD 2015: 206). 특히 저소득층 아동들의 경우 경험하기 어려운 생활 기술과 가치관이 자원봉사로 배양될 수 있도록 도움을 준다는 것이다. 자원봉사 활동은 아동의 자아 존중감, 긍적적인 자기 확신감, 책임, 학습에 대한 관심 등을 높여주며 심리적 개발 증진에도 적지않은 기여를 한다는 것이다(Lewis 2002; Phalen 2003). 아동기부터의 자원봉사 활동은 성인기까지 강한 임팩트를 남긴다. 개발 이론가들에 따르면, 아동기와 성인 초기의 경험이 일생의 가치관을 형성시키고 목적의식을 제공해준다고 강조한다(Lewis 2002). 또 다른 연구자들은 청년기 봉사활동 경험자가 성인이 되어서도 봉사활동을 지속하게 된다고 본다. 이는 청년기에 획득한 습관이 성인기에도 대부분 유지된다는 '에이징의 연속 이론'(continuity theory of ageing)과도 일치하는 자원봉사의 생애주기 효과라 볼 수 있다(OECD 2015).

사람들은 나이가 들면서 직장인, 활동적인 부모 등의 역할을 상실하게 되고, 이런 역할 상실을 대신해주는 대안으로 자원봉사를 발견하는 사람들은 행운아들이다. 따라서 노후의 자원봉사 활동은 노인 개인뿐 아니라 사회 전체에 대해서도 긍정적인 효과를 생산한다. 역할 상실로 인한 고립과 좌절을 차단시키고, 다른 사람들과 공동체의 유대를 늘려주며, 자아

존중감을 찾고, 나아가 사회적, 정치적 의식을 증진시킨다.

사람들은 타인 돕기와 자원봉사를 통해 스트레스와 질병의 리스크를 줄이는 네트워크를 개발한다. 자원봉사가 건강에 미치는 효과는 나이가 들면서 더욱 강하게 나타난다. 노년에 건강 문제가 발생할 빈도가 높고 일자리와 결혼 등의 사회적 통합 형태의 네트워크들이 줄어들기 때문에 자원봉사는 더욱 강력한 위로와 안정의 네트워크를 형성한다(OECD 2015: 212).

선행연구들에 따르면, 자원봉사는 낮은 사망률과 높은 기대여명과 상관성을 갖고 있고, 개인 생애 주기별 조사에서도 자원봉사 활동과 건강 상태가 인과적 관련성을 갖고 있다는 것이 밝혀지고 있다. 자원봉사 활동이 건강을 유지하게 만든다는 인과 관계가 확인되고 있지만, 반대로 건강한 사람이 자원봉사 활동을 한다는 인과 관계는 확인되지 않는다. 최근 OECD가 조사한 자원봉사와 건강 상태의 인과 관계도 통계적으로 유의미한 것으로 확인되고 있다. 〈표 6.10〉에서 볼 수 있듯이 공식적 자원봉사자, 비공식적 자원봉사자, 비자원봉사자, 세 그룹을 비교해보면 단체를 통한 공식적 자원봉사자 중에서 스스로가 건강하다고 생각하는 사람들이 가장 많은 것으로 나타난다. 또 다른 두 그룹에 비해 공식적 자원봉사자 중에서 우울증 등 정신적 불안이 없거나 낮은 사람들이 가장 많았고, 또 고령의 나이까지 더 오래 살 것으로 기대하는 사람들이 가장 많았다. 비공식적 자원봉사에 해당되는 이웃돕기 또한 비자원봉사에 비해 어느정도 두드러진 건강과 정서적 안정을 유지하는 것으로 나타나 있다.

OECD 조사에 따르면, 50세 이상의 중장년층의 봉사활동은 건강증진에 적지않게 기여하는 것으로 나타난다. 〈표 6.10〉에서 볼 수 있듯이 공식적 자원봉사자, 비공식적 자원봉사자, 비자원봉사자, 세 그룹을 비교해보면 단체를 통한 공식적 자원봉사자 중에서 스스로가 건강하다고 생각

표 6.10 자원봉사의 건강증진: 비자원봉사자와 이웃돕기 비교, OECD 18개국, 2015

	주관적 건강(양호/ 매우 양호) %			정서적 불안(우울)(없거나 낮음) %			고령까지 장수(낙관적 기대) %		
	비봉사자	봉사자	이웃돕기	비봉사자	봉사자	이웃돕기	비봉사자	봉사자	이웃돕기
오스트리아	64	80	75	79	83	81	62	79	71
벨기에	68	81	78	71	76	70	51	66	63
체코	54	72	59	70	75	71	35	46	44
덴마크	70	85	80	79	87	83	65	80	74
에스토니아	26	52	37	59	79	65	47	64	58
프랑스	57	78	73	63	70	62	48	62	60
독일	51	72	66	74	81	74	52	64	63
헝가리	33	47	38	57	71	58	27	49	34
이스라엘	64	77	69	80	83	77	51	79	66
이탈리아	55	72	65	63	68	60	58	73	72
룩셈부르크	61	72	71	71	78	71	59	71	67
네덜란드	61	81	71	79	86	79	60	72	72
폴란드	39	36	58	58	33	55	54	35	43
포르투갈	37	48	44	61	69	41	54	57	56
슬로베니아	58	77	71	73	81	77	55	67	63
스페인	54	71	62	66	73	66	57	75	64
스웨덴	72	80	80	79	85	80	53	67	70
스위스	80	90	86	81	85	84	64	70	70
OECD 18	**56**	**71**	**66**	**70**	**76**	**70**	**54**	**65**	**62**

자료 OECD 2015: 213

하는 사람들이 가장 많은 것으로 나타난다. 또 다른 두 그룹에 비해 공식적 자원봉사자 중에서 우울증 등의 정신적 불안이 없거나 낮은 사람들이 가장 많았고, 또 고령의 나이까지 더 오래 살 것으로 기대하는 사람들이 가장 많았다.

2) 생활만족도와 웰빙

자원봉사 활동이 주관적 건강상태에 미치는 영향에 관한 선행 연구들 대부분은 공식적, 비공식적 자원봉사 활동으로 주관적 웰빙 혜택을 받는다고 보고한다(앞글: 215). 일부 연구들만이 이 같은 효과가 미미하다는 분석 결과를 제시해줄 뿐이다. 많은 연구들은 자원봉사 활동이 생활 만족도와 자아존중감을 높여준다는 조사 결과를 제시해주며 주관적 웰빙의 효과를 확인시켜준다. 자원봉사 활동이 주관적 웰빙에 미치는 효과는 여러 다양한 채널을 통해 이루어지고 있다는 분석이 있다(앞글: 216). 첫째는 삶의 의미와 목적의 의식을 제공해주고, 또 돕기 활동으로 은퇴와 독신과 관련된 역할 상실을 극복하도록 하는 용기와 자신감을 키워준다는 것이다. 둘째, 자원봉사 활동으로 사회적 지원과 사회적 상호작용이 원만하게 이루어지는 효과가 있다. 마지막으로, 자원봉사를 통해 봉사자의 자기 존중감을 높여주는 효과가 있다.

갤럽의 세계 설문조사(World Poll)의 국가별 비교자료를 통해서도 자원봉사 활동이 주관적 웰빙에 미치는 효과를 생활만족도와 정서적 안정 경험 측면에서 확인해볼 수 있다. 자원봉사자는 비자원봉사자에 비해 긍정적인 정서적 경험을 하는 경향이 있는데, 부정적인 정서적 경험에 대해서

■ **표 6.11** 자원봉사 활동 시간과 무급 노동시간: OECD 15개국

	생활 만족도 (0~10 척도)		정서적 웰빙 개선 (긍정적 답 %)	
	자원봉사자	비자원봉사자	자원봉사자	비자원봉사자
미국	7.3	6.9	77	75
아일랜드	7.1	6.7	81	77
호주	7.5	7.2	76	76
뉴질랜드	7.7	7.3	84	78
영국	6.8	6.5	79	79
캐나다	7.4	7.2	78	77
아이슬란드	7.7	7.5	86	84
덴마크	7.7	7.5	86	80
핀란드	7.6	7.4	85	82
노르웨이	7.7	7.4	84	79
스웨덴	7.6	7.2	79	81
네덜란드	7.4	7.2	84	85
룩셈부르크	6.9	6.8	84	81
스위스	7.7	7.4	86	83
독일	7.3	7.0	85	77
프랑스	6.8	6.4	81	77
오스트리아	7.5	7.0	83	79
벨기에	7.1	6.8	78	76
한국	6.3	5.7	71	66
일본	6.1	5.7	87	77
스페인	6.4	6.4	69	70
이탈리아	6.1	6.0	65	63
포르투갈	5.7	5.1	67	61
그리스	5.9	4.7	73	59
슬로베니아	6.4	5.4	78	64
폴란드	5.6	5.1	76	74
체코공화국	6.6	6.5	78	70
슬로바키아	6.0	5.8	79	72
헝가리	5.3	5.1	86	67
터키	5.7	5.4	71	61

자료 OECD 2015: 217

는 양자 사이의 명확한 차이가 드러나지는 않는다. 호스피스 봉사자나 가출 청소년 봉사자들 가운데는 슬픔과 분노의 감정을 유발하는 경우가 있기 때문에 모든 자원봉사 활동이 긍정적인 정서적 경험을 결과하는 것으로 보기는 어렵다.

6. 한국인의 해외봉사

국내 자원봉사의 성장에 못지 않게 해외봉사도 최근 몇 년 새에 급증하고 있다. 한국국제협력단(KOICA) 해외봉사단에 전통적인 2년 기간의 해외봉사단 활동 이외에 시니어봉사단, 드림봉사단, IT 봉사단 등 다양한 전문 영역별, 연령별 해외봉사단이 조직되어 해외봉사 활성화를 유도해 왔다. 정부 부처마다 ODA 사업의 하나로 해외봉사가 포함되며, 대학들도 대부분 해외봉사 활동을 지원하고, 많은 기업들도 임직원뿐 아니라 대학생 해외봉사 지원 프로그램을 갖추고 있고, 시도 등 광역지자체나 공사, 공기업들도 해외봉사 대열에 적극 참여하고 있다. 전국의 각계에서 해외봉사의 붐을 이루며, 해외봉사 과잉이라는 지적도 일고 있다.

1) 국제개발협력 해외봉사

2013년 3월 한국 정부가 파견하는 해외봉사단이 1만 명을 돌파했다. 정부의 공적개발원조(ODA) 무상원조 전담기관인 한국국제협력단은

1990년 44명의 봉사단원을 네팔, 스리랑카, 인도네시아, 필리핀에 처음 파견한 뒤 4일 현재까지 65개국에 9999명의 봉사단원을 파견했다고 밝혔다. 봉사단원이 가장 많이 파견된 곳은 베트남으로 누계 643명이며, 필리핀, 인도네시아, 몽골, 캄보디아, 스리랑카 등이 뒤를 잇는다. 현재 활동 중인 봉사단원은 45개국에 1612명이다. 봉사단원이 가장 많이 파견된 분야는 교육(54.7%)이다. 그중 컴퓨터·한국어 교육, 간호에 대한 수요가 가장 많다. 최근에는 미용, 봉제 등 직업훈련 수요도 늘었다.

KOICA 해외봉사단은 1990년 44명의 해외봉사단원을 첫 파견한 이후 현재까지 지속적인 성장을 유지해왔다. 1991년부터 시작된 해외봉사원 파견은 초기에는 주로 20~30대가 많았지만 2000년대 들어 50~60대 '시니어(Senior) 봉사단원'이 점차 늘었다. 50대 이상 '시니어 단원'들이 경험이 풍부해 호응도가 높다는 것이다. 2000년 이후 여성의 참여가 급증하면서 전체의 57.6%를 차지하는 것도 변화이며, 청년 실업난으로 많은 청년들이 해외봉사에 나서고 있는 것도 특징이다.

2004년에는 세계 유일의 NGO 해외봉사단 사업을 신규 시행해, 해외봉사자가 2003년 120명에서 2004년 610명으로 다섯 배 이상 확장한 다음, 2010년에는 중장기자문단 사업시행으로 해외봉사 활성화에 전기를 마련하였다. 여기에 2009년에 다른 정부기관들의 6개 해외봉사단이 WFK로 통합되어, WFK는 2013년에는 4465명의 해외봉사자를 파견하였다.

한국국제협력단은 '월드 프렌즈 코리아(World Friends Korea)'라고 이름 붙인 해외봉사단 파견사업에 대해 "한국국제협력단의 개발도상국에 대한 무상원조 사업 일환으로 추진되는 대표적인 국민 참여형 협력사업"이라고 규정하고 있다. 활동기간은 2년이며 한국국제협력단 사업 현장이 있는 개도국에 주로 파견된다. 군복무 대체 해외봉사 제도는 2012년 스리랑카에

그림 6.9 KOICA 봉사단, NGO 봉사단, 중기자문단, 퇴직전문가 파견

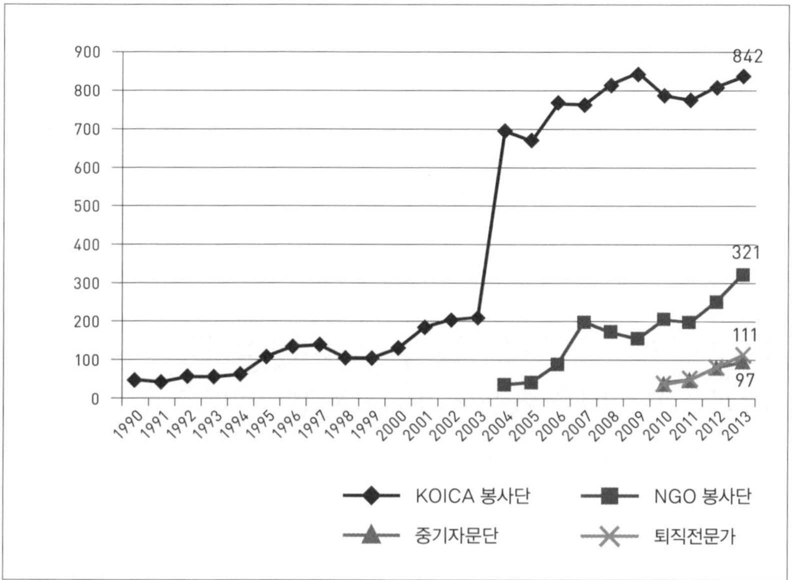

서 낙뢰 사고로 한 명의 군복무 대체요원이 숨진 뒤 국회 외교통상통일위원회 국정감사 등에서 논란 끝에 폐지 방침이 결정됐다. 한국국제협력단은 2015년 일반 봉사단원 8회, 군복무 대체 협력요원 6회 등 모두 14회에 걸쳐 1062명을 선발했다. 총 4152명이 지원했으니 대략 4대 1의 경쟁률을 기록한 셈이다.

또 2013년에는 실업계 고등학생도 해외봉사에 참여하는 드림봉사단에 활동을 개시하였다. 제빵·제과, 자동차 정비, 용접, 컴퓨터 교육 등을 전공한 실업계 고등학생 31명이 정부의 해외봉사단원으로 선발돼 2014년 2월부터 8개월 동안 기술전수 등 해외봉사 활동을 하였다. 대상은 미얀마, 캄보디아, 스리랑카, 베트남 등 4개 동남아 국가의 직원훈련원과 기술학교이며, 기계 및 컴퓨터 등의 기술을 전수한다.

2) 한국 해외봉사단과 주요국 해외봉사단

한국의 WFK 해외봉사단은 세계적으로도 미국의 Peace Corps 다음으로 많은 해외봉사자를 파견하고 있다. 1991년에 시작한 KOICA 해외봉사단에 비해 일찍이 1950년대부터 해외봉사단 사업을 추진한 영국의 VSO, 일본의 JOCV보다 훨씬 많은 해외봉사자를 파견하고 있다. 또 다른 특징은 Pcacc Corps, VSO, JOCV 해외봉사가 최근에 정체되는 추이에 있는 것과는 달리 WFK 해외봉사는 안정기에 있지만 향후에는 정체기에 접어들 가능성도 있다. 전통적인 KOICA 봉사단의 참여율은 최근에 와서 다소 정체 추이를 보여준다(주성수 2014).

또 WFK가 KOICA 사업에서 차지하는 예산 비중 또한 크게 늘어,

■ **그림 6.10** WFK와 주요국 해외봉사단 참여인원 : 2005~2013

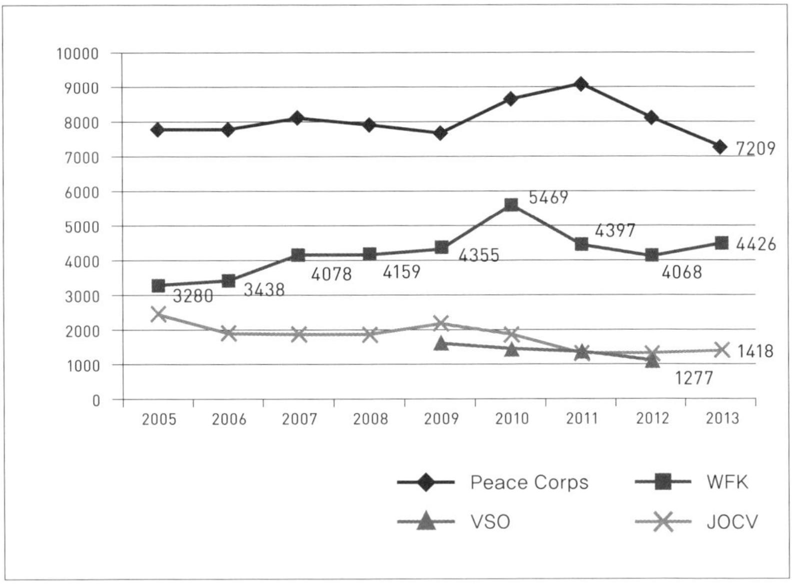

2013년 972억 원으로 KOICA 전체 사업비의 18.87%를 차지한다. 미국의 Peace Corps, 일본의 JOCV에 비교하면 한국 특유의 개발협력 사업 중 하나는 해외봉사단 사업에 있는 것 같다. Peace Corps는 USAID 예산의 1.49%에 불과하고, JOCV 예산은 JICA 사업비의 7.54%에 불과하다.

제7장

이웃돕기

이웃돕기는 사적, 비공식적 자원봉사로 간주해 단체를 통해 이루어지는 공식적 자원봉사와 구분하고 있다. 그러나 이제 국제노동기구(ILO 2011)의 국제 자원봉사조사 표준안에 따라 국가 차원의 공식적인 '자원봉사 조사'에 이웃돕기도 포함되고 있다. 이웃돕기는 사적 나눔활동의 네트워크로, 기부와 자원봉사 등 나눔문화의 기초가 되기 때문이다.

1. 이웃돕기 : 국제 표준화

'이웃돕기'는 이제 국제 표준화로 정착되고 있다. 자원봉사의 국제 표준화를 추진하는 국제노동기구(ILO 2011)는 자원봉사를 "무보수, 자발적 활동"으로, "개인들이 조직을 통해서나 타인에게 직접 수행한 활동에 시간을 제공하는 활동"이라 정의한다.

1) 이웃돕기 : 비공식적 자원봉사

국제노동기구는 조직을 통한 '조직기반'(organization-based) 활동은 공식적인 자원봉사로, 그리고 친지가 아닌 친구나 타인을 위한 '직접적'(direct) 또는 '사적'(private) 활동은 비공식, 사적 자원봉사로 구분하면서도 각국의 자원봉사 통계에 이웃돕기도 포함될 것을 제안한다. 이웃돕기는 그간 영국이나 캐나다에서는 자원봉사를 단체를 통한 '공식적' 활동과 구분되는 개인 사이의 '비공식적' 활동으로 조사를 하였다. OECD에서도 이웃돕기는 자원봉사와 기부와 함께 '친사회적 행태'(pro-social behavior)로 사회자본과 사회 통합 지표로 중시해 회원국들의 자료를 정기적으로 소개한다.

한국에서도 이런 '자원봉사 국제 표준화'에 호응하기 위해 2014년 조사에서 '이웃돕기' 또는 직접적, 또는 비공식적 자원봉사 활동을 ILO의 국제표준화 매뉴얼에 따라 10가지 이웃돕기 항목들을 개발하여 조사를 진행하였다. ILO는 국제표준안에서 크게 벗어나지 않는 범위 내에서 각국의 문화와 전통에 기초한 '이웃돕기' 항목들을 개발 및 적용할 것을 권고한다.

2) 영국의 자원봉사와 이웃돕기 분류

영국 정부는 이웃돕기(helping)를 '비공식' 자원봉사 활동으로 분류해, 전국 조사를 실시해왔다. 영국에서 분류한 '공식적' 자원봉사와 '비공식적' 자원봉사(이웃돕기)는 다음과 같이 유형별로 분류되고 있다(CLG 2010).

■ **표 7.1** 영국 정부의 자원봉사와 '비공식적' 자원봉사(이웃돕기) 분류

"공식적" 자원봉사 활동	**"비공식적" 자원봉사 (이웃돕기)**
특정 단체, 클럽, 조직을 위해 무보수로 도움을 제공하였는가?	친척이 아닌 타인을 위해 무보수로 도움을 제공하였는가?
· 모금활동/행사 업무 활동 · 단체 간부 또는 위원회 위원 활동 · 단체 활동/행사의 조직이나 지원 · 사람들을 방문하는 활동 · 사람들과 친교 또는 멘토링 · 자문, 정보제공, 상담 · 일반 행정, 사무업무 · 차량 제공 또는 운전 · 단체를 대표하는 활동 · 캠페인 활동 · 현장지원 활동 · 단체/클럽/조직을 위한 기타 활동	· 자문/상담 · 곤경에 처한 사람과 연락(방문,전화,메일) · 쇼핑, 연금수령/영수증 납부 · 요리, 청소, 세탁, 정원일, 가사 · 장식, 집정리, 차수리 · 유아/아동 돌보기 · 병약자 돌보기 · 집 지켜주기, 애완동물 돌보기 · 편지/서류 작성 · 심부름 활동 · 운전/에스코트 · 기타 도움주기

3) 국제노동기구(ILO)의 자원봉사와 이웃돕기 분류

국제노동기구(ILO 2011)는 이웃돕기를 '비공식' 또는 '사적' 자원봉사로 간주해, 국제표준코드 번호로써 이웃돕기 유형은 〈표 7.2〉와 같이 분류하고 있다.

표 7.2 국제노동기구(ILO)의 이웃돕기 국제표준코드 분류: 2011

분류코드	이웃돕기 유형
3323	이웃집을 위한 쇼핑, 물품 구매
3412	타인에게 상담, 갈등조정, 정서적 지원
3412	타인에게 세금, 영수증, 은행업무 등 사무업무 지원
4419	타인에게 행사의 관리나 기획 업무 지원
5120	타인을 돕는 행사나 음식마련에서 요리
5131	타인을 돕는 음식제공
5152	이웃을 돕는 집봐주기/ 집안 정리
5152	재난 피해자에게 거처 제공
5162	타인에게 정서적 지원
5163	타인의 장례행사 도움주기
5164	취약층(노인, 장애인) 개인적 케어, 동물(애견 등) 돌봐주기
5164	친구, 동료, 이웃, 친지 애완동물 돌봐주기
5311	타인 유아돌보기
5322	노인, 장애인 가정방문 돕기
8322	타인을 위한 운전, 교통수단 제공, 물건 운반
9111	타인의 집안 일, 청소 도움주기
9313	타인의 주택 개량, 수리 도움주기
9331	타인에게 교통(자전거, 자동차) 지원
9412	타인에게 요리돕기

2. 누가 참여하는가?

이웃돕기는 나눔활동 가운데 가장 많이 이루어지는 활동이다. 조직을 통하지 않고도 사적으로 가까운 사람 사이에서 이웃간에 일상생활의 일부로 이루어지는 활동이다. 세계 153개국의 평균을 보면, 2014년 이웃돕기 참여율은 49%로 기부 32%, 자원봉사 21%를 크게 능가한다. 많은 개발도상국에서 단체를 통한 공식적인 기부나 자원봉사가 발달되지 않았지만, 비공식적인 기부와 자원봉사에 해당되는 이웃돕기는 어느 사회, 문화권에서도 볼 수 있는 역사적 전통으로 유지되고 있다. 다만 미국, 영국 등 서구 사회의 나눔문화가 일찍이 단체를 통한 공식적 나눔활동으로 발전하면서 다른 문화권에도 영향을 미쳤기 때문이다.

1) OECD 주요국 동향

이웃돕기 자료 가운데, 개인들의 의식에 관한 유로바로미터(2007)의 25개국 설문조사 결과를 우선 참고해볼 만하다. "귀하의 인생에서 남을 돕거나 자원봉사를 하는 일은 얼마나 중요하다고 생각합니까?" 라는 질문에 대해, 매우 중요 25%, 다소 중요 54%로 조사되었다. 전체적으로 남녀 성별 차이가 가장 돋보인다. 직업에서도 주부의 동의도가 가장 강한 편이다. 연령에서는 차이가 발견되지 않으며, 교육이나 직업에서 노블리스 오블리제를 확인하기도 어렵다. 이념에서는 우파보다는 좌파가 이웃돕기나 자원봉사에 다소 큰 관심을 보였다.

또 이웃돕기의 활동 유형에 대해서는 유럽 27개국의 동향을 유로바로

표 7.3 나의 인생에서 이웃돕기와 자원봉사는 중요한가? 유럽 25개국 설문조사

		매우 중요 (%)	다소 중요 (%)
	25개국 평균	25	54
성별	남성	22	53
	여성	29	55
연령	15~24	27	54
	25~39	22	56
	40~54	27	54
	55 +	27	52
이념	좌파	28	53
	중도	23	55
	우파	26	51
교육	고졸	26	51
	전문대/대졸	25	53
	대학원 이상	26	57
직업	관리자	22	56
	화이트칼라	23	57
	블루칼라	24	53
	자영업	23	56
	실업자	24	53
	은퇴자	27	52
	주부	32	52
	학생	28	54

자료 Eurobameter 2007.

■ **그림 7.1** 유럽인 이웃돕기의 유형과 참여율: 27개국, 2011 (단위: %)

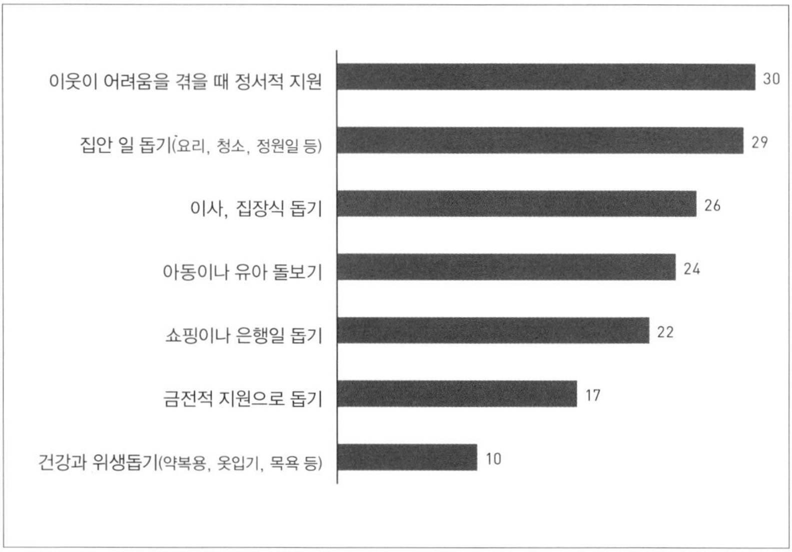

자료 Eurobarometer 2012.

미터의 2011년 조사 결과로 살펴볼 수 있다. 전체 평균 68%로 나와 있는데, 참여율은 남성(66%)보다 여성(70%)이 약간 높고, 연령별로는 15~24세 청소년과 55세 이상 장년층이 65% 정도로 약간 낮고, 24~39세와 40~54세가 72% 수준으로 비교적 높은 편이다(Eurobarometer 2012).

또 이웃돕기 활동 유형과 관련한 설문으로, "지난 1년간 다음 중 하나 이상의 방법으로 자신의 가족 이외에 타인을 도운 경험이 있습니까?"를 물어, 그렇다고 답한 사람들의 비율을 보여준다. 정서적 지원이나 집안일 돕기가 가장 많으며, 다음으로 이사나 집장식, 아동이나 유아 돌보기도 주요 이웃돕기 활동으로 나타나 있다.

또 주요국의 이웃돕기 참여를 살펴보면 자료가 유용한 미국과 영국 사례를 중심으로 살펴볼 수 있다. 미국의 자원봉사 참여인구가 역사상 최고의 기록을 세운 1998년에 전체 자원봉사자 가운데 '공식적' 봉사활동이 56%를 차지하고, '비공식적' 활동이 7.4%, 그리고 공식적 및 비공식적 활동 모두를 수행한 봉사자가 36.6%를 기록하였다(Independent Sector 2001: 3). 비공식적 활동을 한 봉사자들의 활동을 보면, 그중 58%는 친구, 친지, 이웃 등을 위한 요리, 쇼핑, 보살핌, 운전, 심부름 등 직접 서비스 활동을 했고, 17%는 직접 방문, 위로 등의 활동을 한 것으로 나타났다(앞글: 5). 캘리포니아에서는 비공식 자원봉사 활동이 정서적 지지(57%), 집안일 돕기(52%), 운전, 심부름(38%) 등 순위로 조사되었다(앞글: 5).

한편 영국 정부(CLG 2010)의 공식 통계도 '공식' 자원봉사 활동과 '비공식' 자원봉사 활동을 엄밀히 구분한다. '공식' 자원봉사 활동은 "다른 사람들이나 환경을 위해 단체, 클럽, 조직을 통해 무보수 도움을 제공하는 활동"이라 정의하며, 그렇지 않은 활동을 '비공식' 또는 사적 자원봉사로 구분한다. 이런 구분에 의한 2008~09년의 통계에 따르면, 공식 자원봉사자는 26%, 비공식 자원봉사자 또는 이웃돕기는 이보다 더 많은 35%로 집계되었다. 영국에서 전체 자원봉사자의 '비공식' 활동으로는 자문으로 돕기(45%)을 비롯해 〈표 7.2〉와 같이 설문조사를 통해 "자신의 가족이 아닌 이웃"을 위해 무보수로 이런 활동을 했는지를 조사한 결과를 보여준다. "곤경에 처한 사람과 연락"으로 도움주기는 직접 방문, 전화, 메일로 연락관계를 유지하는 것으로, 많은 사람들이 가까운 친구나 동료 사이에서 이루어지는 사적 활동도 중요한 이웃돕기 또는 "비공식" 자원봉사 활동으로 보고 있다. 활동 유형에 따라 남녀 차이, 연령별 차이가 두드러지게 나타난다.

표 7.4 영국의 이웃돕기(비공식 자원봉사) 유형과 참여자 특성 (단위: %)

	전체	남성	여성	16~25세	26~34세	35~49세	50~64세	65세+
자문 / 상담	45	51	41	58	50	53	40	26
곤경에 처한 사람과 연락	37	43	40	19	27	33	49	54
운전 / 에스코트	36	39	35	27	33	42	42	34
집보기, 애완동물 돌보기	33	31	34	23	35	39	37	26
쇼핑, 연금수령 / 영수증 납부	31	27	34	18	23	30	40	39
유아/아동 돌보기	30	19	39	36	49	43	16	9
편지 / 서류 작성	25	24	25	15	32	30	28	17
요리, 청소, 세탁, 정원, 가사	23	23	23	23	26	21	26	21
장식, 집정리, 차수리	17	27	8	16	22	19	17	9
심부름 활동	10	10	10	5	11	13	12	5
병약자 돌보기	8	5	10	3	7	8	10	9
기타 도움주기	5	7	4	2	5	7	6	6

자료 CLG 2010.

2) 한국인의 이웃돕기

1999~2008 조사

1999~2008년 기간의 조사 결과를 보면 한국인의 이웃돕기 활동은 점차 감소하는 추세가 뚜렷하다. 사적 친분관계나 사회적 네트워크에 의존하는 이웃돕기 활동이 줄어들고, 반면에 기관이나 단체를 통해 이루어지는 기부나 자원봉사 활동이 늘고 있는 동향을 엿볼 수 있다. 특히 젊은 세대

들은 중장년 세대에 비해 타인과의 대면관계를 회피하는 성향이 있기 때문에 이웃돕기 활동은 시간이 갈수록 줄어드는 추세를 보여줄 것이다. 타인과의 접촉 등의 관계가 소원해지면서 타인과의 사적 나눔은 줄어들 것이지만, 인터넷이나 SNS 등의 새로운 소셜 미디어를 통한 사적 나눔의 기회는 점차 늘 것으로 내다볼 수 있다.

한국인 이웃돕기 활동은 크게 줄어들고 있다. 같이 동거하지 않는 부모나 친척 돕기도 점차 줄고 있고, 가까운 친구나 이웃돕기 활동도 두드러지게 줄어드는 추세에 있다(그림 7.2; 볼런티어21 2008 자료분석). 개인적으로 점차 고립되면서 직접 만나 나누는 시간이 줄어들고, 특히 젊은 층은 인터넷이나 SNS에 더 많은 시간을 보내며 가까운 사람들과의 직접 만남의 시간도 줄어드는 추세를 반영하는 것 같다. 이웃과 서로 돕는 이웃사촌 정신도 점차 쇠퇴하고 있다는 한 단면도 보여주는 것 같아, 공식적인 기부나 자원

그림 7.2 한국인의 이웃돕기 참여율(%) 감소추세: 1999~2008

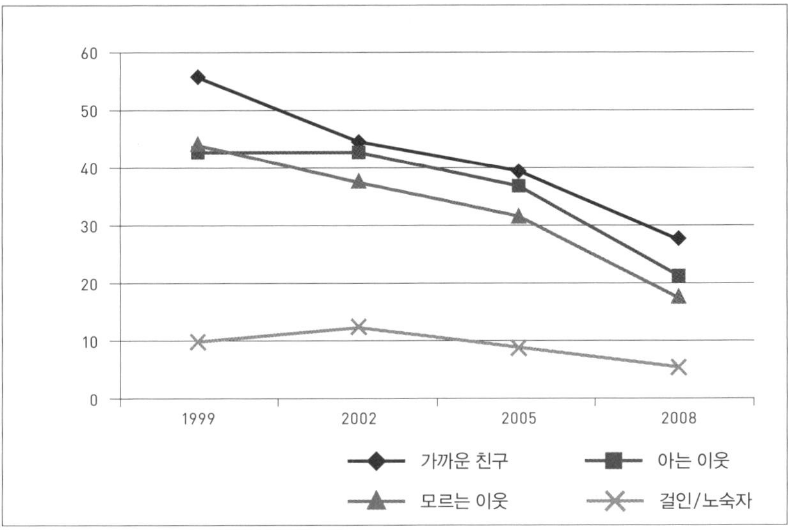

봉사보다 이웃과의 만남과 소통의 연계망을 회복하는 일이 공동체의 과제로 부각되고 있다. 가족붕괴와 더불어 공동체 붕괴의 위험은 없는지, 우려되는 추세로 보여진다.

2014년 국제표준안에 기초한 조사

한편 앞서 소개한 영국의 조사방안과 국제노동기구의 국제표준안을 참고해 2014년에 조사한 한국자원봉사문화의 전국조사 결과에 따르면, 지난 1년간 이웃돕기에 참여한 한국인은 61.9%에 달한다. 아래처럼 이웃돕

그림 7.3 한국인 이웃돕기 10가지 유형별 참여율 (단위: %)

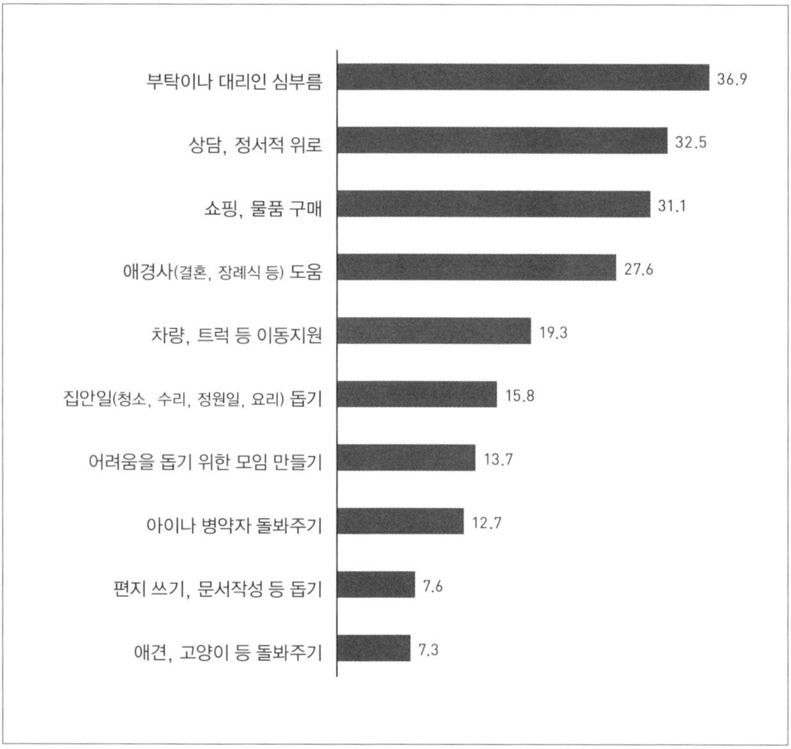

■ **표 7.5** 이웃돕기 유형별 빈도: 1년간 1회 또는 2회 이상 (단위: %)

이웃돕기 유형	지난 1년간 경험	
	1회	2회 이상
친구나 타인(이웃)을 위한 쇼핑, 물품 구매	11.3	19.9
친구나 타인(이웃)을 위한 심부름, 부탁이나 대리인 심부름	14.4	22.6
친구나 타인(이웃)에게 차량, 트럭 등 이동 지원	6.6	12.7
친구나 타인(이웃)의 아이나 병약자 돌봐주기	6.7	6.0
친구나 타인(이웃)의 집안일(청소, 수리, 정원일, 요리) 돕기	7.3	8.6
친구나 타인(이웃)의 동물(애견, 고양이 등) 돌봐주기	4.8	2.5
친구나 타인(이웃)에게 애경사(결혼, 장례 등) 관련된 도움	13.3	14.3
친구나 타인(이웃)에게 상담, 정서적 위로	10.5	22.0
친구나 타인(이웃)에게 편지 쓰기, 문서작성 등 돕기	3.8	3.8
친구나 타인(이웃)의 어려움을 돕기 위한 모임(조직) 만들기	2.0	1.6

기 10가지 유형에서 하나 이상에 참여한 사람이 100명 중 62명에 달한다. 뒤에서 살펴보겠지만 OECD 34개국 조사에서는 2012년 45.2%로 조사되었는데, 이는 5년 전인 2007년 (41.5%)에 비교해 다소 늘었다.

한국인의 가장 일상적인 이웃돕기는 '부탁이나 심부름'이다. 지난 1년간 부탁이나 심부름으로 이웃돕기를 한 사람은 36.9%이다. '상담이나 정서적 위로'가 제2 순위, '쇼핑이나 물품구매' 돕기, '애경사 도움'은 제3, 제4 순위이다.

또 이웃돕기 유형에 따라 빈도의 차이가 발견된다. ①부탁이나 심부

■ **그림 7.4** 자원봉사자와 비자원봉사자 이웃돕기 유형별 참여율 비교 (단위: %)

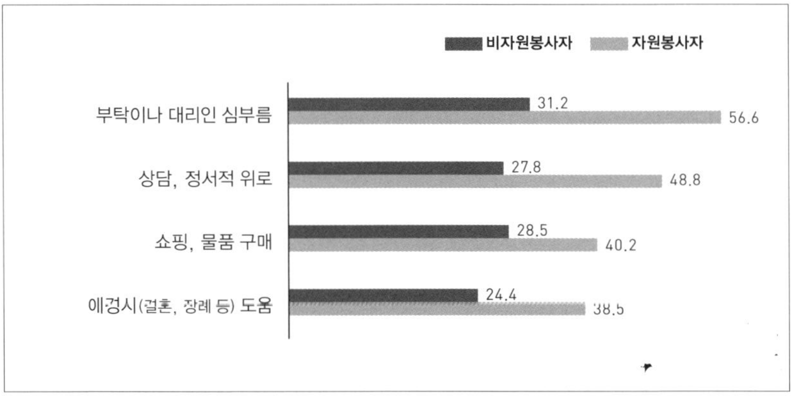

■ **표 7.6** 자원봉사자와 비자원봉사자의 이웃돕기 유형별 2회 이상 활동 (단위: %)

이웃돕기 유형	자원봉사자	비자원봉사자
친구나 타인(이웃)을 위한 쇼핑, 물품 구매	28.8	17.3
친구나 타인(이웃)을 위한 심부름, 부탁이나 대리인 심부름	36.9	18.4
친구나 타인(이웃)에게 차량, 트럭 등 이동 지원	20.6	10.4
친구나 타인(이웃)의 아이나 병약자 돌봐주기	13.1	3.9
친구나 타인(이웃)의 집안일(청소, 수리, 정원일, 요리) 돕기	14.1	7.0
친구나 타인(이웃)의 동물(애견, 고양이 등) 돌봐주기	3.4	2.3
친구나 타인(이웃)에게 애경사(결혼, 장례 등) 관련된 도움	19.5	12.8
친구나 타인(이웃)에게 상담, 정서적 위로	36.5	17.8
친구나 타인(이웃)에게 편지 쓰기, 문서작성 등 돕기	5.9	3.2
친구나 타인(이웃)의 어려움을 돕기 위한 모임(조직) 만들기	3.3	1.1

참고 10개 유형 모두에서 chi-square 차이검증: 유의수준 p<0.000.

름, ②상담이나 정서적 위로, ③쇼핑이나 물품구매 등 가장 일반적인 이웃돕기에서는 지난 1년간 2회 이상의 경험이 1회 이상보다 훨씬 더 많다. 그 밖에 다른 이웃돕기 유형에서는 단순히 1회에 그치는 사례들이 더 많다.

이웃돕기에서 자원봉사자는 비자원봉사자에 비해 훨씬 더 많은 활동을 한다. 이웃돕기 빈도에서도 자원봉사자가 많은 활동을 하면서 더 자주 활동한다.

3. 노블리스 오블리제

앞서 기부와 자원봉사에서 살펴보았듯이 더 많이 배우고, 더 많이 가진 자가 이웃돕기에 더 많이 참여하는가? 기부나 자원봉사에서는 교육 수준이 높고, 소득수준이 높은 사람들이 더 많이 참여해 나누며, 또 사회적으로 많은 보수를 받으며 지위가 높은 직업을 가진 사람들의 자원봉사 참여가 비교적 높다는 것이 서구의 자료분석을 통해 확인할 수 있었다. 그러나 이런 일반화는 국가에 따라 다소 두드러진 차이를 보여주는데, 한국에서는 어떠한가?

1) 유럽인의 학력/직업별 이웃돕기

위의 유로바로미터 조사에 따르면, 2011년 유럽인 68%가 이웃돕기 활동을 한 것으로 소개되는데, 참여자의 개인적 프로필은 〈표 7.7〉과 같다. 교

■ **표 7.7** 유럽인 학력/직업별 이웃돕기 : 유럽 27개국, 2011 (단위: %)

	단체참여 또는 자원봉사	이웃돕기
전체	26	68
고졸 이하	19	57
전문대	23	69
대졸 이상	36	77
재학생	29	68
전문직	45	81
사무직	26	71
블루칼라	23	69
자영업	28	71
실업자	17	67
은퇴자	25	61
주부	21	65
학생	29	68

자료 Eurobarometer 2012.

육을 많이 받은 사람들이 더 많이 참여하고 있다는 것은 대부분의 국가들에서 경험적으로 확인되고 있다. 또 직업별 참여율을 보면, 지위가 높은 관리직은 81%로 가장 높고, 그 다음으로 사무직, 자영업자, 블루칼라, 학생, 실업자, 주부, 은퇴자 등의 순서로 나타났다.

2) 한국인의 학력, 소득수준별 이웃돕기

한국에서도 이웃돕기의 노블리스 오블리제가 잘 확인되고 있다. 기부나 자원봉사에 비교하면 이웃돕기에서는 노블리스 오블리제는 비교적 뚜렷하게 나타난다. 먼저 소득별 차이가 뚜렷해서, 소득수준이 높(낮)은 사람들이 이웃돕기를 더 많이(적게) 실천하고 있다는 것으로 확인해볼 수 있다 (그림 7.5, 볼런티어21 2008 자료분석).

또한 교육 수준이 높을수록 참여도가 높으며, 직업별로도 상위 직업인 전문/자유직, 관리직, 기술직이 비교적 높은 참여율을 보여주며, 반면에 판매, 서비스, 생산직, 농어민에서 참여율이 비교적 저조하다는 것을 알 수 있다. 또 소득이 없는 학생이나 미취업자의 이웃돕기는 소득계층에 비해

■ **그림 7.5** 한국인 소득수준별 이웃돕기 참여율: 2008년

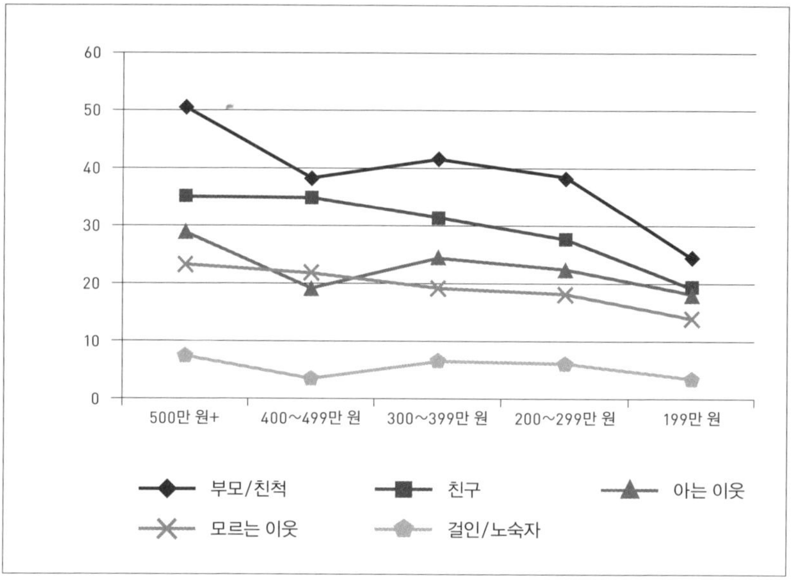

표 7.8 한국인 이웃돕기의 노블리스 오블리주: 교육, 소득, 직업별 (단위: %)

	부모/친척*	친구	아는 이웃	모르는 이웃	노숙자
중졸	25	19	19	13	5
고졸	39	27	22	17	6
전문대 재학	13	18	7	11	9
4년재 재학	18	30	10	13	4
전문대 졸업	45	33	28	21	7
4년재 졸업	47	38	25	25	5
대학원 졸업	61	39	45	45	9
전문/자유직	46	40	37	37	17
관리직	42	42	26	42	5
기술직	45	35	24	22	6
사무직	43	30	22	18	4
자영업	41	34	28	23	6
판매직	34	27	18	14	10
서비스직	39	30	21	19	7
생산직	38	27	18	12	7
농어민	24	16	20	8	5
주부	39	22	24	19	5
학생	15	27	6	9	7
미취업자	18	23	14	12	2

참고 * 같이 살지 않는 부모나 친척. 자료: 볼런티어21, 2008년 자료 분석.

현저하게 떨어지는 참여 수준을 보여준다. 부모/친척부터 노숙자 돕기까지 전체적으로 교육, 소득, 직업에 따라 참여율이 두 배 가량 뚜렷한 차이가 있다.

2014년의 전국조사에서도 이웃돕기의 노블리스 오블리제가 확인되고 있다. 학력과 소득수준이 높을수록 다 많이 이웃돕기를 실천한 것으로 나타난다. 이웃돕기에 참여하는 참여자의 개인특성별 자료를 분석해보면 아래와 같은 특징이 발견된다. 이웃돕기 10대 유형 중 가장 많은 활동이 이루어지는 4대 유형에 초점을 맞추어 정리해본다.

- 여성이 남성에 비해 모든 유형에서 활발한 이웃돕기 활동을 한다.
- 부탁이나 심부름에서는 여성이, 연령으로 30대 여성이 가장 활발하고, 소득수준별 차이는 적지만, 교육 수준에서는 저학력 층이 가장 활발하다.
- 상담이나 정서적 위로에서도 여성이, 연령으로는 40대와 50대 여성이 이웃돕기에 가장 열성적이며, 여기에서 교육이나 소득 수준에 따른 차이가 거의 없이 고루 참여하고 있다.
- 쇼핑이나 물품구매에서는 남성보다 여성이 활동적이며, 여성 30대가 특히 왕성히 활동한다. 교육 수준에서는 저학력층, 소득수준에서는 고소득층이 이웃돕기에 더 활발하다.
- 애경사(결혼, 장례 등) 이웃돕기에서는 사회활동이 많은 남성, 특히 남성 30대가 가장 활발하다. 교육 수준에서는 저학력 층이 활발하지만, 소득수준에서는 월 소득 500만 원 이상의 고소득층이 많이 참여해 활동한다.

■ **표 7.9** 이웃돕기 유형별 성, 연령, 교육, 소득수준, 직업별 비교 (단위: %)

	부탁, 대리 심부름	상담, 정서적 위로	쇼핑, 물품 구매	애경사 도움주기
전체	37.0	32.5	31.2	27.6
남자	35.0	43.9	26.2	30.3
여자	38.9	35.4	36	24.8
20대	37.8	30.1	33.2	19.4
30대	40.4	32.6	37	25.9
40대	37.6	37.6	36	32.6
50대	38.7	32.8	29.7	30.4
60세 이상	31	28.8	21	26.7
남자 20대	34.3	25.7	25.1	21.2
남자 30대	38.0	28.9	30.8	32.7
남자 40대	35.7	35.7	31.7	36.5
남자 50대	35.7	26.1	24.6	32.6
남자 60대 +	30.7	29.9	17.6	26.5
여자 20대	41.6	35.0	42.2	17.4
여자 30대	43.0	36.4	43.7	20.6
여자 40대	39.6	39.7	40.3	28.5
여자 50대	41.6	39.6	34.9	28.2
여자 60대+	31.2	28.0	23.6	26.9
중졸	34.6	30.5	20.3	20.3
고졸	35.2	29.4	29.9	30.0
대재 이상	39.2	36.1	35.5	27.4

	부탁, 대리 심부름	상담, 정서적 위로	쇼핑, 물품 구매	애경사 도움주기
199만 원 미만	35.7	27.5	21.7	22.9
200~299만 원	36.4	30.1	29.4	24.6
300~399만 원	36.1	33.2	27.8	25.9
400~499만 원	33.8	33.7	34.1	30.9
500만 원 이상	43.5	36.1	40.1	32.6
전문/자유직	33.3	50.0	16.7	50.0
관리직	71.7	43.0	57.0	71.3
반전문/기술직	34.2	25.5	28.5	40.0
사무직	39.5	33.5	35.7	30.9
자영업	35.5	34.4	30.6	34.9
판매직	43.4	33.2	31.5	29.4
서비스직	33.9	27.4	24.6	18.6
생산직	38.7	31.9	30.9	33.1
농어민	51.5	43.8	33.5	30.9
전업주부	35.2	29.3	33.1	22.2
학생	34.1	35.0	28.7	14.9
미취업	22.3	26.2	12.1	22.2

참고 * chi-square 차이검증 : 유의수준 p〈0.000

4. 이웃과의 관계망

이웃돕기는 넓게는 이웃과의 소통, 친교, 상부상조 등의 나눔활동으로 볼 수 있다. 좁은 의미의 이웃돕기가 도움을 필요로 하는 이웃돕기에 해당된다면, 넓은 의미의 이웃돕기로 이웃끼리 서로 돕는 다양한 친교나 자조활동(self-help)이 늘고 있다는 것을 주목해볼 만하다. 가까운 이웃과의 나눔활동은 나눔문화의 일차적인 관계망을 형성하기 때문에 나눔문화의 기초 인프라가 된다. 이웃과의 나눔으로부터 공동체, 사회, 국가, 지구촌으로 나눔문화가 확대된다고 볼 수 있다.

1) 이웃과의 친교

OECD 주요국

현대인은 이웃과 소통하고 있는가? 먼저 가장 일차적인 소통의 대상이 되는 가족과 친구와의 만남에 대해 알아보면, OECD(2011)의 27개국 자료를 참고해볼 만하다. 가족과의 만남은 주 1회 이상 만남을 갖는 사람들이 많지만, 연령과 경제 상태에 따라 두드러진 차이를 보여준다. 다른 계층에 비해 노인층과 빈곤층은 친구와의 만남에서 소외된 계층들이다.

나아가 자신이 어려움을 겪게 되었을 때, 도와줄 사람(친구나 이웃)이 있는지에 대해서는 앞서 OECD 자료에서 확인하였듯이 비교적 많은 사람들이 도움을 줄 것으로 나타났다. 100명 가운데 많게는 98명(아이슬란드)부터 적게는 79명(터키)의 분포를 이루는데, 한국은 터키 다음 최하 수준에 있다. 이웃사촌 정신이 많이 사라져 버린 게 아닌가 하는 생각을 하게 된다. 그런

■ **표 7.10** 가족과 친구와의 만남: OECD 27개국 (단위: %)

		15~17세	18~64세	65세 이상	비빈곤층	빈곤층
가족과의 만남	연중 전혀 없음	6.4	4.0	6.5	3.9	8.4
	주 1회 이상	53.2	65.1	64.0	65.5	59.4
	월 1회 이상	32.5	25.4	23.6	25.3	25.3
	연 1회 이상	7.9	5.3	5.9	5.2	6.9
친구와의 만남	연중 전혀 없음	2.2	6.7	19.1	7.8	15.8
	주 1회 이상	91.5	60.6	40.3	58.2	52.6
	월 1회 이상	5.6	27.9	31.1	28.4	24.8
	연 1회 이상	0.7	4.9	9.5	5.6	6.8

참고 수치는 설문에 대한 응답율(%).
자료 OECD 2011c: 179.

데 여기에서도 계층에 따라 빈익빈, 부익부의 불평등이 존재한다. 학력이나 소득 수준이 낮은 사람일수록 주변에 도움을 청할 수 있는 사람이 적다. 특히 노인층과 빈곤층이 그렇다.

한국인의 이웃 관계

한편 한국인의 이웃 관계망은 어떠한가? 통계청의 자료를 보면, 2011년 현재, 사정으로 집안일을 부탁할 사람이 있다 76%, 급히 많은 돈을 빌려줄 사람이 있다 49%, 낙심이나 우울증으로 이야기할 상대가 있다 81% 등으로 나타났는데, 2009년의 조사에서도 비슷한 결과를 보여준다. 그러나 앞의 OECD 27개국 사례와 마찬가지로 계층간 두드러진 불평등이

■ **표 7.11** 한국인 이웃 관계망 : 연령, 교육 수준별, 2011 (단위: %)

	집안일 부탁	돈 빌려줄 사람	이야기할 상대
전체	75.9	48.6	81.0
19~29세	82.3	59.2	88.4
30~39세	77.7	57.6	86.7
40~49세	74.4	47.7	81.3
50~59세	74.0	41.0	77.2
60세+	71.8	32.9	69.8
초졸-	68.7	34.5	70.6
중졸	71.5	44.6	79.3
고졸	75.5	47.1	80.9
대졸+	80.5	59.7	87.4

자료 통계청, 사회조사, 2011.

부각되고 있다. 〈표 7.11〉에서는 개인의 인적자본의 차이에 따라 사회적 관계망의 차이가 두드러지게 나타난다는 것을 엿볼 수 있다. 연령이 적(많)을수록 사회적 관계망이 강(약)하고, 또 학력과 소득수준이 낮(높)을수록 사회적 관계망이 약(강)하게 나타났다. 집안일 부탁이나 이야기해줄 상대 측면에서는 연령, 학력과 소득 수준별 차이는 비교적 적지만, 특히 돈을 빌려줄 사람에서는 학력과 소득 수준별 차이가 심하다(그림 7.6).

한편 서울시민을 대상으로 조사한 설문결과를 보면, "지난 1년 동안 이웃에게 도움을 주거나 받는 정도에 대해 전혀 그런 적 없다"는 응답은 연령이 낮을수록, 학생, 지난 1년간 자원봉사 활동 경험이 없는 층에서 상대적으로 높게 나타났다(서울시자원봉사센터 2011). 이웃과 전혀 도움을 주거나 받지 않았다는 비율은, 20대 46%, 30대 33%, 40대 26%, 50대 24%, 60대 18%로 나타났고, 자원봉사자 중에는 18%이지만 비자원봉사자 중에는 33%로 비교적 큰 차이를 보여준다. 또 고용형태별로는 경제활동으로 바쁜 생산직이 40%로 가장 높고, 뒤이어 사무/전문직 33%, 자영업 24%, 가정주부 18%이며, 학업에 바쁜 학생들은 49%로 매우 높다.

한국인은 일반적으로 개인 단독보다 다른 사람들과 더불어 또는 단체를 통해 사회생활을 중시하므로, 친교활동과 단체활동에 적극적이다. 〈표 7.12〉에서 볼 수 있듯이 한국인 절대 다수는 최소한 일년에 몇 차례 또는 일주일에 한 차례 이상은 부모나 친척, 친구, 이웃과 저녁식사를 같이 한다.

■ **그림 7.6** 한국인 소득수준별 이웃관계망, 2011

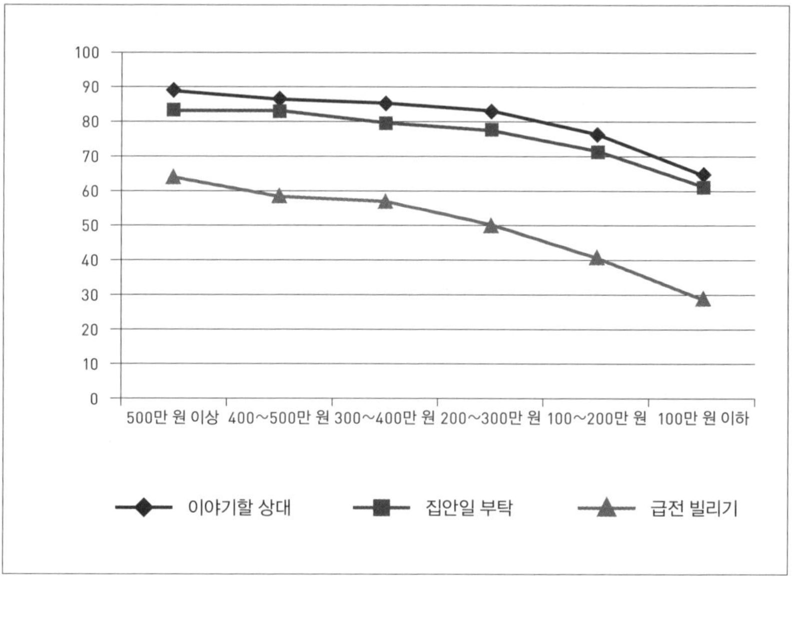

■ **표 7.12** 한국인의 친교활동: 자원봉사자와 비자원봉사자 비교, 1999~2011 (단위: %)

	1999	2005	2011	자원봉사자	비자원봉사자
부모/친척과 저녁	94.2	96.7	93.5	95.9	93.0
이웃과 저녁	72.5	80.3	82.5	86.9	81.4
친구들과 저녁	80.2	86.3	90.1	92.9	89.3
직장/사회단체 친구와 교제	57.0	60.7	55.5	67.6	52.3
종교 기관 친구와 교제	31.2	36.8	39.2	57.2	63.8
봉사/서비스기관 친구와 교제	17.0	20.2	17.5	66.1	6.8
운동/취미활동 친구와 교제	41.6	49.5	40.3	55.2	36.3
소셜네트워크활동(페이스북등)			16.6	21.8	15.3

참고 *사교활동은 시간을 함께 보내는 것으로 일주일 1번 이상, 한달 한두 번, 일년 몇 번이 해당.
자료 볼런티어21, 2011.

이런 가까운 사람들과의 친교활동은 경제적 여유와 함께 외식 등의 많은 기회를 가지며 점차 늘고 있다. 또 사람들과의 빈번한 사교활동도 직장이나 사회단체 또는 종교 기관뿐 아니라 봉사/서비스 기관에서도 점차 늘고 있다. 또 자원봉사자와 비자원봉사자의 친교활동의 차이도 확인되고 있다. 부부/친척, 이웃, 친구와의 저녁에서는 별 차이가 없지만, 직장이나 사회단체, 종교 기관, 봉사단체, 운동/취미단체 친구와의 교제에서는 비교적 유의미한 차이를 보여준다.

2) 소수자 포용의 관용

이웃과의 나눔활동과 관련된 또 다른 주요 지표는 관용(tolerance)이다. 관용은 사회적 소수자를 포용하는 사회 통합의 주요 지표로 이용할 정도로, 이웃돕기의 기초 지표이다. 그런데 한국은 여기에서도 OECD에서 최하위에 머물러 있다. 앞서 살펴보았던 "어려울 때 도움줄 사람이 있다"는 지표에서 최하위를 기록한 것과 함께 고려하면, 우리의 아름다운 미덕인 이웃사촌 정신은 매우 심각한 쇠퇴기에 접어들었다고 볼 수 있다.

OECD에서 이웃돕기 문화가 가장 발달한 문화권은 앵글로색슨계라 볼 수 있다. 〈표 7.13〉에서 볼 수 있듯이, 30개국의 순위에서 6개국이 1~6위에 올라 있다. 다음으로 북유럽, 유럽 대륙, 아시아, 남유럽, 동유럽 순으로 볼 수 있다.

OECD 자료에서 관용지수는 응답자가 살고 있는 도시나 지역이 소수자(인종/민족 소수자, 성적 소수자, 이민자)에게 다른 사람들과 어울려 살기 좋은 곳인지를 알아보는 응답율을 말한다. 이 조사는 갤럽 세계조사가 15세 이상 거주자를 대상으로 조사한 결과이다. 한국은 2005~07년에 OECD에서 에스토니아 다음으로 최하위의 관용 점수를 보였지만 최근 2010년에는 일본과 같은 수준으로 상승해, 다른 4개국보다는 높은 사회적 관용의 위상을 갖추어가고 있다. 그럼에도 한국의 관용지수(42.5%)는 최고수준인 캐나다와 호주의 절반 수준에 그치고 있다는 점도 주목해볼 수 있다.

소수자 포용 자료를 살펴보면, 민족/인종적 소수자 포용력은 미국이나 캐나다에서는 높지만, 한국, 일본, 동유럽에서는 비교적 낮다. 특히 한국과 일본은 성적 소수자 포용력에서 최하위에 머물러 있고, 이주자에 대한 거부감도 강한 국가 그룹에 속해 있다.

표 7.13 이웃돕기와 소수자 포용의 관용: OECD 30개국 비교

이웃돕기 순위		이웃돕기	도와줄 이웃	타인 신뢰	소수자 포용	민족 소수자	성적 소수자	이주자
1	미국	60	92	49	76	85	66	79
2	아일랜드	59	97	59	78	83	70	82
3	호주	58	95	64	84	86	79	87
4	뉴질랜드	57	97	69	81	86	71	88
4	영국	57	95	69	71	76	65	71
6	캐나다	54	95	–	84	88	77	88
8	아이슬란드	47	98	–	81	88	82	83
9	덴마크	46	97	89	75	78	70	77
10	핀란드	44	93	86	64	64	63	64
15	노르웨이	42	93	88	69	86	61	71
17	스웨덴	39	96	84	75	77	70	77
6	네덜란드	54	95	80	81	79	83	82
10	룩셈부르크	44	95	–	76	81	65	84
10	스위스	44	93	74	60	70	56	63
13	독일	43	93	61	70	72	65	75
13	오스트리아	43	95	62	53	60	47	55
18	벨기에	35	93	69	66	63	67	68
18	한국	35	80	46	43	58	15	54
23	일본	26	90	53	42	48	29	50
21	프랑스	31	94	56	73	75	69	74
22	스페인	30	94	62	78	74	77	82
25	이탈리아	26	86	–	51	56	40	57
27	포르투갈	22	83	38	61	64	50	70
30	그리스	13	86	40	48	52	33	60
16	슬로베니아	41	91	53	51	70	35	53
20	폴란드	32	92	47	36	44	21	42
22	체코공화국	28	89	56	42	42	41	42
26	슬로바키아	25	89	47	44	54	32	47
27	헝가리	22	88	47	44	54	24	53
29	터키	20	79	24	35	45	12	47

참고 수치는 설문에 대한 응답율(%).

자료 OECD 2011. http://dx.doi.org/10.1787/888932382140

5. 기부자/자원봉사자의 이웃돕기

일반적으로 이웃돕기 참여자는 다른 나눔활동에도 참여하는 경우가 많다. 국가별 나눔문화의 수준은 일차적인 이웃돕기 활동을 기초로 기부와 자원봉사, 시민참여에서 높은 수준을 보여준다. 아래에서는 기부활동과 자원봉사에 참여하는 사람들의 이웃돕기 활동에 대해 차례로 살펴본다.

1) 기부자의 이웃돕기

한국인 개인 기부활동에서 나타나는 이웃돕기는 앞에서 지적했듯이 점차 줄고 있는 추세이다. 도움이 필요한 이웃에게 직접 현금 또는 현물을 기부하는 사람들의 수는 줄고 있는 추세가 뚜렷하다. 기부금을 대상자에게 직접 전달방식은 2009년 16%에서 2011년 12%로 줄었지만, 그럼에도 한국인은 기부활동 중에서 이웃돕기에 가장 많은 금전적 기부를 한 것으로 조사되었다. 2011년 한 해 동안 한국인은 1인 평균 16만 7000원을 기부했는데, 그중 대상자에게 직접 전달된 이웃돕기는 35만 5000원으로 평균 이상으로 가장 많았고, 다음으로 종교단체에 23만 9000원, 직장을 통해 13만 3000원, 모금기관을 통해 9만 6000원, 언론을 통해 3만 3000원을 기부했다(통계청 2011). 또한 쌀, 식품 등 물품을 기부한 경우는, 종교단체 기부가 36%로 가장 많았고, 이어 대상자에게 직접 전달하는 이웃돕기가 30%, 모금기관으로 24%, 직장을 통해 13%, 언론을 통해 4% 등이다(통계청 2011).

이웃돕기에서 기부자와 비기부자의 차이가 분명히 나타날 것으로 가

■ **그림 7.7** 한국인 기부자와 비기부자의 이웃돕기 활동, 2011 (단위: %)

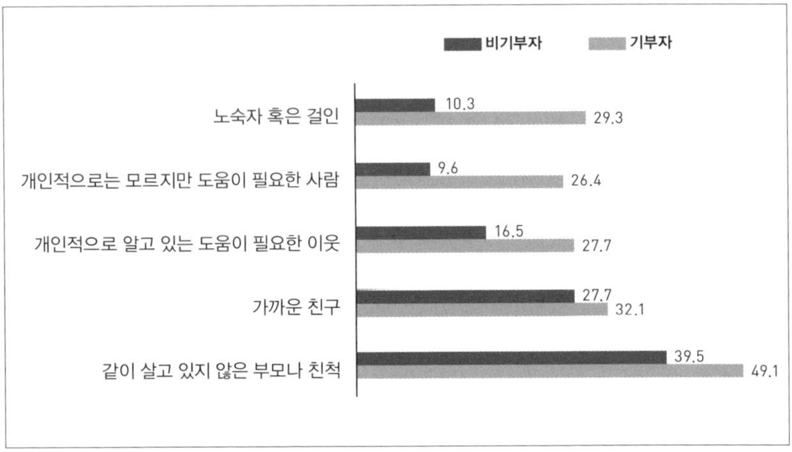

정해볼 만하다. 이것은 사실로 확인되고 있다. 가까운 친구나 같이 살지 않는 부모 돕기에서도 기부자가 비기부자에 비해 더 많은 도움을 주고 있는데, 특히 노숙자, 잘 모르는 이웃, 잘 아는 이웃에 대한 나눔에서도 기부자는 비기부자에 비해 더 관대한 '마음의 습관'을 갖고 있는 것 같다(볼런티어 21, 2011).

2) 자원봉사자의 이웃돕기

또 자원봉사자는 비자원봉사자에 비해 이웃돕기에 더 많이 참여하고 있다. 비자원봉사자에 비교해 자원봉사자는 가까운 친구나 같이 살지 않는 부모 돕기에서도 더 많은 도움을 주고 있고, 나아가 노숙자, 잘 모르는 이웃, 잘 아는 이웃에 대한 나눔활동에도 훨씬 더 많이 참여하고 있다(그림

■ **그림 7.8** 자원봉사자와 비자원봉사자의 이웃돕기 비교, 2011년 (단위: %)

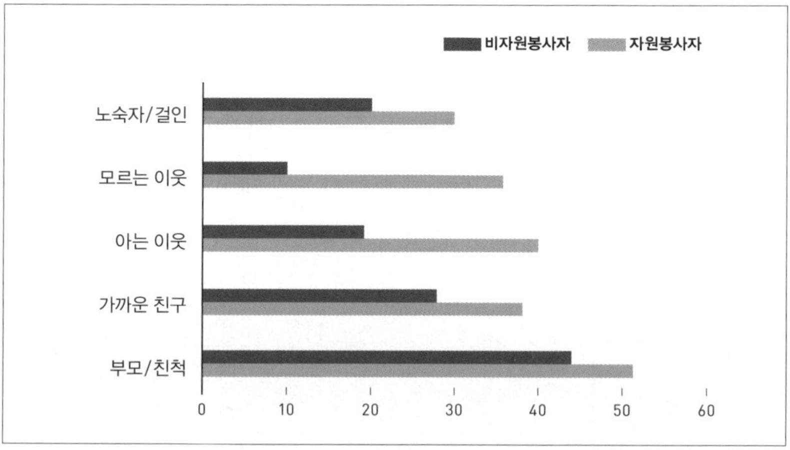

7.8). 특히 아는 이웃이나 모르는 이웃과 나누는 활동에서는 두 배 이상의 참여도 차이를 보여준다(볼런티어21, 2011).

6. 한국인의 이웃돕기 활동

1) 이웃돕기 활동의 특성

이웃돕기 참여율

지난 1년간 이웃돕기에 참여한 한국인은 61.9%에 달한다. 아래처럼 이웃돕기 10가지 유형에서 하나 이상에 참여한 사람이 100명 중 62명에 달한다. 뒤에서 살펴보겠지만 OECD 34개국 조사에서는 2012년 45.2%로 조사되었는데, 이는 5년 전인 2007년 (41.5%)에 비교해 다소 늘었다.

1999~2014 시계열 비교

이웃돕기에 관한 조사는 1999년 초기부터 시작되었지만, 조사 시기에 따라 설문문항이 달라 1999~2008년 기간에 대해서만 시계열 비교가 가능하다. 〈표 7.14〉에서 '이웃' 항목에 초점을 맞추어 비교해보면 아래와 같다.

1999년 이웃돕기 참여율이 43.3%에서 2002-2005-2008년으로 가면서 43.3% → 37.1% → 22%로 대폭 하락하는 추이를 발견한다.

한편 OECD의 2007~12년 조사에서는 한국인의 이웃돕기 참여율은 3.7% 늘었고, 이번 2014년 조사에서는 이웃돕기 항목을 10가지로 상세하게 제시하며 하나 이상 참여한 사람을 조사한 것으로 61.9%에 달했다는 점에서 이웃돕기가 하락세라고 단정하기는 어렵다.

표 7.14 이웃돕기 참여율 추이: 1999~2008

	2008년			2005년			2002년			1999년		
	전체	자원 봉사자	비자원 봉사자	전체	자원 봉사자	비자원 봉사자	전체	자원 봉사자	비자원 봉사자	전체	자원 봉사자	비자원 봉사자
부모·친척	36.5	48.5	33.5	47.7	58.9	44.8	54.6	63.2	52.9	55.6	65.1	54.0
가까운 친구	28.0	39.4	25.1	39.9	52.0	36.8	45.2	55.1	43.3			
이웃	22.0	37.7	18.1	37.1	60.4	31.1	43.3	66.4	38.8	43.3	67.0	39.5
그 외 도움주기	18.1	36.4	13.5	32.2	55.9	26.1	38.2	60.3	33.8	43.8	63.7	40.5

자원봉사자와 비자원봉사자 비교

이웃돕기에서도 자원봉사자는 비자원봉사자보다 더 활발한 활동을 한다. 이웃돕기를 하는 사람들이 자원봉사자로 많이 참여하고 있다.

1999~2008년 시계열 분석에서도 〈그림 7.10〉과 같이 자원봉사자는 비자원봉사자에 비해 훨씬 더 많이 참여해 이웃돕기를 실천하는 것을 확인할 수 있다.

■ **그림 7.9** 자원봉사자와 비자원봉사자의 이웃돕기 참여율: 2014 (단위: %)

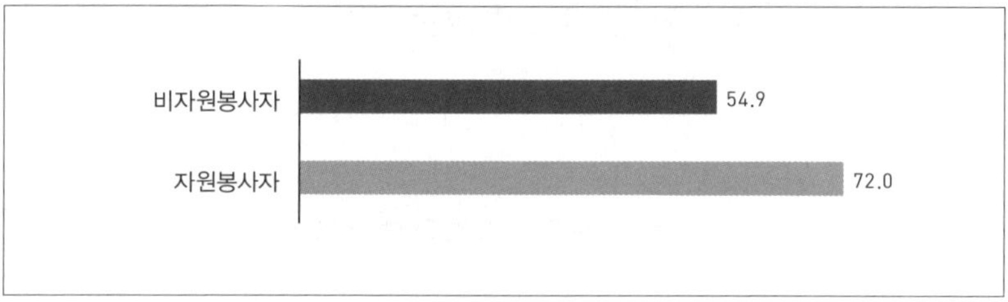

■ **그림 7.10** 자원봉사자와 비자원봉사자의 이웃돕기 참여율: 1999~2008

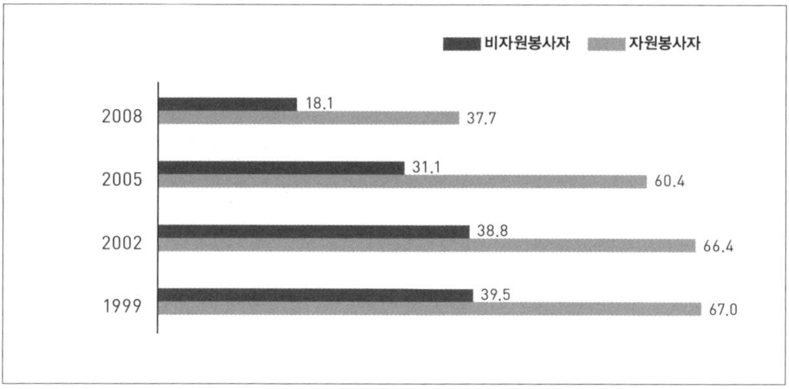

2) 세월호 희생자를 위한 시민참여와 이웃돕기

이웃돕기 참여자는 비참여자에 비해 시민참여 활동에 적극적이다. 이번 연구에 포함된 시민참여 문항들 중에서 세월호 참사 희생자를 위한 다양한 시민참여 활동에 참여하는 참여자 중에서 이웃돕기 참여와 비참여를 구분해 비교해보면, 둘 사이에는 의미 있는 차이가 있다는 것을 알 수 있다.

현지를 직접 방문해 봉사활동을 하는 일부터, 현지방문은 안했지만 다양한 현장지원 활동에 동참, 추도식이나 분향소 방문, 노랑 리본달기, SNS 온라인 활동, 기부 참여 등이 그것들이다.

그림 7.11 세월호 참사 관련 참여활동: 이웃돕기 참여-비참여 비교 (단위: %)

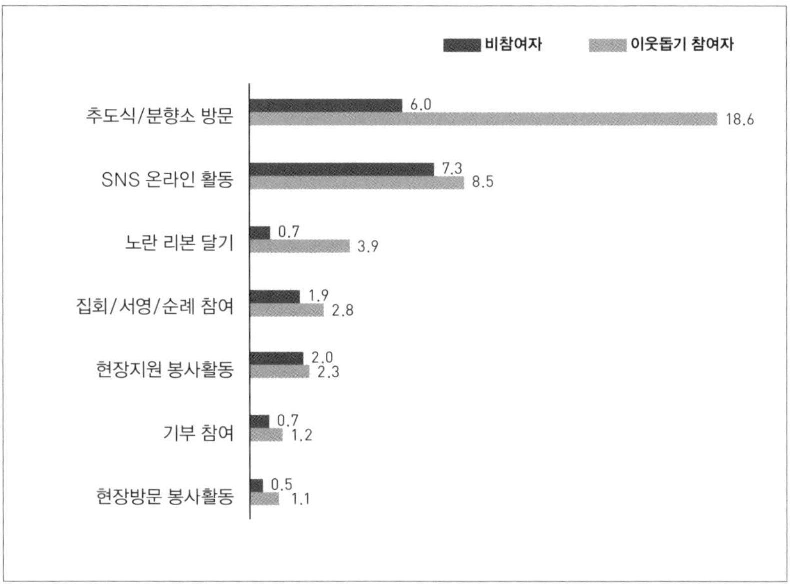

3) 친사회적 경험과 이웃돕기

개인의 다양한 경험 중 '친사회적'(pro-social) 경험이 많은 사람들이 이웃돕기를 더 많이 한다고 가정해볼 수 있다. 이 점에 주목해 (사)한국자원봉사문화(前 볼런티어21)는 1999년부터 친사회적 경험과 자원봉사의 상관성을 검증해왔는데, 이번 2014년 조사에도 상당히 밀접한 상관성이 있다는 것을 확인하였다.

나아가 새로 설계한 이웃돕기 부분에서도 '친사회적 경험'과의 상관성이 밀접하다는 것을 확인할 수 있었다. 이웃돕기 참여와 비참여 사이의 차이가 친사회적 활동 모두에서 의미 있는 결과를 보여준다.

■ **그림 7.12** 이웃돕기와 친사회적 활동 경험과의 상관성 (단위: %)

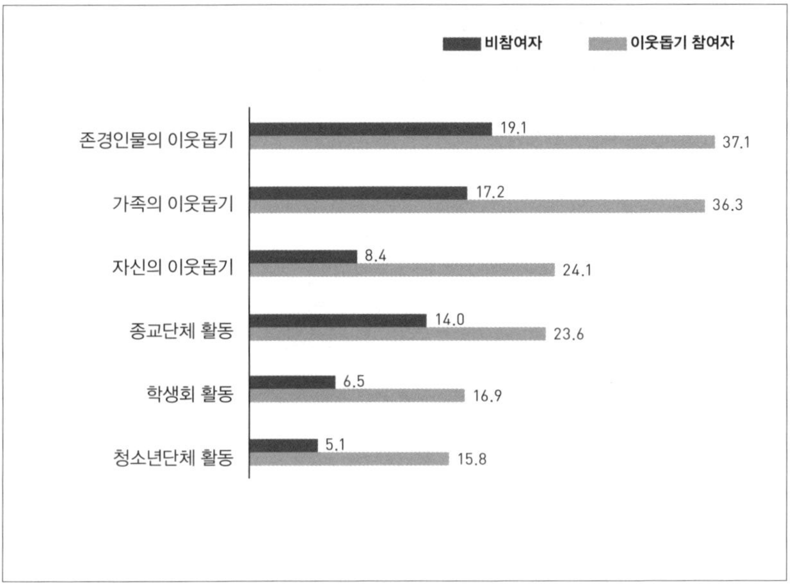

제8장

시민참여

나눔은 서로 주고받는 관계이며 나아가 주고받는 교환의 관계를 넘어서는 참여활동(participating)이다. 나눔은 좁은 의미에서 기부, 자원봉사, 이웃돕기라 볼 수 있지만, 넓은 의미에서는 타인과의 친분관계, 사교활동부터 다양한 단체에 참여해 단체를 위해, 단체의 나눔문화를 위해, 단체로부터 혜택을 받기 위해, 단체 회원들과의 친분과 유대를 위해, 경제 위기나 수해나 메르스 등 재난극복을 위해 참여하는 시민참여 활동이라고 볼 수 있다.

1. 시민사회 참여 활동

시민사회단체를 통한 나눔활동은 시민사회의 성장과 밀접히 관련된다. 시민사회의 성장은 세계적인 보편적 동향으로, 서구에서 1970년대 이후 복지국가의 위기와 함께 성장했다면, 한국 등 개발도상국에서는 민주화 이후의 두드러진 사회 변화를 반영하고 있다. 시민사회의 성장은 NGO 또는 NPO로 알려진 시민사회단체들의 양적 성장부터 살펴볼 만하다.

1) 글로벌 시민사회 혁명

시민사회의 성장은 뚜렷한 글로벌 동향이 되고 있다. 글로벌 차원의 시민사회의 등장은 1990년대 이후의 두드러진 동향이 되고 있다. 시민사회의 확대에 대해, 샐러먼(Salamon 1994)은 2대 혁명(경제성장과 IT혁명), 3대 실패(시장실패, 정부실패, 자원섹터 실패), 4대 위기(복지국가, 개발, 환경, 사회주의의 위기), 3대 압력(위로부터, 아래로부터, 밖으로부터의 압력)을 주요 배경 요인으로 꼽는다. 경제성장과 IT혁명의 덕분에 시민사회가 글로벌 차원으로 발전될 수 있는 유리한 환경을 갖게 되었고, 여기에 전통적인 시장실패와 정부실패, 그리고 자원섹터 실패가 시민사회의 등장을 정당화시키는 시대적 요청이 되었다. 특히 서구의 복지국가 위기, 제3세계의 개발의 위기, 동구 사회주의의 위기, 글로벌 차원의 환경의 위기는 글로벌 거버넌스(global governance)의 필요성을 중시하는 시대적 요청이었다(주성수 2004). 또 국내적으로는 위로부터 리더십의 의지, 아래부터 일반시민의 지지, 그리고 밖으로부터 타국과 국제적 영향력이 삼박자 지지와 압력으로 작용하며 시민사회의 성장에 많은 영향을 미쳤다.

각국의 시민사회 동향을 분석한 『글로벌 시민사회』에서, 샐러먼 등(1999: 4)은 '글로벌 결사체 혁명'(global associational revolution)에 대해 다음과 같이 설명한다.

> 북부 선진사회의 대부분에서는 전통적인 사회복지정책에 대한 심각한 의문에서, 남부 개발도상국의 많은 사회에서는 국가주도의 개발의 진전에 대한 실망에서, 남유럽과 동유럽에서는 국가사회주의의 실험의 실패에서, 그리고 세계 도처 어디에서나 인간의 건강과 안전을 끊임없이 위협하는 환경파괴에 대한 관심에서 명백해지고 있는 위기인 것이다. 이런 국가에 대한 의문은 시장정향적 경제정책에 대한 지지를 유도해오면서 세계 도처에서 활동하고 있는 시민사회단체들에 대해 새로운 관심과 새로운 기대를 집중시켜 왔다. 또 이들의 숫자와 규모가 수직 성장을 하고 있다는 사실 때문에도 이 단체들에 대한 관심이 이끌리면서 실로 세계 도처에서 실제적인 "글로벌 결사체 혁명", 즉 조직화된 사적, 자발적 활동의 대규모 폭증 추세가 진행 중인 것으로 보여진다.

특히 '시민'(citizen)의 등장을 주목해볼 만하다. 세계화, 탈냉전 등의 글로벌 동향의 중심에는 시민이 중요한 행위 주체로 부상하고 있다. 정부와 정치에 무관심하거나 무력한 시민이 아니라 정부와 정치에 비판적이며 NGO 등의 자발적 시민사회단체에 참여하는 자발적 시민의 등장은 거버넌스 시대와 NGO 시대의 주요 특징이다. OECD(2000)는 회원국 정부의 동향을 분석한 보고서에서, 시민들이 자신들의 사적 이해만을 챙기는 시민이 아니라 소비자보호, 환경보호, 소외층옹호 등 실질적인 사회문제 해결과 공익추구를 바라는 '자주적 시민'으로 등장한 것이 거버넌스 시대의 특징이라고 지적한다.

또 지구촌 시민사회조직들의 구심체 역할을 하는 시비쿠스(CIVICUS)는, "주제와 관심사는 장소에 따라 또 시간에 따라 다양하게 다르지만 시민운동이 이제는 지속적인 글로벌 현상이다"고 전제하면서, 다음과 같이 시민의 등장을 강조한다(De Oliveria & Tandon 1994: 2).

> 지난 20여 년 기간에 다양한 계급, 종교 및 인종의 배경을 가진 모든 사람들이 민주주의와 인권을 수호하고 보다 형평적인 개발과 보다 안전한 환경을 위해, 혹은 더 간단히 이야기하면 자신들의 이웃과 지역사회에서 도움을 필요로 하는 사람들을 돕고 일상 삶의 질을 향상시키기 위해 조직들을 구성하였다... 오늘날 두드러지게 나타나고 있는 특징은 이런 연대와 공공영역에 대한 책임의 미덕을 글로벌 차원으로 확대시켜가고 있다는 점이다... 더 광범위한 시민참여와 더 강력한 시민영향력을 지향하는 대규모, 거의 보편적인 운동이 하나의 새로운 현상으로, 어떤 단일의 포괄적인 구조에 의해 조장되고 있는 것도 아니고, 어떤 고정된 주소도 없으며, 어떤 종교적 개종이나 정치적 교전을 추구하는 것도 아니며, 또 국가권력에 타겟을 맞춘 것도 아니다. 그 중심에는 시민이라는 인물이 있으며, 또 다양한 얼굴과 다원적 관심사 그리고 오늘의 세계에서 영감의 원천들을 가진 많은 시민들이 있다.

한편 시민참여는 관례적인 참여 유형에서 비관례적인 참여 유형으로의 급속한 변화 동향을 보여준다. 투표와 같은 정치참여 등 전통적인 참여 방식과 영역을 넘어선 새로운 형태의 참여가 확대된 것은 서구의 경우 1970년대 이후의 일이다(Webler & Renn 1995: 18). 1920년대부터 등장한 각종 시민사회운동들이 시민의 직접 참여 기회의 확대를 요구해왔지만, 이들의 운동이 환경운동에 힘입어 신사회운동으로 시민 다수의 지지로써 사회적 위상을 갖추고 정부에 압력을 행사할 수 있었던 것은 1970년대 이후의 일이었다. 1960년대 미국과 유럽에서 확산된 신좌파(New Left) 학생운동은 당시에 많은 정치적 영향력을 가졌지만, 그 생명력을 유지하지 못하고 짧은 기간에 시들해지고 말았다. 그 빈 자리를 신사회운동이 대신 차지하며 포스트모던 시대의 새로운 삶의 방식을 희망하는 많은 시민들에게 직접 참여를 통한 삶의 질의 추구와 자치적 공동체의 중요성을 일깨워주었다. 환경운동을 중심으로, 소비자운동과 여성운동으로 확대되며 젊은층과 여성의 적극적인 참여와 지지가 뒷받침되었다. 또 투표와 공청회 등의 전통적인 참여방식과 전혀 다른 서명, 시위, 파업 등의 새로운 참여방식은 시민들의 적극적이고 직접적인 참여의 효과를 과시해가며, 최근까지 신사회운동을 중심으로 하는 참여민주주의의 행진은 지속되고 있다(앞글: 18-9). 유럽에서는 역사상 처음 전통적인 정치 문화가 '저항정치'에 의해 뒤흔들리며, 이런 새로운 포스트모던 요구를 점차 수용할 수밖에 없는 시대적 변화가 '조용한 혁명'처럼 진행되고 있다.

2) 주요국의 동향

시민사회단체의 양적 증가는 유럽의 대부분의 국가들에서 확인되는 지속적인 추세이다. 자료가 유용한 15개국 사례를 보면, 이미 세계 최고 수준에 있는 네덜란드에서는 다소 감소하는 추세가 있지만 나머지 국가들, 오스트리아, 불가리아, 덴마크, 에스토니아, 핀란드, 프랑스, 독일, 그리스, 이탈리아, 스페인, 헝가리, 폴란드, 루마니아, 슬로베니아에서 시민사회단체들의 수적 증가 추세는 지속되고 있다(GHK 2010: 85). 이탈리아에서는 1995~2007년 기간에 300% 증가율을, 루마니아에서는 최근 10년간 400% 증가율을 기록했다.

시민사회단체들은 특히 무보수 자원봉사 노동에 의존하는 비중이 매

■ **표 8.1** 시민사회단체의 조직화 수준: 인구비례, 유럽 22개국

	국가명
높은 수준 (7)	오스트리아, 네덜란드, 프랑스, 덴마크, 핀란드, 스웨덴, 에스토니아
보통 수준 (12)	영국, 아일랜드, 독일, 불가리아, 체코, 사이프러스, 헝가리,리투아니아, 폴란드, 슬로바키아, 슬로베니아, 스페인
낮은 수준 (3)	벨기에, 그리스, 이탈리아

자료 GHK 2010: 83-84.

우 높다. 유럽연합의 보고서에 소개된 일부 국가들의 사례는 다음과 같다 (GHK 2010: 85). 라트비아의 시민사회조직의 상근직 1명에 자원봉사자는 8명 비중을 차지하며, 몰타의 사회복지 단체들의 인력 84%는 자원봉사자이며, 포르투갈의 시민사회단체 66%가 자원봉사자를 활용한다. 덴마크와 핀란드의 시민사회단체 80%는 상근직이 없는 자원봉사자만으로 운영되고 있다. 핀란드와 에스토니아의 시민사회단체 중 역사가 비교적 짧은 신생 단체들이 자원봉사자를 더 많이 활용한다. 덴마크의 경우, 시민사회단체 중 전국 규모에서 자원봉사자 활용이 적고 상근직이 많지만, 지방 단위에서는 조직활동의 91%가 자원봉사자에 의해 수행된다. 마찬가지로 스페인에서도 시민사회단체의 업무 중 자원봉사자가 수행하는 업무 비중이 전국 단위에서는 9%에 불과하지만, 지역으로 내려가면 광역 17% → 준광역 22% → 기초 52%로 크게 높아진다. 프랑스의 경우, 시민사회단체 85%가 자원봉사자를 활용하는데, 전문 상근직의 역할과 자원봉사자의 역할이 비교적 엄밀하게 구분된 특징을 보여준다. 교육, 보건, 사회서비스 등 전문 영

역에서는 자원봉사자 활용이 적고 상근직 역할이 많지만, 기타 스포츠, 문화, 예술, 레저, 환경, 국제협력 등에서는 대부분이 자원봉사자의 역할에 의존한다.

2. 시민참여의 나눔활동

시민참여는 나눔활동의 하나로, 다른 나눔활동인 기부와 자원봉사와 밀접히 관련된다. 시민참여자가 기부자가 되고 자원봉사자가 되는 경우가 많기 때문이다. 먼저 주요국의 시민참여의 동향과 한국인의 시민참여의 특징을 차례로 살펴볼 수 있다.

1) 주요국의 시민참여

시민사회단체 참여에 관한 국제적 자료는 찾아보기 쉽지 않다. 최근까지 한국인 시민사회단체 활동의 현황을 서구와 다른 국가들과 비교해 볼 수 있는 자료는 2005~08년 기간에 조사된 세계가치관조사(World Values Survey) 자료이다.

〈표 8.2〉에서는 OECD 국가들을 앵글로색슨, 북유럽, 유럽 대륙, 남유럽, 아시아 순으로 구분하였는데, 이런 순서는 국가 차원의 시민참여율 수준의 순서라 볼 수 있다. 일반적으로 미국, 캐나다, 영국 등 앵글로색슨계가 시민참여뿐 아니라 기부, 자원봉사, 이웃돕기 등 나눔활동도 활성화되어

있다. 그 다음으로 스웨덴, 노르웨이, 핀란드 등의 북유럽 국가들이며, 표의 하단에 위치한 남유럽 국가들과 한국과 일본이 하위권에 속한다.

한국의 경우, 비교적 낮은 수준의 참여율을 보여주지만 스포츠와 여가, 예술교육 등 특정 분야에서는 서구 평균 수준에 달해 있다. 한국은 남유럽 수준보다 높고 일본보다 훨씬 높고, 유럽 대륙 수준과 유사하다.

■ **표 8.2** 시민사회단체 유형별 참여율: OECD 14개국 비교

	종교 단체	스포츠 여가	예술 교육	노동 조합	정당 당원	환경 단체	복지 자선	소비자 단체
미국	66.4	28.3	26.9	17.1	48.2	16.0	29.3	11.1
캐나다	50.5	43.3	35.8	26.1	17.4	16.5	34.9	11.9
영국	36.7	41.4	30.5	19.5	11.3	16.0	30.7	8.5
스웨덴	53.9	44.0	25.0	58.4	10.6	10.7	33.5	35.4
노르웨이	37.9	42.1	20.3	49.2	17.1	7.3	31.6	19.3
핀란드	79.1	35.9	18.8	52.0	14.0	9.3	20.9	7.7
스위스	54.0	50.1	31.0	14.2	15.6	24.0	33.7	12.1
프랑스	10.0	30.6	18.4	11.2	5.9	14.8	20.6	6.5
독일	46.3	35.7	13.9	12.1	5.2	5.0	10.4	1.8
네덜란드	30.7	44.0	26.5	21.6	7.9	15.8	20.7	12.8
이탈리아	22.4	28.8	16.9	14.2	10.4	7.8	21.1	6.7
스페인	21.2	14.5	9.3	7.5	4.7	4.7	9.4	3.7
한국	43.6	34.7	22.7	9.8	7.5	7.5	9.1	6.2
일본	12.0	17.3	15.6	10.0	6.7	4.7	4.8	3.5

참고 수치는 설문에 대한 복수 응답율(%).

자료 World Values Survey 2005-8. http://www.wvsevsdb.com/wvs/WVSData.jsp.

또 다른 자료는 유럽 27개국에 관한 유로바로미터 자료이다. 이 설문 자료는 유럽인에게 "지난 1년간 단체에 적극적인 활동을 했거나 또는 단체를 통해 자원봉사 활동을 한 경험이 있습니까"를 물어본 결과를 보여준다(표 8.3). 따라서 이 자료에서 많은 국가들의 시민참여/자원봉사 수준이 앞에서 살펴보았던 자원봉사 참여율과는 다소 차이가 있다는 것을 알 수 있다. 많은 유럽인들은 단체활동을 회원 활동으로 생각해서 회원 활동을 자원봉사로 간주하지 않는 경향이 있기 때문이다. 스웨덴의 경우가 대표적인 사례가 된다. 앞에서 스웨덴의 자원봉사 참여율은 11%에 불과했지만, 〈표 8.3〉에서는 시민참여/자원봉사 참여율에서는 55%로 2위에 위치한 국가이다. 여기에서 앵글로색슨의 영국과 아일랜드의 경우, 북유럽 국가들에 비교하면 절반 수준도 안되는 나눔활동이 이루어지고 있다는 것을 엿볼 수 있다. 시민참여/자원봉사 활동에서 북유럽이 가장 앞선 가운데, 유럽 대륙, 남유럽, 동유럽 순서로 활성화 수준의 차이를 보여준다.

이제 시민참여/자원봉사 활동의 유형을 살펴보면, 대부분의 국가에서 스포츠와 여가활동이 가장 우선적인 주요 활동이 되고 있다. 여기에서 많은 유럽인들이 시민참여 활동을 하며 자원봉사 활동도 하고, 회비납비 등의 기부활동도 한다. 다음으로 교육과 문화예술 활동과 자선복지 활동도 비교적 활발하며, 정당활동이나 주창활동도 특히 북유럽에서는 활발한 것으로 보여진다. 또 노인의 여가와 주창활동도 이미 고령사회에 진입한 유럽에서는 점차 증대하는 주요 나눔활동이며, 그 밖에 다른 단체를 통한 자원봉사가 추가적으로 이루어지는 국가들로 북유럽 국가들과 네덜란드가 가장 앞서 있다.

■ **표 8.3** 유럽인의 시민참여/자원봉사 분야별 비교: 27개국, 2011

	시민참여 자원봉사	스포츠 여가	교육 문화	환경 동물	자선 복지	노인 복지	종교 교회	정치 주창	기타 자원봉사
영국	26	7	6	2	9	3	3	2	3
아일랜드	30	13	4	1	5	2	5	3	6
노르웨이	39	12	5	1	4	2	6	7	12
아이슬란드	66	32	16	6	20	7	9	25	10
덴마크	48	21	10	2	5	6	5	7	13
스웨덴	55	25	11	3	5	6	5	12	12
핀란드	41	14	5	3	7	7	6	6	9
네덜란드	50	20	10	3	7	4	9	9	17
룩셈부르크	38	13	12	2	6	2	5	7	7
오스트리아	46	17	10	8	6	6	8	11	7
벨기에	28	10	5	1	5	4	3	5	5
독일	43	22	8	3	5	1	9	3	6
프랑스	28	11	10	1	4	2	3	2	5
스페인	12	3	3	1	3	1	2	0	1
이탈리아	22	5	3	1	2	1	4	2	3
포르투갈	6	0	0	0	1	0	1	0	3
그리스	8	1	0	1	1	0	1	1	1
체코	22	9	1	2	2	2	2	2	2
슬로베니아	31	10	6	2	2	3	2	3	11
슬로바키아	31	10	4	2	1	3	7	2	9
헝가리	14	4	2	1	1	0	2	2	3
폴란드	13	2	2	1	1	0	2	2	3
터키	9	2	2	0	1	0	0	2	3

자료 Eurobarometer 2012.

2) 영국인의 시민참여 활동

영국 정부는 매년 "공동체생활 조사"(Community Life Survey)를 통해 시민의 시민참여 활동을 조사하는데, 아래처럼 자원봉사와 이웃돕기 등의 서비스 지향적 활동뿐 아니라 지역사회와 정부에 대한 영향력 행사 등 비교적 광범위하게 시민참여 활동을 소개한다.

- 시민참여(civic participation)에는 선출직이나 정부관리의 접촉, 공공 회의 참석, 청원에 서명 등이 있고,
- 시민행동(civic activism)에는 지역의 서비스 제공이나 특정 이슈에 대한 직접적인 의사결정 참여, 또는 지역의 주민위원회, 학교운영위원회 등에서의 의사결정 역할이 있고,
- 시민자문(civic consultation)에는 특정 서비스나 이슈에 관한 자문위원회 참여 역할 또는 이런 서비스나 이슈와 관련된 설문 응답이 있다.

이상 세 가지 유형의 시민참여에서 영국인들은 비교적 적극적인 참여자 역할을 하고 있다는 것을 〈표 8.4〉에서 확인할 수 있다.

그 밖에 시민들이 지역사회에서 중요한 의사결정에 어느정도 영향력을 가지고 있는지에 대해서도 살펴볼 만하다. 2014년에 주민들이 거주지역의 의사결정에 영향력을 행사한 것으로 생각한다는 사람은 34%에 지나 않아 2001년 조사가 시작된 해의 44%에 비해 크게 감소하였다. 2002~13년 기간에 38~39% 정도가 유지되다 2014년 큰 폭으로 감소한 것이다. 또 이렇게 지역사회에서 중요한 의사결정에 영향을 행사할 수 있는 것이 중요하다고 생각 사람들은 2014년 69%로, 2007~08년의 79%에 비해

■ **표 8.4** 영국인의 시민참여자/의사결정자/자문자 역할 (단위: %)

	2007~08	2008~09	2009~10	2012~13	2013~14
시민참여자 역할 (관리접촉, 서명, 공공회의 참석)	39	38	34	41	30
의사결정자 역할 (의사결정에 직접 참여)	10	10	10	10	9
자문자 역할 (공공 자문에 적극 참여)	21	20	18	18	16

자료 CLG 2010: 7; Community Life Survey 2014: 23.

10% 감소하였다. 또 지역사회 의사결정 기구(council)에 참여하기를 바란다는 주민들도 2007년과 2008년 50%에서 2014년 44%로 감소했고, 더 참여하기를 바란지 않는다는 주민들은 40%로 늘었다.

3) 한국인의 시민참여

한국인의 나눔활동도 시민사회단체 활동과 더불어 성장해왔다. 자료가 유용한 1982~2010년 기간 한국인의 시민사회단체 활동을 비교해보면, 참여율이 두 배 이상 급증했다는 것을 알 수 있다. 세계가치관조사(World Values Survey) 결과를 보면 〈표 8.5〉와 같이 종교단체 활동뿐 아니라 복지와 자선, 예술과 교육, 환경단체 영역에서 두드러진 급증세를 엿볼 수 있다.

그런데 가장 최근 경제 침체가 지속되면서 한국인의 거의 모든 시민사회 활동이 크게 정체된 것을 엿볼 수 있다. 〈그림 8.1〉에서 볼 수 있듯이 가

■ **표 8.5** 한국인 시민사회단체 활동의 급증: 1982~2010 (단위: %)

	종교단체	복지자선	예술교육	환경단체
1982	24.4	4.4	4.3	2.7
2005	43.6	9.1	22.7	7.5
2010	47.0	9.8	22.4	8.4

자료 World Values Survey. http://www.worldvaluessurvey.org/WVSOnline.jsp

■ **그림 8.1** 한국인의 단체참여 활동: 2003~2015 (단위: %)

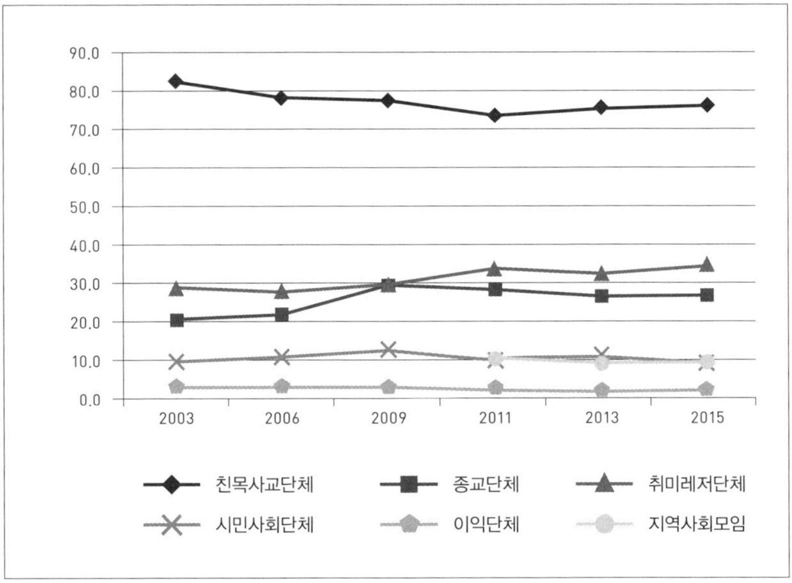

자료 통계청, 사회조사, 각연도.

장 많은 단체활동이 이뤄지는 친목사교단체, 종교단체, 취미레저단체 참여도 위축되어 있고, 시민사회단체 활동도 거의 10% 수준에 정체되어 있다. 앞서 설명하였듯이 단체참여의 정체는 나눔활동의 정체와 밀접한 상관성을 보여주며, 나눔활동의 활성화는 단체참여의 활성에 의존한다고 볼 수 있다.

3. 시민참여를 통한 나눔활동

1) 시민참여와 나눔활동의 관계

나눔활동에 참여한 사람들은 그렇지 않은 비참여자에 비해 단체활동을 더 많이 한다. 단체활동을 통해 나눔활동의 기회를 더 많이 갖게 된 것이다. 개인 설문을 분석한 〈표 8.6〉을 보면, 참여자와 비참여자의 단체소속 비율의 차이는 거의 3~4배, 많게는 5~6배 가량된다. 또 기부, 자원봉사, 타인돕기 활동에 따라 약간의 차이는 있는데, 기부와 이웃돕기 활동보다는 자원봉사에서는 단 하나도 예외 없이 모든 유형의 단체에서 참여자와 비참여자 사이에 통계적으로 유의미한 명확한 차이를 보여준다.

또 단체 유형에 따라서도 약간의 차이가 있는데, 구호봉사단체, 자녀학교/학부모회, 국민운동단체, 시민사회단체, 종교적 소모임, 지역풀뿌리단체 등 나눔활동과 밀접히 관련된 단체들에서는 더욱 두드러진 차이가 있고, 이에 비해 사교단체 성격이 강한 친목회/계모임, 동창회/향우회, 스포츠/동호회에서는 그 차이가 비교적 적은 편이다.

■ **표 8.6** 한국인 기부/자원봉사/이웃돕기와 단체참여 관계 (단위: %)

	기부활동		자원봉사		이웃돕기	
	했음	안했음	했음	안했음	했음	안했음
구호봉사단체	9.5	2.9**	20.9	2.3**	16.9	3.6**
친목회/계모임	64.1	55.1**	68.1	57.1**	63.6	58.4
동창회/향우회	55.0	43.3**	56.3	46.9**	54.4	47.5*
자녀학교/학부모회	13.4	7.8**	17.3	8.7**	18.3	8.7**
직장/직능단체/협회	21.6	12.7**	25.1	14.8**	25.6	14.9**
국민운동단체	3.7	1.5**	9.3	0.8**	7.8	1.4**
시민사회단체	3.1	1.5*	5.0	1.6**	6.1	1.4**
종교적 소모임	26.3	12.7**	36.9	14.6**	34.7	15.6**
정치조직/정당	3.9	0.9**	5.3	1.6**	6.4	1.4**
노동조합	2.5	1.1*	4.0	1.2**	4.4	1.2**
스포츠/취미동호회	24.1	17.1**	30.4	17.9**	30.3	18.1**
지역풀뿌리단체	4.9	1.7**	10.8	1.3**	9.2	1.9**

참고 수치는 단체소속 비율임. 유의도: * 0.05, ** 0.001
자료 볼런티어21, 2011 자료 통계분석.

2) 기부자와 자원봉사자의 단체참여 활동

기부자와 자원봉사자의 시민참여에 관한 보다 상세한 정보는 미국의 전국조사를 참고해볼 수 있다. 미국인들이 기부자나 자원봉사자로 참여하게 된 배경이 시민참여 활동에 있다는 것을 확인해볼 수 있다. 미국인 전체 가계의 66%가 종교단체에, 30%가 시민사회단체에 소속된 회원 활동을 하고 있다. 그런데 이를 기부와 자원봉사 참여 여부로 구분해보면, 종교단체 회원 100명 가운데 절반은 기부와 자원봉사에 모두 참여하고, 6명만이 둘 다 참여하지 않으며, 자원봉사만 참여하는 경우는 두 명도 채 않는다. 마찬가지로 시민사회단체 회원 100명 중 60명은 기부와 자원봉사에 모두 참여하고, 단 2명만이 모두 참여하지 않는 셈이다.

보다 자세한 정보는 기부자와 자원봉사자의 과거 시민참여 경험에서도 찾아볼 수 있다. 청년단체나 학생회 활동 경험자 100명 중 절반 가량이 기부자와 자원봉사자로 참여한 것과는 대조적으로 불과 5~6명 정도만이 둘 다 참여하지 않았다. 또 종교단체 활동이나 모금활동과 자원봉사 활동 경험자의 나눔활동 참여도는 비참여자에 비해 훨씬 더 높다는 것을 확인할 수 있다.

또 다른 자료는 노블리스 오블리제 관련 내용인데, 종교단체 활동에서는 교육이나 소득 수준별 차이가 크지 않지만, 시민사회단체 활동에서는 뚜렷한 차이를 보여준다. 바꾸어 이야기하면 미국인 시민참여는 중상류층 참여에 의존하는 문제를 안고 있다는 주장(Skocpol 2003; Crenson and Ginsberg 2002)을 자료로써 확인해볼 수 있다.

한국인 기부자 또한 비기부자로부터 구분되는 특징도 시민참여율에서 찾아볼 수 있다. 비기부자에 비해 기부자는 시민참여에 더 활동적인데,

■ **표 8.7** 미국 기부자의 종교단체/시민사회단체 활동: 성/연령/교육/소득수준 (단위: %)

		종교단체	시민사회단체
	전체	65.7	30.3
	남성	61.0	33.0
	여성	70.1	27.8
연령	21~29세	53.7	16.6
	30~39세	61.3	26.0
	40~49세	65.2	35.2
	50~64세	69.5	35.2
	65세+	79.1	36.7
교육	중졸 이하	60.7	14.5
	고졸	65.5	20.6
	전문대	66.2	29.7
	대졸 이상	68.2	50.4
소득	2.5만 달러-	66.0	17.8
	2.5~5만 달러-	65.2	24.6
	5~7.5만 달러-	63.2	34.7
	7.5~10만 달러-	71.2	38.5
	10만 달러+	65.6	46.8

자료 Independent Sector 2001

그 차이는 청소년단체, 종교단체 활동뿐 아니라 과거의 경험 중 학생회 활동과 모금활동 또는 자원봉사 활동에서도 뚜렷하게 나타난다(표 8.8). 모든 상관관계의 유의도는 매우 높게 나타난다.

■ **표 8.8** 한국인 기부자와 비기부자 비교: 자원봉사와 시민참여 경험, 2011 (단위: %)

	청소년단체	종교단체	학생회활동	모금활동	자원봉사
기부자	14.7	35.5	16.9	6.6	33.2
비기부자	9.8	7.8	7.8	2.6	17.2
〈유의도〉	***	***	***	***	***

참고 *** (p〈0.0001).
자료 볼런티어21 2011.

3) 자원봉사자의 시민참여 활동

앞에서 살펴보았듯이 시민참여를 통한 나눔활동은 세계 어디서나 일반화되어 있다. 시민참여를 통한 자원봉사 활동을 살펴보면, 유럽의 경우 단체나 조직의 소속된 회원으로 자원봉사에 참여하게 되었다는 답변이 적지 않다. 유럽인 자원봉사자의 60%가 단체나 조직의 회원으로 활동하고 있다는 특징을 보여준다. 그만큼 단체의 직간접적인 역할이 크다는 것을 알 수 있다. 국가별로 살펴보면, 스웨덴이 86%로 가장 높으며, 그 밖에 독일 68%, 벨기에 58%, 네덜란드 57%, 영국 47%로 나타났다(Gaskin 1997: 33). 유럽인의 자원봉사 참여의 경로에서 단체가 차지하는 비중은 유럽 11개국 평균을 보면, 가족이나 친구가 44%로 가장 높은 비중을 차지하고, 다음으로 단체 회원으로 참여가 27%, 교회나 종교 기관을 통해 13%, 유급이나 구직으로 참여 9%, 자원봉사센터 2% 등으로 나타났다.

자원봉사 활동은 집단활동이기 때문에 주로 단체를 통해 이루어지고 있다는 것을 알 수 있다. 2011년 한국인의 자원봉사 활동의 주요 경로 중 단체를 통해 이루어진 경우가 가장 높은 비중을 차지한다. 개인들의 복수 응답을 참고해보면 단체/조직/직장을 통해서가 53%이며 누군가의 요청을 받음 26.5%, 자원봉사 활동 하는 가족/친구가 있어서 21.8%, 자원봉사센터를 통해 6.2%, 자원봉사 활동의 도움받은 가족/친구 있어서 5.0% 등이다(볼런티어21, 2011). 자원봉사센터도 단체이기 때문에 단체활동의 중요성은 더 높아진다. 또 누군가의 요청 가운데, '친구/이웃'이 43%로 가장 많았고, '종교단체에 있는 사람'이 23%, '사회단체/기관 및 담당자'가 12%, '학교 선생님이나 교수님'이 11%로 나타나 친구와 이웃을 제외하면 자신이 소속된 단체/조직의 영향이 매우 크다는 것을 엿볼 수 있다. 주요 단체들로는 종교단체가 51%로 가장 높은 비중을 차지하고, 다음으로 사회단체나 협회 23.5%, 비공식 소모임(계모임, 취미모임, 동호회)이 11.7%, 직장 9.4%, 다니는 학교 5.9%, 자녀의 학교 5.3% 등이다.

한국의 자원봉사 활동이 단체와 조직을 통해 이루어지는 경우가 많다는 것을 위에서 살펴보았다. 그 단체를 자세히 살펴보면, 종교단체(62.9%), 사회단체(18.5%), 직장 (6.1%), 학교나 대학(6.5%) 순서로 나타나 종교단체의 역할이 대단하다는 것을 엿볼 수 있다. 또 동료 중에서도 종교단체 동료의 영향력도 중요하다.

4) 단체 활동 참여빈도

공익단체 활동을 자주 많이 하는 사람들이 자원봉사 활동에 참여할 기회가 더 많다고 가정해볼 수 있다. 반대로 공익단체에 소속되어 있지 않거나 또는 회원으로 소속되어 있어도 거의 참여하지 않은 회원들이 자원봉사에 참여할 가능성은 희박하다고 볼 수 있다. 자원봉사 활동과 관련성이 많은 단체 활동에서 자주 많은 활동을 회원들이 자원봉사자로 더 많이 참여한다는 가설이 사실인 것으로 검증되고 있다.

사회복지 영역인 구호 및 지원단체의 경우, 자원봉사자는 거의 매주 참여하는 사람이 적지 않지만 비자원봉사자 중에는 한 명도 없다. 시민사회단체의 경우, 한 달에 한두 번 이상 참여하는 모든 참여자들이 자원봉사자이고, 그렇지 않은 사람들은 비자원봉사자로 명확하게 구분된다. 지역풀뿌리조직에서도 자주 많은 활동을 하는 회원들이 더 많은 자원봉사 활동을 하고, 그렇지 않은 사람들은 자원봉사에 덜 참여하고 있다.

직장이나 노조의 참여가 늘어난 것도 직장을 통한 사회봉사 증대에 기여하는 측면이 있다. 그런데 〈표 8.19〉에서는 직장, 직능단체 활동이 많은 사람들이 자원봉사 활동에 더 많이 참여한다는 가설은 지지받지 못한다. 스포츠, 예술, 취미동호회 활동의 증대는 동전의 양면을 보여준다. 동호회를 통한 자원봉사 기회 확대라는 밝은 측면도 있지만, 자원봉사 활동이 취미활동으로 시간과 기회를 빼앗기는 어두운 측면도 있다. 그런데 스포츠 등 동호회 활동이 많은 사람들이 자원봉사에 더 많이 참여하고 있다. 자원봉사 활동 영역이 스포츠와 취미 동호회 활동으로 다소 확장되는 것 같다.

마찬가지로 인터넷, 온라인 카페 활동도 봉사활동의 기회가 늘어났다고 볼 수도 있지만, 온라인에 많은 시간을 소비하는 사람들이 오프라인 자원봉사 활동 참여 시간과 기회를 상실하거나 참여를 꺼리는 부정적인 변화도 있다. 〈표 8.9〉에서는 실제로 온라인에서 자주 정기적으로 활동하는 사람들이 자원봉사에 적게 참여하는 것을 확인해볼 수 있다.

표 8.9 단체 활동 참여빈도: 자원봉사자와 비자원봉사자 비교(2014) (단위: %)

	자원봉사자		비자원봉사자		차이검증 유의수준 p<0.000
	한 달에 한두 번	거의 매주	한 달에 한두 번	거의 매주	
1. 구호 및 지원단체(사회복지관 및 단체, 적십자사, 순수자원봉사단체, 자원봉사센터 등)	26.8	8.2	27.3	0	○
2. 각종 친목회 및 계모임	57.3	1.8	54.8	2.1	×
3. 동창회(초, 중, 고교, 대학 등), 향우회	17.5	0	18.3	0.5	○
4. 전우회, 재향군인회	77.4	5.6	72.2	11.8	×
5. 자녀 학교모임, 학부모회	34.7	0	36.6	1.3	×
6. 직장모임, 노동조합, 혹은 직능단체, 협회	48.5	0	52.1	1.3	×
7. 시민사회단체(환경연합, 경실련, YMCA, 여성민우회, 새마을, 바르게살기 협의회 등)	63.7	5.3	0	0	○
8. 종교단체 및 종교에서 시작한 소모임	28.5	42.5	32.3	32.2	○
9. 정치조직, 정당	40.2	16	74.8	0	○
10. 스포츠, 예술, 취미 관련 동호회(각종 여가 문화 모임)	56.7	16.3	47.6	12.7	○
11. 지역풀뿌리조직(지역환경관련모임, 자치위원회, 공동육아, 협동조합, 마을기업, 마을공동체, 사회적기업, 자조모임 등)	64.3	14.3	26	11.1	○
12. 인터넷 카페 활동, 온라인 커뮤니티	14.4	15.9	32.2	22.3	○

자료 주성수, 정희선 2014.

4. 시민참여와 자원봉사 : 세월호 참사 사례

자원봉사를 포함한 다양한 유형의 시민참여 사례로 2014년 4월 16에 발생한 세월호 참사 관련 시민참여 사례를 아래와 같이 분석해볼 수 있다(주성수 2015).

1) 세월호 참사 관련 시민참여의 특성

세월호 참사 시민참여는 다음 몇 가지 근거에서 다른 일반적인 시민참여와는 전혀 다른 성격의 시민참여라고 분석해볼 수 있다. 첫째는 선박 침몰이라는 재난 사고로 발생한 참사였지만 자원봉사와 기부 등의 이타적, 공익적 서비스 활동뿐 아니라 사고원인 등의 진상규명과 특별법 제정을 촉구하는 활동이 더 활성화되었던 주창활동이었다. 2007년 말 태안반도 기름유출 사고, 태풍이나 홍수해 등의 재난사고 때는 일반적으로 자원봉사와 기부 등의 서비스 활동이 많았고, 주창활동이 거의 없었던 것과는 크게 대조적이다. 재난이 발생하면 자원봉사와 기부 등의 시민참여가 활성화되면서 이를 계기로 자원봉사 활동 관련 법과 제도를 마련되고 정부 정책이 추진되는게 글로벌 동향이다(UNV 2010; 주성수 2013).

둘째는 참사에 대처하는 정부의 대응이 무능과 무책임으로 표출되면서 이에 문제를 제기하고 정부를 비판하며 대안을 요청하는 시민저항의 참여였다. 재난 사고에는 정부 비판보다는 정부를 중심으로 재난극복의 힘이 모아지며 정부 신뢰가 오히려 높아지는 것이 일반적이지만 세월호 참사의 경우는 이런 재난사고와는 전혀 다른 시민참여를 목격할 수 있었다.

2008년 광우병 촛불집회 때처럼 정부 정책에 대한 비판에 나서는 '비판적인 시민'의 참여가 세월호 참사 관련 시민참여에서도 특징적으로 전개되었다. 2008년 5월 미국산 쇠고기 수입재개 협상 내용에 반대하는 학생과 시민들의 촛불행사는 5월 2일 첫 집회때 구성원의 60% 이상은 여고생들이었고, 이후 수개월간 집회가 계속되면서 교육 문제, 대운하 반대, 정권퇴진 등 점차 정치적으로 확대되며, '비판적인 시민'의 저항운동이 되었다.

셋째는 진상규명과 특별법 제정 등의 정부 정책의 추진을 촉구하며 시민들이 자원봉사와 기부뿐 아니라 집회와 시위, 서명, 농성 등에 자발적으로 참여하는 직접행동의 참여였다. 시민의 직접행동 참여는 2008년 광우병 촛불집회 이후로 성, 연령, 직업 등 구분 없이 다양한 계층들이 광범위하게 직접행동에 나서는 새로운 시민참여 유형(민주주의 2.0 등)으로 부각되었다. 세월호 참사와 관련해서는 20대 참여가 많았던 반면 60세 이상의 고령층 참여가 적었고, 특히 저학력자와 저소득자의 참여가 크게 저조했다(표 8.10 참조). 직업별로는 직장인과 자영업자, 학생과 전업주부 등의 참여가 고르게 나타났고, 참여자의 단체소속도 다양하다.

넷째는 시민사회단체가 주도하는 시민참여보다는 유가족 대표들이 단체를 조직하고 주도해 시민사회와 공조하며 여야 등 특정 정치세력이나 이념에 치우치지 않는 주창활동이었다. 시민사회단체들은 사고 발생 후 몇 주간은 희생자 추모에 집중하다 이후 세월호 참사 국민대책회의를 조직해 본격적으로 활동했지만, 유가족 대표들이 주도적인 역할을 하도록 지원하는 역할을 분담하였다. 단원고학생 사망자 110여 명의 유가족들은 4월 29일 '세월호 사고 유가족 대책위원회'를 꾸려 대표를 선정하고 서명운동, 특별법제정 단식농성, 순례 등의 집단행동을 주도적으로 이끌었다.

2) 시민참여유형과 참여자의 특성

세월호 참사 희생자들을 위한 다양한 시민참여 활동에는 현장지원 봉사활동 등 일곱 가지로 구분해 조사한 결과, 하나 이상의 활동에 참여한 시민이 26.4%에 이른다. 20세 이상 성인 인구 1090만 명이 참여한 것으로 추산된다.[3] 또 시민참여 활동 중 추도식, 분향소 방문이 13.8%로 가장 많았고, 현장지원 봉사활동, 현장방문 봉사활동은 각기 2.2%와 0.9%로, 20세 이상 성인 인구 중 128만 명이 세월호 참사 관련 봉사활동에 참여한 것으로 추산된다.[4]

시민참여 유형별 주요 특성을 살펴보면, 여성보다 남성이, 청년층이 장년층보다 더 많이 참여했고, 저학력층과 저소득층보다는 고학력층과 고소득층의 참여가 많아, 시민자원활동 모델에서 살펴보았던 '동기'와 '역량' 측면에서 연령과 학력과 소득이 참여의 주요 요인들이라는 가설이 뒷받침되고 있다. 또 '관계망' 차원에서는 단체활동이 많은 사람들이 그렇지 않은 사람들보다 더 많이 참여한다는 가설을 지지해준다. 또 자원봉사자가 비자원봉사자보다. 기부자가 비기부자보다 훨씬 더 많이 참여할 것이라는 가설도 확인된다.

또 단체소속 유형 중에서는 친목이나 사교단체 소속보다는 자선복지단체, 시민사회단체, 학교모임 등의 공익적 단체소속 활동자가 더 많이 참여할 것이라는 가설도 지지받고 있지만, 직장과 노조와 인터넷 카페 활동자의 참여가 매우 높은 참여도를 보여주는 것은 의외의 결과이다. 재난 발

---

3 2014년도 20세 이상 인구수 추계(41,303,341명 × 0.264 = 10,904,082).

4 2014년도 20세 이상 인구수 추계(41,303,341명 × 0.031 = 1,280,408).

■ **표 8.10** 세월호 참사 관련 시민참여 유형별 주요 특성 (단위: %)

	추도식/분향소 방문	SNS/온라인 활동	기부 (현금, 현물)	집회, 시위, 보도순례	현장 밖 지원봉사 활동	현장 방문 봉사 활동	노란 리본 달기	하나 이상 참여 활동
전체	13.8	8.0	2.7	2.5	2.2	0.9	1.0	26.4
남자	13.4	8.3	3.1	2.7	2.5	0.9	1.2	27.0
여자	14.2	7.8	2.4	2.2	1.8	0.8	0.8	25.7
남20대	12.6	21.4	1.6	3.9	1.6	1.6	0.8	36.2
남30대	14.2	10.4	5.0	4.6	2.0	1.3	1.9	30.9
남40대	18.8	8.3	3.8	4.4	4.8	0	1.2	33.3
남50대	11.0	3.2	3.9	0.7	3.9	0.6	0.7	21.9
남60세+	9.5	0	0.7	0	0	1.4	1.4	12.9
여20대	20.7	21.7	2.6	6.0	2.6	0	0.9	42.4
여30대	15.6	10.5	2.0	1.3	0.9	0.7	0.7	31.1
여40대	14.3	5.4	3.1	3.7	4.4	1.2	1.2	25.9
여50대	14.8	4.7	4.0	0	0	1.3	1.3	23.5
여60세+	8.6	1.6	0.5	1.1	1.1	0.5	0	12.9
중졸	2.5	1.0	1.5	0	0.5	0.5	0.5	6.6
고졸	12.7	5.7	2.1	1.8	1.9	1.1	1.3	23.3
대졸	18.2	12.3	3.7	3.9	2.9	0.8	0.9	35.2
전문관리직	29.3	0	0	0	0	0	0	28.1
반전문기술	25.7	5.7	0	2.9	8.6	0	0	40.0
사무직	17.5	9.3	3.4	4.3	3.6	1.2	0.5	33.2
자영업	13.9	6.1	5.8	3.1	3.1	0.8	1.6	26.9
판매직	14.2	18.6	1.8	1.9	0.9	0.9	0	31.9
서비스	6.7	3.3	0	1.3	1.3	1.3	1.3	15.2
생산직	14.1	2.9	7.4	3.4	0	0	2.9	24.4
농어민	7.2	2.6	0	0	0	0	0	9.8
전업주부	12.3	5.2	1.2	0.6	1.2	0.9	0.6	19.9

	추도식/ 분향소 방문	SNS/ 온라인 활동	기부 (현금, 현물)	집회, 시위, 보도순례	현장 밖 지원 봉사 활동	현장 방문 봉사 활동	노란 리본 달기	하나 이상 참여 활동
학생	16.3	23.7	3.1	3.3	1.1	0	2.2	40.0
미취업	6.1	6.1	0	4.0	2.0	2.0	0.2	22.3
199만 원-	5.2	3.7	1.3	2.4	1.0	0	0	12.3
200~299만 원	7.2	7.8	2.3	3.5	1.5	1.1	0.8	19.9
300~399만 원	12.3	9.0	2.4	1.1	3.5	0.8	1.9	26.6
400~499만 원	16.7	7.9	4.9	3.3	2.7	1.1	1.1	31.5
500만 원+	24.5	10.3	1.9	2.3	1.4	1.0	0.6	35.9
자원봉사자	30.3	9.7	8.0	3.7	5.3	2.7	0.9	50.4
비자원봉사자	9.0	7.6	1.2	2.1	1.2	0.3	1.0	19.4
기부자	20.2	9.6	6.2	3.9	2.9	0.8	1.5	36.8
비기부자	9.4	7.0	0.2	1.5	1.6	0.9	0.7	19.2
단체활동자	14.8	8.2	3.0	2.7	2.4	1.0	1.0	27.8
비활동자	4.3	6.4	0	0	0	0	0	12.0
구호단체	28.3	15.0	15.0	5.0	6.7	3.3	1.7	58.3
친목단체	13.6	7.3	3.1	2.7	2.0	0.8	1.2	26.1
동문향우회	16.6	10.7	2.9	2.5	2.1	0.7	1.3	31.5
재향군인회	16.7	13.3	5.0	1.7	1.7	1.7	1.7	35.0
학교모임	19.9	11.0	8.1	4.4	4.4	2.2	0.7	39.0
직장/노조	28.6	9.4	4.2	4.7	2.3	0.9	1.4	44.1
시민사회단체	22.7	22.7	9.1	13.6	13.6	4.5	–	50.0
종교단체	22.0	8.6	6.0	2.7	2.7	2.0	0.0	36.2
정치단체	37.5	18.8	2.5	6.3	6.3	–	–	56.3
문화레저	23.1	10.1	4.7	3.6	3.0	–	1.2	40.2
지역단체	18.2	12.7	3.6	9.1	5.5	–	0	32.7
인터넷카페	23.4	22.2	3.5	8.8	5.3	–	0.6	48.5

생 시 기업들은 직장인들의 사회공헌 활동으로 기여하는 것이 일반적인 추세이며, 네티즌들의 인터넷과 SNS 활동은 2008년 광우병 촛불집회 이후로 활성화된 특징으로, 이번 세월호 참사 관련 시민참여에서도 활발한 활동을 보였다.

3) 단체소속 유형별 시민참여 회귀분석

세월참사 관련 시민참여 활동은 단체소속별로 두드러진 차이가 있다는 것을 〈표 8.11〉에서 확인할 수 있다. 〈모델 1〉을 보면, 단체소속별로 참여 여부의 차이가 있다는 것을 확인할 수 있다. 구호단체, 직장과 노조, 종교단체, 그리고 인터넷카페모임 등이 일차적으로 0.01 수준에서 유의미한 요인들이고, 이어서 동문과 향우회, 학교모임, 예술스포츠단체들도 0.05 수준에서 유의미한 요인들로 확인된다. 시민사회단체나 정치단체 등 주창활동이 강한 단체들뿐 아니라 친목단체, 재향군인회, 지역단체 등은 유의미한 차이를 보여주지 않는다.

또 〈모델 2〉에서는 정부 신뢰와 NGO 신뢰 변수들을 추가해도 단체별 유의미한 요인들은 전혀 변함이 없다. 단체들의 유의미한 독립적인 효과가 유지되며 정부신뢰나 NGO 신뢰 효과로써 대치되지 않는다. 그런데 정부신뢰는 불신이 강하지만 NGO 신뢰는 신뢰가 강한 대조적인 차이를 보여준다. 세월호 참사 관련 시민참여자와 비참여자 사이에도 정부신뢰에 대한 유의미한 차이가 드러난다. 또 시민참여 유형별로 살펴보면, 분향소 방문, 노란 리본 달기, 기부, 현장밖 지원활동 등 네 가지를 제외한 세 가지 유형에서 정부신뢰도 또한 유의미한 차이를 보여준다.

표 8.11 세월호 참사 관련 참여활동 로짓분석 결과: 소속단체별 분석

	〈모델 1〉		〈모델 2〉		〈모델 3〉	
	(b)	SE(b)	(b)	SE(b)	(b)	SE(b)
구호단체	1.281**	.293	1.310**	.298	1.298**	.305
친목단체	.093	.137	.077	.139	.091	.145
동문/향우회	.391*	.129	.403*	.130	.271*	.133
재향군인회	.326	.303	.402	.304	.480	.308
학교 모임	.560*	.202	.550*	.204	.483*	.204
직장/노조	.785**	.165	.776**	.167	.639**	.169
시민사회단체	.668	.488	.655	.488	.654	.496
종교단체	.671**	.148	.703**	.151	.717**	.154
정치단체	.955	.571	.942	.571	.961	.574
예술스포츠	.459*	.185	.468*	.187	.372*	.188
지역단체	−.108	.347	−.096	.350	−.046	.355
인터넷카페	1.052**	.178	1.011**	.179	.719**	.185
정부 신뢰			−.496**	.133	−.479**	.136
NGO신뢰			.505**	.144	.508**	.146
연령					−.296*	.135
학력					.111*	.056
소득					.159*	.063
상수	12.096**	1.812	13.018**	1.907	10.668**	2.006

참고 N= 1,500 *p〈0.05 **p〈0.01

표 8.12 세월호 관련 시민참여와 정부/NGO 신뢰 비교 (단위: %)

	정부		NGO	
	불신	신뢰	불신	신뢰
세월호 관련 시민 참여	17.2	9.1	6.6	19.8
세월호 관련 시민 불참	41.9	31.8	25.6	48.6

참고 N= 1,500 ** p<0.01

표 8.13 세월호 참사 관련 시민참여 유형별 정부신뢰 차이검증 (단위: %)

		정부	
		신뢰	불신
SNS /온라인	활동자	31.7	68.3
	비활동자	41.7	58.3 *
집회, 도보순례	참여자	29.7	70.3
	비참여자	41.2	58.8 **
현장방문봉사	활동자	7.7	92.3
	비활동자	41.2	58.8 **
7가지 중 하나 이상	참여자	43.1	56.9
	비참여자	34.7	65.3 **

참고 *p<0.05 **p<0.01

〈모델 3〉에서는 연령, 학력, 소득 요인들의 효과로 단체별 효과와 정부 신뢰와 NGO 신뢰 효과는 대치되지 않고 유지되고 있음을 확인할 수 있다. 연령, 학력, 소득수준별로 시민참여에 영향을 미친 것으로 나타났는데, 연령에서 청년층, 학력과 소득수준에서는 고학력층과 고소득층이 참여에 주도적인 역할을 하며 유의미한 차이를 보였다.

제3부

나눔문화의 제도

제9장

나눔문화와 비영리 섹터

나눔문화는 국가나 시장 부문보다 제3섹터(third sector) 또는 '비영리 섹터'(nonprofit sector)의 성장과 더불어 성숙하는 역사적 배경을 가지고 있다. 앞서 살펴보았듯이 서구 나눔문화의 성숙도는 비영리 섹터의 성장과 밀접히 관련된 것을 확인할 수 있다. 또 한국의 시민사회 또는 비영리 섹터 또한 1990년 이후 급성장하였는데, 성장의 배경에는 시민들의 자발적인 참여를 기초로 소외층을 지원하는 공익활동이 확장된 요인들뿐 아니라 공익활동을 지원하고 진흥하는 정부의 나눔문화 정책 요인들이 있다는 것을 알 수 있다.

1. 비영리 섹터와 자선복지조직

1) 비영리 섹터와 자선복지 분야

비영리 조직의 활동 분야는 주로 서비스 제공에 있다는 것을 알 수 있다. 서비스 유형으로는 교육과 보건을 비롯해 주택, 복지서비스가 해당된다. 또 '표현'(expressive) 영역에는 스포츠와 레저, 문화예술활동, 주장활동, 이익단체 활동이 포함된다.

OECD 주요국의 비영리 섹터

사례가 되는 OECD 9개국에서 일본과 캐나다가 서비스 주도적인 활동이 많고, 뉴질랜드와 노르웨이는 표현 활동이 비교적 많은 편이다. 한국의 경우 1997년에 조사된 자료에는 서비스 활동 82%, 표현 활동 12%로 서비스 편향적인 활동이라는 것을 알 수 있다(Park et al. 2004).

또 비영리 조직들의 재정 수입과 지출을 살펴보면(표 9.1), 수입은 대부분이 자체 수입활동(회비와 수수료)이 가장 많은 편이지만 벨기에와 캐나다의 경우처럼 정부지원금이 절반 이상을 차지하는 국가들도 있다. 비영리 조직의 지출은 대부분이 직원 급여로 사용되며, 그 밖에 운영에 필요한 중간소비지출이 많은 비중을 차지한다. 중간소비(intermediate consumption)란 생산에 필요한 재화와 서비스를 다른 산업부문에서 구입하는 비용지출을 의미한다. 중간소비지출이 적은 국가에서는 비영리 조직들이 타산업에 의존하지 않고 직접 재화와 서비스 생산활동이 많은 경우로, 이 경우 생산활동에 필요한 직원인건비에 많은 지출을 한다. 호주와 미국, 캐나다, 벨기에가 '급여' 유형에 속하고, 다른 국가들은 '중간소비' 유형에 속한다.

표 9.1 비영리 섹터의 활동 분야와 수입과 지출: OECD 9개국 (단위: %)

	활동 분야		재정 수입원			지출 분야	
	서비스	표현적	수수료	정부	기부금	급여 지출	중간소비
미국	–	–	–	–	–	71	29
일본	95	5	59	37	4	49	48
캐나다	85	10	42	51	7	58	41
호주	70	25	51	33	11	71	29
뉴질랜드	54	29	67	9	24	41	54
벨기에	71	15	28	68	4	59	40
프랑스	80	19					
노르웨이	57	40					
포르투갈	70	26	31	41	10	46	51

자료 Salamon 등 2013: 5

미국의 비영리 섹터와 자선복지조직

미국에는 세법상 등록된 비영리 조직(NPO)의 규모가 비교적 정확하게 나타난다. 물론 등록되지 않은 조직들도 있는데, 그 규모는 거의 추산되지 않고 있다. 미국 국세청(Internal Revenue Service)에 등록된 비영리 조직들은 2012년 약 144만 개에 달하는데, 이는 10년 전에 비해 8.6% 증가한 규모이다(Urban Institute 2014). 비영리 조직들의 경제적 기여도는 2012년 GDP의 5.4%에 해당되는 8873억 달러에 해당된다. 이 중 자선복지조직들이 수입 규모에서 전체의 4분의 3에 이른다. 개인, 재단, 기업의 기부금 규모는

■ **그림 9.1** 미국 자선복지조직의 유형: 2013

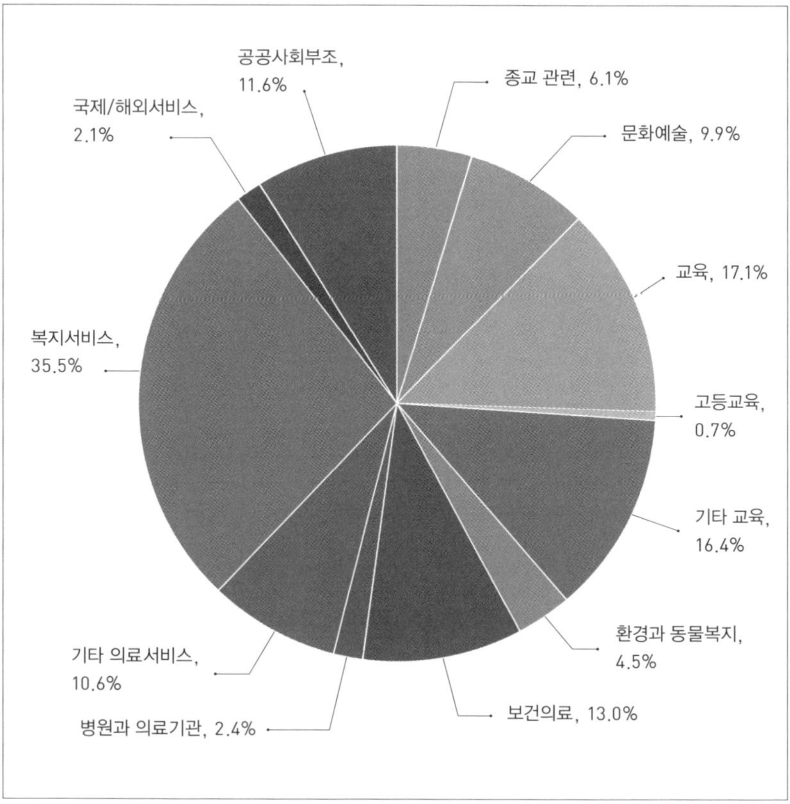

자료 Urban Institute 2014.

2012년에 비해 4% 증가한 3351억 달러로, 2009년 금융위기 이후부터 지속적으로 늘었지만 물가상승률을 조정하면 금융위기 이전 수준에는 달하지 않는다.

자선복지조직은 면세 혜택을 누리는 세법상의 30개 유형 가운데 가장 규모가 큰 조직들이다. 여기에는 문화, 예술, 인도적 복지 기관, 교육기관, 보건의료기관, 휴먼서비스기관, 그리고 납세자들의 공제 혜택을 받는 기부를 제공받는 기관들이 있다. 2012년 약 100만 개에 달하는 자선복지조직들이 있는데, 2002~12년 기간에 다른 비영리 조직들의 성장속도(8.6%)에 비해 30% 가량 지속적으로 성장해왔다. 자선복지조직들의 규모는 연간 5만 달러(약 5000만 원) 이하의 소형 조직들을 제외하면 대부분이 연간 50만 달러 이하의 조직들인데, 이들은 전체의 3분의 2를 구성한다. 그런데 소형 조직들은 수적으로 대다수이지만 지출규모에서는 전체의 2%도 되지 않는다. 반면에 연간 1000만 달러 이상 지출하는 조직들의 경우 전체 5.3%로 소수(1만 5000개)이지만, 이들이 자선복지 지출 전체의 86.5%를 차지할 정도로 많은 영향력을 가지고 있다.

미국의 경우, 자선복지조직은 복지서비스 조직들과 교육 분야들이 대부분을 차지한다(그림 9.1). 전체 28만 6000개 중 복지서비스 기관이 10만 개에 달한다. 다음으로 보건의료 관련 서비스들이며, 공공사회부조가 그 뒤를 잇는다. 자선복지조직들의 수입은 등록금, 매표, 병원 환자 수입 등 재화와 서비스의 수수료 수입이 절반 가량을 차지하고, 정부의 용역 23%, 정부지원금이 9.2%, 그리고 개인 기부금이 12.9%를 차지한다.

영국의 자원섹터와 자선복지조직

영국의 비영리 섹터는 자원섹터(voluntary sector)라는 공식적인 개념으로 통용되어 왔다. 일반 시민사회조직 가운데 가장 많은 비중을 차지하는 자선복지조직들이 대부분 자원섹터에 해당된다. 시민사회조직 전체의 규모는 정확하게 파악되지 않고 있는데, 약 90만 개로 추정되고, 이 중 약 60만 개는 공식 등록되어 있지 않은데, 나머지 30만 개 중 대부분이 자원섹터에 속하는 자선복지조직들이다.

자원섹터에 속한 기관단체들의 유형은 〈그림 9.2〉과 같이, 사회서비스

■ **그림 9.2** 영국 자원섹터(자선복지 기관)의 유형: 2013

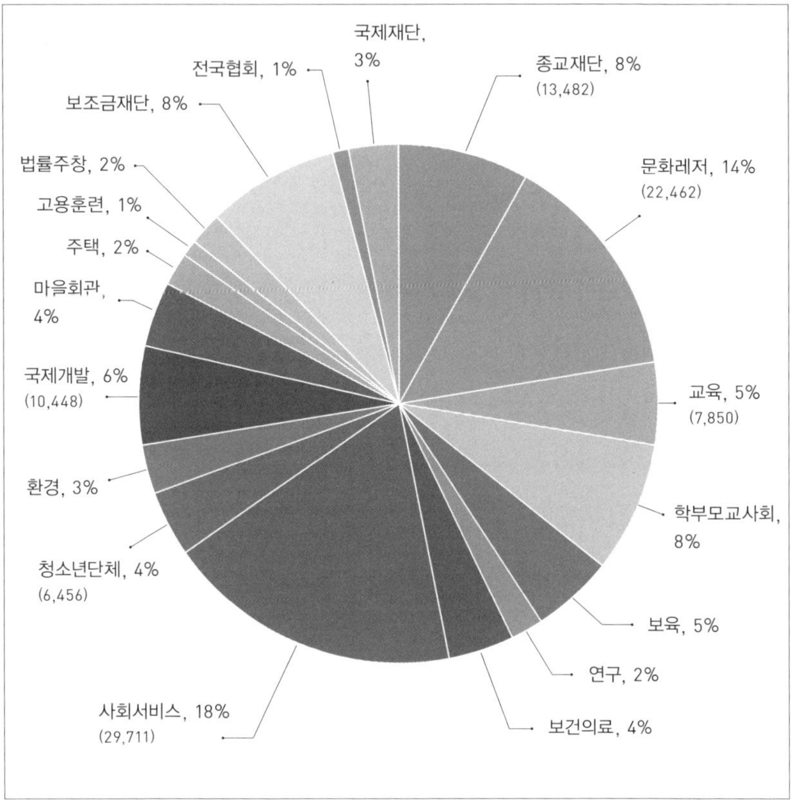

자료 UK Civil Society Almanac 2014.

조직들이 18%로 가장 많고. 문화레저 14%, 종교재단 8%, 학부모교사회 8%, 보조금재단 8%m 국제개발 6%, 교육과 보육 각기 5%, 보건의료와 청소년단체 각기 4% 등이다.

2. 한국 비영리 섹터와 나눔문화

1) 한국 비영리 섹터의 성장

한국 시민사회 또는 비영리 섹터의 성장은 몇가지 경험적 자료로써 분석될 수 있다. 시민사회를 국가와 시장과 구분되는 비영리 섹터로 설정해, 비영리 섹터에 속하는 조직 또는 단체들의 성장을 분석하는 방식에는 ICNPO와 NPI 방식이 있다.

먼저 ICNPO 방식에 기초해 한국의 비영리 섹터의 규모를 추정해보면, 〈그림 9.3〉과 같이 비영리법인과 비영리단체로 구성되는 영역을 제시해 볼 수 있다. 글로벌 차원에서도 비영리 섹터의 영역과 규모에 관한 합의가 UN의 국민계정(National Account)의 NPI(Nonprofit Institution)로 제시되고 있는데, 한국에서도 이에 근접하는 비영리 섹터를 A(비영리법인) + C(비영리단체)로 제시해볼 수 있다.

"법인은 법률의 규정에 의함이 아니면 성립하지 못한다"(민법 제31조)고 규정하여 법인의 자유설립을 부정하고 있다. 따라서 법인 자격을 인정받기 위해서는 정부기관(중앙 및 시도)에 등록하지 않으면 안된다. 법인은 영리법인과 비영리법인으로 구분되는데, '비영리법인'이란 "학술, 종교, 자선, 기예, 사교 기타 영리 아닌 사업을 목적으로 하는 사단 또는 재단은 주무관청의 허가를 얻어 이를 법인으로 할 수 있다"(민법 제32조)고 규정하여, 허가주의 원칙에 따른다. 현행 법령상 비영리법인의 설립허가에 관한 구체적인 기준이 정하여 있지 아니하므로 비영리법인의 설립허가를 할 것인지 여부는 주무관청의 정책적 판단에 따른 재량에 속한다. 공익법인은 법인세법상 비영리법인 중 상속세및증여세법 시행령 제12조 각호에 열거된 공익사업을 영

■ **그림 9.3** 한국의 비영리 섹터 = 비영리법인 + 비영리단체

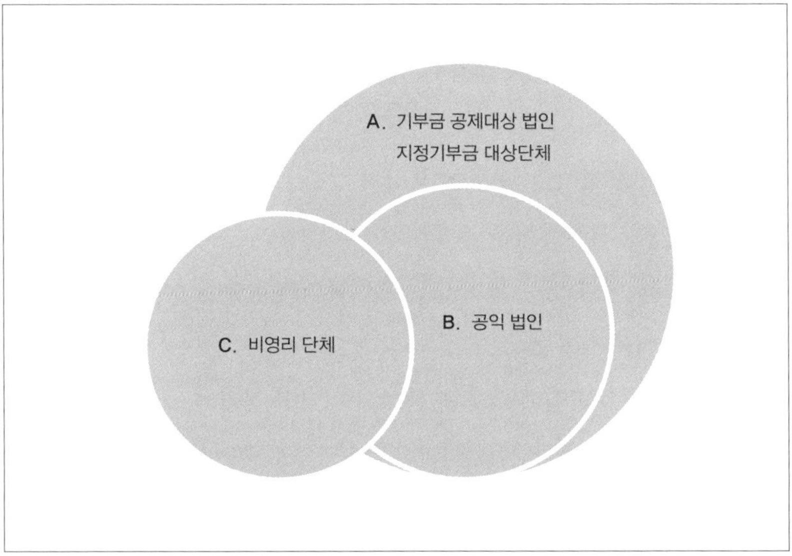

위하는 법인을 말하며, 종교 활동을 영위하는 법인, 학교법인, 의료법인, 사회복지법인, 「공익법인의 설립·운영에 관한 법률」을 적용받는 공익법인, 법인세법 시행령 제36조의 지정기부금단체 등이 공익법인에 해당된다. 비영리법인은 영리법인과 달리 법인세법 제3조 제3항에서 열거하고 있는 수익사업에서 생긴 소득에 대해서만 법인세 납세의무가 있으며, 토지 등 양도소득에 대한 법인세는 영리법인과 동일하다.

비영리법인과 비영리단체의 현황은 두 가지 자료를 참고해볼 수 있다. 하나는 통계청이 조사한 "시도 사업체수 조사"에 나타난 비영리법인과 비영리단체의 수와 종사원수로 한국 비영리 섹터의 경험적 실체를 추산해보는 방식이다. 여기에서 비영리법인은 '회사외 법인'으로 조사되었고, 비영리단체는 '법인외 단체'로 시민운동단체들뿐 아니라 ICNPO의 분류법에

■ **그림 9.4** 비영리법인(회사외 법인)과 비법인단체의 성장 추이: 1993~2013

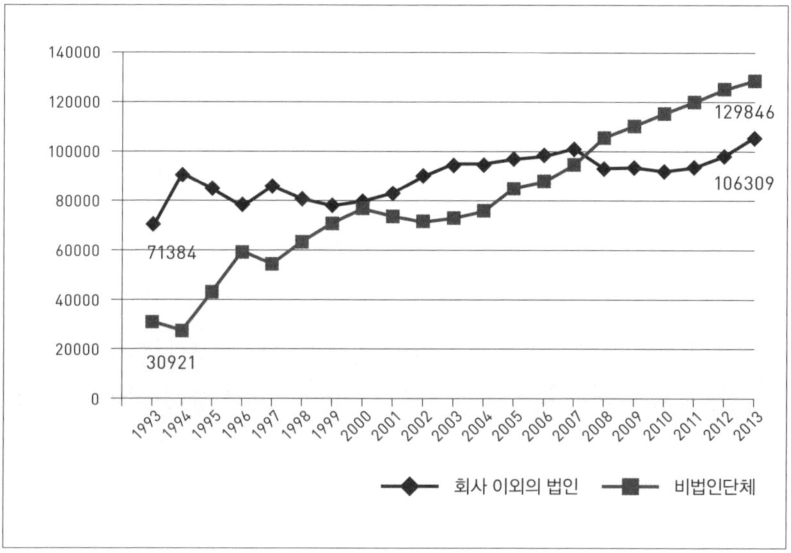

■ **그림 9.5** 비영리법인(회사외 법인)과 비법인단체 종사자 현황 : 1993~2013

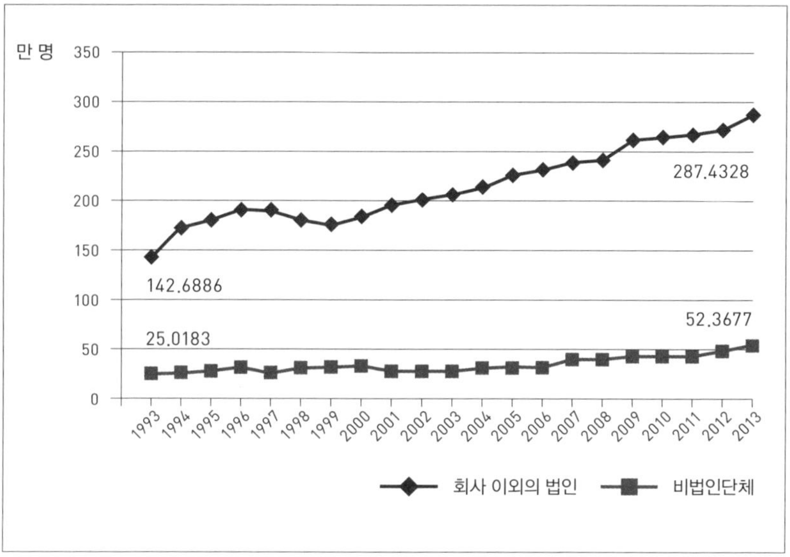

제시된 다양한 문화, 종교단체들까지 해당된다. 〈그림 9.4〉에서 볼 수 있듯이 회사외 법인의 규모는 2013년에 10만 정도로 조사되었는데, 21년전인 1993년 7만여 개에 비해 약 3만 개, 즉 40% 가량 증가하였다. 이에 비해 비법인단체의 성장은 2008년에 비영리법인의 수를 넘어서 2013년 13만여 개에 달한다. 21년전 3만여 개에서 약 10만 개가 불어난 것이다.

한편 종사자 규모로 보면, 2013년에 비영리법인의 경우 287만 명, 비법인단체는 52만 명으로 전자가 후자의 다섯 배를 넘는다. 비영리법인과 비법인단체는 모두 21년 전에 비해 거의 두배 가량 많은 종사자들을 고용한 것으로 추산된다. 한국 비영리 섹터 또는 시민사회의 성장을 보여주는 중요한 지표 중 하나가 된다.

2) 등록된 비영리법인과 비영리단체

둘째, 정부 기관에 등록된 비영리법인들과 비영리단체들을 살펴보아도 앞서 살펴보았던 통계청의 사업체수 조사 결과와 유사하다. 비영리법인의 수는 10만여 개에 달하고 비영리단체수는 등록한 것만으로는 1만 1579개에 달한다. 비영리법인의 경우 등록된 법인만이 법인으로 인정되므로 등록된 수가 정확한 비영리법인수로 볼 수 있고, 비영리단체는 등록을 의무로 하지 않으며 정부의 보조금 지원이나 공모사업을 지원하는 단체들이 필요에 따라 등록한 것으로 앞서 사업체수 조사에서 추산된 비영리단체의 수(13만 개)에 비교하면 매우 작은 규모이다. 후자가 이번 연구에서 채택한 넓은 의미의 시민사회 영역에 속한 비영리단체들로 추정해볼 수 있다.

또 2000년에 제정되어 시행된 비영리민간단체지원법의 영향으로 등

■ **그림 9.6** 한국 비영리단체 등록 추이: 1950년대~2013

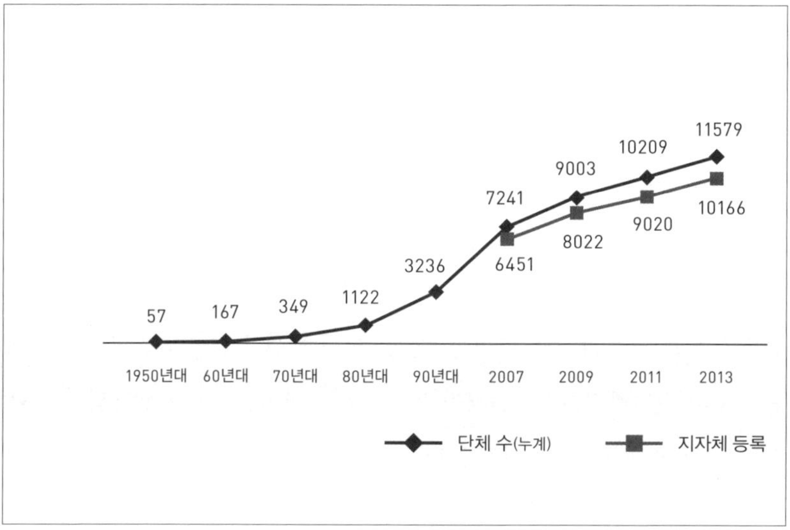

자료 행정자치부 각 연도.

록한 비영리민간단체의 수는 최근까지 급증해 2013년 1만 1579개에 이른다. 이들 대부분은 시도 지자체에 등록된 단체들이고, 10% 미만의 단체들은 중앙정부에 등록되어 있다.

3) 한국 비영리 섹터의 성장 요인 분석

마지막으로, 국민계정에서 최종소비지출 자료를 통해 재정 측면에서 비영리 섹터의 성장 추이를 살펴볼 수 있다. 국민계정에는 "가계에 봉사하는 비영리 조직의 목적별 최종소비지출" 자료가 있는데, 이 자료를 GDP 대비 비중으로 활용한 "경제사회적 환경이 비영리 섹터의 성장에 미치는 영향” 연구(김석은과 김유현 2013)는 자료가 유용한 1971~2010년 기간 40개년도 연간 데이터를 바탕으로 시계열 회귀분석을 실시하였다. 독립변수들은 비영리 섹터의 활동과 관련한 수요와 공급 이론들과 그 밖에 공동체 환경 요인들이다.

먼저 종속변수와 독립변수들 사이의 상관관계를 보면 다음과 같다. 종속변수는 전체 비영리 섹터의 GDP 대비 최종소비지출의 차분 변수와 의료보건, 문화, 교육, 사회복지, 종교, 정당 및 노동단체 및 기타의 7가지 하위분류를 포함하였다. 독립변수들은 먼저 여성의 경제활동 참가율의 차분변수와 실업률로, 전체 비영리 섹터의 성장뿐 아니라 개개 하위 분야에서도 거의 상관관계를 보이지 않았다. 둘째, GDP 대비 정부 지출 비중의 차분변수는 전체 비영리 섹터의 최종소비지출의 차분변수와 교육, 사회복지, 종교 분야에서 유의한 양(+)의 상관계수 값을 가져 비영리 섹터에 대한 재원 확보가 비영리 섹터 성장에 중요한 요소임을 보여준다. 셋째, 경제성장률의 경우 비록 사회복지 분야에서만 유의하게 나타났지만, 예상과는 달리 모든 부문에 대해서 비영리 섹터의 성장과 음(-)의 상관관계를 나타내었다. 이는 비영리 섹터의 성장은 지속적으로 이루어졌으나 급속한 경제성장률 대비 상대적으로 비영리 섹터 성장 속도가 작았음을 보여준다. 넷째, 도시화의 진행은 비영리 섹터의 성장과 개개 하위 분야에서 고르게 양(+)의 상관관계를 보여준다. 서구와는 달리 한국에서는 도시화의 진행이 비영리 섹터의 성장에 긍정적인 영향을 미치고 있다고 볼 수 있다. 마지막으로, 1987년 민주항쟁은 예측대로 비영리 섹터의 성장과 양(+)의 관계를 가지는 것으로 나타났다.

나아가 다른 독립변수들의 영향력이 통제된 상태에서 개개 독립변수가 종속변수를 얼마나 설명하고 있는지를 알아보기 위해 시계열 다중회귀

그림 9.7 비영리 섹터의 GDP 대비 최종소비지출: 1971~2010

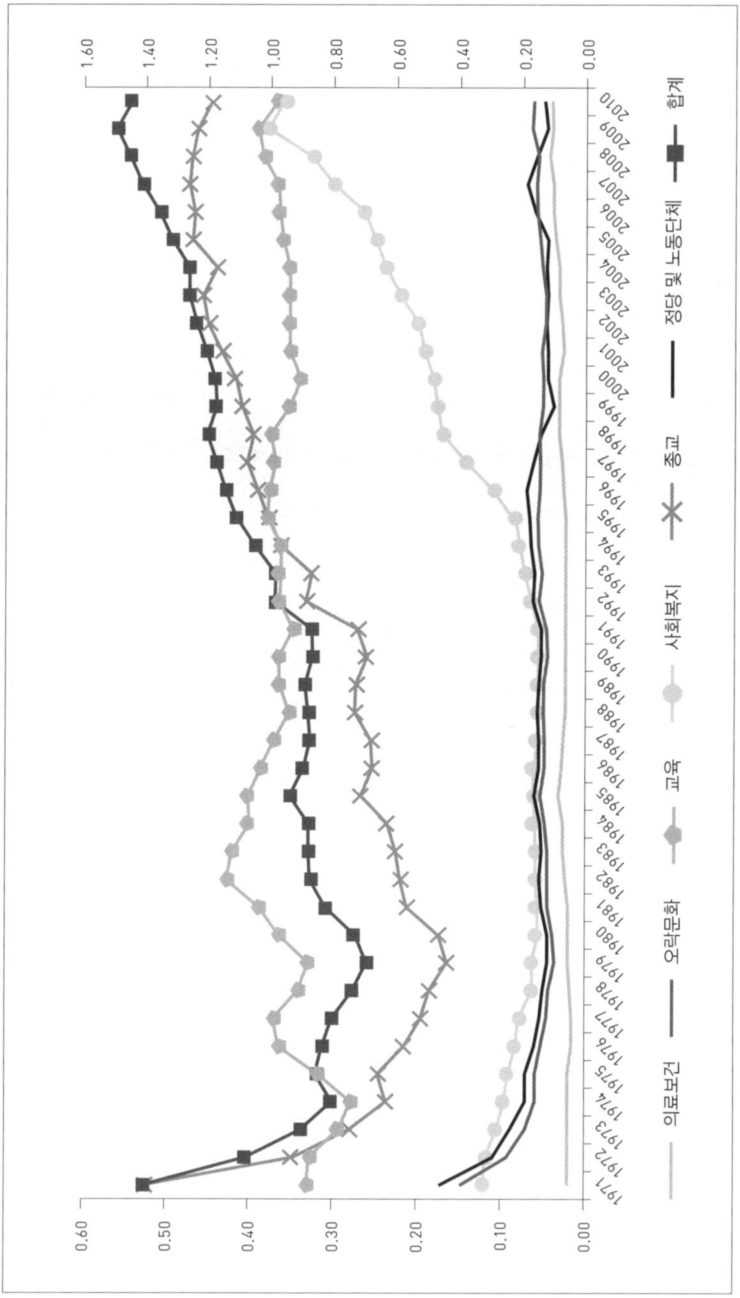

분석을 실시한 결과, GDP대비 정부 지출 차분 값으로 측정한 공급측 요인은 상대적으로 강하게 나타났다. 첫째, 비영리기관의 전체 소비지출규모는 물론 문화, 교육, 사회복지 등 각 분야에서도 유의미하게 양(+)의 값을 갖는 것으로 나타났다. 이는 정부의 규모 확대로 비영리 섹터 지원여력의 증가 속도가 빨라질수록 비영리 섹터의 성장이 더 빠르게 진행된다는 것을 의미한다. 정부실패로 인한 비영리 섹터의 대체를 설명하는 정부실패 이론보다는 정부와 비영리 섹터가 상호의존하면서 협력 발전한다는 상호의존 이론(Salamon & Anheier, 1998)과 일치하는 결과이다. 또한 한국의 경우 정부 주도의 산업화 유산이 정부와 비영리 섹터의 관계에도 영향을 미쳤기 때문에 정부의 직접 보조금 및 각종 지원정책이 비영리 섹터 성장에 결정적인 역할을 해왔다는 김준기(2000)의 분석과도 일치한다.

둘째, 전년도 경제성장률의 경우 의료보건 분야를 제외하고는 모두 음(-)의 값을 갖는 것으로 나타났으며, 비영리 섹터 전체와 세부적으로는 문화, 교육 분야에서 유의미하게 음(-)의 관계를 갖는 것으로 나타났다. 이는 경제성장에 따른 구매력의 증가가 자선기금의 규모를 확대시키고, 소득과 부(富)가 비영리 섹터의 활성화와 연계된다는 선행 연구결과들과는 상반되는 결과이다. 경제성장에 따른 비영리 섹터에 대한 공급확대와 사회적 자본 축적에 의한 비영리 섹터 성장 촉진효과가 한국에서는 나타나지 않았음이 입증된 것이다. 이러한 결과를 통해 경제성장에 따른 구매력의 증가가 한국에서는 기부문화로 연결되고 있지 않으며, 또한 빠른 속도의 정보통신기술 발전은 Putnam (2001)이 예측한대로 한국 사회에서 사회적 자본의 축적을 더욱 어렵게 하고 있음을 예측할 수 있다.

셋째, 도시의 인구가 전체 인구에서 차지하는 비중으로 측정한 도시 집중화율이 높아질수록 한국의 비영리 섹터는 더 빠르게 성장하는 것으로 나타났다. 정부 주도하의 경제개발계획의 영향으로 대도시를 중심으로 빠르게 성장해온 한국의 특성상 비영리 섹터의 조직과 활동 역시 소수의 대도시를 중심으로 이루어져 왔다. 이러한 배경에 따라 도시 지역의 높은 경제수준은 다수의 고학력자 계층을 유인하였고, 이들의 사회문제에 대한 높은 관심도와 참여, 이에 따른 사회문제의 도시집중화 현상은 비영리 섹터 성장의 주요한 동력이었을 것으로 여겨진다. 참고로 2000년 이후현재까지 비영리단체의 등록은 도시들에 몰리고 특히 도시인구 집중이 심한 서울시에 몰리는 편중 현상을 참고해볼 수 있다(주성수 2014). 서울시에 등록된 NPO는 지난 15년(2000~14) 기간에 726% 급증했다(그림 3.1).

마지막으로, 1987년 민주항쟁 이후 비영리 섹터의 성장 속도가 더 빨라졌을 것이라는 예측과는 반대의 결과가 나타났다. 1987년 민주항쟁이라는 혁명적 변혁 이후 GDP 대비 가계에 봉사하는 비영리 섹터의 목적별 최종소비지출 규모의 증가분은 오히려 유의미하게 감소하는 것으로 나타났다. 개별 비영리 섹터에서는 문화, 종교, 정당 및 노동단체 3개 분야에서 음(-)의 계수 값이 유의미하게 나타났고, 사회복지 분야가 음(-)의 관계로 나타났다. 그렇다고 1987년 민주항쟁 이후 비영리 섹터가 축소되었다고 보기보다는 비영리 섹터 성장 속도가 다소 둔화되었다고 해석할 수 있다. 비영리 섹터의 GDP대비 소비지출 비중 자체가 감소한 것이 아니라 GDP 대비 소비지출 규모의 증가속도가 감소한 것이다. 1987년 민주화 운동 이후 사회보장 지출을 중심으로 GDP 대비 전체 비영리 섹터의 소비지출 규모 자체는 증가하는 것으로 나타나 1987년 민주화 운동이 GDP 대비 비영리 섹터의 소비지출 수준 자체를 증가시켰을 가능성은 분명히 존재한다.

〈그림 9.7〉을 분야별로 살펴보면 사회복지부문에 대한 지출은 1987년 민주화 운동 이후 꾸준히 증가하고 있으나 다른 분야에서는 뚜렷한 증가세

를 보이지 못하고 있다. 1987년 민주항쟁이 비영리 섹터 성장속도를 증가시키는 성장효과를 갖지는 않는 것으로 나타났으나, 시민사회의 성숙과 함께 비영리 섹터의 정부의존 성향을 완화시킨 것으로 나타났다. 1987년 민주항쟁 이후 정부 지출이 비영리 섹터의 성장에 미치는 영향력이 감소하였음을 의미하는 것으로 시민사회의 성장과 함께 비영리 조직들이 점차 정부의 재정 지원보다는 자체 서비스의 개발, 회비의 부과, 개인이나 재단의 기부 및 자원봉사에 점진적으로 의존하고 있음을 반영한다고 볼 수 있다.

3. 비영리 섹터의 투명성과 책무성

시민사회의 주도적인 역할을 하는 시민사회단체 활동은 '지구적' 현상으로 확대되면서, 시민사회의 문제와 위기에 관한 논의도 세계적으로 공통된 관심사가 되고 있다. NGO 활동의 '책무성'(accountability)과 '투명성'(transparency)은 이제 정부나 기업의 '책무성'이나 '투명성'만큼 중요한 논의가 되고 있다(Henderson 2002; Heinrich et al. 2008; Jordan and Tuijl 2006.). 세계적인 시민사회 연대조직인 시비쿠스(CIVICUS)는 글로벌 차원의 책무성과 투명성 제고 운동을 전개해왔고, 이를 각국의 조사를 통해 문제 진단과 대안 제시를 2004~06년과 2008~10년 두 차례에 걸쳐 진행해왔다.

1) 투명성과 책무성

일반적으로 투명성(transparency)은 책무성(accountability)을 실천하는 과정, 절차 및 가치를 의미하며, NGO들의 활동방식과 적절한 체계의 존재가 NGO들의 기능과 어떻게 관련되는지를 보여준다(Naidoo 2004). 이해관계자들의 입장에서 NGO들의 활동이나 프로그램의 공개성 수준을 보여주는 경우가 일반적인 투명성 지표가 되는데 특히 활동이나 프로그램에 투입된 자원의 출처, 사용된 용처에 관한 정보의 공개 등 재정적 투명성에 초점을 맞춘다(CIVICUS 2010). 따라서 책무성이 비영리단체들이 추구하는 목표로 하면, 투명성은 책무성을 실천하기 위한 실천적 도구라고 구분해 볼 수 있다.

책무성의 개념은 "특정한 이해관계자들에게 구체적인 성과 기대치에 대해 답변할 의무"를 의미한다. 재정적 회계부터 공급된 서비스의 질, 주창 캠페인 전략에 이르기까지 구체적인 사안들에 관련된다. NPO가 추구하는 가치, 사명, 전략들이 NPO들이 이해관계자들에게 책무성을 갖도록 만드는 책무성의 목표이라고 볼 수 있다. 책무성 관리에 핵심적인 '책무성 메카니즘'은 ①투명성 메카니즘, ②참여 메카니즘, ③평가 메카니즘, ④피드백 메카니즘으로 구성된 것으로, 각각의 의미와 특징은 아래와 같이 살펴볼 수 있다(Brown 2007).

'투명성 메카니즘'은 조직의 의사결정, 성과 및 보고와 관련된 정보의 자유로운 흐름을 가능하게 하는 장치로, 회계결과, 연간보고서 등을 내부와 외부 이해관계자들에게 공개, 보고하는 일이 핵심이 된다.

'참여 메카니즘'은 조직의 주요 의사결정에 주요 이해관계자들의 참여를 가능하게 하는 장치로, 이들과의 정기적인 협의도 중요하지만 특히 이사회 등 의사결정기구에 이사로서의 대표 기능이 중요하다.

'평가 메카니즘'은 이해관계자들로 하여금 NPO 조직의 활동, 산출, 성과, 영향 등을 사정하는 기회를 제공하는 장치로, 모니터링, 평가제도, 프로그램 평가 등이 있다.

'의견수렴 메카니즘'은 NPO의 활동, 성과에 관한 문제제기 또는 목표 달성 실패에 대한 처벌에 관한 의견을 수렴하는 장치를 의미한다.

2) 시민사회지표 : 한국과 일부 국가 비교

한국 시민사회의 책무성과 투명성 현황에 대해서는 시민사회지표 연구결과를 참고해볼 수 있다. CIVICUS 시민사회지표는 글로벌 공동연구 프로젝트로 시민사회의 구조, 환경, 가치, 영향 등 네 차원으로 구분되는 74개 항목에 대한 국내외 자료들을 바탕으로 측정되며, 또 시민사회 전문가 집단의 평가를 결합시킨 지표로 개발한 것이다.[1] 전국적으로 지역 이해관계자인 시민사회 포커스그룹의 설문[2]과 지역 주민들의 설문조사 결과도 포함된다. 시민사회지표는 국내외 주요 통계, 설문 등의 경험적 자료를 검토해서 CIVICUS(2004)의 가이드라인에 따라 최저 0점부터 최고 3점까

---

1 한국에서는 한양대 제3섹터연구소(연구책임 주성수, 2006)가 수행해 연구결과는 2006년 CIVICUS 홈페이지에 수록되었다(www.civicus.org). CIVICUS의 '시민사회지표' 국제공동연구에는 한국을 포함해 54개국이 참여하였고, 2004~06년의 조사는 2008년에 결과가 발표되었고, 2008~10년의 조사는 2011년에 발표되었다.

2 CIVICUS(2004)의 가이드라인에 따라 지역 시민사회를 대표하는 이해관계자는 서울(29명), 부산(17), 대구(12), 인천(16), 광주(14), 대전(14) 등 6대 도시에서 남성(65명), 여성(37명)이며, 또 분야별로 권익주창(35명), 서비스(24), 환경(17), 여성(11), 기타(7), 공직자(8) 등 대표성을 유지하였다.

■ **표 9.2** 시민사회 책무성과 투명성 지표: 한국과 서구 6개국 비교

	한국	독일	스코틀랜드	웨일즈	북아일랜드	이탈리아	네덜란드
시민사회의 책무성							
1. CSO에 대한 신뢰	2.0	2.0	2	2	2	3	2
2. 시민사회 자체의 규제장치	1.5	1.5	2	3	–	1	2
3. 시민사회 내부 민주주의	1.8	2.5	2	3	2	3	2
시민사회의 투명성							
4. 시민사회 내부의 부정부패	1.8	2.0	2	2	3	3	3
5. 시민사회의 재정적 투명성	3.0	0.0	2	2	2	1	3

자료 Collis and Bay 2005; Dialoog 2006; Joo et al. 2006; McCarron 2006; Moro and Vannini 2006; Reimer 2005; Shah 2006.

참고 지표 수치는 최저 0점에서 최고 3점 사이에 분포.

지 4척도로 점수가 매겨진다. 또 계량적으로 평가하기 어려운 항목들은 지역 주민 설문과 지역 포커스 그룹의 설문을 바탕으로 그리고 주요 사례 등의 경험적 자료들을 참고해서 시민사회 전문가들이 주관적 점수로써 채점한다.

시민사회지표 조사에서 비영리단체의 책무성과 투명성 관련 항목들은 아래와 같이 각기 3개와 2개로 구분해 살펴볼 수 있다.

시민사회의 책무성

시민사회의 책무성은 시민사회에 대한 국민의 신뢰도부터 시민사회 자체의 규제장치, 시민사회의 내부 민주주의를 통해 확인해볼 수 있다.

가. 시민사회에 대한 신뢰도

먼저 시민사회에 대한 신뢰도는 2004~05년 당시에는 이탈리아가 3점으로 가장 높고, 다른 국가들의 경우 2점으로 중간 수준에 해당된다. 신뢰도는 시기에 따라 다소 변화되는 특징이 있지만, 이후 최근 2010~13년 세계가치관조사(World Values Survey) 결과는 다음과 같이 환경단체의 경우 비교적 높은 수준의 신뢰도를 보여준다(괄호안은 중앙정부 신뢰도). 한국 62.4%(49.5%), 미국 47.7%(32.6%), 일본 33.7%(24.3%), 독일 66.1%(44.4%), 스페인 55.6%(20.7%), 네덜란드 44.7%(33%), 호주 57.3%(30%), 스웨덴 69.2%(59.9%) 등이다.

나. 윤리헌장 채택

한국에서 '시민사회 내부의 자율규제'에 대해, 2005년의 조사에서는 지역 이해관계자 72%가 단체내 집단윤리강령 또는 그에 준하는 자체적인 규율이 있다고 응답했고, 단체의 윤리강령이 효과적으로 기능하고 있는지에 대해서는 '비교적 효과적이다' 66%, '별로 효과적이지 않다' 21%로 나타났다(Joo et al. 2006: 36). 시민사회가 자기 조절을 위한 기초적인 노력은 하지만, 아직 소수의 시민사회단체들에 지나지 않고 그 효과도 제한적임을 보여준다(이선미 2006: 105-6). 2010년의 조사에서도 50%만이 윤리강령이 잘 시행된다고 답해 내부통제의 규제장치가 미흡한 것으로 나타났다.

서구의 경우도 윤리강령을 통한 내부통제가 취약한 것으로 나타난다. 먼저 '시민사회의 윤리헌장 등의 자율적 장치'는 존재하지 않거나(스코틀랜드) 이에 관한 자료가 없어(독일, 네덜란드) 비교적 낮은 평가를 받고 있다. 북아일랜드는 시민사회조직 중 39%가 시민사회에 대한 규제가 잘 이루어지고 있다고 보지만 그렇지 않다는 의견도 23.6%에 달해, 이를 객관적으로 판단할 수 없다며 평가를 유보하였다(McCarron 2006: 30). 이탈리아의 지역 이해관계자 조사는 시민사회가 자체 규율장치를 마련하는 노력을 안함 4.5%, 초보적 노력 18.2%, 일부 장치가 존재하지만 효과 없음 54.5%, 규율장치가 있고 또 잘 작동함 10%를 보여주며, 이를 중간 수준에도 미치지 못한 것으로 평가한다(Moro and Vannini 2006: 40). 네덜란드는 일부 자율적 규제장치가 존재하지만, 이를 효과적으로 시행하는 강제성을 갖고 있지 않기 때문에 중간수준으로 평가한다(Dialoog 2006: 31).

다. 내부 민주주의 실천

한국에서 'CSO 내부에서 민주주의 실천'에 대해서는 2005년 지역 이해관계자 조사는 단체 대표를 회원 또는 대의원에 의해 민주적으로 선출하는 경우는 62.8%에 불과하다는 것을 보여준다. 그런데 2010년 조사에서도 유사한 결과를 보여준다. 시민사회가 조직 내부의 '민주적 의사결정'을 진흥시키는 역할을 하는지에 대해 '상당'(33%) 또는 '보통'(46%) 수준이 비교적 많지만, 미약하거나 제한적 역할이 각기 8%, 11%로 나타났다. 〈표 9.2〉에 소개된 것과 같이 한국은 7개국 사례 중 가장 낮은 점수를 받고 있다.

서구의 경우 '시민사회 내부의 민주주의' 실천에 대해서도 완벽한 긍정적 평가를 받지 못한다. 독일에서는 CSO 18% 정도만이 조직변화에서 우선 필요한 것을 계서제의 철폐라고 답하고 있지만, 일반적으로 많은 CSO가 내부 의사결정 참여에 개방적이지 못한 한계가 있다고 보고한다(Reimer

2005: 39). 스코틀랜드는 이와 관련된 종합적인 자료가 부족하고 시민사회 조직들마다 내부 민주주의 실천이 다양하다는 의견을 제시하며, 이를 중간 수준으로 평가한다(Shah 2006: 45). 북아일랜드에서는 CSO를 모니터링하는 기구가 존재하지 않아, 시민사회 내부 민주주의 감시 장치가 없다. 2003년 조사에 따르면 시민사회 내부 위원회의 위원은 회원들에 의한 선출이 54%, 나머지는 호선이나 임명으로 이루어진다(McCarron 2006: 47). 이탈리아 비영리 조직법은 회원들 사이의 권리와 권력의 평등성을 보장하고 민주적 구조와 절차를 필수요건으로 규제한다. 지역 이해관계자 75%가 CSO 지도자들이 회원들의 선출에 의하며, 85%는 회원들이 CSO 조직의 의사결정에 영향력을 행사한다고 답하지만, 일상에서 시민사회조직들이 민주적으로 관리된다고 보기는 어렵다고 본다(Moro and Vannini 2006: 63). 또 네덜란드는 CSO 회원들이 총회에 잘 참석하지도 않고 또한 정책에 영향을 미치는 수준도 전혀 없음(1점)부터 매우 많음(10점)으로 볼 때, 6.4점으로 내부 민주주의가 중간 수준에 머물러 있다고 평가한다(Dialoog 2006: 32).

시민사회의 책무성

2005년 한국의 지역 이해관계자 조사에 따르면, '시민사회 내부의 부패'는 매우 드물거나(51.1%), 가끔 (43.6%) 발생하지만, '재정적 투명성'은 단체들이 일반에게 재정을 공개하는 비율이 85.4%로 매우 높은 것으로 나타났다(Joo et al. 2006: 60-61). 시민사회단체들은 정관상 재정을 공개하도록 되어 있지만, 어느 정도 공개하는지를 확인할 수 있는 자료는 아직 없다. 대부분 총회, 이사회 등 내부 절차를 통해서 이루어지고 있다. 경실련, 참여연대 등 일부 단체들은 인터넷을 통해 수입과 지출을 포함한 회계 상황을 정기적으로 공개하고 있지만, 아직 많은 단체들이 관행상 회계를 공개할 것을 회피하고 있는 실정이다.[3] 법적 강제성이 없고, 대부분 자율에 맡기고 있기 때문이다. 회계 전문 인력이 없거나 소규모의 불안정한 재정능력을 갖춘 단체들은 재정 공개를 회피하고 있다(조영재 2006: 152).

가. 내부의 부정부패

한국 시민사회의 부정부패 또한 내부통제의 심각한 이슈가 되고 있다. 2005년 조사에서 대다수 지역이해관계자들은 부정부패가 매우 드물거나(51.1%), 가끔 발생(43.6%)한다고 답했고, 2010년 조사에서도 시민사회 내부의 부정부패에 대해서는 '빈번함'(12%), '가끔 있음'(44%), '거의 없음'(44%)로 상당한 수준의 부정적 인식이 지배적이었다.

한국처럼 서구 6개국도 시민사회 내부의 부정부패는 매우 드물지만, 내부 규제장치 부재를 문제로 제기한다(독일, 스코틀랜드, 웨일즈). 북아일랜드, 이탈리아, 네덜란드는 부정부패가 존재하지 않다며 완벽한 높은 평가를 한다. 국제투명성기구(Transparency International) 부패척도 (1=부패 없음, 5=부패 만연)에서 이탈리아 NGO들은 2.4로 비교적 부패에서 자유로운 것으로(Moro and Vannini 2006: 64), 또 네덜란드는 부패자유도 (0=부자유, 10=자유)에서 8.6점으로 세계 157개국 중 11위의 부패자유국으로 나타났다(Dialoog 2006: 33).

나. 재무 정보의 공개

한국 시민사회단체의 재무공개는 비교적 높은 편으로 나타난다. 2005년 조사에서 지역이해관계자들이 속한 단체들 중에서 일반에게 재정

---

3 대부분 단체들이 수입과 지출을 투명하게 공개하지 않고 일부만이 공개하는 단계에 머물러 있으므로 아래 서구 6개국의 경우처럼 지표점수는 3점이 아니라 2점으로 낮춰 평가할 필요가 있다.

을 공개하는 비율은 85.4%로 높은 편이다. 지역이해관계자들은 이들이 상대적으로 안정적인 재정적인 기반을 갖고 있기 때문이며, 반대로 소규모 불안정한 재정능력을 갖춘 단체들은 재정을 공개하는데 어려움을 겪고 있다고 판단했다. 2010년 조사에서는 74.7%가 재정을 공개한다고 답했다.

서구의 경우, 네덜란드를 제외한 5개국에서는 비교적 취약하다. 독일의 경우, CSO는 자신들의 회계, 수입과 지출을 일반인에게 공개할 의무를 가지지 않지만, 법적으로 비영리 조직으로 인정받는 경우 세무당국에 회계를 투명하게 공개하며, 회원조직들은 회원들에게, 모금조직들은 기부자에게 수입과 지출 등 화계를 공개할 의무를 가진다. 그럼에도 전반적으로 CSO의 재정 투명성을 제고할 여러 방안들이 논의 중이고 일부 진행 중일 뿐, 포괄적인 제도나 장치가 마련되어 있지 않아 제도적 장치가 없는 상태로 엄밀히 평가한다(Reimer 2005: 40-1). 또 스코틀랜드와 웨일즈의 경우, 공통적으로 조직의 지출 항목들이 '규정상 허용되는' 비자선적 활동에 투입되며, CSO 절반가량만이 일반에 회계를 공개하는 등 법적 통제를 받는다. 또 이탈리아의 비영리 조직법은 재정 투명성을 규제하지만 관행상 많은 조직들이 재정의 공개 등 투명성을 설천하지 못하고 있다. 이와는 대조적으로 네덜란드의 시민사회조직들은 회원들에게 회계 책무성을 갖고 공개하며, 재단들도 자율적으로 회계 공개를 통해 높은 재정적 투명성을 유지한다(Dialoog 2006: 33).

한국과 일본 비교분석

2008~10년의 시민사회지표 조사에서는 일본이 조사에 참여해 한국과 일본의 시민사회지표를 비교할 수 있는 기회가 마련되었다. 먼저 주요 지표의 조사 결과를 살펴보면, 내부 부정부패를 제외하면 비슷한 수준에

있다는 것을 알 수 있다. 내부 부정부패는 일본이 거의 문제 없는 것으로 보여지며 한국이 다소 심각한 수준이라 볼 수 있다. 그렇지만 민주적 의사결정이나 윤리강령 시행은 한국과 일본의 공통된 과제가 되고 있다.

일본의 경우, 3분의 2가량이 윤리강령 채택이나 공개를 하지 않는 이유에 대해 더 이상 밝힐 수 없다며, 연구기관은 이를 과제로 제시한다(Osaka Univ: 2011). 법적 지위를 누리는 NPO들은 정부에 재무보고를 할 의무가 있으므로, 재무정보 공개는 비교적 높지만, 다른 NPO들의 자발적인 재무 공개는 미흡하다. NPO 18.5%는 연간보고서에, 23%는 웹사이트에 공개한다. 일본의 시민단체지원협회는 1995년 이래로 책무성 연구를 진행해, 2010년 'NPO 재무회계 표준안'을 채택해, 많은 NPO들이 동참할 것으로 기대하지만 강제적 규제가 아니므로 미미한 상태에 머물러 있다는 것이다.

글로벌 조사 결과

CIVICUS 시민사회지표 연구 책임을 맡았던 하인리히(Heinrich 2007: xxvi)의 45개국 비교분석 결과도 이 점을 시민사회의 핵심적 결점으로 지적

표 9.3 한국과 일본의 시민사회 책무성과 투명성 지표 결과 비교

	한국	일본
민주적 의사결정	69.7	55.4
윤리강령 시행	50.0	42.9
내부 민주주의	80.6	92.1
내부 부정부패	43.8	2.8
재무정보 공개	78.9	79.0

한다. 그는 "CSO의 정통성, 책무성, 투명성은 거의 모든 국가의 평가에서 드러났던 문제"로 드러나면서, 지구촌 모든 국가의 시민사회가 당면한 민주화 과제는 "대중의 신뢰를 확보하고 거버넌스에서 보다 강력한 역할을 지원하고 수행하기 위한 자체 책무성과 투명성을 어떻게 개선할 수 있는지"에 달려 있다고 결론짓는다. 따라서 각국 보고서를 분석해보면, 시민사회에 대한 가장 심각한 도전은 '시민사회의 정당성, 책무성, 투명성'이 67%로 가장 높은 비중을 차지하며, 따라서 정책 대안에서도 윤리헌장 등 자율적 규제장치의 도입이 60%로 가장 강력한 요청을 받고 있다(Heinrich et al. 2008: 331-4).[4] 그간 시민사회의 정당성과 그 한계에 관련된 논의들도 대부분이 대표성, 책무성, 투명성에 대한 것이라는 점을 고려해보면, 이번 국제 비교 분석은 그간의 논의들이 대부분 타당한 것으로 어느 정도 확인해준다.

3) '투명사회 협약' 사례

투명사회 협약

최근 나눔문화의 급속한 확산으로, 시민들이 회원으로, 이용자로 직접 기부하거나 모금단체를 통해 기부하는 기회도 크게 늘었고 기부 금액 또한 지속적인 증가 추세를 보여준다. 더불어 기부에 크게 의존하는 NGO의 재정 투명성에 대한 사회적 요구는 늘고 있지만, 많은 NGO들이 재정투

---

4 그 밖에 다른 심각한 도전들은 시민사회의 인프라와 조직(50%), 시민참여의 수준(48%), CSO의 재정적 자원(43%), 사부문과 시민사회의 관계(38%), 국가와 시민사회 관계(36%) 등이며, 정책 대안에서 다른 심각한 요청들은 재정 투명성(307%), 내부 민주주의(30%) 등으로 조사되었다.

명성 확보에 실패하고 있다. 가장 기본적인 자체 윤리강령 도입 차원을 넘어서 자칫 정부 감독기관의 규제 대상이 될 수도 있어 NGO 자율성 침해 논란이 일어날 수 있다. 영국, 캐나다 등지에서는 정부-시민사회 협약을 통해 시민사회의 자율성을 전제로 시민사회의 자율적인 재정 투명성과 책무성을 강화하는 정책으로 나아가고 있다. 앞으로는 투명성과 책무성를 확보하지 않은 NGO는 정부의 규제뿐 아니라 기부도 받지 못하는 시대적 변화에 직면해 있다.

한국 사회에서 투명사회를 지향하는 정책추진은 불과 10년도 안되었지만 그 정책마저 거의 폐기된 상태이다. 2005년 노무현 대통령을 비롯한 국무총리 등 공공, 정치, 경제 시민사회 대표들이 모여 '투명사회 협약'을 체결한 것이 대표적인 사례이다. 보건의료, 금융, 지역, 건설, 국방 등 다양한 분야로 투명사회 협약이 확산되었지만 이후 실행이 되지 못하는 정책 한계를 보여주었다.

나눔문화의 대표적인 사례가 되는 사회복지 분야는 2006년 13개 사회복지 기관대표들과 보건복지부가 참여하여 체결한 '사회복지 투명사회 협약'으로 제시되었다. 사회복지 분야의 투명성을 강화하고 책무성을 확보하는 것이 국민과 사회로부터 신뢰받고 궁극적으로 국민 복지를 향상시키는 출발점이자 목표라는 인식에서 이의 성실한 이행을 다짐하기 위하여 체결된 것이 협약이다. 주요 내용은 사회복지기관의 투명성과 책무성을 높이기 위한 공공부문의 역할과 민간 사회복지법인 및 시설의 역할과 실천의지 등으로 다음과 같이 몇가지로 요약될 수 있다.

첫째, 공공부문은 효과적인 부패방지체계 구축 등 각 단체의 투명성 제고를 위해 활동을 지원한다. 둘째, 법인 및 시설의 운영비, 후원금 등의 사용내역을 외부에 공개하고, 이사 선임시 자격검증을 강화하며 기관 운영의 투명성을 확보하고, 공개입찰, 청렴계약제 도입 등 기능보강 사업의 투명성을 강화한다. 셋째, 진정함 설치, 인권침해 사례 모니터링 구축 및 정기점검 등 이용자 인권개선 노력과 공개모집에 의한 직원채용, 직원 처우개선 등 근무환경을 개선한다. 넷째, 사회복지 관련단체 등의 자발적 윤리강령 제정 및 그 이행을 통한 윤리경영 강화한다. 또 이 협약이 지속적으로 이행될 수 있도록 실천협의회를 구성 및 설치하고 매년 협약 이행정도를 평가하여 그 결과를 국민에게 공개한다.

이후 사회복지 비영리 조직들의 윤리강령 제정이나 윤리경영을 위한 노력은 부진한 것으로 평가받고 있다(오영호 2012). 사회복지 비영리 조직들은 자율규제(self-regulation)도 전혀 못하고 이를 위한 정책환경 조성도 되어 있지 않다. 민간기관들의 순수한 자율규제는 회원위주로 승인하여 운영되는 기부자 주도 프로그램, 민간협회를 통한 민간기관들의 자발적인 인증, 민간협회에 의한 집합적인 자율규제, 외부 모니터링이 없이 순수하게 자발적으로 윤리적 기준이나 강령의 제정 등이 필요하다. 민간협회에 의한 집합적인 자율규제는 정부 규제의 형성이나 과도한 규제를 늦추고 비영리영역을 자율적 발전시킬 수 있는 장점이 있지만, 사회복지비영리 조직들은 자율규제도 제대로 진전시키지 못하는 상황에 있다(오영호 2012).

사회복지법인의 민주성

사회복지 분야의 투명성과 책무성 현황을 분석하기 위한 파이롯트 연구가 2012년에 한국 보건사회연구원에 의해 수행되었는데, 아래와 같이 사회복지법인들을 대상으로 자율적인 평가에 기초해, 민주성 6개 항목과 투명성 6개 항목을 구분한 지표 조사 결과를 제시하였다(오영호 2012). 먼저 책무성을 포함하는 민주성 항목들은 민주적 의사결정에 초점을 맞추어, 사

■ **표 9.4** 사회복지법인의 민주성 항목

1. 귀하가 소속된 기관은 사업 운영 및 변경에 있어 의사결정을 위한 내부규정이 잘 정비된 편입니까?
2. 귀하가 소속된 기관은 의사결정을 위한 내부 규정을 엄격하게 준수하는 편입니까?
3. 귀하가 소속된 기관은 의사결정과 관련된 실무자들이 대부분 의제설정 및 결정에 참여 하는 편입니까?
4. 귀하가 소속된 기관은 특정 개인이 대표, 사무국장, 임원, 운영위원, 집행 간사 등의 직위를 겸직하지 않는 편입니까?
5. 귀하가 소속된 기관은 의사결정을 위한 내부의사결정기구의 모임이 자주 개최되는 편입니까?
6. 귀하가 소속된 기관은 의사결정기구에서 모임의 논의나 안건이 다양한 행위자에 의해 주도 되는 편입니까?

자료 오영호 2012.

■ **표 9.5** 사회복지법인의 민주성 항목 조사 결과

	전혀 아니다	아니다	보통이다	그렇다	매우 그렇다	평균 (5점 척도)
사업운영을 위한 내부규정 정비	0.3	3.1	20.1	53.1	23.2	3.96
의사결정을 위한 내부규정 정비	0.3	3.7	18.5	54.9	22.6	3.96
의사결정에 실무자 참여	0.2	6.1	22.6	55.5	15.7	3.80
특정 개인의 겸직 여부	5.8	13.1	12.3	42.7	25.9	3.70
내부의견 수렴 활성화 정도	0.4	7.0	32.5	46.7	13.5	3.66
의사결정에 이해관계자 참여	1.1	13.2	30.3	46.9	8.6	3.35

자료 오영호 2012.

업 운영 및 변경 등에서의 내부 규정의 마련과 준비를 점검한다.

이상과 같은 민주적 의사결정 항목들에 관한 조사 결과를 보면, 사회복지법인들이 평가한 성적표는 중간 수준 정도에 머물러 있는 특징이 있다. 전체적으로 그렇다와 매우 그렇다는 긍정적인 응답을 먼저 살펴보면, 사업운영과 의사결정을 위한 내부규정은 75% 이상을 넘었지만, 의사결정에 실무자 참여 71%, 특정 개인의 겸직 68%로 낮아지며, 내부의견 수렴 활성화와 의사결정에 이해관계자 참여는 각기 60%와 55%로 크게 낮아진다. 사회복지법인이 외부 이해관계자의 참여에 폐쇄적인 문제를 보여준다. 따라서 5점 척도로 평균한 점수에서도 의사결정에 이해관계자 참여 점수가 3.35로 가장 낮고, 사업운영과 의사결정 내부규정 마련이 4점에 가까운 비교적 양호한 평가를 받고 있다.

사회복지법인의 투명성

다음으로 투명성 항목들은 재정관리와 정보에 초점을 맞추어, 체계적 재정관리, 재무정보의 외부 공개, 내부통제와 감사, 주요 서류의 정리, 보관, 인터넷 공개, 공개 요청에 대한 호응 등 여섯 가지로 구분된다.

이상의 투명성 항목별로 조사 결과를 살펴보면, 위의 민주성 항목들에 비해 비교적 양호한 평가를 받고 있는 특징이 있다. 먼저 재정관리의 체계화와 외부 공개가 가장 높은 평가를 받고 있는데, 그럼에도 보통 수준 이하라는 부정적인 평가가 각기 10%와 17%에 달하고 있어 여전히 문제로 남아 있다는 것을 알 수 있다. 특히 인터넷 공개와 정보공개에 대한 호응이 다소 취약한 것으로 나타나, 정부 정책으로 추진 중인 국세청의 공시시스템의 활성화가 필요하다는 근거를 제시해준다.

■ **표 9.6** 사회복지법인의 투명성 항목

1. 귀하가 소속된 기관의 재정관리(수입·지출 기록, 증빙서류 관리 등)는 체계적으로 이루어지는 편입니까?
2. 귀하가 소속된 기관은 수입·지출 내역이 외부에 투명하게 공개되는 편입니까?
3. 귀하는 소속된 기관의 재정 활동에 대한 내부통제나 감사제도(내부/외부감사위원회, 자체평가 등)가 잘 이루어지는 편입니까?
4. 귀하가 소속된 기관은 제반서류(사업 계획서, 회의록 등)가 잘 정리, 보존되어 있는 편입니까?
5. 귀하가 소속된 기관은 인터넷을 통한 정보의 공개가 활발한 편입니까?
6. 귀하가 소속된 기관은 정보공개 요구에 신속하게 응하는 편입니까?

■ **표 9.7** 사회복지법인의 투명성 항목 조사 결과

	전혀 아니다	아니다	보통이다	그렇다	매우 그렇다	평균 (5점 척도)
재정관리의 체계화	0.2	0.6	9.3	42.9	46.9	4.35
재정내역의 외부 공개	0.2	3.8	13.2	45.6	37.2	4.15
재정활동 내부 통제와 감사	0.5	4.5	18.8	44.8	31.3	4.02
기관운영 서류 정리와 보존	0.2	1.4	15.0	49.8	33.7	4.15
인터넷으로 정보 공개	0.9	9.7	29.2	41.0	19.1	3.68
정보공개 요청에 신속한 대응	0.2	3.0	22.0	52.5	22.2	3.94

자료 오영호 2012.

4) 공익법인의 공시의무

공익법인의 재무정보의 공개는 2008년부터 제도화되기 시작했다. 공익법인의 공시 의무는 자산 총액 10억 원, 수입 총액 5억 원 이상으로 2009년부터 국세청 공시시스템에 공시하도록 시행되어 온 것이다. 공익법인의 투명성 강화와 기부문화 활성화를 위해 국민들이 기본정보를 열람할 수 있도록 하기 위한 일종의 투명성 제고 방안이다. 그런데 1만 1800개의 공익법인 가운데 교육 사업과 의료 목적을 제외한 3482개만 의무공시 대상인데 이로써 공시율은 37%으로, 사회복지법인은 3093개 중 1275개로 공시율 41%, 학술장학 법인은 3394개 중 1341개로 공시율 42.7%, 문화법인 743개 중 283개로 39.5%, 그리고 기타 2110개 중 538개로 25.4% 등이다. 이처럼 낮은 의무 공시율을 높이는 여론의 압력에 따라 2015년부터는 법개정을 통해 의무공시율을 강화했다. 자산 총액 5억 원 이상, 수입 총액 3억 원 이상 공익법인의 공시가 의무화되었다.

2015년부터 시행된 공시 의무화 항목들에는 공익사업의 유형부터, 설립 근거법과 설립주체(개인 또는 가족, 기업, 종교단체, 지역사회, 국가나 지자체 등), 단체 유형, 그리고 인적 자원(이사, 직원, 자원봉사자), 자산과 수입과 지출, 그리고 국가나 지자체로부터의 수입 등을 상세하게 공시하도록 되어 있어, 공시시스템은 공익법인의 투명성과 책무성 제고에 기여할 것으로 전망된다.

그간 공익법인의 공시 현황에 대해 한국 가이드스타의 조사 결과를 살펴보면 아래와 같다(한국일보 2014. 12.22). 2014년 초 기준, 기부금을 받는 공익법인 수는 2만 9509개인데, 이 가운데 자산 10억 원, 연 수입 5억 원 이상으로 비교적 규모가 커 국세청이 공시의무를 부여한 곳은 14%인 3991개였다. 기부 선진국인 미국이 연 수입 2만 5000달러 이상, 영국은

5000파운드 이상 소규모 기관까지 재정보고 의무를 지우고 있다. 한국의 860~2750만 원 수준으로, 한국의 공시의무 보다 4~12배 강한 기준이다. 한국가이드스타는 3991개 단체 중 투명성과 효율성을 검증할 수 있게 정보를 공개한 곳을 재차 선별했다. 조사 기준은 미국 복지단체 평가기관인 BBB(Better Business Bureau)의 자선단체 회계가이드를 우리 실정에 맞게 해 적용했다. 먼저 외부감사를 진행하며, 대중모금 10억 원 이상인 단체이되, 공공기관 또는 기업·종교·병원 단체가 아닌 곳을 대상으로 했다. 기부금과 월별기부금 합계가 맞지 않는 등 결산서류의 정확도가 부족한 단체들도 제외시켰다. 이 결과 놀랍게도 19개 단체만이 의미 있는 검증이 가능한 정보를 공개하고 있었고 여기에 구세군 자선냄비 등은 포함되지 못했다. 19개 단체의 투명성은 전문가들의 제안에 따라 ①감사보고서 충실도, ②홈페이지 자료공개 정도, ③이사회 회의록 등 운영현황, ④기부유도 프로그램 등을 기준으로 조사했다. 또 단체 효율성은 총 경비 대비 순수 사업비 비율로 측정했다. 조사 기준이나 조건이 다양해진 것은 단체마다 회계처리 방식을 달리하거나 공시내역도 허술하기 짝이 없었기 때문이다. 가령 기부금품 모집 및 사용에 관한 법률은 기부금의 최고 15% 이내에서 모집비용, 관리·운영비, 홍보·인건비 등을 사용하도록 규정하고 있다. 그러나 단체들의 감사보고서에서 이런 내용을 확인하기란 쉽지 않았다. 자산 100억 원이 넘는 대형 단체 가운데 아산사회복지재단, 대한민국재향군인회, 대한구세군유지재단 등은 외부감사 규정까지 무시, 회계정보 신뢰성에 의문을 갖게 했다.

또 기부금이 일부에 편중되면서 공룡기관이 등장하는 부작용이 확연했다. 3991개 공익법인 중 가장 많은 대중모금을 한 곳(기업·종교·병원 제외)은 사회복지공동모금회로 2013년 약 5800억 원을 모았다. 2조원으로 추정되는 개인 기부의 4분의1 이상에 달하는 액수다. 이를 포함해, 국세청 공시 기부금 상위 10개 법인의 모금액이 전체의 76.01%를 차지할 만큼 편중현상은 심각했다. 특정 단체에 기부금이 몰리는 이유는 자신들의 명성과 유명인을 앞세워 백화점식 사업을 펼치기 때문이다. 기부금 모금 상위단체들은 빈곤층 지원과 함께 북한지원, 빈곤아동 등 해외후원, 국제구호사업, 교육 사업을 공통적으로 추진하고 있었다.

특히 효율성과 투명성 검증이 가능한 19개 단체 중 효율성 상위인 곳들도 문제가 없지 않았다. 효율성 6위를 기록한 한국월드비전마저 회계 투명성을 갖췄다고 보기에 역부족이었다. 홈페이지에 공개한 2013년 재무현황을 보면 총지출에서 북한, 해외, 교회협력 등의 순수 사업비가 73%로 평균 이상을 나타냈다. 하지만 사업기획, 자료조사, 교육훈련, 감사 등을 기타 지원사업으로 분류, 모금비용에 쓰인 비용을 산출하기에는 무리였다. 다만 국세청 공시에 기획사업비, 홍보사업비, 후원개발사업비 등을 공개해 기부금의 8.7%를 모금비용으로 쓴 것으로 추정될 뿐이다.

전문가 10인을 상대로 한국일보의 설문조사에 5점 만점으로 매긴 기부단체들의 투명성은 2.95점, 효율성은 3.0점, 재무건전성은 2.83점, 지배구조는 2.6점으로 나타났다. 전체적으로 겨우 평균치를 상회하는 수준이었다. 사회복지단체, 시민단체, 학계인사들인 전문가 10인은 기본적인 재무상태 공개를 등한시 하는 것이 기부를 가로막는 첫 요인이라고 지적했고, 후원한 돈이 목적에 따라 제대로 쓰이는지 검증할 시기라고 입을 모았다 (한국일보 2014.12.22.).

5) 기부 투명성에 관한 국민의식

기부문화의 확산과 정착을 위한 과제에 대해 국민들은 기부단체의 투명성이 중요하다는 인식을 갖고 있다. 2014년 보건복지부와 문화체육관광부의 조사 결과를 보면, '기부문화의 확산'을 위해 첫째로 "사회지도층과 부유층의 모범적인 기부증대" 54.6%로 높고, 이어서 "기부단체의 투명성" 19.9%이며, "나눔에 대한 인식개선" 16.7% 등으로 나타났다. 또 기부 경험자 가운데 56.3%는 기부단체 선정시 기부단체의 투명성이 가장 중요하다고 답해, 기부 사업 프로그램(23%), 기부단체의 인지도(8.9%)보다 훨씬 높게 나타났다. 또 기부 무경험자 중에서도 기부단체의 투명성은 52.3%로 가장 높고, 이어서 기부 사업 프로그램 13.2%, 단체 인지도 7.3%로 조사되었다.

기부정보의 공개에 대해서는 기부 경험자와 무경험자 모두가 매우 중요하다는 인식을 보여주고 있다.

그림 9.8 기부정보의 공개에 대한 국민 의식: 기부 경험자와 무경험자 비교, 2014년

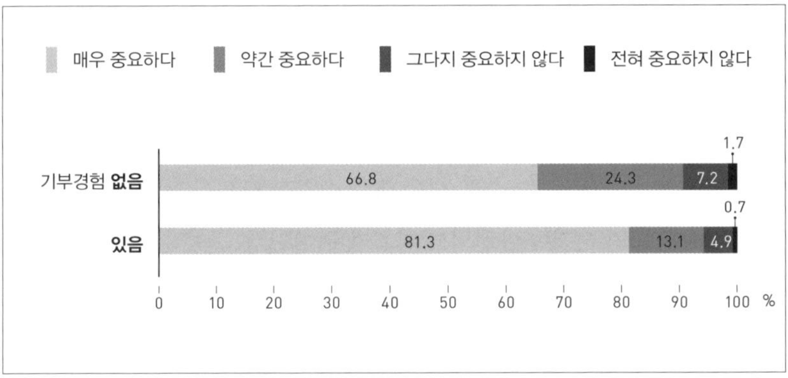

자료 보건복지부·문화체육관광부, 나눔(모금)과정 윤리성과 투명성 요구에 대한 여론조사, 2014

4. 한국 자원봉사 문화의 정착 과제

1) 자원봉사 참여의 정체

한국 자원봉사문화의 현주소는 시민참여로서 자원봉사의 참여율이 정체되어 있다는 현실에 초점이 맞추어진다. 1990년대 중반부터 지속적인 성장을 이어왔던 자원봉사 활동은 21세기 중반에 이르러 성장을 멈추고 이후 지금까지 10여 년간 2% 정도 성장하는 데 그쳤다.

자원봉사 참여 정체의 요인들

자원봉사의 참여는 복합적인 과정이다. 자원봉사는 단체를 통한 집단적 행동이지만, 참여의 시작은 개인의 사적 동기에서 비롯된다. 다음으로 자원봉사자와 사적 관계를 유지하는 가족이나 친구 또는 동료들과의 관계와 네트워크는 개인의 동기(motivation)를 자원봉사 참여로 이행되도록 영향을 미치는 중요한 계기로 작용한다. 나아가 개인이 가지고 있는 학력이나 경력 등의 다양한 자원 또는 역량(capabilities)과 단체나 지역사회 등이 제공하는 관계망(network)의 기회들이 적절히 잘 결합될 때 성공적인 참여가 이루어진다고 볼 수 있다(Verba et al. 1995; 주성수 2013). 개인이 갖고 있는 자원이나 역량(교육, 소득, 건강 등)에 따라서 어떤 개인은 참여하고 어떤 개인은 참여하지 않으며, 또 개인별로 소속된 단체나 지역사회의 환경적 특성에 따라 자원봉사 활동의 여건이 마련되고 기회가 주어진다.

먼저 '동기' 측면에서는 참여에 관심을 갖고 있거나 참여의 중요성이나 참여에 필요한 정보를 갖고 있어야 한다고 보며, 불참자는 관심이 없거나 참여의 중요성이나 정보를 갖고 있지 않기 때문인 것으로 간주한다. 자원봉사 홍보에 정부와 자원봉사 중개기관들의 역할이 중요하다.

'역량' 측면에서 참여자는 참여에 필요한 개인적 역량(학력, 소득, 건강 등)을 갖추고 있는 사람으로 본다면, 비참여자는 이런 역량이 없거나 부족한 사람으로 구분하기도 한다.

나아가 '관계망' 측면에서는 참여에 필요한 조건을 부여하고 기회를 제공하는 관계망의 역할이 중요하다. 누군가 또는 어떤 단체에서 참여하도록 요청하는 것이 중요해, 참여 요청을 받으면 참여할 가능성이 높아진다.

따라서 '동기' 측면에서는 자원봉사 참여를 원하지 않기 때문에, '역량' 측면에서는 참여할 수 없기 때문에, '관계망' 측면에서는 참여의 기회가 주어지지 않아서 참여가 이루어지지 않은 것으로 볼 수 있다.

이상의 자원봉사 참여요인들을 현재 한국 자원봉사의 참여 정체 요인들로 종합해보면 여덟 가지 주요 요인들로 구분해볼 수 있다. 자원봉사 참여의 정체는 그야말로 팔방에서 불리한 환경, 제도, 정책, 개인적 좌절 등 복합적인 작용으로 나타난다고 볼 수 있다. 우선 거시적 요인들부터 자원봉사자 개인특성별 요인들 순서로 살펴보면 모두가 정체, 부족, 침체, 곤란, 표류, 위축, 결여, 불만 등 부정적 현상뿐이다.

a. 문화 정체와 교육 부족 : 자원봉사문화가 정착되어 있지 않고 정체되면서, 자원봉사 참여율이 적정 수준으로 안정화되어 있지 않다. 바꾸어 이야기하면 안정적 참여에 기초하는 자원봉사문화 정착이 한국 자원봉사 참여 정체의 주요 요인이라는 점을 제2차 국가기본계획에서도 분석하였다. 게다가 자원봉사에 대한 올바른 이해와 인식에 필요한 기본교육조차 제대로 시행되지 않고 있어(자원봉사자 중 66%가 교육을 받지 않음), 자원봉사의 자발성과 무급성 등 기본철학에 대한 오해와 인식수준의 저하가 드러나고 있다.

b. 경제 침체와 생계 곤란 : 경제 침체가 2008년 이후 지속되면서 생계 곤란에 처한 사람들의 자원봉사 참여는 위축되고 있다. 일반 직장인의 참여도 늘지 않고, 대학생들의 참여도 정체되어, 경제 침체로 사람들이 자원봉사에 참여할 마음의 여유를 갖지 못한 것으로 보인다. 실제로 경제 침체와 생계곤란의 영향이 가장 심한 저학력층과 저소득층의 참여가 감소된 추이가 뚜렷하다. 저학력, 저소득층의 참여 위축은 개인의 역량 부족뿐 아니라 경제 침체로 인한 생계곤란, 또 주위 사람들의 요청 등 관계망의 부재 등으로 볼 수 있다.

c. 시민사회의 침체 : 자원봉사는 주로 시민사회에서 이루어지는 활동으로, 시민사회의 성장과 자원봉사의 성장은 밀접히 관련된다. 그런데 최근까지 시민사회가 성장하기보다는 다소 침체되는 추세들이 목격된다. 한국인의 구호 및 지원단체, 종교단체, 시민사회단체 참여 활동은 1999~2014년 시계열 자료에서도 심각한 감소세가 뚜렷하다. 이처럼 공익단체들을 통한 자원봉사 참여가 최근까지 줄고 있는 것도 한국 자원봉사의 정체에 주요 요인으로 보인다. 시민사회가 아직은 시민의 단체 회원 활동이 광범위하고 또 자원봉사가 적극적으로 활성화되는 '활성적 시민사회'(active civil society)로 성장하지 못한 것이다.

d. 중개기관 역량부족 : 시민사회에 속한 자원봉사 중개기관들의 진흥과 관리 역할이 성공적이지 못한 것도 주요요인이 된다. 역량의 부족 때문인데, 무엇보다도 전문 인력과 재정 확보 역량부족이 심각하다. 시민의 회비에 기초하는 재정적 자립을 갖추지 못한 채, 정부의 지원이나 기업의 기부도 매우 부족한 재정부실에 있다. 전국의 자원봉사센터들도 절반 이상이 지자체의 직영체제에 있고, 민영 센터들도 지자체의 재정과 인사 정책에 종속되어 있어 자율성마저 상실한 좌초 상태이다. 자원봉사기금 마련을 위

한 세제 개편으로 중개기관의 자율성과 전문성을 강화해 지속가능성을 담보해야 하는 과제가 있다.

e. 정부 정책의 표류 : 정부의 자원봉사 진흥정책은 2006년 자원봉사 활동기본법으로 시행되고, 자원봉사진흥을 위한 국가기본계획도 제1차(2008~12)와 제2차(2013~17)에 걸쳐 민관 파트너십으로 시행되어 왔지만, 계획대로의 시행은 크게 미흡했다. 제2차 국가기본계획의 연구진과 연구에 동참한 전문가 집단은 한국 자원봉사의 가장 심각한 이슈로 정부 주도적인 정책 추진으로 인한 민간 자원봉사기관의 자율성 상실 문제를 꼽았다. 최근 보건복지부가 정부입법이나 의원입법으로 추진하는 나눔기본법안은 기존의 자원봉사 활동기본법 체제를 무시하며 자원봉사뿐 아니라 기부와 장기기증 등 모든 나눔활동을 총괄하면서 그간의 정부의 자원봉사 진흥정책이 실패했다는 전제에서 제기된 것이다. 이 같은 부처 간의 주도권 논란도 정부의 자원봉사 정책표류의 한 단면을 보여주는 주요 사례가 된다.

f. 단체참여 위축 : 자원봉사 활동과 밀접한 관련성을 가진 공익단체 활동은 시민참여가 점차 위축되는 추이를 보여준다. 한국의 자원봉사가 더 큰 성장을 하지 못하고, 정체된 것도 한국인의 공익단체 참여활동이 늘지 않고 있기 때문으로도 볼 수 있다. 시민사회단체나 지역풀뿌리단체 등 공익단체 참여활동이 크게 위축되었고, 종교단체 활동뿐 아니라 사회복지 영역의 구호 및 지원단체 활동, 학부모회 등 학교모임 활동도 크게 줄었다. 단체를 통하지 않으면 자원봉사 활동은 지속가능성을 갖기 어렵다. 자선구호단체나 시민사회단체의 회원으로서 활동하는 것과 비회원으로 일시적인 자원봉사자로 활동하는 것과는 커다란 차이가 있다. 단체 소속이 없는 자원봉사자는 단체의 회원들만큼 상호적인 유대나 동료 시민의식이 부족하며, 또 자원봉사 활동을 하는 기관의 직원들과의 동료의식 공유나 소속감,

정체성 결여 문제도 있다.

g. 관계망 결여 : 자원봉사 활동은 사람들과의 다양한 관계망을 통해 이루어지는 특성이 있다. 일차적으로 가까운 친구나 이웃, 직장 동료나 대학의 학과나 동아리 동료 등 다양하다. 특히 누군가 또는 어떤 단체에서 참여하도록 요청하는 것이 중요해, 참여 요청을 받으면 참여할 가능성이 높아진다. 자원봉사의 '동기' 측면에서는 자원봉사 참여를 원하지 않기 때문에, '역량' 측면에서는 참여할 수 없기 때문에 참여가 정체되고 있다면, '관계망' 측면에서는 참여의 기회가 주어지지 않아서 참여가 이루어지지 않은 것으로 볼 수 있다. 저학력 층이나 저소득층, 노인층 등은 관계망이 많지 않은 '관계망 소외층'으로, 자원봉사 참여의 기회가 주어지지 않는다. 이들은 자원봉사 참여의향도 거의 없다고 답한다.

h. 봉사활동 불만 : 자원봉사 활동에 만족하는 봉사자는 활동을 지속하지만, 불만이 있는 봉사자 중에는 활동을 중단하는 경우가 적지 않다. 자원봉사 활동의 만족도는 2011년에 비해 2014년에는 다소 낮아지면서, 자원봉사자 관리와 인정에 세심한 배려가 필요한 것 같다. 직장과 대학에서 시행되는 집단적 '사회봉사'의 문제점으로 "내가 원해서 시작하지 않았다"는 자원봉사자가 40%에 달한 것은 심각한 문제가 아닐 수 없다.

2) 한국 자원봉사문화 정착 방안

자원봉사 참여율이라는 '양적' 수준도 중요하지만, 자원봉사 활동의 '질적' 수준(quality)도 중요한 평가기준이다. 자원봉사 참여율보다는 오히려 질적 수준을 중시해야 한다. 자원봉사의 질적 수준이 충분한 수준에서 안정화될 때, 한국 자원봉사문화의 정착과 지속가능성(sustainability)을 기대할 수 있다.

자원봉사 발전지수

자원봉사 활동의 '질적' 수준은 어떻게 측정될 수 있는가? 질적 수준의 지수로 무엇을 꼽을 수 있는가? 자원봉사 활동의 양적, 질적 수준을 종합해, '자원봉사 발전지수'(volunteering development index)로 제시해보면, 기본적으로 자원봉사자의 수, 활동시간뿐 아니라 다양한 계층의 고른 참여, 그리고 자원봉사의 철학적 기초가 되는 자발성과 무급성 등을 우선 꼽을 수 있다.

우선적으로 1999~2014년 기간의 비교 가능한 자료들로 자원봉사 발전의 지수를 구성해보면, 아래와 같이 ① 참여율, ② 활동시간, ③ 만족도, ④자발성, ⑤균등참여 등 다섯 가지를 제시해볼 수 있다. '무급성'도 발전지수에 포함되어야 하지만, 시계열 자료가 부족해 제외되었다.

① 참여율은 가장 많이 활용하는 지표로 양적 성장의 핵심 지표이다.

② 활동시간은 자원봉사가 소중한 '시간을 투자하는 활동'이라는 질적 수준의 핵심 지표로, 지난 1년간 자원봉사자의 전체 활동시간을 활용한다.

③ 만족도는 자원봉사자의 주관적인 활동 만족도 지표로, 지난 1년간의 자원봉사 활동에 만족하는지에 대한 평가점수이다.

④ 자발성은 자유의지의 지표로, 자원봉사자 중에서 어느 정도가 '자신이 원해서 활동'을 했는지 설문을 통해 조사한 비율을 보여준다.

⑤ 균등참여는 저학력 층의 참여율로, 계층 간 고른 참여의 균등화를 지향하는 지표로, 중졸 이하 학력의 자원봉사자의 참여율을 활용한다.

지표별 점수를 측정해보면 〈그림 9.9〉과 같다. 1999년을 100점 기준으로 2011년과 2014년을 비교한 것으로, 2014년 한국 자원봉사 발전지수는 참여율 161점, 만족도 100점, 자발성 67점, 균등참여 55점, 활동시간 78점이다. 2011년과 비교하면, 자발성, 균등참여, 활동시간은 심각하게 퇴보되었다.

참여율은 다소 개선되었지만, 활동시간은 크게 줄었다. 만족도는 안정상태를 보여주지만, 자발성은 크게 위축되었다. 특히 교육 수준별 균등참여가 악화되며 저학력 층의 참여가 크게 줄었다. 2005년에 비해 저소득층 참여도 위축, 통계청의 2013년과 2015년 조사 결과도 저소득층의 참여 위축을 보여준다(통계청 2014, 2015).

■ **그림 9.9** 한국 자원봉사 발전지수: 1999~2014

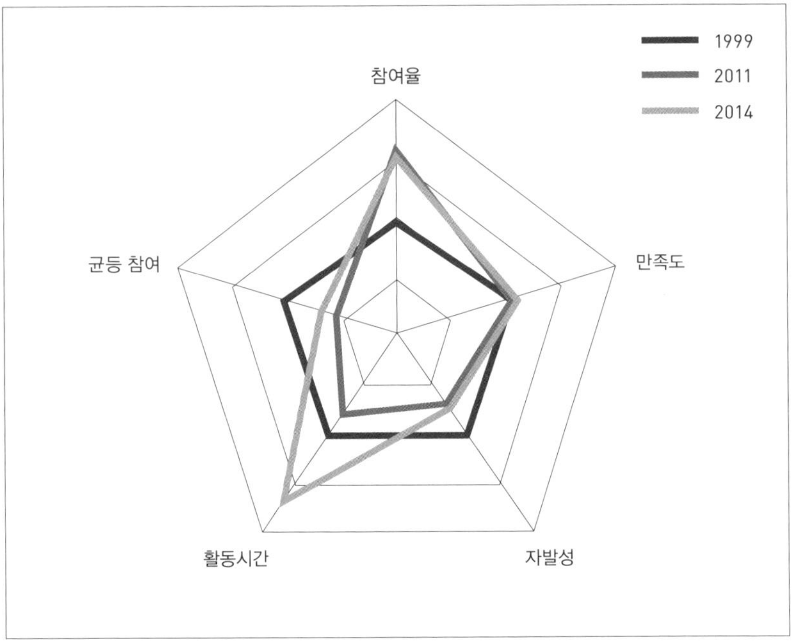

한국 자원봉사의 지속가능성 정책 대안

한국 자원봉사발전의 수준을 측정하는 지표들은 보다 구체적으로 〈표 9.8〉과 같이 20가지로 제시해보면, 20가지 중 15개가 심각한 질적 저하를 보여준다. 참여율, 만족도, 비참여자의 참여의향, 이웃돕기 동참, 사회위기 동참, 다섯 가지를 제외한 다른 15개 지표에서 우려할 만한 발전수준의 정체가 진행되고 있다는 것을 알 수 있다.

주요 동향에서 나타나는 문제점들에 대한 정책 대안들은 다음과 같다.

첫째, 활동시간과 기간 증가, 정기적 봉사활동의 증가를 위해 대학과 직장의 '사회봉사' 내실화 과제가 있고, 노인층의 사회참여 증진 방안도 요청된다.

둘째, 자원봉사의 정체성과 만족도 개선방안으로는 자원봉사 기본교육의 확대가 필요하다. 또한 자원봉사자의 중간교육과 전문교육도 정체성과 만족도에 기여하는 과정이다.

셋째, 노인층 참여정체 문제를 개선하기 위해 자원봉사에 대한 노인층의 인식을 자원봉사를 통한 적극적이고 활성적인 사회생활로 건강유지를 하는 '액티브 에이징'(active aging) 프로그램으로 강화할 필요가 있다. 유럽 전체에서 추진된 '액티브 에이징' 프로그램을 참고해볼 만하다(Volonteurope 2012).

넷째, 저소득, 저학력 층의 소외와 이탈을 방지하기 위해 지역사회의 포용력이 중요하다. 자원봉사센터 등 중개기관들이 이들을 위한 프로그램 참여의 개방성에 세심한 기획, 추진이 요청된다.

다섯째, 근로자 등 직장인의 참여 확대를 위해 단기, 가족동반 프로그램이 중요한데, 미국 기업들에서 일반화된 사례가 참고될 수 있다(CECP 2013).

표 9.8 한국 자원봉사 발전 정체에 대한 지속가능성 대안

<table>
<tr><th>발전 수준 지표</th><th>주요 동향과 문제점</th><th>미래 전망과 정책 대안</th></tr>
<tr><td>1. 참여율</td><td>1999년부터 2005년까지 지속 성장 후 2005, 2008, 2011, 2014년 에 21~22% 수준에 정체. 통계청 조사도 2005~2008~2011~2013년 참여율을 14.3%, 19.3%, 17.7%, 17.6%로 보고.</td><td>인구규모가 적은 노인층의 참여가 낮지만, 인구규모가 많은 30~40~50대 참여가 유지되는 수준에서는 심각한 쇠퇴보다는 현상유지 추세가 유력. 그럼에도 참여율 예측은 불투명.</td></tr>
<tr><td>2. 활동시간</td><td>1999년부터 다소 김소 추세.
1년간 자원봉사자 전체(명)의 연간 전체 활동시간이 1999년 4억 9892만 시간에서 2011년 8억 3455만 시간, 2014년 3억 9248만 시간으로 축소.</td><td rowspan="3">학생, 직장인은 경제 침체에 따라 활동시간과 기간이 증감되고 있어 사회봉사 활성화와 내실화 과제가 부각.
또 노인층 참여가 늘면 활동시간과 기간이 다소 증가해 정기봉사도 증가할 것으로 예측. 미국, 영국 등 노인의 자원봉사 활동 시간과 기간은 다른 연령층에 비해 훨씬 높음.
은퇴자와 노인 참여증진 방안 모색이 필요.</td></tr>
<tr><td>3. 활동기간</td><td>활동시간과 정기 봉사활동이 줄면서 활동기간도 축소. 2014년 조사에서 평생 활동기간도 1년 미만(20.7%)과 2~3년(34.7%)이 절반 이상을 차지.</td></tr>
<tr><td>4. 정기적 자원봉사</td><td>2011년에 비해 크게 감소. 주1회와 월1회 정기 활동자가 각기 7%, 0.8% 감소.</td></tr>
<tr><td>5. 자원봉사 정체성</td><td>2011년은 2008년에 비해 크게 감소. 1) 자원봉사에 참여할 생각을 자주 한다, 2) 자원봉사 활동에 참여하지 못하게 된다면 허전한 느낌을 갖게 될 것이다, 3) 자원봉사 활동은 나의 삶의 일부이다 등에서 각기 10% 가량 점수 하락.</td><td>자원봉사 활동의 정체성이 개선되지 않은 것은 정기적 자원봉사자의 감소와도 관련되며, 아래의 자원봉사 활동의 불만 증가와도 관련. 지속적인 기본교육과 관리자 교육 등의 방안이 필요.</td></tr>
<tr><td>6. 자원봉사 만족도</td><td>2002년부터 안정된 추세. 2011년에 다소 높아졌다 2014년에 다시 낮아지는 증감 추이. '매우 만족' 수준은 2002년 이래 최저 수준으로 하락. 불만족 제1의 요인인 "자신이 원하지 않은 활동"(40%)은 매우 우려할 만한 문제.</td><td>문제 개선을 위해, 대학과 직장의 '사회봉사' 실태 점검 필요.
한편 "기관에서 나의 재능을 활용하지 못했다"(22%), "나에게 적합한 봉사활동에 배치되지 않았다"(18%)는 여러 아쉬움도 있어, 실태점검이 필요.</td></tr>
</table>

발전 수준 지표	주요 동향과 문제점	미래 전망과 정책 대안
7. 고령사회 노인참여	2005년 이후 지속적인 정체. 통계청 조사에서는 2006년 6.5%에서 2013년 7.8%로 증가. 2014년 조사에서 60세 이상과 50대는 타연령층에 비해 참여가 크게 감소. 남성 50대와 남성 60세 이상 참여가 가장 낮음.	국가 차원의 고령화 대책인 노인 사회참여 프로그램 시행의 효과 미미. 자원봉사보다 수당지급 일자리에 치중된 부정적 효과로 보임. '액티브 에이징' 정책으로 은퇴자 자원봉사 활성화가 필요.
8. 저학력 저소득층 참여	2005년부터 지속적인 감소세. 통계청 2013년 조사도 유사 결과. 저학력층(중졸 이하) 참여는 1999년과 2002년은 가장 높았지만 이후 가장 낮은 계층으로 위축, 2014년 고학력층보다 17% 낮은 수준으로 하락. 저소득층도 2005년부터 지속적 위축. 경제 침체 영향으로 보여짐.	경제 침체가 지속되고, 지역에서 진흥 프로그램이 없다면 감소세 지속. '노블리스 오블리제' 문제보다 저학력층과 저소득층의 퇴장이 심각한 이슈가 되므로, 제2차 국가기본계획은 실태파악과 지역별 대처 마련을 제시.
9. 근로자 무직자 참여	2005년부터 지속적인 감소. 일반근로자(생산직, 판매서비스직)와 무직자 참여는 지속적 위축.	소득수준이 낮은 직업군의 참여가 위축되면서, 계층 간 불균등 참여 문제가 제기됨.
10. 비참여자 참여 의향	2005년 이후 다소 안정적 추세. 2008년, 참여 의향이 있다는 사람보다 '전혀 없다'는 사람이 더 많아, 2005년보다 악화. 그럼에도 2011년과 2014년의 참여 의향 도는 다소 개선.	비참여자의 참여의향은 높지만, 실제 참여는 이루어지지 않으므로, 다양한 생애주기별 프로그램 개발, 시행. 특히 직장인과 노인층 중심의 참여 프로그램 개선 필요.
11. 자원봉사 자발성	2002년에 비해 2014년 조사에서 "내가 원해서 시작한 것이 아니었다"고 답한 자원봉사자가 세 배 이상 확대(11.5 → 40%). 반면 2014년 국민의식조사에서는 자발성 원칙에 위배되는 중고교 의무봉사활동, 대학의 졸업필수제, 직장 사회봉사에 대해 3분의 2 이상 절대적 지지.	자발성은 자원봉사의 기본철학으로, 중고교와 대학 등에서 자원봉사 기본교육과 관리자 역량강화 교육 확대. 자원봉사교육에 대한 만족도는 2005, 2008, 2011년 계속 90% 이상 수준이 2014년에는 83%으로 추락.
12. 무급성과 정신적 보람	2014년 조사에서 자원봉사활동 인센티브 수혜는 매우 제한적. 주차할인, 공공시설 이용료 할인 혜택 6.5%, 가맹점 할인 혜택 5.4%, 놀이공원, 공원이용료 할인 5.1%에 불과. 그러나 이 같은 인정방안에 대해 자원봉사자와 국민 절대 다수가 찬성.	마일리지, 쿠폰 등의 사회적 유행 풍조에 따르는 것은 자원봉사 기본철학과 문화 정착을 저해하므로, 정신적 보람과 가치관에 관한 기본교육으로 보완. 제2차 국가기본계획은 자원봉사 인식 개선을 위한 교육과 홍보 방안 제시.

발전 수준 지표	주요 동향과 문제점	미래 전망과 정책 대안
13. 자원봉사 인정	2014년 조사에서 자원봉사자 중 인정이나 인센티브 경험자는 절반 미만. 흔한 '카드, 연하장, 휴대폰문자 등 감사·안부 인사'도 받지 못한 봉사자가 75%에 달함. 자원봉사자와 국민 모두가 자원봉사 인정의 필요성을 강하게 표출.	진정한 자원봉사 인정은 비공식적 인정이라는 것이 자원봉사자와 국민 모두가 의견일치. 표창이나 행사보다 자원봉사자를 환영하는 분위기 조성, 자원봉사 활동 결과에 대해 알려주기 등, 관리가 필요.
14. 마일리지 인센티브	2014년 조사에서 시간관리와 마일리지 시행 범위는 매우 제한적. 그럼에도 국민과 자원봉사자 절대다수가 강한 인센티브 욕구 표출.	마일리지에 대한 지지가 높지만, 자원봉사 문화 성착에 부정적 영향을 미치므로 교육을 통한 인식개선 필요.
15. 스펙과 도구주의	2011년부터 다소 증가 추세. 2014년 조사에서 자원봉사 참여 동기 중 '여가시간 활용'과 '다양한 경험'이 가장 중요. 특히 청년층에서 타인이나 공동체보다 자신의 여가, 경험, 스펙을 위한 도구적 동기가 우선.	자원봉사 기초교육과 전문교육을 통한 이타주의, 의무감 등 자원봉사 문화와 철학에 대한 이해 증진이 필요. 중고교와 대학에서 자원봉사 기초교육 시행과 강화 필요.
16. 공익단체 활동	1999년 이후 감소 추세. 지난 15년간, 자원봉사와 밀접히 관련된 종교단체, 구호 및 지원단체, 지역풀뿌리 조직, 시민사회단체에 소속된 회원 활동이 크게 위축되어, 시민사회의 정체가 자료로써 입증.	자선구호단체, 시민사회단체 등이 시민사회 활성화를 위해 다양한 자원봉사 프로그램을 개발, 회원의 자원봉사 활동을 지원하고 새로운 회원 모집에도 활용.
17. 기부 참여	2002년부터 안정적 수준 유지하다 2014년에 와서 급락. 2002~14년 기간 자원봉사자의 기부참여는 70% 안팎으로 안정화되다 2014년에 와서 2011년 보다 20% 가량 급진적 하락.	경제 침체 영향으로 2014년 자선적 기부 참여율은 28.7%, 3년 전의 48.9% 보다 20% 하락. 자선적 기부금액도 3년 전에 비해 크게 감소. 자원봉사자의 기부금이 자원봉사 활성화에 투자되도록 기금 마련방안 모색.
18. 이웃돕기 참여	1999년부터 증감 변화 심해 불투명. 1999년 참여율 43.3%에서 2002~2005~2008년에 43.3% →37.1%→22%로 대폭 하락. 2014년 조사에서는 이웃돕기 항목을 10가지로 상세하게 제시하며 하나 이상 참여한 사람을 조사해 61.9%로 집계.	2014년에 처음 10가지 항목으로 설계한 이웃돕기 조사를 2017년 이후에도 조사해 추이를 살펴보아야 함. 국제사회가 정책적으로 이웃돕기를 비공식적 자원봉사로 인정하며 진흥하는 동향으로, 정부 정책도 이에 주목할 필요 있음.

발전 수준 지표	주요 동향과 문제점	미래 전망과 정책 대안
19. 사회위기 극복 동참	2014년 세월호 참사 희생자를 위한 시민참여는 현장 봉사활동과 현장 지원 활동에만 180만 명이 참여해, 다시금 자원봉사로 사회위기를 극복하는 사례를 기록.	2008년 태안반도 기름유출 재앙수습에 참여한 128만 명의 자원봉사활동에 버금가는 사회위기 극복 사례로 국가적 재난위기 극복을 위한 자원봉사활용 정책과 프로그램 도입 필요.
20. 사회적 영향	2008~14년 기간 사회기관 신뢰도는 여전히 낮은 수준. 2014년 자원봉사자들은 "나의 활동이 기관 사업에 큰 도움이 되지 못했다"(22%)고 답해, 기관을 통한 사회적 영향이 많지 않았음.	사회적 영향력 증진을 위한 개선안 마련 과제. 대상 층에 대한 서비스 개선, 수요단체의 역량개선, 지역사회의 문제 해결 등 다각적인 사회적 영향 평가지표와 분석틀 마련 필요.

여섯째, 비자원봉사자의 참여 증진을 위해 자원봉사자의 참여 요청 방안을 추진하는 시민사회 연대의 전국적 캠페인 등 홍보 전략이 필요하다.

일곱째, 자원봉사의 자발성 증진을 위해 직장과 대학의 사회봉사를 개선해 참여자들의 자발적인 기획과 운영에 기초한 프로그램을 확대, 지원하는 개선안이 필요하다.

여덟째, 자원봉사의 무급성 가치증진을 위해 자원봉사 기본교육과 관리자 역량강화 교육 등이 확대, 강화될 필요가 있다.

아홉째, 자원봉사자의 기부 참여 증대를 위해 자원봉사자의 기부로 자원봉사 내실화를 추구하는 지속가능성 전략을 추진해야 한다.

열째, 자원봉사의 사회적 영향(social impact)을 객관적으로 측정할 수 있는 지표와 평가틀의 도입, 시행이 필요하다. 이를 위해 2017년 조사에서 사회적 영향에 관한 다양한 문항들의 설계, 조사가 필요하다.

제10장

나눔문화와 정부 정책

1. 기부문화 관련 법과 제도

나눔문화의 정착은 정부 정책에 크게 의존한다. 정부는 법을 제정하거나 개정해서 나눔문화의 활성화에 기여하는 진흥자 역할과 또 모금단체의 투명성과 책무성 제고를 지향하는 규제자 역할을 한다. 또 정부는 비영리법인과 단체들의 공익활동을 보조금이나 공모사업비로 지원하는 역할도 한다. 아래에서는 먼저 개인과 법인의 기부금을 모금하는 정부와 민간단체의 역할에 관한 법과 제도의 발전을 시대적 배경에 초점을 맞추어 정리해볼 수 있다. 먼저 공동모금회로부터 기부금단체 지정에 이르는 기부금 관련 법과 제도에 초점을 맞추어본다.

1) 사회복지공동모금회

사회복지공동모금회는 민간단체가 주도하여 공동모금사업을 관장할 수 있도록 전국단위의 전국공동모금회와 특별시·광역시·도 단위의 지역공동모금회를 두고 있다. 공동모금회법은 1997년 제정되어 1998년에 시행되면서 공동모금이 정부 주도에서 민간주도로 바뀌는 개혁이 이루어졌다. 법 제정의 이유는 "관 주도의 성금모금 및 관리·운영을 지양하고 민간단체가 이웃돕기성금을 직접 모금·배분 및 관리하도록 함으로써 이웃돕기운동의 자율성을 보장하며 민간의 참여를 활성화"하는 데 있다(국가법령정보센터).

또 공동모금회는 독립된 사회복지법인으로 하되, 공동모금회의 사업계획 및 예산안은 보건복지부장관 또는 특별시장·광역시장·도지사의 승인을 얻도록 하여 조성재원의 효율적인 활용을 도모하고 재원의 배분명세를 공고하도록 함으로써 공동모금으로 조성된 재원의 사용용도에 관한 투명성을 제고하도록 하였다. 또 연중 기부금품을 모집·접수할 수 있고, 기부금품을 모집할 경우 전국공동모금회는 모집계획을 조정하여 기부금품모집규제법이 정하는 바에 따라 내무부장관의 허가를 받아 모집할 수 있도록 하였고, 공동모금으로 조성된 재원은 각종 복지사업등에 필요한 비용과 이에 부수되는 비용에 사용하도록 하였다.

공동모금회법은 사회복지사업기금법을 폐지하고 신설된 법이었다. 1971년에 한국사회복지공동모금회가 설립됐지만 유명무실해지자 75년부터 정부가 '불우이웃돕기 모금캠페인'으로 이를 대신했다. 그러다 1994년에 기부금품 및 성금모금을 둘러싼 부조리를 없애고 모금 및 사용내역에 대한 투명성을 확보하기 위해 민간주도의 공동모금제도 도입을 추진했다. 감사원의 기부금품 및 성금 유용 부조리 감사에서 드러났듯이 행정기관장들이 기부금품 및 성금을 거둬 개인적으로 유용하는 등 물의를 일으킴에 따라 모금의 주체를 민간에 넘겨 이를 둘러싼 부조리 소지를 차단하기 위한 것이었다.

당시의 모금은 준조세적인 성격의 기부금품 모집의 남발을 막자는 취지에서 기부금품모집금지법을 마련해 두었고, 법에 따라 모금 자체를 허가사항으로 묶어두었다. 그래서 백혈병 어린이를 돕는 '어린이에게 새 생명을' 행사가 내무부의 불허로 취소된 사례도 발생해, 시민사회단체들은 모금 행위 자체를 허가사항으로 묶어 제재하기보다는 제대로 사용하는지 철저히 감사할 수 있도록 새로운 제도를 갖추자는 요청을 해왔다(한겨레신문 1996.12.27.). 당시의 기부금품모집규제법에 따르면 3000만 원 미만의 모금은 시도지사(서울시의 경우 5000만 원 미만), 3000만 원 이상은 내무부 장관의 허가를 받아야만 가능하지만, 사용내역을 감시하는 체제는 없다시피 하고 모금 결과도 허가관청에 신고만 하면 되었다. 문제가 있을 경우 허가관청은 관계 서류나 장부를 감사할 수 있을 뿐이며, 감사를 받아야한다는 강제규정도 없다.

이웃돕기 성금 등 국민성금이 정부기관의 복지예산 등으로 전용되는 실태도 심각한 문제를 제기되면서 민간공동모금회의 필요성이 제기되었다. 공동모금회법의 제정 직전인 1996년 복지부는 국민 성금으로 모아진 성금 중 271억 3000만 원을 집행했다며 내역을 다음과 같이 공개했다. '무주택 장애인, 소년소녀 가장세대 등 무주택 전세지원비'(109억 5000만 원) '사회복지시설 개·보수 및 기능 보강사업비'(27억 8000만 원) '사회복지시설지원 수용자의 김장비·피복비·자립 정착금'(20억 8000만 원) '결식 노인지원 및 저소득 노인 주택전세금지원 등 노인복지 사업비'(61억 7000만 원) '저소득 자활지원 및 혼혈인 지원'(8억 1000만 원) 등으로, 모두 정부 예산으로 집행해야 할

사항들이었다. 담당 복지자원과장은 "예산을 편성할 때마다 각 부서에서 국민성금을 좀 쓸 수 있게 해달라고 아우성"이라며, "복지예산 자체가 워낙 적게 책정되어 성금이 복지예산과 같은 형태로 쓰일 수 밖에 없는게 현실"이라고 설명했다(한겨레신문 1996.12.27.). 실제 271억 중 연말연시 추석명절때 사회복지시설 수용자 7만 6000여 명에게 전달하는 13억 8000만 원 어치의 위문품에만 '이 물품은 이웃돕기 성금에서 지원하는 것입니다'라는 팻말이 달려 전달될 뿐, 나머지 성금들은 그냥 시설 개보수비·정착지원금 등 복지부 예산처럼 집행되었다.

이 같은 현실에 대한 복지계와 전문가들의 반발은 거셌다. "국민성금은 국가 예산으로 해야 할 일을 대신하는 일에 쓰여져서는 안된다"며, "기본적인 사회보장은 복지예산으로 책임지고 그 이상의 삶의 질을 높이는 사업에 국민성금은 사용되어야 한다"는 것이다. 당시의 복지예산은 정부예산의 4.04%로, 세금을 내도 또 성금을 내야 하고, 그 성금은 복지예산으로 둔갑하는 악순환은 계속될 수밖에 없었다. 이웃돕기 성금에 대한 국세청의 세금공제 혜택이 근로소득 금액의 5% 이내의 범위에서만 인정되었고, 국가 지방자치단체에 내는 기부금이나 국방헌금·수재의연금에 한해서만 전액 공제될 뿐이었다.

1998년 공동모금회법이 지난해에 제정되어 시행에 들어가면서 이제는 종교계의 반발이 거셌다. 한국천주교주교회의 사회복지위원회, 대한예수교장로회, 대한불교 조계종, 구세군 대한본영, 대한성공회 등으로 이루어진 한국종교계 사회복지대표자협의회는 "공동모금법은 적법성과 시행가능성이 결여된 미비한 입법"이라며, "이 법의 강행실시는 새 정부 개혁의지를 의심하게 할 것"이라고 주장했다(한겨레신문 1998.6.27.). 공동모금법 시행이 종교계의 자생적 복지사업을 위축시킬 가능성이 크다고 보기 때문이다. 종

■ **그림 10.1** 사회복지공동모금회의 모금 실적: 1999~2014

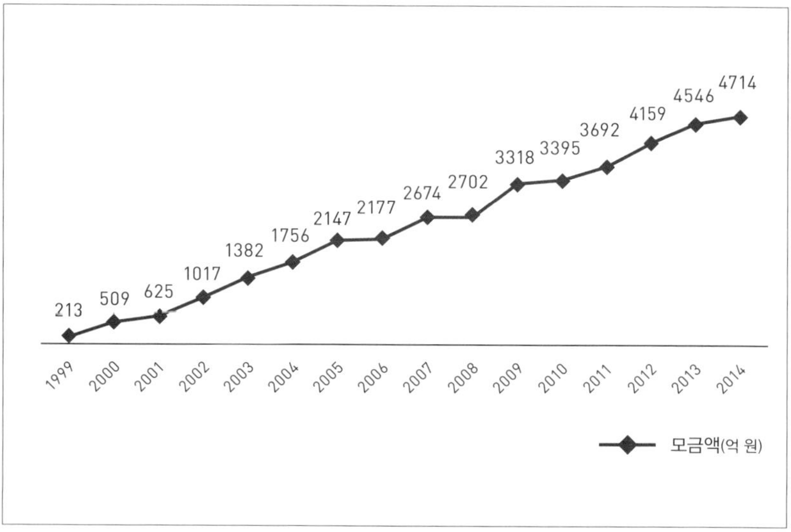

자료 공동모금회 2014년 연간보고서.

교계는 "이 법이 시행되면 전체의 90%에 이르는 종교계의 소규모 미등록 복지시설이 성금 배분에서 불이익을 받게 된다"라고 우려했다. 하지만 주무부처인 보건복지부는 "공동모금법 제정은 사회복지 관계자들의 10년 숙원"이라며, "이 법이 시행되면 투명한 성금 운영으로 현재 성금 사용내역을 밝히지 않는 종교계에도 귀감이 될 것"이라고 강조했다.

1998년부터 사업에 착수한 공동모금회는 사랑의 계좌, 사랑의 자투리 나누기, 방송모금, 자동응답시스템(ARS) 모금, 직장 모금, 이벤트 모금 등 다양한 모금사업을 전개하였다. 대통령 부인 이희호 여사가 명예회장을 맡았고, 김성수 전 성공회 대주교가 회장을 맡았고, 부회장직으로는 이세중 한국시민단체협의회 공동회장, 손병두 전국경제인연합회 상근부회장, 지은희 한국여성단체연합 상임대표가 맡았다. 이후 공동모금회에 답지한 법인들과 개인들의 성금은 1999년 213억 원에서 2014년 5000억 원에 근접했다.

2) 법정 모금기관 지정

공동모금회와 바보의 나눔

공동모금회에 대한 정부의 정책은 최근 새로운 변화를 몰고 왔다. 2011년에 새로운 제2의 공동모금회로 '바보의 나눔'을 지정하였다. 그간 정부는 새로운 제2의 법정배분기관의 설립으로 정책변화를 추진해온 것이 사실이다. 마침 이명박 정부로 정권이 교체되면서 정치적 기회를 잡은 정부는 의원입법 형식으로 정책변화를 추진하였다. 공동모금회에만 주어지는 특별 세제 혜택을 다른 기관에도 부여해 국민의 기부선택권을 늘려주자는 취지로, 그동안 공동모금회가 독점적 지위를 누리면서 투명성이 떨어지는 문제가 있었던 것도 사실이었다. 그러나 문제는 복수의 모금기관 지정을 정부가 주도한다는 발상이었다. 복지부 차관을 위원장으로 하는 심사위원회를 설치하고 이곳에서 모금기관을 5년 단위로 지정·평가하겠다는 것인데, 이렇게 되면 민간모금기관이 사실상 정부 통제 아래 들어오는 것이나 마찬가지다. 그래서 이 법안은 국회에서 통과되지 못했다.

그런데 1년후 2009년 "의료비 공동모금회 설립 필요" 논쟁이 제기되었다. 한국보건사회연구원은 민간 의료비 공동모금기관 설립방안을 주요 내용으로 하는 '민간 의료비 지원사업 활성화 방안'을 발표한 것이다. 연구원은 "유일한 공동모금기관인 사회복지공동모금회는 생계비 지원에 치중되어 있어 의료비 지원자 발굴 및 지원이 미흡하다"며 의료비 모금과 지원에 특화된 공동모금회 당위성을 역설했다(KBS 2009.11.24.). 사회복지공동모금회는 정부의 모금기관 복수화 정책에 반대하는 입장이다. 사회복지공동모금회 관계자는 "현재 공동모금회 개인 지원액의 50% 이상이 의료비 지원"이라며 "의료비 공동모금기관을 새로 만든다면 거액의 관리운영비가 추가로 발생해 효율적이지 못하다"고 반박했다. "공동모금기관을 복수화하는 법안이 사회복지계의 지지를 얻지 못하자 의료비 공동모금기관이라는 새로운 안을 들고 나온 것으로 보고 있다"고 말했다.

그 후 정부는 2011년 법정기부금단체를 사회복지공동모금회와 적십자사 이외에도 37곳을 새로 지정하면서, 사회복지공동모금회와 같은 법적 지위를 가진 제2의 법정 모금 및 배분기관으로 '바보의 나눔'을 지정하였다. 그간 정부는 정기적으로 소득공제를 받을 수 있는 기부금단체를 지정해왔다. 기부금단체의 지정은 기부금모집 규제를 완화시키는 탈규제정책이며 또 세제를 통한 비영리단체 지원정책에 해당된다. 기부금단체들은 법정기부금단체와 지정기부금단체로 구분되는데, 전자의 경우 개인은 소득의 100%, 법인은 50%까지 공제를 받을 수 있고, 후자의 경우 각각 30%와 10%까지만 공제를 받을 수 있어, 커다란 차이가 있다. 2015년 초 현재 법정기부금단체는 39개에 불과하지만 지정기부금단체는 1만 5000개에 달한다.

기부금단체 지정의 주무기관인 기획재정부는 2011년 8월부터 대한적십자사와 사회복지공동모금회 외 37개 기관을 법정기부금단체에 새롭게 포함시켰다. 2010년 세제 개편에서 기부문화 활성화를 위해 전문모금기관과 공공기관 중 공공성 등 일정요건을 충족하는 기관을 법인세법 시행규칙상의 법정기부금단체로 규정하기로 한 데 따른 조치이다.

법정기부금단체 확대

법정기부금단체로 지정된 비영리단체들은 다음과 같다. 전체 과반수 이상(39개 단체 중 21개)이 각 부처 소속의 학술 연구에 치중되어 있고, 그 밖에 문화단체 6개, 보훈단체 5개, 사회복지 단체 5개 등이다. 시민사회와 직접적으로 관련되는 단체들은 기부금모집 분야의 '바보의 나눔' 재단, 사회복지 분야, 그리고 문화 분야의 문화유산국민신탁, 자연환경국민신탁이다. '바보의 나눔'은 2010년 2월 김수환 추기경의 선종 1주기를 맞아 설립된 모금단체로 삶의 마지막 순간에도 안구와 각막을 기증해 가진 것을 아낌없이 나누는 김 추기경의 뜻을 실천하기 위해 만들어졌다. 바보의 나눔은 이제 '사랑의 열매' 사회복지공동모금회에 이어 제2의 법정모금기관에 선정됨으로써 1998년 국내 유일한 법정모금기관으로 출발했던 사회복지공동모금회에 이어 제2의 법정모금기관이 된 셈이다. 기획재정부 관계자는 "작년 공동모금회 성금 유용 비리 사건이 터진 뒤 제2전문 모금기관을 지정해 선의의 경쟁을 통해 투명성을 강화하고 기부 문화를 확산해야 한다는 지적이 있었다"고 설명했다(매일경제 2011.12.11). '바보의 나눔'에 기부하면 공동모금회처럼 개인은 기부금의 100%, 법인은 50%에 대해 각각 세제 혜택을 받을 수 있다. 현재 일반기부금은 개인은 30%, 법인은 10%까지만 공제 혜택을 받는다.

2011년에는 대한노인회가 이명박 정부에 와서 특별한 대우를 받는 새로운 관변단체가 되었다. 대한노인회를 지원하는 법률이 2011년에 제정되어, 중앙 본부뿐 아니라 전국 시도와 시군구 기초 자치단체 차원에서까지 안정적인 정부의 재정 지원을 받는다. 또 2011년 설립과 동시에 법정기부금단체의 지위를 인정받아 개인이나 법인의 기부금은 각기 100%와 50% 세금공제 혜택도 받는다. '대한노인회를 지원하는 법률'의 제정 이유는 "저출산·고령사회를 맞아 이에 대응하는 고령사회 기반과 그 사회적 기능의 필요성이 더욱 증가하고 있는바, 대한노인회는 전국 16개 시·도 연합회, 245개 시군구 지회 등으로 구성된 대표 조직으로, 고령사회에 대응하는 중요한 사회적 인프라임에도 법정단체로서 지위를 확보하지 못하여 정부의 지원을 받지 못하는 등 사회적 기능을 발휘하는데 한계를 지니고 있음"이라 소개되었다(국가법령정보센터).

법의 주요내용은 다음과 같이 재정과 행정의 지원을 보장하고 있다. 국가 또는 지방자치단체가 대한노인회의 조직과 활동에 관하여 필요한 편의를 제공하고 협조·지원할 수 있으며, 또 국가 또는 지방자치단체가 대한노인회의 지원을 위하여 필요한 때에는 국유·공유재산을 그 용도에 지장을 주지 아니하는 범위에서 무상으로 대부하거나 사용·수익하게 할 수 있도록 규정하고 있다. 나아가 "국가 또는 지방자치단체는 대한노인회에 대하여 그 조직과 활동에 필요한 비용의 전부 또는 일부를 보조하거나 그 업무수행에 필요한 지원을 할 수 있으며 개인, 법인 또는 단체는 대한노인회의 시설 및 운영지원으로 금전, 그 밖의 재산을 기부할 수 있음", 그리고 "대한노인회에 대하여는 조세 관계 법률이 정하는 바에 따라 조세를 감면할 수 있으며, 대한노인회에 기부한 금전, 그 밖의 재산에 대하여는 「조세특례제한법」에 따라 소득계산의 특례를 적용할 수 있음"을 제시한다.

3) 기부금품법과 기부금단체 지정

기부금품모집법

지금의 「기부금품모집 및 사용에 관한 법률」은 그간 여러 차례의 개정을 거쳐 왔다. 최초의 1951년 「기부금품모집금지법」은 전쟁 직후 무분별한 기부금품 강요의 폐해를 막기 위하여 도입되어, 시민사회단체의 모금이 엄격하게 금지되었다. 이후 1962년과 1970년에 개정작업을 거치면서 점차 모금 허용범위가 조금씩 확대되었다. 1995년에 개정된 「기부금품모집규제법)」은 금지법에서 규제법으로 명칭이 바뀌었다. 주요 내용에서도 모금허가의 기준을 구제, 구휼, 자선사업 이외의 공익영역으로 넓히고, 시민사회단체의 회비모금에 대한 금지 및 제한규정을 폐지하였다. 다만 기부금품 모집을 위하여 행정자치부장관과 광역지자체장의 허가를 받아야 하는 조건이 부가되었고, 기부금품은 국가, 지자체, 언론, 금융기관 등 공개된 장소에서 모금해야 하였다. 특히 기부금품 모금에 활용되는 필요경비를 전체의 2%로 제한하는 규정이 문제로 부각되며, 국제적인 통상 기준과 현실적 비용을 고려하여 증가시켜야 한다는 반론에 직면해 개정된 것이 지금의 법률이다.

2006년부터 변화하게 된 「기부금품모집 및 사용에 관한 법률」은 다시 명칭부터 변경했고 내용에서도 기부금품 모금의 허가요건을 등록요건으로 완화하였다. 법 개정의 이유로는 "기부금품의 모집을 허가제에서 등록제로 전환하고, 국가 또는 지방자치단체에서 출자·출연하여 설립된 법인 등의 기부금품 모집·접수를 제한하며, 모집자가 모집된 기부금품을 모집비용에 충당할 수 있는 비율을 현실화 하는 등 현행 제도의 운영상 나타난 일부 미비점을 개선·보완하려는 것임"으로 되어 있다(국가법령정보센터). 개정안에 따르면, 기부금품의 모집, 관리 등에 들어가는 경비는 기존의 2%에서 △10억 원 이하는 15% 이하 △10억 원 초과 100억 원 이하는 13% 이하 △100억 원 초과 200억 원 이하는 12% 이하 △200억 원 초과는 10% 이하의 범위에서 허용하기로 했다. 모집액이 10억 원을 초과할 경우에만 행자부 장관에게 등록하도록 하고 10억 원 이하의 경우 시·도지사에게 등록하도록 했다. 이전까지는 모집 금액이 3억 원(서울시 5억 원)을 초과할 경우 행자부 장관의 허가를 받아야 했다. 기부금품 모집 대상도 '공익을 목적하는 국민의 적극적인 참여가 필요한 사업'에서 '영리 또는 정치·종교 활동이 아닌 사업으로서 교육·문화·예술·과학 등의 진흥사업과 환경보전, 보건·복지 증진, 국제교류 및 협력, 시민참여·자원봉사 사업 등으로 구체화했다. 또 국군장병과 전·의경 등을 위한 위문금품 접수에 대한 법률적 근거도 마련됐다.

이 같은 기부금품 규제의 완화로 사후관리를 강화하겠다는 취지인데, 이는 자율적이고 성숙한 기부문화 확산을 위해 긍정적이고 올바른 방향이라고 볼 수 있다. 이전에는 연말 이웃돕기 성금처럼 공동모금회법에 근거한 대규모 모금 외에는 사실상 법대로 모금에 나서는 게 쉽지 않아, 많은 비영리단체들은 후원 행사를 열어 특별회비 방식으로 기부금을 받거나, 그도 어려운 곳들은 사회복지공동모금회의 할당액에 의존할 수밖에 없었다(한겨레신문 2006.9.19.). 모집 허가를 받는 데 몇 주일이 걸리는 바람에 신속한 모금·구호 활동을 펼치는데도 어려움이 적지 않았다.

자율성이 커진 만큼 투명성은 한층 더 강화해야 마땅하다. 개정법은 사용 내역 공개와 감사를 의무화하고, 기부금품 출연을 강요할 수 없도록 규정했다. 하지만 등록제가 되면 모금자 사전 검증이 불가능해서, 불법·편법 모금 행위를 미리 걸러내기 어렵고, 사후 회계 감사는 자칫 뒷북이 될지 모른다는 문제도 제기되었다(한겨레신문 2006.9.19.). 모집 단체가 스스로 투명성과 신뢰를 지키는 것이 중요한데, 2011년에는 아래와 같이 법정기부금단체를 공동모금회와 적십자사 이외에 37개를 추가해 나눔문화 확산을 위한 새로운 정책변화를 시도하였다.

기부금단체 지정

정부의 지정기부금단체의 지정은 비영리단체의 재정확보에 많은 기여를 한다. 지정기부금단체는 법정기부금단체는 아니지만 또 다른 조세감면 혜택을 받을 수 있는 비영리단체이다. 1996년부터 공익성 기부금단체를 지정해왔는데, 2000년에는 조세특례제한법과 소득세법을 개정해, "특정 사회복지 관련 기부금에 대한 전액 소득공제"를 시행하였다. 법개정의 이유는 사회복지시설 중 정부가 국민의 기본적 생활권과 관련하여 직접 지원해야 하는 공공성이 높은 복지시설(아동·노인·장애인을 위한 시설)에 한정하여 지원, 특히, 불우이웃 결연사업을 통하여 소년소녀가장 등 불우이웃에게 직접 기부한 금액은 전액 소득공제 함으로써 자선 기부문화의 확산을 유도한다는 것이다(기획재정부, 2000,2.29 "개인 기부금 등에 대한 조세지원 확대" 보도자료).

그간 지정기부금단체는 사단법인이나 재단법인에만 국한되었지만 등록된 비영리단체 전체로 확대되었다. 참여연대, 경실련 등 대규모 시민단체들도 대부분 임의단체여서 기부금을 내는 회원들이 소득공제 혜택을 못받았다. 그러나 소득공제 대상이 될 수 있는 비영리민간단체 등록을 받으려면, 특정정당 지지를 주된 목적으로 설정해선 안되며, 최근 1년 이상 공익활동 실적을 갖추어야 하고, 총예산 중 법인이 아닌 개인의 회비·후원금 수입비율이 50%를 넘어야 하는 규정을 충족시켜야 한다. 현행 지정기부금단체는 국세청의 기부금의 종류에 따라 소득에 대해 공제가 적용이 되며, 소득공제 한도는 2010년도에 20%로 전년 대비 5% 증가되었다.

지정기부금단체는 매년 공익의 목적에 부합되고 정치적·종교적 논쟁의 여지가 없는 단체로 지정되는데, 지정기부금단체의 요건은 다음과 같다. 「민법」 제32조에 따라 주무관청의 허가를 받아 설립된 비영리법인 중 다음의 요건을 모두 충족한 것으로서 주무관청의 추천을 받아 기획재정부 장관이 지정한 법인이다. ① 수입을 회원의 이익이 아닌 공익을 위하여 사용하고 사업의 직접 수혜자가 불특정 다수일 것; ② 해산시 잔여재산을 국가·지방자치단체 또는 유사한 목적을 가진 다른 비영리법인에게 귀속하도록 할 것; ③ 인터넷 홈페이지가 개설되어 있고, 인터넷 홈페이지를 통하여 연간 기부금 모금액 및 활용실적을 공개한다는 내용이 정관에 기재되어 있으며, 매년 기부금 모금액 및 활용실적을 다음 연도 3월 31일까지 공개할 것; ④ 사실상 특정 정당 또는 선출직 후보를 지지. 지원하는 등 정치활동을 하지 아니할 것.

지정기부금단체들의 지정 현황은 다음과 같이 많은 비영리단체들이 새로 지정되고 있는데, 1996년 59개 단체들이 지정된 이래로 계속 늘어 2013년 말 현재 누계 1만 521개에 달한다.

2. 자원봉사 진흥을 위한 정부 정책

자원봉사 분야에서도 정부의 다양한 진흥정책이 추진되었다. 2006년 자원봉사 활동기본법을 제정해, 국가와 지자체가 자원봉사단체를 재정 및 행정적으로 지원할 수 있는 법적 제도를 갖추었다. 그전에 지자체들은 조례를 통해 시군구와 시도에서 자원봉사센터를 설립해 운영하는 재정 지원을 하고, 또 행정조직 개편을 통해 자원봉사과 또는 팀 등 주무부서를 신설해 자원봉사 활동을 지원하고 진흥시키는 역할을 맡아 왔다. 이런 과정에서 시민사회의 고유 영역이 되는 자원봉사에 정부의 개입과 간섭이 지나치다는 논의가 '자원봉사 진흥을 위한 제2차(2013-17) 국가기본계획안' 수립과정에서도 제기되었다.

1) 자원봉사 관련 법과 제도

자원봉사 활동기본법

2006년 자원봉사 활동기본법의 제정은 민간 자원봉사운동의 결실이었다. 1994년부터 민간단체들이 앞장서서 법제정의 필요성을 강조하며, 수차례의 세미나, 워크숍, 토론회 등을 거쳐 1995년부터 여야 양당의 법안이 등장했고, 또 김대중 정부의 출범에는 국정100대 과제에 포함되는 등의 진전이 있었다. 그럼에도 빈번한 여야의 정치충돌로 국회에 상정조차 되지 못했다.

'자원봉사'라는 용어가 한국 사회에 등장한 것은 88올림픽 때의 일이었다. 올림픽 행사에 약 3만여 명의 자원봉사자를 활용했는데, 대부분이 새마을운동 등의 관변단체들과 모범기사회 등의 민간단체 중심으로 이루어졌다. 1988년 올림픽행사의 자원봉사자 참여는 1984년 미국 LA 올림픽행사가 자원봉사자 참여로 성공적인 개최로 평가되면서 서울올림픽위원회가 벤치마킹해 도입한 새로운 제도였다. 이후 올림픽행사, 2002년 월드컵축구대회 등의 국제, 대형행사 때마다 자원봉사자의 참여가 개방되어 왔고, 모집인원에 비해 신청인원이 넘치면서 경쟁률도 높아졌다. 이 같은 민간 자원봉사운동을 지원하기 위해 2004년에는 자원봉사전문가(대학교수), 자원봉사단체, 관계부처 등 22명이 참여하는 민·관 협의기구로서 '자원봉사활성화 추진기획단'을 구성해서, 총 11차례에 걸쳐 회의와 협의를 거쳐 관련부처와 단체 등이 모두 합의된 자원봉사 활동기본법 초안을 만듦으로써 법제정 과정에서부터 민간을 대폭 참여시켜 민·관 파트너십을 형성하였다는 데도 의미가 크다.

2005년 자원봉사 활동기본법이 제정된 이유는 "시민사회의 성숙에 따라 자원봉사 활동이 사회 각 분야에 널리 확대되고 있으나 이에 대한 국가적 차원에서의 체계적인 지원이 미흡한 실정이므로 자원봉사에 관한 기본적인 사항을 정하여 국민의 자원봉사 활동에 대한 참여를 높이고 행복한 공동체를 건설하는 데에 기여하려는 것"으로 되어 있다(국가법령정보센터). 자원봉사 활동의 진흥은 국가와 지방자치단체의 책무라고 밝히며, 전국의 자원봉사센터와 조직들을 체계적으로 지원하기 위한 한국자원봉사협의회가 설립되어 정부의 지원, 국민모금 등으로 자원봉사 활동을 지원하는 체제를 갖추도록 되어 있다. 이 협의회는 정부와 민간단체가 공조하는 파트너십 형태로 운영되는 특징을 갖고 있는데, 정부는 재정 지원뿐 아니라, 국무총리 주재하에 각부 장관을 위원으로 하는 자원봉사위원회를 설치하는 등 행정지원 체제를 갖추며 민간 자원봉사단체의 활동을 지원한다.

법의 제3조에서는 자원봉사와 자원봉사단체의 의미를 규정하고 있다. "자원봉사 활동"이란 개인 또는 단체가 지역사회·국가 및 인류사회를 위하여 대가 없이 자발적으로 시간과 노력을 제공하는 행위를 말한다. "자원봉사자"란 자원봉사 활동을 하는 사람을, "자원봉사단체"란 자원봉사 활동을 주된 사업으로 하거나 이를 지원하기 위하여 설립된 비영리 법인 또는 단체를 말한다. 또 “자원봉사센터”란 자원봉사 활동의 개발·장려·연계·협력 등의 사업을 수행하기 위하여 법령과 조례 등에 따라 설치된 기관·법인·단체 등을 말한다.

자원봉사센터의 제도화

자원봉사센터는 법의 제정 당시 이미 전국의 시군구에 거의 다 설치되어 있다. 1996년 송파구가 최초로 조례를 통해 자원봉사센터를 설치하고 예산지원을 했고, 이어 지자체마다 조례제정 운동이 활성화되었다. 또 일부 지자체에서는 자원봉사과 또는 자원봉사계 등의 개설이 뒤따랐다. 이는 행정자치부 내에 민간협력과의 자원봉사계가 개설된 것과 같은 정책의 흐름을 반영한 것이었다. 지원법의 제19조에서는 다음과 같이 국가와 지자체의 책무를 규정하고 있다. ① 국가기관 및 지방자치단체는 자원봉사센터를 설치할 수 있다. 이 경우 자원봉사센터를 법인으로 하여 운영하거나 비영리 법인에 위탁하여 운영하여야 한다. ② 제1항 후단에도 불구하고 자원봉사 활동을 효율적으로 추진하기 위하여 필요하다고 인정할 경우에는 국가기관 및 지방자치단체가 운영할 수 있다. ③ 국가는 자원봉사센터의 설치·운영이 활성화될 수 있도록 적극 노력하여야 하며, 지방자치단체는 자원봉사센터의 운영에 필요한 경비를 지원할 수 있다.

자원봉사센터는 1996년부터 자치단체별로 설치하기 시작하여 2003년 말까지 248개 자치단체 모두가 설치하여 목표량의 100%를 설치완료되었다. 이 중 68.5%는 자치단체가 조례를 제정하여 자원봉사센터 운영을 제도적으로 뒷받침하였다. 자원봉사 활동을 지원하는 조례의 제정은 1990년대 말부터 송파구, 광진구 등의 서울시 지자체부터 시작되어 2003년 말에 와서는 전국의 광역 및 기초 지자체에서 170개 조례들이 제정되었다. 2014년 말 현재 시도와 시군구의 자원봉사센터는 지자체 직영이 민간위탁보다 더 많은 비중을 차지한다(행정자치부 2014). 자원봉사센터의 예산은 3분의 2 이상이 지자체 부담이고, 시도와 중앙의 재정 지원은 3분의 1에도 미치지 못한다. 그러나 자원봉사센터에 근무하는 인력은 공무원(28.9%) 비중보다 민간인(71.1%) 비중이 훨씬 높다는 것을 알 수 있다. 지자체가 직영하지만 센터의 대표와 직원을 민간인으로 채용해서 활용하고 있기 때문에 일종의 혼합형이라고 볼 수 있다. 그럼에도 자원봉사는 시민사회의 자율적인 활동이므로 민간 자원봉사단체가 자원봉사센터 운영의 주도적인 역할을 하도록 지자체는 개입과 간섭을 자제해야 한다는 요청이 끊이지 않고 있다.

"제2차(2013~17) 자원봉사 진흥을 위한 국가기본계획"에서도 자원봉사센터의 민영화가 주요 아젠다로 채택되어, 바람직한 민관 파트너십을 위해서도 자원봉사센터의 민영화를 요청하였다(주성수 외 2012). 자원봉사 전문가 71명(정부, 학계, 기업, 자원봉사단체, 자원봉사센터, 시민사회단체 대표)이 참여한 델파이 조사에서는 자원봉사 영역의 민관협력을 강화하기 위한 여러 방안들이 제시되었는데, ①자원봉사센터의 민영화를 최우선 정책과제로 제시했고, 다음으로 ②정부 중앙부처의 자원봉사 예산확대와 자원봉사 인프라 지원 확대, ③자원봉사단체의 모금활동 제도화 등으로 의견이 모아졌다. 또 한국의 자원봉사는 시민사회가 아니라 정부가 주도적인 역할을 하고 있다는 것이 전문가 76% 이상이 판단하는 한국 자원봉사의 위상으로 나타났다. 그만큼 정부가 자원봉사 진흥정책에 많은 노력을 하고 있다는 의미도 함축되어 있지만, 그보다는 시민사회의 자율적인 역할에 정부가 지나치게 개입하고 있다는 의미가 더욱 지배적이다. 그래서 한국 자원봉사의 발전방향은 정부 주도보다는 시민사회 주도가 되어야 한다는 의견이 92%의 절대적인 지지를 받았다.

정부기관들은 대부분 자원봉사 업무를 주요 업무로 관장하고 있다. 1990년대부터 정부부처들 사이에서는 자원봉사 주무부처에 관한 논란이 진행되어온 것이 사실이다. 1990년대 중반부터 자원봉사진흥법의 제정을 둘러싸고 부처간의 이해관계가 표출되면서 이런 주무부처 경쟁과 갈등이 심화되었다. 따라서 중앙부처 자원봉사 담당자들이 학계와 현장 전문가들과 수차례의 세미나, 워크숍, 공청회 등의 모임을 갖고 자원봉사 주무부처에 관한 의견을 수렴하였다. 전국 시도, 시군구, 읍면동까지 정부 행정의 전달체계를 갖고 있으며 정부부처들의 종합행정 업무를 조정하는 역할을 하는 행정자치부가 자원봉사 주무부서가 되는 것이 바람직하다는 의견이 수렴된 것이며, 이를 자원봉사 활동기본법안에도 명시하고 있다.

한국의 자원봉사는 정부의 진흥정책과 민간 자원봉사운동이라는 공급과 수요 양측의 활성화로 원만한 성장세를 이어왔다. 자원봉사 활동기본법의 제정으로 중앙정부와 지자체 대부분이 자원봉사 활동에 소요되는 재정을 지원하는 정책의 영향으로, 그리고 무엇보다도 시민사회단체의 시민참여 활성화와 대학과 기업 등의 단체참여에 기초하는 사회봉사의 활성화 영향이 자원봉사의 성장에 함께 기여한 것으로 볼 수 있다. 자원봉사 인구는 20세 이상 성인인구 비율로 추산하면 1999년 457만 명에서 2014년 929만 명으로 두 배가 늘었다(주성수, 정희선 2014). 또 15세 이상 인구의 참여율은 1999년 13%에서 2013년 18%로 늘었고(통계청 조사), 20세 이상 인구의 참여율로는 1999년 14%에서 2014년 21%로 늘었다(한국갤럽 조사).

2) 자원봉사 진흥을 위한 제2차 국가기본계획

자원봉사 활동기본법에는 '자원봉사 진흥을 위한 국가기본계획의 수립'을 4년 주기 정기적으로 하도록 규정되어 있다. 제1차는 2008~12년 기간에 추진되었고, 제2차는 2013~17년 기간에 시행 중인데, 제2차 국가기본계획에서는 다음과 같이 자원봉사 문화 정착과제들을 제시하였다(주성수 외 2012).

자원봉사문화의 정립과 확산

제2차 국가기본계획에서는 한국 자원봉사문화 정착을 위한 문제제기와 정책대안 세 가지를 다음과 같이 제시하였다. 첫째는 자원봉사 용어의 통일이다. 자원봉사의 개념이 학자들마다 다양하게 정의되고 있고 정부기관이나 자원봉사 관련 기관들이 각기 다양한 개념 정의를 사용하는 가운데 사회적으로 통용되는 자원봉사의 개념들 일부가 자원봉사의 기본정신을 왜곡시키거나 자원봉사 활동 및 사업관리에 혼란을 초래하는 현상이 발생해서, 자원봉사의 기본정신과 가치에 입각한 자원봉사 활동기본법의 자원봉사 정의를 통용하여 한국 사회에 성숙한 자원봉사문화 확립할 것을 제시하였다.

둘째는 자원봉사의 자발성과 무급성이다. 자원봉사 활동은 개인의 자발적인 참여와 대가 없는 무급의 활동이지만 자발성과 무급성의 정신을 저해하는 사례들이 관행으로 확산되고 있어 이에 대한 국가 차원의 계도와 규제가 필요하므로, 자원봉사정신을 훼손시키며 자원봉사문화 정착에 심각한 장애가 되는 자원봉사 활동의 비자발적 참여와 '유급봉사' 활동 개선할 것을 제시하였다.

셋째는 자원봉사는 국민 누구나 차별 없이 참여하는 개방적인 활동이어야 함에도 불구하고 일부에서는 참여 자격제한 관행이 사회적 약자나 소수자의 참여에 장애가 되므로, 자원봉사 활동의 '참여 자격 제한'과 소외층의 참여 실태를 정기적으로 파악하는 민간자율의 활동을 추진, '참여 자격 제한' 규제방안과 '소외층 참여 증진' 방안을 수립해 추진할 것을 제시하였다. 정부차원에서도 중앙부처와 광역 및 기초 지자체에서 이루어지는 자원봉사 활동의 '참여 자격 제한'과 소외층 참여 실태를 파악해, 필요한 '참여 자격 제한' 규제정책과 '소외층 참여 증진' 방안을 강구할 것을 제시하였다.

민간주도적인 민관 파트너십 대안

또한 민간주도 파트너십의 필요성 또한 제2차(2013~17) 자원봉사 진흥을 위한 국가기본계획에서 제시되었다. 3차에 걸친 델파이 조사에 참여한 학계와 정부 등 현장 전문가 71명은 자원봉사의 민관 파트너십 현황에 대해 ①매우 정부 주도적 27%, ②다소 정부 주도적 49% 등 3분의 2 이상의 정부 주도라 평가했고, 민간주도라는 의견은 24% 소수 의견에 그쳤다. 그래서 지금보다 더욱 민간주도적으로 발전해야 한다는 것이 92% 절대다수의 의견으로 수렴되었다. 그리고 바람직한 민관 파트너십의 발전을 위해서는 정부 재정 지원의 점진적인 확대와 자원봉사단체의 모금활성화, 양자가 균형 있게 추진될 필요가 있다는 의견이 59%로 나타났다.

또 자원봉사 전문가들은 자원봉사 진흥을 위한 민관 협력방안을 다섯 가지로 제시하였는데, 자원봉사센터 민영화가 최우선 과제로 부각되었고, 예산확대와 인프라 지원확대가 그 다음 순위로 이어졌다.

이상과 같이 "민간주도 파트너십"은 한국 자원봉사 문화의 정착을 지

표 10.1 가장 바람직한 정부-자원봉사단체 관계는 무엇이라고 생각하십니까? (단위: %)

바람직한 정부-자원봉사단체 관계	응답률
자원봉사단체에 대한 정부 재정 지원을 대폭 확대해 정부 주도적 자원봉사 진흥정책 강화	2.9
자원봉사단체들의 민간(시민 개인과 기업) 모금 활성화로 자원봉사단체 주도의 자원봉사문화 정착	23.2
정부 재정 지원의 점진적 확대와 자원봉사단체의 모금 활성화와 자율성 확보를 균형 있게 추진	59.4

출처 주성수 외. 2012. "자원봉사 진흥을 위한 제2차 국가기본계획안."

표 10.2 자원봉사 진흥을 위한 민관 협력 방안: 제2차(2013~17) 국가기본계획 (단위: %)

	제1순위	제2순위	제3순위
자원봉사단체 자율성 확보를 위한 모금활동 제도화	13	28	21
자원봉사센터 자율성 확보를 위해 민영화 추진	41	13	10
자원봉사단체 역량강화를 위해 정부 재정 지원 확대	13	23	27
자원봉사 활동기본법에 명시된 법정단체 지원확대	1	20	21
중앙부처 자원봉사 예산확대 및 인프라 지원확대	25	18	15

출처 주성수 외. 2012. "자원봉사 진흥을 위한 제2차 국가기본계획안."

■ **그림 10.2** 한국 자원봉사문화 정착 방향: 민간주도 파트너십으로

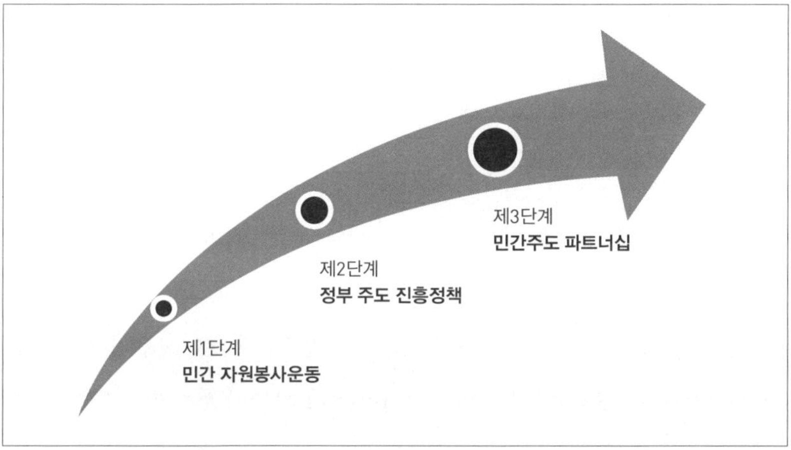

향하는 국가적 과제로 설정된 것이다. 한국의 자원봉사는 1990년대와 2000년대 중반까지 자원봉사 활동기본법의 시행 이전까지 민간 자원봉사 운동으로 진행되다가 이후에는 정부 주도의 진흥정책으로 지금까지 진행되어 왔다. 이를 새로운 제3의 민간주도 파트너십으로 전환시키는데는 적지 않은 노력과 시간이 소요되며 그 과정에서 정치적 추진력의 소진 등의 문제들이 발생할 수도 있다.

3. 정부의 비영리단체 재정 지원

나눔문화 확산을 위한 정부의 정책에는 시민사회의 비영리단체들에 대한 다양한 재정 지원도 포함되어 있다. 2000년에 시행된 비영리민간단체

지원법의 제정뿐 아니라 이보다 훨씬 앞선 정부주처들의 비영리법인과 비영리단체들에 대한 다양한 보조금 지원과 공모사업 등은 중앙정부 차원뿐 아니라 시도와 시군구의 지방정부 차원에서도 시행되어온 오랜 전통이다.

1) 비영리민간단체지원법

시민사회단체에 대한 정부의 재정 지원은 법 제정 이전부터 현실화되었다. 1992년에 집권한 김영삼 문민정부부터 시작되었는데, 1994년 공보처가 시민사회 주도의 개혁을 지원한다는 명분에서 13개 단체에 대해 6억 7000만 원을 지원한 것이 최초의 공식적인 지원정책이다. 그간 새마을운동, 바르게살기, 자유총연맹 등 3대 관변단체에 집중된 정부의 재정 지원을 다변화시킨 것으로 87년 민주항쟁의 결실이기도 하다. 여당인 민자당은 관변단체들을 순수 민간단체로의 전환을 촉진하고, 경실련 등 기존 민간시민운동단체의 활동을 제도적으로 지원·육성키위해 「민간단체 지원육성법」(가칭)을 제정할 것으로 알려졌지만(한국일보 1994.5.26.), 법제정은 다음 정권(김대중 정부)으로 미뤄지고 대신 공보처의 민주공동체 지원사업으로 추진되었다.

1996년에는 서울시가 공보처에 이어 시민사회단체를 지원하는 시정참여지원사업을 시행하였다. '시정참여'라는 의미에서 서울시가 당면한 문제들을 시민사회단체들의 참여로 공동 해결하는 거버넌스(governance)를 중시하는 정책 시행이었다.

1997년은 대통령선거가 있는 해로, 대통령 후보들의 시민사회단체에 대한 정부지원과 탈규제 공약들이 앞다투어 제시되었다. 집권당의 이회창 후보는 관변단체와 관련해 "'육성'이라는 것은 시대착오적이고 시민단체를 왜곡하는 것"이라는 견해를 밝혀 예전의 여당후보들과는 뚜렷한 차이를 나타냈다(한겨레신문 1997.9.9.). 시민단체의 역할과 관련해서 이회창 후보는 "시민단체와 정부의 일에 참여하는 것은 시민의 행정참여를 높이는 것으로 매우 바람직하다"는 입장을 밝혔다. 김대중 후보도 "시민단체와 정부, 정당간의 관계는 일방이 타방을 배척하는 것이 아니라 상호보완하는 관계"라고 전제한 뒤 "각 정책자문위원회에 시민단체 대표들의 참여를 강구해야 한다"고 주장했다. 김종필 후보는 "공공부문과 시민단체를 연결하는 주무부서의 신설과 공공부문 정책의제 설정시 시민단체의 의견 반영을 의무화해야 한다"는 의견을 보였다.

또 시민사회단체들의 활동을 규제하는 기부금품모집규제법에 대해서도 각 후보들은 대체로 개선의 필요성을 긍정했다. 이회창 후보는 "기부금품모집규제법은 시민단체의 자생성을 막고 있으므로 전향적으로 개정을 검토해볼 필요가 있다"는 의견을 나타냈다. 김대중 후보는 "기부금품모집규제법이 좋은 취지로 돈을 모으는 것까지 규제하는 등 시민단체의 사적인 활동까지 지나치게 간섭해서는 안된다"면서 "기부금품모집과 관련해서는 법률 개정의 필요성에 공감한다"고 했다.

1999년은 김대중 정부의 출범으로 시민사회단체에 대한 정부지원이 본격화되었던 해였다. 정부 예산으로 민간단체(NGO)를 지원하는 「민간단체 보조사업」이 처음 중앙정부 부처들과 전국 16개 시도 차원에서 일제히 시행된 것이다. 그간 정부 지원은 이른바 「관변단체」들만 받았으나 이제는 그같은 구분이 없어지게 된 것이다. 행정자치부가 민간단체 지원금으로 책정한 예산은 150억 원으로, 절반은 행자부가 전국단위 시민단체들의 프로젝트를 심사, 직접 집행하고 다른 절반 75억 원은 서울시를 비롯한 16개시.도에 배분해 지역 시민단체들에게 돌아가도록 했다.

2000년에 제정되어 바로 시행된 비영리민간단체지원법의 목적은 "비영리민간단체의 자발적인 활동을 보장하고 건전한 민간단체로의 성장을 지원함으로써 비영리민간단체의 공익활동증진과 민주사회발전에 기여함을 목적으로 한다(국가법령정조센터)." 국가와 비영리민간단체 사이의 관계에 대해서는 제3조(기본방향)에서 "국가 또는 지방자치단체는 비영리민간단체의 고유한 활동영역을 존중하여야 하며 창의성과 전문성을 발휘하여 공익활동에 참여할 수 있도록 적극 노력하여야 한다"고 표명한다. 또 비영리민간단체는 주무부장관 또는 시·도지사에게 등록을 신청하여야 하고, 주무부장관 또는 시·도지사는 일정요건을 갖춘 비영리민간단체에 대하여 등록을 수리하여야 하며, 주무부장관 또는 시·도지사는 등록된 비영리민간단체의 공익사업 소요경비를 지원할 수 있다고 규정한다. 또 비영리민간단체에 대하여 조세감면과 우편요금 보조도 포함된다.

또 "비영리민간단체"에 대해서는 영리가 아닌 공익활동을 수행하는 것을 주된 목적으로 하는 민간단체로서 다음 요건들을 갖춘 단체라고 정의한다. ①사업의 직접 수혜자가 불특정 다수일 것, ②구성원 상호 간에 이익분배를 하지 아니할 것, ③사실상 특정정당 또는 선출직 후보를 지지·지원할 것을 주된 목적으로 하거나, 특정 종교의 교리전파를 주된 목적으로 설립·운영되지 아니할 것, ④상시 구성원수가 100인 이상일 것, ⑤최근 1년 이상 공익활동실적이 있을 것, ⑥법인이 아닌 단체일 경우에는 대표자 또는 관리인이 있을 것.

또 법은 비영리민간단체에 대한 재정 지원의 근거를 규정해 두고 있다. 제5조 (비영리민간단체에 대한 지원 등)에서 ①비영리민간단체의 활동은 자율성이 보장되어야 한다. ② 행정자치부장관 또는 시·도지사는 공익활동에 참여하는 비영리민간단체에 대하여 필요한 행정지원 및 이 법이 정하는 재정 지원을 할 수 있다. 또 제6조(보조금의 지원)에서 ① 행정자치부장관 또는 시·도지사는 제4조제1항의 규정에 의하여 등록된 비영리민간단체에 대하여 다른 법률에 의하여 보조금을 교부하는 사업외의 사업으로서 공익활동을 추진하기 위한 사업(이하 "공익사업"이라 한다)에 대하여 소요경비를 지원할 수 있다.

비영리민간단체를 지원한다는 입법 취지를 충족할 만큼의 수준에는 미치지 못하고 있지만, '비영리민간단체지원법'은 기존의 법과 다른 중요한 의의를 갖는다. 시민운동단체를 비롯한 비영리민간단체를 지원함으로써 국가의 의무로 시민단체의 활동을 보장하는 것을 받아들이게 되었다는 점 때문이다(차병직, 2002: 117). 시민사회에서 활동하는 다양한 집단의 활동이 민주사회 발전에 기여한다는 사회적 의의와 필요성, 국가의 역할과 책임에 대한 사회적 수용이 이루어진 것이다. 이러한 점은 '비영리민간단체지원법' 제1조(목적)와 3조(기본방향)에 잘 명시되어 있다. 이에 따라 국가의 지원을 전제로 한 등록 행위만 규율하는 내용으로 입법 행위가 이루어져 시민사회 조직들은 자율적으로 결사의 형식과 운영을 결정할 수 있게 되었다.

2) 정부의 비영리단체 재정 지원

공익지원사업은 중앙정부(안전행정부)와 서울시 등 지방정부에서 1999년 첫 시행 이후 두드러진 변화의 추이를 보여준다. 공익지원사업 예산은 김대중정부와 노무현정부를 거치면서 현상유지해오다 2008년 촛불시위를 계기로 이후 이명박 정부 기간 2009년과 2010년에 50억 원 규모로

■ **그림 10.3** 공익지원사업 지원금(억 원): 전국과 서울시, 1999~2013

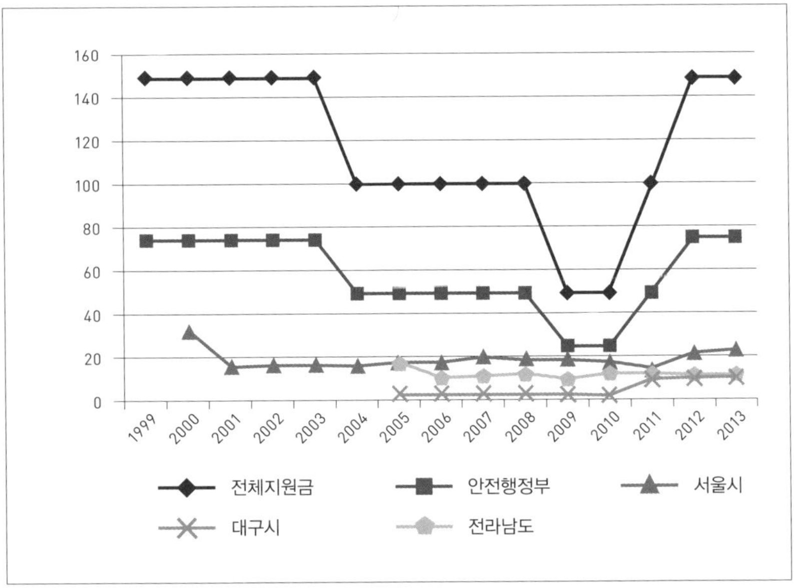

대폭 축소되다 다시 2011년에 150억 원 규모로 원상 회복되는 급변이 있었다. 이에 따라 중앙정부인 안전행정부의 비영리민간단체지원사업의 규모도 큰 폭의 변동이 있었고 서울시도 약간의 변동이 있었다. 대구시, 전라남도 등의 지방정부의 경우는 지난 15년 기간 큰 폭의 변동 없는 현상유지의 추이를 보여준다.

행정자치부의 공익지원사업은 2000년에 도입된 비영리민간단체지원법에 의해 실시되기 시작했다. 중앙에서 행정자치부가 75억 원 지원금을, 지방 시도가 75억 원의 지원금을 지방 NGO들에게 사업 활동비로 배분한다. 서울시 NPO들의 수적 성장은 전국적으로 가장 빨랐지만, 서울시 공익지원사업에 참여해 지원을 받은 단체의 수는 극히 제한적이다. 공익지원사업 예산이 지난 14년 기간에 거의 동결된 수준에 머물러 있다. 등록단체들

■ **그림 10.4** 서울시 등록 비영리민간단체와 공익지원사업 예산 추이: 2000~13

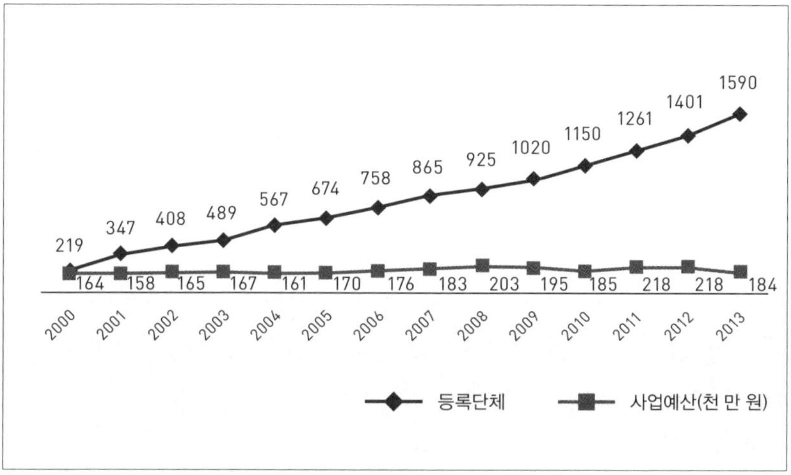

과 신청단체들은 점차 늘었지만, 실제로 지원을 받은 선정단체의 수는 늘지 않았다. 선정단체들이 늘어나도 사업 예산이 늘지 않아, 평균 지원비는 지난 14년 기간에 오히려 줄어든 추이마저 보인다(주성수, 박영선 2014).

3) 정부부처별 재정 지원

비영리민간단체 지원사업을 시행하는 정부부처는 거의 모두 해당된다고 볼 수 있다. 아래와 같이 비영리민간단체들이 등록한 26개 중앙 부처들이 하나 이상의 지원사업을 시행한 것으로 나타난다. 정보공개 요청으로 중앙정부의 각 부처에서 취합한 자료를 살펴보면(조홍식 등 2011), 중앙정부에서 비영리민간단체에 지원하는 지원금은 총 3227억 원 정도로 나타났다. 그런데 민간단체에 대한 경상 보조를 제외하고 특별 사업공모 중심으로 보고한 단체도 있을 것이라는 점, 정보공개청구를 처리하는 부처의 담당자와 부처별 협조 정도에서 편차가 존재할 것이라는 점을 감안해볼 수 있다. 같은 방식으로 취합된 전년도 지원금 자료에서는 전체 지원금이 3904억 원으로 2010년에 다소 감소하였다. 이는 2010년 대한민국 정부의 정부결산액 248조 6533억 원의 0.13%에 지나지 않는 소규모이다.

또 중앙 부처들이 지원하는 빈도와 금액은 상당한 편차를 보이고 있다. 각 부처가 비영리민간단체에 지원하는 빈도의 평균은 31.9개 단체였는데 적게는 1개만을 지원하는 부처들은 법무부, 지식경제부, 특허청 등이 있고, 많게는 100개 이상의 단체를 대상으로 공모사업을 하는 고용노동부, 여성가족부, 행정자치부가 있다. 지원액에서는 부처 평균 124억 정도인데, 적게는 국민권익위원회는 1억 2000만 원부터 많게는 교육과학기술부에서는 1025억 원에 이른다. 각 부처마다 '민간단체에 대한 경상보조'를 포함시킨 일부 부처, 기획재정부에 등록된 공공기관까지 포함시킨 일부 부처, '민간단체와의 협력 사업'이나 '민간 위탁 사업'의 일부만 제한적으로 포함시킨 부처 등 다양한 편차가 존재하므로 해석에는 주의가 필요하다(조홍식 등 2011, 74).

지원액 순위로는 교육과학기술부, 중소기업청, 보건복지부, 고용노동부, 산림청, 문화재청, 기획재정부가 100억 원 이상의 지원을 하는 상위 7개 부처이다. 교육과학기술부의 경우 과학기술인공제회에서 600억 원의 지원을 받는데, 이는 교육과학기술부의 지원액의 60% 정도를 차지한다. 또 중소기업청의 경우 소상공인진흥원에서 565억 원을 지원받는데, 이는 중소기업청 지원총액의 80%를 상회하는 수치이다. 이 두 단체가 수령하는 지원금총액은 비영리민간단체 지원총액의 36%가 넘는 수치이다.

■ **표 10.3** 정부 부처별 비영리민간단체 지원 비교(2010년)

부처	빈도	지원액(백만 원)	구성비(%)	평균지원액	전년대비 증감
고용노동부	139	20,494	6.4	147	5,472
공정거래위원회	8	844	0.3	105	-608
교육과학기술부	15	102,506	31.8	6,833	97,059
국가보훈처	24	1,697	0.5	70	578
국가인권위원회	15	130	0.0	8	-145
국민권익위원회	4	120	0.0	30	120
국토해양부	13	3,793	1.2	292	2,600
금융위원회	2	470	0.1	235	470
기획재정부	3	10,789	3.3	3,596	10,789
농림수산식품부	11	955	0.3	87	-113,397
농촌진흥청	3	1,690	0.5	563	-154
문화재청	28	17,444	5.4	623	-1,423
문화체육관광부	13	1,263	0.4	97	-8,336
방송통신위원회	48	3,448	1.1	72	-38,958
법무부	1	582	0.2	582	132
보건복지부	62	34,323	10.6	553	-22,774
산림청	17	19,940	6.2	1,173	19,753
식품의약품안전청	3	1,935	0.6	645	-2,605
여성가족부	149	3,046	0.9	20	-980
외교통상부	93	9,281	2.9	100	-22
중소기업청	6	68,202	21.1	11,367	-20,648
지식경제부	1	700	0.2	700	-200
통일부	3	680	0.2	227	-3,836
특허청	1	1,517	0.5	1,517	-20
행정안전부	158	4,900	1.5	31	-
환경부	10	11,954	3.7	1,195	9,404
합계	830	322,706	100.0	389	-67,728

자료 조흥식 외 2011.

제11장

나눔문화와 기업의 책임

1. 기업시민정신과 CSR

1) 기업시민정신의 의미

기업시민정신(corporate citizenship)은 '기업의 사회적 책임'(CSR)을 제시하는 새로운 개념이다. 기업시민정신에 대해 세계경제포럼(World Economic Forum)은 "기업이 핵심적인 비즈니스 활동을 통한, 사회적 투자와 사회공헌 프로그램에 의한, 또 공공정책에 대한 관여를 통한 사회공헌"이라고 정의한다. 기업시민정신을 실천하는 모범적인 기업을 "시민기업"(civil corporation)으로 지칭하며, 이는 "기업 내부의 가치와 역량을 효과적으로 개발해서 기업의 핵심 비즈니스에 사회적, 환경적 목표를 설정하는 학습과 행동의 기회를 충분히 이용하는 기업"이라고 정의하기도 한다(Zadek 2001b).

기업시민정신은 기업의 '사회적 책임'과 같거나 다른 의미로 사용되기 때문에 몇 가지 개념정의를 구분해볼 필요가 있다. 학자들은 기업의 사회적 책임에 대해 경제적, 법률적, 윤리적, 재량적 책임으로 구분한다(Carroll 1979). '경제적' 책임이란 경제적 부를 유지하며 소비욕구를 충족시키는 기업의 책임을 지칭하며, '법률적' 책임은 법률적 규제의 범위에서 경제적 사명을 성취하는 책임이며, '윤리적' 책임은 사회가 적절한 행동의 규범으로 규정한 도덕적 규율을 준수하는 것이며, '재량적' 책임이란 '자선적' 책임과 같은 의미로 사회개량을 위한 기업의 책임 있는 행동을 의미한다.

기업의 사회적 책임(CSR)은 다양하게 정의되고 있다. OECD에 따르면, CSR은 "기업과 사회 사이의 효과적인 '조화'를 탐구하는 일이며, 여기에서 '조화'의 의미는 기업과 사회의 상호의존을 인식하는 것으로, 기업이 활동하는 사회가 어려움을 겪으면 기업은 번영하지 못하며 기업이 번영하지 못하면 일반적 복지가 쇠퇴하므로 기업의 사회적 책임은 이런 공생적 관계를 지칭한다." 또 '지속가능한 개발을 위한 세계기업위원회'(WBCSD 2001)는 CSR에 대해 다음과 같이 정의한다. "기업의 사회적 책임은 기업이 윤리적 행동과 경제개발에 대한 기여를 지속적으로 이행하며 동시에 기업 종사원과 가족 나아가 지역사회와 사회 전체의 삶의 질을 개선하는 일이다." WBCSD는 특히 인권, 직원 권익, 환경보호, 지역사회 참여, 협력사 관계, 모니터링, 이해당사자 권리 측면에서 기업의 사회적 책임을 중시한다.

2) 기업 사회공헌(CSR)의 의미

전략적 CSR

유럽연합은 유럽이사회(EC 2011) 보고서를 통해, '전략적 CSR'을 기업의 경쟁력 제고에 중시되는 CSR 방법으로 제시한다. 유럽연합은 '전략적 CSR'의 중요성에 대해 리스크 관리, 비용 절감, 인력자원 관리. 혁신 역량 측면에서 기업에게 혜택을 주기 때문이라 설명한다. 전략적 CSR은 새로운 시장 개척과 성장의 기회를 창출한다는 점에서 이익이 되고, 또 전략적 CSR을 통해 기업들은 장기적으로 지속가능한 비즈니스 모델의 기초가 되는 임직원, 소비자, 시민 모두의 신뢰를 구축할 수 있다는 것이다. 높은 수준의 신뢰 형성은 기업이 성장하고 혁신하는데 필요한 여건과 환경을 조성해준다는 점도 중요하다.

유럽연합(EC 2011: 6) 은 CSR의 새로운 개념에 대해 "사회적 영향에 대한 기업의 책임"이라 제시한다. 또 "이 같은 CSR을 완벽하게 충족시켜주기 위해, 기업들은 자신들의 주요 이해관계자들과 긴밀한 공조를 통해 사회적, 환경, 윤리적, 인도적 권리들과 소비자 관심을 비즈니스 운영과 핵심 전략에 통합시키는 과정을 마련해야 한다."고 설명한다. 이 같은 전략적 CSR의 목표는 두 가지로 제시된다. 하나는 "기업의 소유주와 주주들을 위해, 다른 이해관계자들과 넓게는 사회를 위해 공유된 가치의 창출을 극대화하는 것"이며, 다른 하나는 "잠정적인 부정적 영향들을 탐색해 예방하고 완화하는 일"이다.

또 '공유가치의 창출의 극대화'를 위해서는 장기적이고 '전략적 CSR'의 추구를 제시하며, 사회 전반의 웰빙에 기여하고 양질의 생산적 일자리를 마련하는 혁신적인 생산, 서비스, 비즈니스 모델의 개발 기회를 탐구하는 일이라 제안한다.

CSR과 CSV

위에서 제시된 CSV(Creating Shared Value)는 '전략적 CSR'에 해당되며, 개발협력을 중시하는 글로벌 CSR에서 널리 사용하는 개념이다. 실제로

Nestle 등 선도적인 기업들은 기업의 CSR을 CSV로 바꾸어 규정하며, CSV의 목표를 설정해 추진하고 있다. 뒤에서 소개하는 사례연구들 대부분이 실제로 CSV 추구 목표로 비즈니스 전략을 추진하고 있다.

피터 드럭커(Drucker 1984)는 일찍이 CSV의 중요성을 시사한 바 있었다. 그는 "적절한 기업 '사회적 책임'에 대해 사회문제를 경제적 기회와 경제적 혜택으로 바꾸고, 나아가 생산적 역량으로, 인간적 역량으로, 적절한 일자리로, 그리고 부(富)로 전환시키는 것"이라고 강조하였다. 하버드 대학의 마이클 포터와 마크 크레머는 드럭커의 아이디어인 '공유가치'의 개념으로 확장시켜, CSV 이론을 제시하였다. 그들은 기업 사회적 책임과 경쟁적 어드벤티지의 연계에 관한 아이디어를 다음과 같이 제시하였다. "기업의 사회적 책임(CSR)은 비용부담이 되고 제약이 따르는 자선적인 행위 이상이 될 수 있다. 전략적으로 접근하면, CSR은 당면하고 있는 사회문제들을 해결하면서 기업들에게 기회, 혁신, 경쟁적 어드벤티지를 생산한다"(Porter and Kramer 2006: 5). 이어서 그들은 "성공적인 기업들은 건강한 사회를 필요로 한다"며, 마찬가지로 "건강한 사회는 성공적인 기업들을 필요로 한다"고 설명한다. 따라서 "기업과 사회의 상호 의존성은 기업의 의사결정과 사회정책 모두가 '공유된 가치'의 원칙을 따라야 한다는 것을 의미한다"고 강조한다(앞글: 5). 그들은 기업들이 '전략적 CSR'을 추진하는 세 단계 접근법을 제시한다. 먼저 기업과 사회가 만나는 교차점을 파악한 다음, 해결해야 하는 사회적 이슈들을 선택해, 사회와 기업 모두에게 대규모, 뚜렷한 혜택을 생산할 수 있는 소규모의 창의적 사업들을 개시해보는 것이다(앞글: 6).

최근 글로벌 금융위기가 확산되면서 자본주의에 대한 회의론이 확산되는 분위기에서, 그들은 "공유가치 창출" 논문을 통해 "공유가치의 원칙은 사회의 욕구뿐 아니라 당면하는 도전들을 해결하면서 사회적 가치도 창출하기 방식으로 경제적 가치를 창출한다"고 강조한다. "기업은 자신의 성공을 사회적 진전에 연계시키야 한다"고 강조하면서, "공유된 가치는 사회적 책임, 자선, 지속가능성은 아니며, 경제적 성공을 달성하기 위한 새로운 방법이며, 그것은 기업이 하는 일의 주변이 아니라 중앙에 있는 것이다"고 강조한다. 나아가 그들은 "공유가치창출(CSV)이 기업의 지역사회 투자 가이드 측면에서 기업사회공헌(CSR)보다 우선되어야 한다"며, 그 이유에 대해 "CSV는 기업 특유의 자산과 전문역량을 활용해 사회적 가치를 창출하면서 경제적 가치를 창출"하게 하기 때문이라고 설명한다.

한편 CSV는 공급측인 기업의 욕구와 수요측인 빈곤층의 욕구가 일치하는 '공유된 가치'라는 것을 알 수 있다. 일례로 World Bank는 "세계 개발 보고서 2005"에서 1999년 새천년을 앞두고 60개국 6만 명의 빈곤층을 대상으로 글로벌 서베이를 실시하였다. 서베이 결과, 빈곤탈출의 가장 중요한 방법은 질병이나 부상 다음으로 '자영업'과 '임금', '농축어업소득' 등으로 나타났다(World Bank 2004). 기업들의 전략적 CSR이 추구하는 비즈니스 목표와 사회적 영향의 목표가 일치하는 CSV는 바로 이 같은 소득과 일자리 창출, 창업에 있다는 것을 참고해볼 만하다.

2. 기업 사회공헌 성과와 평가

1) 기업시민정신의 시대

이미 19세기 말부터 기업들은 임직원의 복지와 사회에 대해 영향에 대해 관심을 갖기 시작했고, 산업혁명으로 제기된 다양한 노동운동의 등장으로 기업들은 병원 건립과 식량 부조 등의 사회복지 책임을 맡기 시작했다(Carroll, 2008). 19세기 말 '진보주의의 시대'에 접어든 미국에서는 개인 기업자선가들의 활동이 시작되기도 했다. 록펠러(John D. Rockefeller)와 반더빌트(Cornelius Vanderbilt) 등의 기업자선가들은 지역사회와 사회단체들에 자선적 기부를 통해 기여하는 활동을 하기 시작했다(Sharfman 1994). 같은 시기에 YMCA 등의 종교단체들의 역할이 활성화되기 시작한 시기였다. 1929년의 대공황은 기업의 사회적 책임의 실질적인 도입기로 간주할 만한 기업의 사회공헌 활동이 이루어졌다(Hay and Gray 1974). 캐롤(Carroll 2008)은 이 시기가 CSR 개념의 맹아기에 해당된다고 본다.

그런데 CSR 개념을 소개한 최초의 학자는 1953년 보웬(Bowen)이다. 보웬은 CSR을 사회의 목표와 가치 측면에서 바람직한 정책의 추진, 의사결정 또는 일련의 행동을 취하는 기업가의 책무라 정의하였다. 기업가들은 기업의 재정적 성과보다 넓은 사회 영역에서 자신들의 행동에 대한 결과에 책임을 가져야 한다고 주창하였다. 또 데이비스(Davis 1960)는 기업의 직접적인 경제적 또는 기술적 이해를 초월하는 기업가의 의사결정과 행동을 CSR로 간주하였고, 프레데릭(Frederick 1960)은 CSR은 사회의 경제적, 인적 자원에 대한 사적 기여이며 동시에 이 자원들이 광범한 사회적 목적에 활용되도록 지켜보는 기업의 의지라 정의한다. 그는 1950년대 CSR의 발전에 영향을 미친 세가지 핵심 사상을 ①공공 신탁자로의 기업 관리자, ②기업 자원에 대한 이해관계자의 요청, ③기업 자선의 수용을 꼽았다.

1960년대와 70년대는 노동권, 소비자보호, 환경보호를 주창하는 사회운동의 급성장으로 정부의 공식적인 규정책의 도입으로 발전되면서, 기업에 대한 사회적 책임 요구도 급증하였다. 이 시기에 데이비스(Davis 1973)는 CSR이 "기업의 경제적, 기술적, 법적 요건이라는 좁은 의미를 초월하는 이슈들에 대한 기업의 고려와 대응"으로 정의하였다. 한편 존슨(Johnson 1971)은 책임 있는 기업은 주주들에게 보다 많은 수익을 주는 노력 이상으로 임직원, 공급자, 판매자, 지역사회, 국가 전체의 이해를 고려해야 한다고 제안하였다. 그는 기업의 핵심 이해관계자의 프레임워크에 기초하는 '이해관계자 이론'(stakeholder theory)을 제시하였다. 또 주목할 만한 CSR의 발전으로는 미국 정부기관인 Committee for Economic Development(CED)의 역할인데, CED는 1971년 사회의 욕구에 건설적으로 기여하는 기업의 역할을 CSR로 제시하였다. CED는 기업의 사회적 책임은 기업과 사회의 새로운 계약을 반영한다고 설명한다(Carroll 2008).

최근에는 세계화의 급진전, 환경적 관심의 고조, 친빈곤 요청 등 기업에 대한 도전들이 거세지면서 결과기반의 CSR 관리와 CSR 성과 평가의 필요성이 제기되고 있다(UN 2013: 14). 기업의 국내와 글로벌 가치사슬 전반에 걸쳐 핵심 경영에 CSR에 접목할 것을 요청한다. 그러나 이 같은 통합은 기업의 동기부여와 관련된 리포팅 시스템이 뒷받침될 필요가 있다. 글로벌 가치사슬이란 초국적인 부가가치의 비즈니스 활동 전반을 의미하는 것으로(ESCAP 2007), 여기에는 지역이나 글로벌 차원에서 개별 기업들과 핵심 이해관계자들 사이의 다양한 상호작용들이 포함된다. 타국에서 비즈니스를 하거나 물품을 구매하는 기업들의 경우, 법과 규제정책들이 상이한 개도국에서는 자국의 법과 규제정책들과 상이하기 때문에 글로벌 가치사슬을 통한 CSR 관리는 거버넌스, 사정, 정보 관리 측면에서 더욱 어려운 과제를 안게 된다. 환경 영향, 아동 노동, 강제 노동, 공정 무역, 부패, 인권 등의 이슈들이 최근에 많은 주목을 받는 CSR 이슈들이다.

또 '지속가능한 개발'(sustainable development)이 글로벌 관심을 받으며 다음 15년의 글로벌 개발 아젠다로 추진되면서, 지속가능한 개발에 대한 기업의 기여에 대해서도 논의가 한창이다. 지속가능한 개발은 지금 세대의 욕구 충족을 위해 다음 세대의 욕구 충족 능력을 저해하지 않고서 추진되는 개발을 의미하므로(Strategis 2003), 지속가능한 개발은 환경적 이슈들을 사회적, 경제적 이슈들과 함께 글로벌 개발의 아젠다로 제시한다(Sachs 2012). 예를 들면, 기업이 야기하는 환경적 피해(수질오염, 숲제거 등)은 지역사회에 부정적 영향을 미치고, 이는 다시 지역사회의 장기적인 사회경제적 개발에 장애가 된다. 이처럼 지속가능한 개발의 측면에서의 CSR은 기업의 부정적 영향을 역전시키거나 완화시키는 활동이 될 수 있다(Carroll 2006).

그렇다면 신경제 질서에서 기업시민정신이 강조되는 주요 배경 요인은 무엇인가? 첫째는 기존의 기업 평판을 유지시키고 잠정적인 재정 손실을 막기 위한 '방어적' 동기이다. 둘째는 전통적인 비용-효과 비즈니스 측면으로, 사회공헌 활동이 유형의 재정적 이득을 생산할 것이라는 기대에서 나온 동기이다. 셋째는 전략적 비즈니스 동기로, 기업시민정신이 장기적 성취력을 높이는 광범위한 전략적 접근의 한 통합적 요소가 된다는 것이다. 넷째는 '신경제' 시대 상황적 동기로, 역동적인 환경에 대처해서 기업시민정신으로 위기관리에 도움이 되고 혁신과 학습에 기여하기 위한 것이다.

유럽연합(EU)은 CSR이 강조되는 배경 요인을 기업 내부적 요인들과 외부 환경적 요인들로 구분해서 다음과 같이 제시한다.

먼저 내부적 요인들은 다음과 같다.

a) 인적 자원의 개발: 비차별적인 고용, 청년 실업자의 직업훈련 지원 등 사회공헌 활동이 기업의 중장기적 인적 자원 개발에 중요한 역할을 한다.
b) 작업상의 보건 및 안전: 노동자의 기본적인 보건과 안전에 대한 복지의 책임을 가진다.
c) 변화하는 세계에 대한 적용: 구조조성의 과정에서 명예퇴직자 등 주요 결정이 미치게 되는 영향에 대해 사회적 책임을 경시하지 않는다.
d) 환경적 영향과 자연 자원의 관리: 기업의 비즈니스 활동이 지역사회 환경에 미치는 영향과 자연 자원에 대한 피해를 신중히 고려한다.

또 외부적 요인들은 다음과 같다.

a) 무엇보다도 지역사회이다. 기업은 지역사회 구성원으로 시민정신을 갖고 사회공헌에 책임을 가진다.
b) 다른 기업과의 파트너, 소비자 관계이다. 다른 기업과 공조하는 사회공헌, 소비자의 요구에 호응하는 사회적 책임을 수행한다.
c) 직원에 대한 인권보호뿐 아니라 아동노동 철폐 등 국제적 노동기준에 부합되는 노무정책과 인사정책으로 인권을 옹호한다.
d) 지구환경보호이다. 글로벌 차원에서 지구환경보호가 확대, 발전되며 UN이 중재해서 글로벌 차원에서 기업과 NGO가 환경보호에 공조하는 '글로벌 협약'이 추진 중이다.

2) 기업사회공헌의 동향

기업의 사회적 책임의 배경은 각국의 역사적 전통과 나눔문화에 따라 다양하게 나타난다. 영국, 미국 등 앵글로색슨 국가들은 기업의 사회적 책임과 관련된 나눔문화를 전통으로 갖고 있다. 이와는 달리 유럽 대륙 국가들에서 기업 사회공헌 활동이 확대되기 시작한 것은 1980년대의 새로운 동향이다.

프랑스에서는 일반적으로 공익에 관한 한 기업이 아니라 정부의 독자적인 기능과 역할에 의존하는 전통이 있다. 그러다 1980년대부터 기업의 사회적 책임에 관한 논의가 확대되면서 기업은 직원뿐 아니라 사회에 대해서도 책임 있는 행동을 취해야 한다는 기업시민정신이 기업별로 실천되는 계기가 마련되었다. UN의 글로벌 컴팩트(Global Compact), EU의 기업의 사회적 책임 등 국제적인 기업의 사회적 책임 결의 등 국제화의 영향이라고 볼 수 있다. 프랑스 기업들이 추진하는 직원 봉사활동으로는 근무시간을 이용하는 활동과 근무시간 이외의 주말이나 휴일에 추진하는 활동으로 활성화되고 있는데, 후자가 더 일반적인 유형이 되고 있다. 또 기업들은 직원 봉사활동을 지원하는 협의체(기업사회봉사협회)를 조직해, 자원봉사 정보교환, 우수사례 공유 등 공조적 활동을 하고 있다.

독일에서 기업의 사회적 책임은 대기업뿐 아니라 중소기업들도 이야기하는 주요 사회공헌 활동이며, 기업들 96% 가량은 어떤 형태든 기업시민정신을 실천하고 있다. 기업시민정신은 현금이나 현물 지원 형태로 실천되면서도, 직원 봉사활동 또한 확대되어 있다. 대기업일수록 기업시민정신 실천의 폭이 넓지만, 거의 절반에 이르는 기업들이 자원봉사조직들과의 파트너 관계를 유지하는 않은 채 독자적인 기업시민정신을 실천하는 한계를 보여준다.

영국의 경우, 기업의 사회공헌과 지역사회 봉사활동은 비교적 오랜 역사적 전통을 유지해오고 있다. 19세기 중반부터 주로 종교적 신념에 기초한 기업의 자선적 공헌활동의 체계가 마련되었다. 기업주의 사회적 책임 인식에서 비롯되기도 했고, 사회적 분위기에 의한 인식의 공유에서 비롯되기도 했다. 그러다 20세기 초부터는 복지국가의 등장으로 기업의 사회적 책임에 대한 요구가 줄고 기업의 사회공헌 활동도 지역사회의 자선적 기부에 한정되었다. 그러나 1970년대 말부터 복지국가의 위기와 함께 '작은 정부'에 대한 인식이 확대되면서 기업의 사회공헌 역할에 대한 요구가 늘었고, 이에 기업들은 책임 있는 사회공헌 활동을 점차 확대하였다. 특히 대량 실업의 확대와 사회적 혼란의 분위기는 기업의 사회적 책임을 강하게 압박하는 배경 요인들이 되었다.

3) 기업 사회공헌의 효과

기업에게 주는 혜택

기업 사회공헌은 무엇보다도 기업 자체에 주는 혜택이 많다는 것을 알 수 있다. 유럽자원봉사센터(CEV 2009b)는 기업에 주는 다양한 혜택을 소개한다.

- 기업이 속한 지역사회 주변의 관계를 개선한다.
- 일반인의 이미지를 개선한다.
- 지역사회 지도자들과의 협력과 관계를 개발한다.

- 직원의 채용과 유지를 개선한다.
- 직원의 동기부여 역량을 구축한다.
- 직원의 성취와 생산성을 높인다.
- 직원의 사기를 높이고 결근을 줄인다.
- 기업 사회공헌 프로그램에 정보를 제공해준다.
- 지역사회와 기업의 고객에 대한 이해를 높인다.
- 직원이 지역사회로부터 고립되는 것을 해소한다.
- 기업의 사회공헌의 효과성을 높인다.
- 건강한 지역사회를 유지하는데 도움이 되며, 기업에게도 도움이 된다.
- 시장에서 기업 평판과 브랜드 평판 향상에 도움을 준다.

비용 절감과 생산성 향상의 효과를 주목해볼 수 있다. 기업 사회봉사는 적은 비용을 투입해서 기업 경영과 실적에 높은 부가가치를 가져다주는 전략상품이 될 수 있다. 직원 교육훈련, 품질검사, 소비자 고발, 광고 등에 드는 비용을 크게 절감한다는 점이다. 사회봉사활동은 조직의 구조와 직원의 태도에 커다란 변화를 주며 신뢰감과 협력의 분위기를 창출시키는 효과를 낳는다. 워크숍, 연수 등 모임을 통한 변화보다도 더 큰 실질적인 변화를 가져다주는 높은 효과성, 그런 모임에 투입되는 막대한 비용과 시간을 크게 절감하는 높은 효율성을 동시에 낳는 것이다.

미국 기업의 사회봉사는 사내 인력관리 부처에서 담당하는 경우가 많다. 사회봉사를 양질의 노동력을 확보하고 관리하기 위한 경영전략으로 활용하는 것이다. 또 별도의 재교육과 훈련보다도 현장경험을 팀 단위로 익히면서 보다 생산적이고 효과적인 교육훈련이 되고 있기 때문이며, 무엇보다도 직원들이 스스로 기업에 대한 애정을 갖고 비즈니스에 필수적인 생산활동 및 고객에 대한 서비스 정신을 무장하는 것이 기업 경영에 핵심이기 때문이다.

또 직장에 대한 만족과 조직에 대한 헌신은 직무성취도와 생산성에 직접 관련되므로 결국 사회봉사가 기업에 이윤을 낳게 해준다고 볼 수 있다. 최근에 와서는 일부 기업이 사회봉사 휴직제(sabbatical)인데, 직장인들이 기업과 지역사회에 기여하는 장기적인 결실을 맺기 위해 장기간 3개월 이상 1년까지 정상급여를 받으며 지역사회 협력기관으로 출퇴근하는 제도이다.

직원에게 주는 혜택

직원 개인의 태도 변화, 팀워크 기술의 향상, 대인관계 기술 개발 등 사회봉사 활동이 가져다주는 비즈니스에 대한 혜택은 무수하며, 또 장기 지속적으로 실시되면 누적적인 효과를 낳고 있다.

유럽자원봉사센터(CEV 2009b)는 사회봉사에 참여한 직원들은 다음과 같은 혜택을 받는다고 소개한다.

- 리더십과 대인관계 기술을 개선한다.
- 새로운 기술 분야를 개척하는 기회를 제공해준다.
- 기업의 다른 부서 다른 직급의 직원들과의 관계를 개선한다.
- 다양성과 성취력을 높이고 자심감을 높인다.
- 직원과 가족들이 활용하는 지역사회 서비스를 개선한다.

또 미국에서도 사회봉사를 경험한 직원들의 다양한 기술이 향상된다.

- 문서 및 구두상의 커뮤니케이션 기술,

- 조직 관리 및 시간 관리 기술,
- 인간관계 기술 - 돌보고, 듣고 타협하는 기술,
- 일에 대한 책임감 및 평가업무 보고 기술,
- 기획력, 단기 및 장기 목표 설정 기술,
- 예산 책정 및 분배 기술,
- 생존 기술 - 스트레스 관리 등.

아울러 직원의 직무태도 면에서도 두드러진 변화가 있다는 보고가 쌓이고 있다.

- 동료 직원에 대한 이해 증진 및 출신, 인종 등의 다양성 존중,
- 어려움을 대처하는 데 보다 혁신적인 접근,
- 위험 부담을 추정하는 능력의 향상,
- 고용주로부터 받는 혜택에 대한 고마움,
- 지역사회에 대한 애정과 사회적 책임의식,
- 기업체 각 부서의 사회공헌에 대한 인정,
- 개인의 능력과 가치에 대한 인정,
- 자신감과 책임감에 대한 습관의 개발,
- 고립과 소외감에 대한 배척.

지역사회 봉사활동

기업의 사회봉사활동은 기업이 소속된 지역사회를 중심으로 활성화되고 있다. 사회적으로 긴요한 영역으로는 교육, 의료, 문제청소년 후원, 환경, 저소득층 지원 등으로, 이들은 기업 사회봉사활동의 주요 영역이다. 이

런 서비스의 제공은 실제로 많은 지역사회가 당면하는 심각한 사회문제들이다. 특히 대도시들이 당면한 사회문제들은 더욱 심각해서 정부의 복지정책만으로 방치해둘 수 없는 지경에 이르렀다. 많은 지역사회는 거기에 소속된 기업의 역할을 기대하며 기업에 지원을 요청하거나 압력을 행사하기도 한다.

지역사회의 비영리 시민사회단체들은 무수한 인적, 물적 자원을 갖고 있는 기업들에 전략적으로 접근하고 있는 것이 현실이다. 오늘날 기업과 대학이 다른 어느 사회기관들보다 체계적이고 지속적으로 사회봉사에 노력하고 있는 것도 자체의 노력뿐 아니라 지역사회 기관들의 끈질긴 요청과 압력에 호응할 수밖에 없는 상황에 있기 때문이다.

지역사회가 기업의 주요 이해관계자가 되고 있는 현실이다. 기업은 고용과 세금납부를 통해 지역사회 경제에 크게 기여하면서도 지역 주민의 세금으로 지원되는 공장 등 부지의 면세 혜택 및 각종 정부지원을 받으며 지역 노동력에 크게 의존하고 있다. 또 임직원들이 지역사회 구성원이라는 점, 또 지역 주민들에게 재화와 서비스를 판매하며 영리 활동을 하고 있다는 점에서도 기업은 지역사회를 이해관계자(stakeholder)로 적극적인 관심을 가질 수밖에 없다. 최근 경제학과 경영학 이론에는 기업이 투자자(stockholder)에 못지않게 이해관계자에 대해서도 책임을 지는 이론이 체계적으로 정립되어 있다.

한국의 경우, 전경련(2011)의 조사에서는 지역사회를 위한 사회공헌 활동을 촉진하기 위한 제도를 갖춘 기업은 2009년 67.3%에 비해 81.4%로 늘어나, 해당 지역사회 지원에 대한 기업의 관심이 커지고 있다.

기업의 사회봉사활동은 기업과 직원뿐 아니라 기업이 속해 있는 지역사회에도 직접적인 혜택을 가져다준다. 기업은 지역사회로부터 다양한 혜택을 받고, 동시에 지역사회는 기업으로부터 적지 않은 혜택을 받는다. 양자가 공생적 관계에 있는 것이다. 기업이 주는 다양한 사회공헌 활동에 대해 유럽자원봉사센터(CEV)는 다음과 같은 혜택들을 소개한다.

- 자원봉사자의 증가와 다양한 기술 인력풀의 증대로 지역사회에 도움을 준다.
- 기업과 지역의 비영리부문 사이의 이해를 높인다.
- 지역사회 삶의 질 향상에 기여한다.
- 지역사회 문제 해결과 욕구 충족에 도움을 준다.
- 기업의 도움이 없으면 불가능한 지역사회 봉사활동에 역량을 제공한다.

4) 글로벌 CSR 현황

글로벌 CSR의 발전

'지속가능한 개발' 측면에서 CSR은 2012년 UN의 지속가능한 개발 회담(United Nations Conference on Sustainable Development (Rio+20)에서 확인되고 있다. 회담 결과의 선언문에는 기업(사부문)이 "유엔의 글로벌 컴팩트가 진흥하는 책임 있는 비즈니스 실천에 참여할 것을 요청한다."(UN 2012) 나아가 "기업 지속가능성 리포팅의 중요성"을 확인하며, 기업들이 "지속가능성 정보를 기업 리포팅 과정에 통합할 것"을 아울러 요청한다. 선언문에는 "역동적이며 포용적이고 기능이 활발하며 사회적, 환경적으로 책임 있는 사부문은 경제성장과 빈곤해소 그리고 지속가능한 개발에 핵심적인 기여를 할 수 있다"고 표명한다.

또 UN(2013)은 지속가능한 개발에 투자하는 지속가능한 기업들의 수적 증대와 더불어, 지속가능한 투자(sustainable investment) 부문도 급성장하며 지속가능한 개발의 전망을 밝혀준다며 서술한다. '지속가능한 투자'란 "재정적 수익과 함께 사회와 환경에 긍정적 영향을 창출하는 목표를 지향하는 투자로, 지속가능한 개발 아젠다에 기여할 수 있는 상당한 잠재력을 갖고 있다"고 설명한다. 지속가능한 투자는 투자 접근의 한 유형으로 간주하기보다는 여러 투자 모델들을 포용하는 일종의 엄블렐라 개념으로 간주한다. 이 엄블렐라에는 사회적 책임 투자(socially responsible investment), 사회 벤처 캐피탈(social venture capital), 임팩트 투자(impact investment) 등이 포함되는데, 이들은 투자자 유형에 따라, 투자 리스크 수준에 따라, 투자처가 되는 기업의 속성에 따라, 그리고 재정적, 성과 목표에 대한 중시 등에 따라, 즉 개발에 기여하는 정도에 따라 구별된다. 그럼에도 이들은 공통적으로 사회와 환경에 대한 부정적 효과를 최소화하고 긍정적 효과를 최대화하는 목표를 공유한다.

지속가능한 투자에 참여하는 투자자들은 가족이나 기업 재단, 개인 재력가, 정부개발기관, 개발재정기관, 중소기업 펀드, 벤처 캐피탈 펀드의 기관투자자 등이다. 이들은 시장 기반의 모델을 통해 해결될 수 없는 사회적, 환경적 문제들이 항시 존재하며 앞으로도 존재할 것이라는 인식을 공유하며, 마이크로 파이낸싱, 청정 에너지, 식량과 농업, 주택, 교육, 식수와 위생 등 일부 제한적인 분야에 초점을 맞춘 지속가능한 투자를 하고 있다.'지속가능한 투자'에서 기업의 역할이 반응적인(reactive) 것에서 능동적인(active) 것으로 바뀌기 때문에 전통적인 CSR 개념 정의의 수정은 불가피하다(UN 2013: 5).

전통적인 CSR 개념을 대신하는 새로운 개념들로 기업 지속가능성(corporate sustainability: CS), 기업 책임(corporate responsibility: CR) 등이 새로운 개념들로, 장기적인 기업의 생존이 의존하는 기업 전략의 핵심 부분으로 지속가능성 기준이 새로운 비즈니스 전략으로 부각되고 있다. 기업 지속가능성(CS) 또는 기업 책임(CR)을 평가하는 국제적 도구들은 적지 않은데, 글로벌 리포팅 이니셔티브(Global Reporting Initiative: GRI), 지속가능성 리포팅 가이드라인(Sustainability Reporting Guidelines), 사회적 책임에 관한 ISO 26000, UN 비즈니스와 인권에 관한 가이딩 원칙(United Nations Guiding Principles for Business and Human Rights), OECD 다국적기업 가이드라인(Guidelines for Multinational Enterprises), IFC 지속가능성 성과 기준(Sustainability Performance Standards) 그리고 UN 글로벌 컴팩트(UNGC) 등이다(앞글: 5). 복수의 기관들이 요구하는 리포팅 요건들을 완화시켜 기업들이 지속가능성을 심각하게 고려하도록 인센티브를 제공해야 하는 과제가 있다.

글로벌 컴팩트 사례

한국 기업들의 Global Compact 참여는 top 20개국 중 15위로 비교적 높은 편이며, 2014년 초 현재 155개 기업들이 참여하고 있다. 여기에 공공기관, 비영리기관 등 기관 참여 98개를 합하면 전체 253개에 이른다.

2013년 말 현재 글로벌 콤팩트 참여기관(기업, 노동, 정부기관, 시민사회, 학계 등)은 1만 2095개인데, 그중 기업과 기업협회들은 7960개에 이른다. 2007년에 2356개의 기업들이 참여한 것과 비교해보면 지난 6년 기간에 세 배 이상 급상승한 것으로 보여진다.

UNGC의 "글로벌 기업 지속가능성 보고서 2013"은 '기업의 지속가능성'(corporate sustainability)과 '기업의 책임'(corporate responsibilty)은 같은 의미로 병용한다고 밝힌다(UNGC 2013: 4). UNGC에 따르면, ICT의 획기적인 진전으로 이제 기업들의 활동을 숨길 수만은 없으며, 투명성이 관리의 필수적인 도구가 되고 있다. 사업 '운영허가'를 획득하려면 공공 정통성과 적극적인 사회적 관여를 필요로 한다. 기업들의 사회적 책임과 지속가능성 진전은 기업에게도 기회와 혜택을 준다. 기업에 대한 신뢰의 증대, '녹색' 혁신을 통한 성장, 'BOP'의 비즈니스 벤처 등이다. 또 기업의 장기적 가치를 평가하는 투자공동체들이 갖고 있는 관심은 환경적 책무, 사회적 책임, 바람직한 거버넌스 등이다.

이번 조사에서 나타난 일반적인 동향은 기업들의 실천이 증가한 점과 대기업 주도적인 동향이라는 점을 꼽을 수 있다. 첫째, 기업들은 '좋은 의도'에서 '획기적인 행동'으로 이동 중이라는 점이다. 조사 결과에 따르면, 기업들의 글로벌 콤팩트 관리모델의 "발표"(say)와 "활동"(act) 사이에 두드러진 갭이 있다. 많은 기업들이 목표를 설정하고 우선순위를 정해 실천하고 있지만 행동 단계들에서는 많은 노력을 해야 한다는 것이다. 실행, 평가, 소통이 중요한 행동 단계들이다. 회원기업들과 기관들 65%가 CEO 차원에서 지속가능성을 실행하고 있다고 보고한 반면, 35%만이 지속가능성을 기업의 전략과 운영에 통합하도록 관리자 교육을 실시하는 것으로 나타난다. 행동 단계로의 이행은 많은 시간과 자원의 투자가 필요하다고 덧붙인다.

둘째는 대기업들이 여전히 주도적 역할을 맡고 있다는 점이다. 지속가능성 실적에 영향을 미치는 모든 요인들 중에서 기업의 규모가 가장 중요한 요인으로 제시된다. 대기업과 중소기업의 격차는 거의 모든 행동 단계들에서 두드러지게 나타난다. 일례로 대기업들은 인권고충 시스템을 갖고 있거나 기업의 환경적 성과를 모니터링하거나 평가할 가능성이 두 배 더 높다.

공급사슬은 글로벌 CSR 성과 개선에 장애로 제기되고 있다는 점이다. 글로벌 CSR을 업그레이드 하기 위해서는 공급사슬의 성과 개선이 필수적

표 11.1 글로벌 콤팩트 기업들의 공급사슬 지속가능성

• 공급자의 글로벌 콤팩트 참여를 고려	70
• 공급자의 글로벌 콤팩트 참여를 요구	13
• 공급자 참여를 기대한다고 문서에 기록	57 (76%)
• 긍정적인 지속가능성 실적에 포상	15
• 외주 조달 임직원 훈련 실시	37 (51%)
• 공급자의 목표 설정/평가 지원	18
• 관련 이슈들에 대한 교육 실시	18
• 개선계획 평가	16
• 개선 프로젝트에 자원 지원	11
• 자기평가 설문 실시	34
• 정기적인 비즈니스 평가	33
• 기업 내부 임직원 감사	32 (44%)
• 공급자가 제공하는 공적 정보의 평가	31
• 공급자가 제공하는 비공적 정보 평가	23
• 제3자에 의한 감사	16 (27%)
• 개선조치들의 검증	9 (24%)
• 이해관계자 참여 확대	16

참고 조사대상 기업의 비율. 괄호안은 대기업 비중.
자료 UN Global Compact, 2013: 11

이라는 지적이다. 대다수 기업들이 자신들의 공급자들에 대한 지속가능성 기대를 하고 있지만, 공급자의 지속가능성 목표 달성을 지원하거나 규정 준수를 모니터링하고 있지는 않다. 응답 기업의 83%가 GC의 공급자 원칙들에 준수를 고려하지만, 18%만이 공급자를 위한 목표 설정, 평가를 지원하며, 9%만이 개선 조치를 검증하고 있다(표 11.1 참조).

이처럼 공급사슬 지속가능성은 대기업들에게 다음 단계의 지속가능성 성과로 진전하는데 제일의 방해요인으로 작용한다. 긍정적인 변화는 대기업들이 과거와는 달리 보다 혁신적으로 공급자들에게 요구하고 있으며, 이 같은 파장 효과가 긍정적인 변화를 유도할 것이라는 전망이 제시된다.

기업들이 공급사슬에 지속가능성을 확대하지 않는 이유들은 다양하다. 그중에서 "우선순위가 아니므로"(33%), "역량 부족으로"(27%), "지식 부족으로"(21%), 공급자 지료부족(18%), 비즈니스 가치와 연계 불명확(17%), 재정적 자원 부족(13) 라는 이유들이 가장 중요한 것들로 나타났다. 한편 "공급사슬의 공급자에게 UNGC 원칙들의 준수 요구를 고려 중인 기업들도 늘고 있다는 것이다. 이에 대해 '필수적이다'(13%), '추진계획'(19%), '매우 고려'(32%)로 64%가 긍정적인 반응을, 그리고 '다소 고려'(18%), '고려 안 함'(17%)로 구분된다(앞글: 19).

5) 기업 사회공헌에 대한 시민의식

기업 사회공헌에 대한 시민들의 의식은 국가에 따라 긍정과 부정적 평가가 혼재되어 있다. 아래에서는 2013년의 EU 27개국 국민들의 의식조사 결과를 참고해, 기업 사회공헌의 문제점을 정리해볼 수 있다(EC 2013).

기업사회공헌에 대한 평가

EU 27개국의 유럽인 52%만이 기업이 사회에 미치는 영향에 대해 긍정적인 것으로 평가하고, 41%는 부정인 것으로, 그리고 7%는 모르겠다고 답했다. 국가별로는 북유럽인들의 자국 기업에 대한 평판이 가장 높고, 남유럽인들의 자국 기업들에 대한 편가가 가장 낮은 편이다.

- 북유럽에서 덴마크 85%, 핀란드 83%, 스웨덴 72%이며,
- 유럽 대륙에서 네덜란드 74%를 비롯해서 에스토니아 70%, 룩셈부르그 70%, 오스트리아 67%, 아일랜드 67%, 포르투갈 65%, 시프루스 61%, 라트비아 60%, 몰타 59%, 폴란드 58%, 벨기에 56%, 영국 54%, 독일 54%, 리트아니아 52%, 스페인 50%, 프랑스 50%, 슬로바키아 50%, 루마니아 49%, 불가리아 49%, 체코 43%, 헝가리 42%, 그리스 37%, 이탈리아 36%, 슬로베니아 36%, 터키 56%, 크로아티아 24% 등으로 국가별 차이가 두드러지게 나타난다.

또 10년 전에 비해 기업들이 사회에 대한 영향에 관심을 더 갖고 있다는 긍정적 평가는 40%, 그렇지 않고 덜 갖고 있다는 평가는 39%로 팽팽하게 양분되어 있다. 사회에 대한 책임 있는 행동을 한다는 긍정적인 응답을 기업업종별로 살펴보면, 식품과 농업이 70%로 가장 높고, 도매와 수퍼마켓 67%, ICT 기업 62%, 의류와 제화제조사 51%, 제약사 50%, 건설사 49%, 화학기업 40%, 금융은행업 34%, 광산과 석유가스사 34% 등이다.

기업 사회공헌의 효과

사회에 책임 있는 행동을 한다는 평가에서 대기업은 48%, 중소기업은 71%로 훨씬 더 높은 평판을 사고 있다. 보다 구체적으로 살펴보면 〈그림 11.1〉과 같이 기업 사회공헌의 효과에 대해서는 절반 정도만이 효과적이라고 답했다.

나아가 "자국에서 기업들이 사회적으로 책임 있는 행동을 하고 있는

■ **그림 11.1** 기업 사회공헌의 효과에 대한 EU 27개국민의 의식 (단위: %)

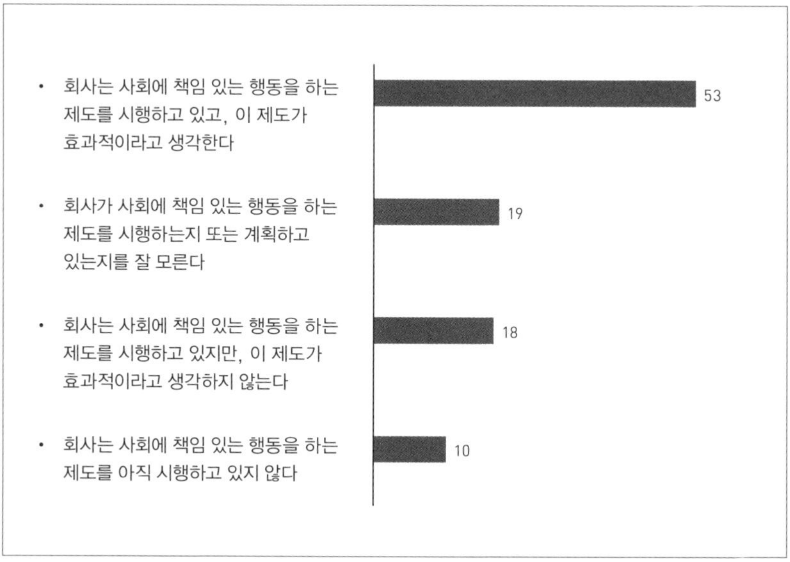

지를 잘 알고 있는가" 하는 물음에 대해서는, '잘 알고 있다'는 응답이 36%에 불과하고, '잘 모른다'는 응답이 대부분 62%로 나타났다.

또 "자국에서 기업들이 사회적으로 책임 있는 행동을 하고 있는지에 대해서는 '관심이 있다'(79%)로 '관심이 없다'(20%)를 크게 앞섰다.

- 잘 알고 있고 관심도 있다 36%
- 잘 알고 있지만 관심 없다 4%
- 관심이 있지만 잘 모른다 47%
- 알지도 못하고 관심도 없다 15%

기업의 사회적 영향

먼저 "기업이 사회에 미치는 긍정적 영향"에 대해서는

- 일자리 마련 57%
- 경제 성장에 기여 32%
- 종사자 기술훈련 31%
- 혁신적 제품과 서비스 개발 27%
- 세금 납부 25%
- 지역 주민에게 금품 제공 16%
- 투자자에게 수익 제공 15% 등으로 주로 경제적 영향을 긍정적으로 평가한다.

그럼에도 기업이 사회에 미치는 부정적 영향에 대해서는

- 부정부패 41%
- 종사자 감원 39%
- 환경 오염 39%
- 열악한 노동조건과 노동기준 위반 35%
- 정부 정책에 지나친 영향 행사 28%
- 과소비 조장 25%
- 불량 제품, 서비스 19% 등으로 나타났다.

끝으로 "기업이 사회적 책임을 수행하도록 누가 주도적 역할을 해야 하는가?"에 대해서는 〈그림 11.2〉과 같이 소비자 자신이라는 의견이 가장

■ **그림 11.2** 기업이 사회적 책임을 수행하도록 누가 주도적 역할을 해야 하는가? (단위: %)

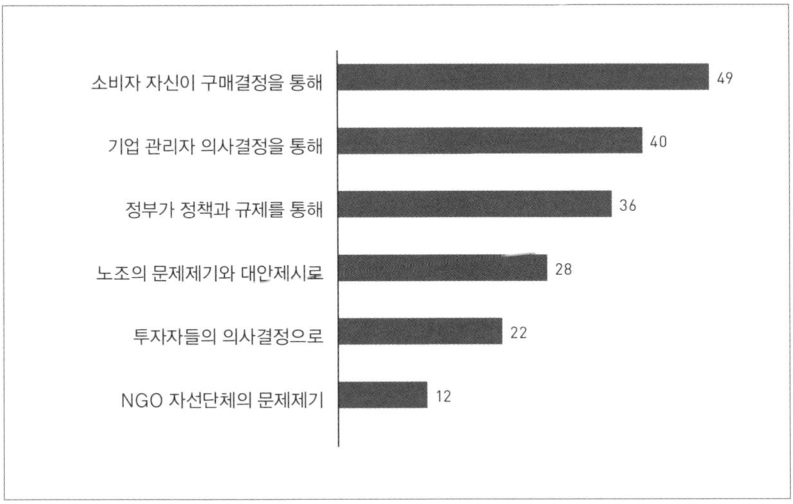

높은 비중을 차지한다.

3. 기업의 사회봉사

1) 기업을 통한 사회봉사

기업 임직원의 봉사활동이 '기업시민정신' 문화로 정착되어 있는 미국 기업들의 사례를 우선 살펴볼 만하다. 2003년 보스턴 대학의 141개 기업 조사에서는 이들 중 85%가 사회봉사(community service) 프로그램을 공식적으로 도입해서 실시한 것으로 나타났고, 2013년에도 조사대상 261개

기업 중 86%가 매칭 기프트 등의 자원봉사 제도를 갖고 있는 것으로 나타났다. 또 미국 기업들의 50%는 사회봉사 활동을 회사의 홍보의 일환으로 이용하며, 31%는 사회봉사 활동을 주요 업무를 알리기 위한 전략으로 이용하며, 19%는 사회봉사 프로그램을 회사 사업 계획에 포함시키고 있으며, 32%는 각 부서가 사회봉사 결과로 얻어지는 이익을 각부서장에게 보고한다.

기업이 직장인 봉사활동의 경로가 된다는 사실에 주목해볼 필요가 있다. 미국에서는 기업 등의 조직을 통한 봉사활동이 중요한 비중을 차지하고 있다. 사람들이 봉사활동을 하게 된 계기는 "누군가 봉사활동을 해보도록 권유했다"는 것이다. 이런 권유를 받은 사람들 가운데 90%가 봉사활동을 했다고 하며, 이런 권유를 한 조직은 종교단체(56%), 직장(24%), 학교 또는 대학(15%) 등이다.

영국에서도 기업이 사회봉사 프로그램을 갖추면 직원들의 참여는 높다는 사실이 확인되고 있다. 영국 통계청의 조사(CLG 2010)에 따르면, 직장인 가운데 26%가 자신의 직장에 사회봉사 프로그램이 있다고 답했는데, 이런 프로그램이 있는 기업에서 직장인 절반 가량이 참여한다. 직장인 12%가 매월 한 차례 이상 정기적인 봉사활동을 하고, 또 다른 38%는 일년에 적어도 한 차례 이상 참여하였다. 또 기부에 대해서는 직장인 28%가 직장에서 단체 기부활동을 하는 제도가 있다고 답했는데, 실제로 직장인 43%가 직장 기부활동에 동참하였다고 한다.

한국의 경우, 2014년 자원봉사 참여 경로를 보면, 단체 중에서 종교단체가 가장 중요한 참여경로로 조사되었다. 종교단체는 모든 단체 중 절반 이상의 비중을 차지하며, 다음으로 직장(기업, 공공기관, 노조)은 참여경로의 영향력이 2011년(9.4%)에 비해 두 배 이상(21.2%) 크게 늘었다.

2) 영국과 캐나다 사례

영국의 경우 2007~08년에 직장인 29%는 기업 사회봉사 프로그램을 통해 자원봉사에 참여한 것으로 조사되었다(UKCO 2008). 사회봉사활동 유형으로

- 지원 개인별 시간활용 33%
- 유급 봉사활동시간 배려 21%
- 봉사활동시간 자율적 조정 17%
- 무급 봉사활동시간 배려 6% 등으로 조사되었다.

또 기업 사회봉사활동에 참여할 수 있는 조건으로는 다양한 인센티브가 제공될 필요가 있다는 의견이 제시되었다. 경제적 인센티브가 강한 자

표 11.2 영국 직장인의 사회봉사활동 인센티브 선호도 (단위: %)

• 급여를 받는 봉사활동시간으로 인정되면	50
• 내가 원하는 활동을 선택할 수 있다면	42
• 나의 기술 향상에 도움이 된다면	40
• 부서의 단체활동의 일환이라면	36
• 나의 경력에 도움이 된다면	35
• 많은 유용한 정보를 제공한다면	27
• 직장의 기자재를 사용할 수 있다면	19
• 무급이지만 봉사활동시간만 인정해준다면	17

자료 UKCO 2008.

원봉사의 참여 동기가 되고 있다.

캐나다에서도 기업 사회봉사 프로그램은 광범위하다. 캐나다 자원봉사센터의 조사에 따르면, 캐나다 기업의 79%가 직원봉사프로그램(EVP)를 운영하고 있고, 또 78%는 사회봉사활동을 지원하기 위해 업무시간을 조정해주며, 71%는 무급의 봉사활동시간을 배려해주며, 29%는 급여를 제공하는 유급 봉사활동시간 배려를 한다(VC 2010). 또 기업의 58%는 자사 직원들이 봉사활동을 하는 시민사회조직들에 현금 또는 현물의 기부활동을 한다.

또 기업 사회봉사 유형의 발전을 살펴보면, 〈표 11.3〉과 같이 몇 가지 다양한 유형의 사회봉사 활동이 1997~2004년 기간에 점차 확대되는 추세를 주목해볼 수 있다.

캐나다 자원봉사센터(Volunteer Canada 2010)는 기업 사회봉사의 유형을 다음 몇 가지로 구분한다.

표 11.3 기업 사회봉사활동 유형: 캐나다, 1997~2004 (단위: %)

	1997	2000	2004
1. 사회봉사활동에 임직원이 회사의 시설과 장비를 이용	27	28	32
2. 사회봉사를 위해 임직원이 업무시간을 조정	22	27	33
3. 사회봉사를 하는 임직원에 대한 인정	14	22	23
4. 사회봉사활동에 회사가 비물질적 지원	–	–	57
5. 사회봉사를 지원하는 정책 또는 프로그램 제도화	–	–	29

자료 Volunteer Canada 2010: 24.

a) 시민사회조직의 이사회 활동 - 시민사회조직의 이사회에 참여해 직원들은 비즈니스 노하우를 제공하고 기업은 지적 자본을 제공해준다.

b) 사회봉사지원정책 - 사회봉사를 희망하는 직원들의 활동을 지원하는 제도로, 업무시간 활용(급여 또는 무급 활동), 인정과 매칭 기프트 등.

c) 전문기술 봉사활동 - 전문기술과 경험을 갖춘 직원들을 시민사회조직에 개별 또는 집단으로 연계시켜 조직의 활동을 지원한다.

d) 전문기술 활용 전략 - 기업이 외부 시민사회조직이나 지역사회의 요청에 따라 특정 프로젝트 수행에 필요한 전문기술을 가진 직원들을 활용한다.

e) 프로보노 활동 - 기업이 전문 상담의 기술을 제공할 수 있는 직원들의 재능을 기부하는 방법. 프로보노가 일반 자원봉사자와 다른 점은 전문기술을 가진 전문인이 경영, 법률, 의료 등 전문 서비스 분야에서 주로 상담, 자문 등의 역할을 수행한다는 것이다.

3) 미국 사례

미국의 경우, 기업사회공헌위원회(CECP 2014)의 최근 자료 〈Giving in Numbers 2014〉에서 기업의 사회공헌과 사회봉사의 일반적 현황을 참고해볼 수 있다. 조사대상 기업의 수는 2010년 160개에서 2013년 261개로 크게 늘었는데, 다음과 같은 다양한 프로그램들이 소개되고 있다.

회사 근무시간을 활용한 유급의 봉사활동시간은 크게 늘고 있다. 임직원 사회봉사 참여율은 2010년 32%에서 2013년 36.5%로 늘었고, 이들의 근무시간을 활용한 봉사활동시간의 중간값도 4만 5000시간에서 6만

그림 11.3 미국 기업의 근무시간 활용 봉사활동 참여율과 활동시간(중간값)

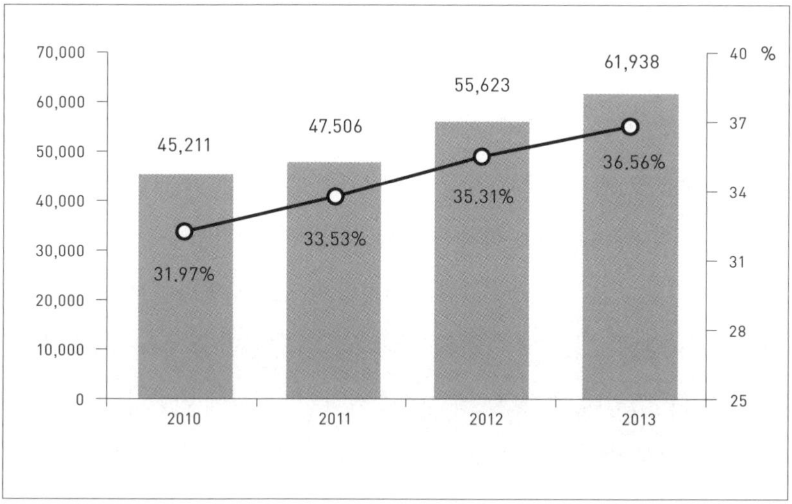

자료 Giving in Numbers 2014

2000여 시간으로 크게 늘었다. 산업 분야별로 유급의 봉사활동 프로그램을 갖고 있는 비중을 살펴보면, 금융 분야가 74%로 가장 많고, 소비자 68%, 에너지 60%, 헬스케어 60%, 커뮤니케이션 55%, 테크놀로지 45% 등이다.

매칭 기프트(Matching Gifts)

기업들은 직원들의 사회공헌 활동을 보조하는 가장 일반적이고 중요한 방법은"매칭 기프트"이다. 2010~13년 기간에 연중 개방형이 가장 많은 비중을 차지하는데, 2010~13년 기간에 크게 늘었다. 조사대상 기업 중 86%가 하나 이상의 매칭 기프프 제도를 갖추고 있는 것으로 조사되었다. 2010년에 비교해보면 전체 매칭 기프트 중에서 연중 개방형이 52%에서

66%로 늘었고, 다음으로 직장기부 캠페인은 31%에서 56%로, 직원봉사단체 지원(dollars for doers) 8%에서 54%로, 구호활동 지원 8%에서 42%로 크게 늘었다.

연중 개방형은 특정 기간에 제한되고 있고, 직원들의 다양한 기부와 봉사활동을 보조해주는 제도로, 조사대상 기업 중 98개(2010년 11개)개가 시행 중이며, 여기에 참여하는 직원의 참여율 중간값(median)은 8%이다. 87%에 달하는 기업들이 1대 1 매칭방식으로 지원하는데, 일부 기업들(69개)은 1.5배 또는 2배 매칭을 지원한다. 직원 일인당 지원 규모는 최고 5000달러 정도인데, 최저 300달러에서 최대 5만 달러에 이른다.

직장 기부 캠페인은 특정 기관 직장에서 진행되는 캠페인에 참여하는 직원의 기부금을 회사가 1대 1로 매칭하는 제도이다. 2010년 22개사에서 2013년 87개사로 크게 늘었다. 직원참여율 중간값은 2010년 47%에서 2013년 30%로 크게 줄었다. 최고 매칭금액은 일반적으로 직원 1인당 5000달러(2010년)에서 2013년 1만 달러로 늘었다.

직원봉사 단체 지원은 직원들이 봉사활동을 하는 비영리단체들을 매칭해 지원하는 형태로, 2010년 9개에 불과했지만 2013년 82개사로 늘었는데, 직원 참여율 중간값은 2010년 7%에서 2013년 3%로 크게 줄었다. 일반적으로 봉사활동시간당 10달러를 지원하는 수준이며, 50시간에 대한 500달러 지원 등 봉사활동시간과 금액을 정해 두고 지원하기도 한다. 최근에는 시간당 20달러 이상을 지원하는 기업들도 늘고 있을 정도로 인기 있는 프로그램이다.

구호 지원은 국내외 구호활동을 하는 직원들을 지원하는 프로그램으로 2010년 6개에서 2013년 71개사로 급성장했는데, 일반적으로 1대 1 매칭이지만, 아이티 구호활동 등 국제 구호활동에 2대 1 또는 3대 1로 회사가 많은 지원하는 경우도 있다.

프로보노(Pro Bono) 봉사활동

프로보노 활동은 가장 성장하는 사회공헌 활동 방식이다. 현금 이외에 현물이나 기술과 재능 기부 등은 미국 기업들이 가장 선호하는 공헌활동이 되고 있다. 2013년 전체 현금 이외의 공헌 중 현물(제품 기부)가 60%를 차지하고, 프로보노 기술과 재능 기부가 19%, 그리고 기타 21% 비중을 차지한다. 프로보노 서비스 비중이 가장 높은 산업 분야는 금융(50%), 테크놀로지(32%), 서비스(27%) 등이다.

프로보노 전문봉사 활동은 다음 몇 가지 측면에서 직원들의 재능기부와 차이가 있다.

첫째는 실행(commitment)이다. 기업은 프로젝트를 위한 인력 제공, 프로그램의 품질 및 완성도 확보, 최고 수준의 전문성 제공 등의 책임이 있다.

둘째는 전문 서비스이다. 참여 직원들은 자신의 직무기술서에 명시된 핵심 직무역량을 활용해야 한다. 핵심 직무역량의 일부만 활용하는 경우는 프로보노 봉사활동보다는 자원봉사에 해당한다.

셋째는 간접 서비스이다. 모든 서비스는 연방세법 조항 501(c)(3) 기관 또는 이에 준하는 단체를 통해 제공해야 한다.

직원봉사 프로그램(EVP)

직원봉사 프로그램은 "직원들이 봉사활동 시행 및 동기 부여를 위해 스스로 구축하고 주도하는 체계적, 계획적 활동"으로 정의된다. 2013년, 대상기업(N=261) 중 204개가 1개의 공식적인 국내 프로그램을 시행하고 있고, 125개사는 1개 이상의 해외 프로그램을 운영한다.

■ **표 11.4** 미국 직원봉사프로그램 운영 현황, 2013년 (단위: %)

	국내	해외
• 직원봉사단체 지원	59	33
• 직원봉사자 표창	57	55
• 유급 봉사프로그램	55	50
• 탄력적 일정 관리	51	50
• 가족 자원봉사	50	46
• 전사적 봉사의 날	49	42
• 이사회 리더십	47	22
• 프로보노 서비스	41	26
• 팀 보조금 지급	40	29
• 퇴직직원 봉사	32	15
• 인센티브 보너스	4	2
• 자원봉사 휴가	3	5

참고 국내(204), 해외(125개) 중 시행중인 기업의 비율.
자료 Giving in Numbers 2014

직원봉사 프로그램에 대한 기업의 지원은 자원봉사시간에 비례한 기부금 적립제도와 유급봉사 프로그램에서 가장 구체적으로 나타난다. 먼저 봉사시간 기부금적립제는 지난 몇 년간, 가장 널리 보급된 프로그램이다. 대상기업들의 절반 이상이 참여하고 있는 것으로 조사되었다.

다음으로, 널리 보급된 직원봉사 프로그램 유형은 유급봉사 프로그램이다. 직원들이 업무 시간을 이용해 자유롭게 봉사활동을 하도록 회사가 지원하는 제도로, 연방세법 조항 501(c)(3) 비영리기관에서 봉사활동을 하는 것이 일반적이다. 기업은 직원이 업무 중 자원봉사에 참여하는 시간에 대해 비용을 지불한다. 공식적인 유급봉사 프로그램을 실시한 기업은 59%이며, 유급봉사시간을 기록하기 위해 공식적인 시스템을 구축한 기업도 46%에 달한다. 이와는 대조적으로 〈사외 자원봉사 프로그램〉은 업무시간 외에 시행하는 것으로 추가적인 보상 비용이 발생하지 않는 것으로, 공식적인 사외 자원봉사 프로그램을 운영한 기업은 52%이며, 사외 자원봉사 시간을 기록하기 위해 공식적인 시스템을 구축한 기업은 절반 가량된다.

기업 사회공헌 성과 평가

또 다른 특징은 대부분의 기업들이 사회봉사를 비롯한 사회공헌 활동에 대해 정기적인 성과 평가를 수행하고 있다는 점이다. 사실 성과 평가는 미국 비영리단체들에게는 최근에 가장 중요한 이슈가 되고 있다.

2013년 전체 대상 기업 중 76%가 자사 사회공헌 활동에 대해 자체 또는 외부 전문기관에 의뢰해 성과 평가를 수행한다. 성과 평가를 수행하는 기업들 중에는 모든 외부 지원금에 대해 성과평가를 하는 기업들이 23%에 이르고, 특정 지원금에 대해서만 성과 평가를 한다는 기업들이 77%이다. 후자 그룹에서 자사의 전략적인 프로그램에 대해 반드시 성과 평가를 수행한다는 기업이 47%로 가장 많고, 다음으로 일정 금액 이상 대형 프로그램에 대해서만 한다는 기업들이 24%이다.

4. 한국 기업의 사회공헌

한국 기업의 사회봉사활동은 최근 몇 년 사이에 제도화되고 있는 특징을 보여준다. 많은 기업들이 최근 몇 년 사이에 봉사활동의 제도화를 추진해온 것으로 확인되고 있다.

1) 기업시민정신 실천

한국 기업들이 인식하는 사회공헌의 의미는 다음 몇가지로 이해되고 있다. 이는 전경련의 2014년 사회공헌백서에 소개된 것으로, 기업 사회공헌의 현황을 이해하는데 기초 자료로 보여진다. 기업 사회공헌 담당자 10명 중 8명은 기업 사회공헌 활동을 "경제적 활동을 포함해 기업이 속한 사회가 당면한 문제 해결을 위한 활동 일체"라 인식하고 있다. 이는 전체 다수(59.7%)의 비중을 차지하고, 이어서 '산업적 연관 효과를 고려한 사회가치 창출활동(21.8%)'이라는 인식이 뒤를 이어 앞서 소개한 CSV의 중요성을 공유하고 있는 것으로 보여진다. 반면에, 경영활동과 무관한 사회복지적 자선활동(9.7%), 사회발전을 위한 순수 공익사업(6.5%) 으로 응답한 경우는 소수 의견으로 나와 있다.

사회공헌의 발전

한국 기업의 사회봉사 현황과 제도적 발전은 최근 전경련(2014)이 제공하는 사회공헌 활동의 실태조사 결과를 참고해볼 수 있다. 2013년 세전이익 대비 사회공헌 지출비율이 2012년에 비해 증가한 것은 응답 기업의 세

그림 11.4 세전이익 대비 사회공헌 지출비율: 2004~2013 (단위: %)

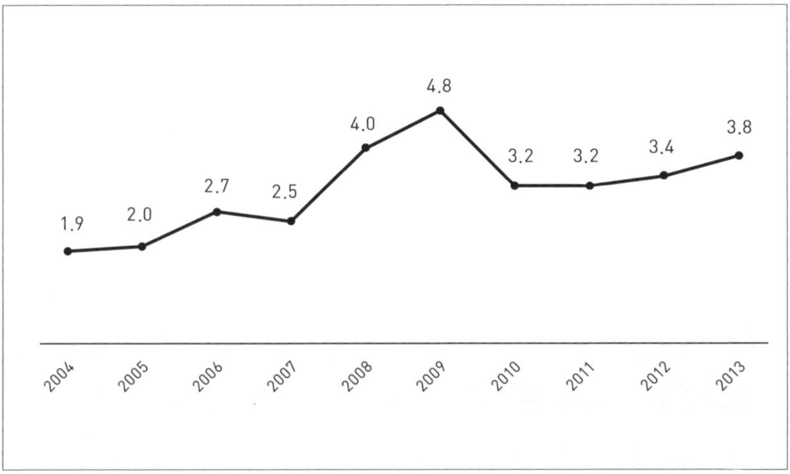

자료 전경련, 2014 사회공헌 백서.

전이익 감소폭(22.2%)이 사회공헌지출비용 감소폭(13.6%)보다 크기 때문. 이는 우리 기업들이 경영부진 속에서도 꾸준히 사회공헌 활동을 전개하고 있음을 보여준다.

기업 사회공헌 활동의 제도화

한국 기업들의 사회공헌 활동은 21세기에 와서야 다양한 제도를 도입하며 활성화된 것으로 볼 수 있다. 주요 사회공헌 제도들로는 경영방침에 사회공헌 명문화가 가장 중요하다고 볼 수 있다. 또 사회공헌 관련 위원회 설치, 전담자의 전문성 제고, 지역사회 촉진제도, 내부 모니터링 제도 등이 주요 제도로 꼽을 수 있다.

2014년 사회공헌백서에 소개된 사회공헌 제도화 현황을 살펴보면, 전담 부서와 전담자 배치가 완료된 것으로 나타나 있다. 사회공헌 예산제도

90% 이상 갖추어져 있고, 경영방침에 사회공헌 명문화 사례도 83%에 달한다.

지난 10여 년간의 제도화 수준을 살펴보면, 2005년 이후 급진전된 것으로 보여진다. 일부 선도적인 기업들이 1998년 이래로 점진적인 진전을 이룩했지만, 대부분의 기업들은 최근에 와서야 제도화에 박차를 가한 것으로 나타난다.

또 기업 사회공헌 담당자를 대상으로 실시한 사회공헌 활동 기획 및 평가에 관한 조사 결과는 몇 가지 중요한 정보를 제공해준다. 첫째, 사회공헌사업 계획 수립에서 응답 기업 200개사 중 90% 이상이 연도별 사업 계획에 따라 사회공헌사업을 추진하고 있다. 이 중 절반 가량은 사회공헌 활

표 11.5 한국 기업의 사회공헌활동 제도 도입 추이: 1998~2013

	1998	2000	2002	2005	2007	2009	2011	2013
전담부서 설치 및 담당자 지정	22.3	25.9	26.7	48.1	81.7	90.4	96.4	98.0
사회공헌 예산제도	26.4	27.5	29.2	57.7	79.3	89.9	91.8	91.6
경영방침 명문화	16.9	22.3	23.8	51.0	67.8	80.3	84.0	83.2
지역사회활동 촉진운동	10.4	17.6	18.8	44.2	66.3	67.3	82.0	79.4
매칭그랜트제도	8.1	12.4	15.8	37.0	62.5	71.2	78.4	76.6
내부모니터링시스템				23.6	50.0	56.7	66.5	60.7
사회공헌위원회 설치	12.8	6.7	11.4	28.8	47.6	62.0	66.5	64.5
전담자 전문성 제고				23.1	54.8	63.5	66.0	57.0

자료 전경련 2014 사회공헌백서.

동 추진을 위한 중장기적 로드맵을 갖고 있다. 둘째, 경영전략과의 연계 추진에서는 응답 기업의 80% 이상이 경영전략을 고려하고 있다고 답했다. "사회공헌 전략을 경영전략과 연계하여 추진하고 있는가"에 대한 질문에 응답 기업의 45.5%가 "전체 사회공헌 전략이 경영전략을 바탕으로 수립되어 밀접하게 연계 추진되고 있다"고 답했고, 34.5%는 사회공헌 전략에 경영전략의 핵심 가치가 반영되어 있으며, 사안에 따라 제한적으로 연계 추진되고 있다고 응답하였다.

셋째, 추진준비와 관련해서 어떤 준비를 하는가에 대한 질문에 대해, 조사 참여기업들의 23%는 사회적 이슈 파악을 위해 자료 수집 및 전문가 면담을 실시한다. 12%는 지원 대상자 현황 및 욕구 파악을 위한 실태조사를 실시한다고 답했다. 이 두 방법을 모두 병행하고 있는 기업들은 54%로 조사되었다. 넷째, 응답 기업들의 80%가 사회공헌사업에 대한 계량적 목표를 설정해 추진하고, 또한 사회공헌사업 추진이 완료된 후 사후평가를 진행하고 있는 기업도 80%로 높게 나타났다.

2) 기업 사회봉사 프로그램

한국 기업들은 삼성그룹 등 일부가 1990년대말부터 사회봉사단을 갖추고 활동을 시작했지만 대부분이 2000년대에 와서 임직원 봉사활동에 대한 관심과 노력을 지속해왔다. 2008~09년 기간에 임직원 참여율이 피크에 달한 다음 최근에는 심각하게 쇠퇴하는 추이를 보여준다(그림 11.5). 2013년 임직원 사회봉사활동 참여율을 살펴보면, 전체 직원의 76% 이상이 참여하고 있다고 응답한 기업수가 32.7%, 직원의 50% 이상이 봉사활동

■ **그림 11.5** 한국 기업의 직원봉사활동 참여율: 2004~2013 (단위: %)

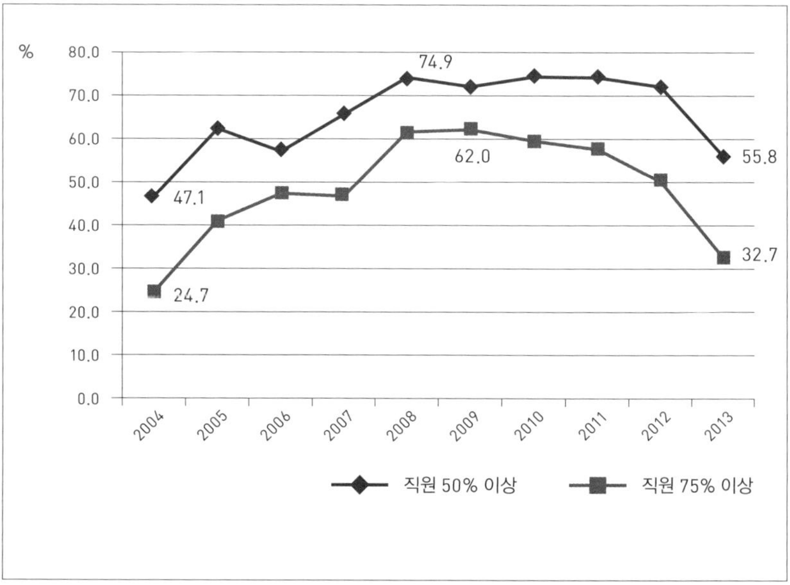

에 참여하고 있는 기업은 55.8%로 조사되었다. 2004년에 비교하면 증가했지만, 최고의 2008~09년에 비하면 20% 가량 감소한 것이다.

한국 기업의 사회봉사활동을 촉진시키는 주요한 제도로 '전사 차원의 사회봉사조직 운영'은 조사 응답 기업의 대부분(89%)에서 시행되는 것으로 조사되었다(전경련 2014). 그 밖에도 우수한 자원봉사자를 표창하는 '자원봉사자 표창제도'와 사회봉사활동을 희망하는 직원들을 위한 '자원봉사자 등록제도' 그리고 봉사활동 참가와 관련해 휴가를 인정해주는 '봉사활동 휴가제도' 등은 60% 이상의 기업들이 시행하는 주요 제도이다. 2004~13년 기간의 추이를 보면, 이제 대부분의 기업들에서 사회봉사활동을 지원하는 다양한 제도들이 갖추어진 것을 알 수 있다.

끝으로, 기업 임직원의 사회봉사활동을 촉진하는 주요 제도들을 예시

■ **표 11.6** 기업 임직원 봉사활동 제도의 성장: 1998~2013

	1998	2000	2002	2005	2007	2009	2011	2013
전사차원 봉사조직				51.0	71.2	81.9	86.5	88.7
봉사활동자 표창제도	12.8	14.5	27.4	27.4	52.9	68.1	69.3	70.4
봉사활동자 등록제도	10.1	7.8	29.8	29.8	45.7	51.4	68.2	62.9
임직원 외 봉사프로그램							56.8	71.0
봉사활동 교육프로그램				31.3	47.1	59.0	63.5	60.2
봉사활동 휴가제도	4.7	4.7	9.4	25.5	43.8	58.6	63.5	62.4

자료 전경련, 2014 사회공헌 백서.

해보면 〈표 11.6〉과 같이 다양하다는 것을 엿볼 수 있다. 특히 임직원 이외에 대학생이나 고객, 아동 등이 참여하는 프로그램의 확대가 두드러지게 나타난다.

3) 기업 사회봉사활동의 과제

기업 사회봉사활동은 위에서 서술했듯이 기업과 직원, 지역사회 모두에 대해 많은 혜택을 주고 있지만, 보다 넓은 사회적, 국가적 차원에서 다음과 같은 몇 가지 문제점을 가지고 있다(주성수 2013).

직원 주도의 자발적 활동

첫째로 직원들의 의사가 반영되지 않고 또 직원들이 봉사활동 업무를 자유롭게 선택할 수 없는 한계가 있다. 기업 사회봉사활동이 직원 개인들의 자유로운 선택에 의해 추진된다면 '강제성' 논란은 사라질 수 있다. 그러나 한국, 캐나다, 미국 등지에서 추진된 기업 사회봉사활동은 팀워크, 또는 팀스프리트로 볼 것인지, 아니면 기업의 경영전략 등의 수익성 목적 추구를 위한 강제성을 가진 활동인지를 판단하는 것은 쉽지 않다.

기업시민정신과 사회봉사

또한 기업 사회봉사가 기업의 총체적인 사회적 책임 또는 기업시민정신 실천의 일환으로 기획되지 않으며, 기업의 사회적 책임이나 기업시민정신을 실천하지 않고 직원 사회봉사로 대신하려는 기업의 의도도 심각한 문제가 될 수 있다. 직원이나 지역사회에 대한 책임 있는 윤리경영과 사회공헌 활동을 경시한 채 사회봉사 중심으로 기업시민정신을 실천한다고 볼 수 없다.

호혜적인 사회적 환경

기업 사회봉사에 대한 오해와 사회적 인정 미흡 문제가 있고, 또 기업 사회봉사에 대한 과도한 기대 및 요구수준도 문제로 부각된다. 기업별 특성이나 사정을 고려하지 않고 기업에게 과도하게 기대하고 요구하는 사회적인 분위기도 문제가 있다. 전경련의 2014 사회공헌백서에는 이 같은 외부환경의 저해요인으로 '반기업정서 등 외부의 왜곡된 시선 및 보도(21.3%)', '기업의 자율성을 침해하는 외부의 압력과 요구(20.9%)'가 기업들의 사회공헌을 가로막는 가장 큰 요인으로 지적한다.

기업 내부의 환경

한편 기업 내부의 환경에 초점을 맞추어보면, 다양하고 장기적인 사회봉사 프로그램의 부족 문제가 있다. 조직적으로 단련된 인적자원인 임직원들의 역량을 최대로 활용하고 기업의 특성이 반영된 고부가치를 생산하는 사회봉사 프로그램이 부족한 상태에 있다. 또한 전사적인 공감대 부족으로 사내 확산의 어려움도 있다. 다양하고 창의적인 고부가가치의 장기 프로그램의 개발이 선행되어야 한다.

2014 사회공헌 백서의 자료를 보면, 기업들은 사회공헌 활동을 추진함에 있어 내부적인 저해요인으로 '사회공헌 전문성 부족(17.6%)'을 가장 많이 지적하고 있는데, 이는 기업 사회공헌 담당자의 역량으로 내부기업에 대한 이해와 사회문제 전반에 대한 전문성을 함께 요구하기 때문이다. 기업들은 이러한 문제를 해소하는 차원에서 NPO 등 외부단체와의 파트너십을 통해 사업을 전개할 필요성을 제기한다. 이와 함께 '자체사업을 위한 예산부족(16.1%)'도 주요 저해요인으로 지적되고 있어, 기업 사회공헌이 기업 독자적 사업보다는 외부 협력사업에 비중이 많다는 것을 지적한다.

시민사회와의 파트너십

직원봉사 프로그램은 시민사회단체들과 더불어 진행되는 것이 바람직하다. 시민사회단체들은 전문성을 갖추고 시민들의 참여로 다양한 프로그램을 운영하므로, 여기에 직원들이 참여해 다양한 나눔활동과 네트워킹을 할 수 있는 장점이 많다. 미국, 영국 등지의 기업들은 시민사회단체와의 든든한 파트너십을 통해 보다 효과적이고, 체계적인 봉사활동을 추진하면서, 동시에 시민사회의 성장을 지원해주는 이중의 기업시민정신을 실천한다. 그러나 한국의 일부 기업들은 시민사회와 관계없이 직접 프로그램을 개발하고 운영하는 직접사업을 많이 한다. 기업뿐 아니라 기업 재단이나 개인들이 설립한 공익재단들도 마찬가지로 시민사회와 더불어 하기보다는 직접운영을 선호해 직접 추진하고 있다. 직접운영은 사업의 목적 달성이 자기 조직의 홍보나 이미지 제고에 치우쳐 공익성을 실천하지 못할 수 있고, 사업의 효과성이나 효율성도 뒤질 수 있다.

실제로 기업들은 NPO 파트너십보다는 자체사업을 선호하는 것으로 나타나 있다. 자체사업을 선호하는 이유로는 기업 특성에 맞는 독자적 사업개발(46.6%)을 원하거나, 사업 추진과정에서 기업-NPO 간 시각차(28.2%) 때문인 것으로 조사되었다(전경련 2014). 그 밖에도 공유가치 창출이 수월하기 때문(12.2%), 전문성 있는 NPO를 찾기 어려워서(7.6%), 기업 내부 전담인력을 보유하고 있어서(3.1%) 등이 소수 의견으로 나와 있다. 반면에 파트너십을 선호하는 이유로는 NPO의 현장 경험과 전문성, 네트워크(44.1%)가 주요한 이유로 나와 있고, 다음으로 "대외적으로 신뢰성 확보를 위해" 28.5%, "기부금 처리가 용이하기 때문" 14.5%, "기업 내부에 전담인력이 부족하므로" 12.9% 등이다(앞글: 23). 기업들은 원활한 파트너십을 위해서는 "사업 추진을 위한 NPO 역량 강화"(21.5%), "NPO의 기업 생리에 대한 이해 제고"(20.7%), "기업-NPO간 원만한 소통"(20.7%) 등이 필요하다는 의견을 제시하고 있다(앞글: 24).

4) 기업사회봉사의 '임팩트' 평가

기업 사회봉사를 포함한 사회공헌 활동의 성과(performance)에 대한 평가가 뒷받침될 필요가 있다. 임직원 봉사자 활동의 효과성(effective-

그림 11.6 사회봉사 성과 모형 : 활동 → 결과 → 임팩트

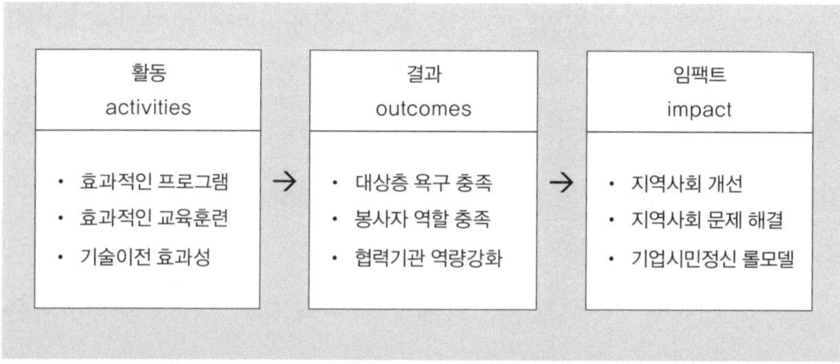

ness)뿐 아니라 임직원 봉사활동을 지원하는 기업의 지원체계의 '효율성'(efficiency), 그리고 임직원 봉사활동이 단순한 산출(outputs) 이상으로 대상층이나 특정 문제 해결의 결과(outcomes) 또는 사회적 임팩트(impacts) 전반에 관한 성과평가가 필요하다.

미국 기업들의 경우, 대부분 사회공헌 활동에 대해 정기적인 성과평가를 수행하고 있다. 2013년 전체 대상 기업 중 76%가 자사 사회공헌 활동에 대해 자체 또는 전문기관에 의뢰해 성과평가를 수행한다(CECP 2014). 성과평가를 수행하는 기업들 중에는 모든 외부 지원금에 대해 성과평가를 하는 기업들이 23%에 이르고, 특정 지원금에 대해서만 성과평가를 한다는 기업들이 77%이다. 후자 그룹에서 자사의 전략적인 프로그램에 대해 반드시 성과평가를 수행한다는 기업이 47%로 가장 많고, 일정 금액 이상 대형 프로그램에 대해서만 한다는 기업들이 24%이다.

기업 사회봉사는 기업시민정신과 사회공헌 비전과 미션 차원에서 조직화될 필요가 있다. 기업 사회봉사의 지속가능성은 기업의 비즈니스 전략과 지역사회 변화라는 '공유된 가치'를 창출하는 CSV 모형에 의존한다. 포

터와 크레머는 2011년 "공유가치 창출" 논문을 통해 "공유가치의 원칙은 사회의 욕구뿐 아니라 당면하는 도전들을 해결하면서 사회적 가치도 창출하는 방식으로 경제적 가치를 창출한다"고 역설하였다(Porter and Kramer 2011: 5). 그들은 "기업은 자신의 성공을 사회적 진전에 연계시키야 한다"며, 공유가치를 "경제적 성공을 달성하기 위한 새로운 방법으로, 기업이 하는 일의 주변이 아니라 중앙에 있는 것"이라 설명한다.

일례로 HP는 세계 170여국의 30반 식원의 사회공헌 활동의 성과를 측정하는 '사회적 임팩트 스코카드'(Social Impact Scorecard)를 개발해, 측정하고 있다(Points of Light 2013.). "HP를 좋은 직장으로 강력하게 추천한다"는 비즈니스 영향에서 HP 사회봉사에 참여하지 않은 직원들은 22%, 간편한 hands-on 프로그램 참여자는 31%, 또 이사회 활동, 프로보노, 전문기술 봉사활동자는 35%로 유의미한 커다란 차이를 보여준다. 또 비영리단체들이 자신들의 역량개발에 HP가 '매우 의미 있는 도움을 준다'는 사회적 임팩트 측면에서는 2011년에 비해 2012년에 크게 늘었다. ① 양질의 서비스 제공(43% → 69%), ② 혁신적 역량(36% → 57%), ③ 많은 대상자에게 서비스 제공(43% → 56%), ④ 추가적 서비스 제공(43% → 54%) 등이다.

기업 사회봉사의 CSV 모형은 '기업 사회봉사의 가치사슬' 모형으로 제시해볼 수 있다. '사회봉사의 가치사슬'이란 기업 사회봉사 프로그램이 사회봉사의 가치를 생산하는 일련의 과정을 지칭하며, 그 과정에는 사회봉사의 배경(기업시민정신과 사회공헌 전략)부터 프로그램 전체 과정(계획수립과 봉사자 모집-활동-관리), 지역사회와 대상층에 대한 임팩트와 사회봉사 목표달성 등이 포함된다.

따라서 사회봉사 가치사슬에는 다양하고 무수한 이해관계자들이 포용된다. 기업의 대표와 이사회와 임원, 봉사자 등 사내 이해관계자뿐 아니라 지역사회 이해관계자인 협력기관 또는 수혜기관(비영리단체, 복지 기관), 지역사회, 공공기관, 지역 주민 등이 있다.

참고 문헌

국내 문헌

김교성, 강정한, 2015, "한국의 '나눔' 종합지수." 사회복지공동모금회 Collective Impact Conference.

김기룡, 2013. "소셜미디어와 나눔문화." 한국정보화진흥원, 「스마트 정보문화 리포트」.

김미곤, 2014. "빈곤 불평등 추이 및 전망." 보건복지포럼

김석은, 김유현, 2013. "경제사회적 환경이 비영리부문 성장에 미치는 영향의 시계열 회귀분석" 한국행정학보 제47권 제4호, 287~311.

노재권, 2015. " 온라인 플랫폼을 활용한 자원봉사 활성화 방안." 제8회 전국자원봉사 컨퍼런스. 토론문.

박세경 외 5인. 2009. 「사회자본과 민간 복지자원 수준의 국가 간 비교연구.」 한국보건사회연구원.

보건복지부, 2011. 『2010 보건복지백서』.

볼런티어21, 2008. 「한국인의 기부와 자원봉사 현황」.

______, 2011. 「전국 자원봉사활동 및 기부 실태조사연구」.

______, 2002. 『세계의 자원봉사 활동』. Volunteering Worldwide, (Netherlands Institute of Care and Welfare ed.) 번역. 아르케.

사회복지공동모금회. 2009. "이웃사랑 국민성금 어떻게 쓰여져야 하나 일반국민 여론조사." 보도자료.

서울시자원봉사센터. 2011. "서울시민의 자원봉사 실태조사 및 활성화 방안 결과 보고서."
손원익, 김진수. 2007.「기부문화 활성화 및 공익법인의 투명성 제고방안」.한국조세연구원.
______, 이순태, 박세경. 2010.「나눔문화 확산을 위한 정책과제」. 한국조세연구원.
______, 2013. "비영리 분야 통계 실태" 한국조세연구원.
______, 2013. "성숙한 기부문화 정착을 위한 정책과제." 2013년 기부컨퍼런스. 행정자치부.
오영호. 2012. "비영리법인 제도의 개선방안에 관한 연구" 한국보건사회연구원.
이현기, 2009, "생산적 노화활동으로서 노인자원봉사활동"『노인복지연구』45, 317-46.
______, 2010. "노인 자원봉사활동과 사회자본."『노인복지연구』50, 263-290.
진국경세인연합회(전경련). 2007.「기업의 기부문화」.
______. 2011.『사회공헌백서 2010』.
______. 2015.『사회공헌백서 2014』
정영수, 이윤희, 2010. "디지털 시대의 나눔문화 활성화 전략." 한국정보화진흥원.
주성수, 2005.『자원봉사 : 이론, 제도, 정책』. 도서출판 아르케.
______, 2010. "한국 시민사회지표: 참여, 조직, 가치, 영향, 환경."『시민사회와 NGO』8/1.
______, 2011. "활성적 공동체의 노후 자원봉사활동."『시민사회와 NGO』9/2.
______, 2012. "복지국가, 시민사회, 나눔문화 : 한국과 OECD."『시민사회와 NGO』10/2.
______, 2013.『자원봉사 문화와 제도』. 한양대 출판부.
______, 2015. "세월호 참사 관련 시민참여와 자원봉사."『시민사회와 NGO』13/1.
______, 박영선, 2014. "서울시 공익지원사업 현황과 발전방안." 서울시NPO지원센터.
______, 정희선 2014. "2014 한국인의 자원봉사, 기부, 이웃돕기." 행정자치부.
______ 외, 2012. "자원봉사 진흥을 위한 제2차 국가기본계획 수립." 행정자치부.
______ 외, 2014. "해외봉사단 효과성 증진을 위한 분야별 추진전략." 한국국제협력단.
차병직. 2002.《NGO와 법》. 이화여대출판부.
통계청, 2009.「사회조사 보고서」.
______, 2011.「2011년 사회조사결과 (나눔문화)」. 보도자료. 2011. 11. 24.
______, 2014.「2013 국내 나눔조사결과」.
______, 2015.「2015 국내 나눔조사결과」.
한국대학사회봉사협의회. 2010.「전국 대학사회봉사 현황 조사결과」.
한국정보화진흥원, 2010. "온라인 나눔현황 조사."
한동우, 2013. "스마트 시대의 나눔문화." 한국정보화진흥원,「스마트 정보문화 리포트」.

외국 문헌

Andreoni, J. 1989. "Giving with Impure Altruism." *Journal of Political Economy*. 97/6. 1447-1458.

Anheier, Helmut K. and L. M. Salamon 1998. *The Nonprofit Sector in the Developing World: A Comparative Analysis*. Johns Hopkins Nonprofit Sector Series.

Anheier, H. and Salamon, L. 1999. "Volunteering in Cross-National Perspective: Initial Comparisons." *Law and Contemporary Problems*, 62 (4), 43-65.

Bellah, R. et al. 1996. *Habits of the Heart: Individualism and Commitment in American Life*. Berkeley: University of California Press.

Bengtson, V., Burgess, E. and Parrott, T. 1997. "Theory, Explanation, and a Third Generation of Theoretical Development in Social Gerontology." *Journal of Gerontology*: Social Sciences. 52B(2), S72-S88.

Böorsch-Supan, A., Hank, K. and Jüurges, H. 2005. "A New Comprehensive and International View on Aging." Mannheim Research Institute for the Economics of Aging.

Brown, D. 2007. "Civil Society Legitimacy and Accountability." Hauser Center for Nonprofit Organizations. Harvard Univ.

Bussell, H. and Forbes, D. 2002. 'Understanding the volunteer market: The what, where, who and why of volunteering,' *International Journal of Nonprofit and Voluntary Sector Marketing*, 7 (3), pp.244-257.

Butrica, B., Johnson, R. and Zedlewski, S. 2007. "Volunteer Transitions among Older Americans." Washington, D.C. : The Urban Institute.

CAF(Charity Aid Foundation). 2009. "The Impact of Recession on Charitable Giving in the UK." https://www.cafonline.org/pdf/UKGivingrecessionreport2009.pdf

______, 2011a. *World Giving 2011*.

______, 2011b. UK Giving 2011. https://www.cafonline.org/pdf/UK_Giving_2011_Full_Rep.pdf

______, 2015. *World Giving 2015*.

Campus Compact, 2004. "Annual Membership Survey Results."

_____, 2010. "Annual Membership Survey Results."

Caro, Francis G., and Scott A. Bass. 1997. "Receptivity to Volunteering in the Immediate Postretirement Period." *Journal of Applied Gerontology* 16, 427-441.

Caro, F., Bruner-Canhoto, L., Burr, J. and Mutchler, J. 2005. "Motivation for Active Aging: Results of a Pilot Study." Gerontology Institute, University of Massachusetts.

CEV, 2007. "Volunteering in the Netherlands."

_____, 2009a. "An Enabling Volunteering Infrastructure in Europe."

_____, 2009b, "Developing Employee Volunteering – a Joint Venture between Volunteer Organisations and Companies."

_____, 2011. "The Future of Volunteering : Concepts, Trends, Visions." CIVICUS. 2010. "Turning Principles into Action." http://lta.civicus.org/download/Turning%20principles%20in%20practice.pdf

Clary, G., Snyder, M., & Stukas, A. 1996. Volunteers' Motivations: Findings from a National survey. *Nonprofit and Voluntary Sector Quarterly*, 25, 485-505.

CLB(Communities and Local Government). 2010. "2009-2010 Citizenship Survey." http://www.communities.gov.uk/documents/statistics/pdf/164191.pdf

Cnaan, R. A., Handy, F. and Wadsworth, M. 1996. "Defining Who is a Volunteer: Conceptual and Empirical Considerations." *Nonprofit and Voluntary Sector Quarterly*, 25/3, 364-383.

CNCS(Corporation for National and Community Service). 2006a. "Volunteer Growth in America."

_____, 2006b. "College Students Helping America."

_____. 2007a. "Keeping Baby Boomers Volunteering."

_____. 2007b. "The Health Benefits of Volunteering."

_____, 2008a. "Capitalizing on Volunteers' Skills : Volunteering by Occupation in America."

_____, 2008b. "Community Service and Servie-Learning in America's Schools."

_____, 2010. "Volunteering in America : Issue Brief."

_____, 2011. "Civic Health and Unemployment."

Commission on the Future of Volunteering, 2008. "Results of the Public Consultation." Volunteering England.

Connors, D. 2008. "Transforming 50+ Volunteering" Voluneer Canada.

Cowley, E. et al. 2011. "The New State of Donation: Three decades of household giving to charity 1978-2008".

CP(Center on Philanthropy), 2002. "Ameica Gives : Survey of Americans' Generosity After September 11."

_____, 2007. "Overview of Secular Giving."

_____, 2009. "*Understanding Donor Motivations for Giving*."

Craig, G. 2004. "Citizenship, exclusion and older people." *Journal of Social Policy*, 33(1), 95 - 114.

Day, K. and Devlin, R. 1998. "The Payoff to Work without Pay: Volunteer Work as an Investment in Human Capital." *Canadian Journal of Economics*. 31 (5), pp. 1179-1191.

De Hart, J. and Dekker, P. 1999. "Civic Engagement and Volunteering." van Deth et al., eds., *Social Capital and European Democracy*. London: Routledge. 75-107.

Dingle, A. 2001. "Involving Older Volunteers. A Good Practice Guide" The Institute for Volunteering Research, London.

Drucker, P. 1993. *Post-Capitalist Society*. Oxford: Butterworth-Heinemann.

Duncan, B. 1999. "Modeling Charitable Contributions of Time and Money." *Journal of Public Economics* 72, pp. 213-242.

EC, 2011a. "Communication on EU Policies and Volunteering."

_____, 2011b. "Volunteering and International Solidarity." Eurobarometer 75.2.

_____, 2013. "How Companies Influence Our Society: Citizens' View" http://ec.europa.eu/public_opinion/flash/fl_363_sum_en.pdf

Einolf, C. 2009. "Will the Baby Boomer Volunteer during Retirement?" *Nonprofit and Voluntary Sector Quarterly* 38(2), 181-199.

Einolf, C.J. 2010. Gender differences in the correlates of volunteering and charitable giving, *Nonprofit and Voluntary Sector Quarterly*, 20 (10) pp.1-21.

Eisner, D., Grimm. R., Maynard, S. & Washburn, S. 2009. "The Volunteer Workforce." *Stanford Social Innovation Review* Winter 2009, 32-37.

Erlinghagen, M. and Hank, K. 2005. "Participation of Older Europeans in Voluntary Work." Mannheim Research Institute for the Economics of Aging.

Etzioni, A. 2001. *Next: The Road to the Good Society*. New York : Basic Books.

Eurobarometer. 2007. "Special Eurobarometer 273 : European Social Reality" http://ec.europa.eu/public_opinion/archives/ebs/ebs_273_en.pdf

Eurobarometer. 2012. "Special Eurobarometer 378 : Active Ageing Report." http://ec.europa.eu/public_opinion/archives/ebs/ebs_378_en.pdf

Freeman, R. 1997. "Working for Nothing: the supply of volunteer labor." *Journal of Labor Economics*, 15/1, 140-67.

Fukuyama, F. 1995. Trust: *The Social Virtues and the Creation of Prosperity*. London: Hamish Hamilton.

GHK, 2010. *Volunteering in the European Union*.

Giving USA Foundation. 2011. Giving USA 2011. http://www.givingusareports.org/products/GivingUSA_2011_ExecSummary_Print.pdf

Hadzi-Miceva, K. 2007. "A Comparative Analysis of European Legal Systems and Practices Regarding Volunteering" *International Journal of Not-for-Profit Law 9(3)*, 37-48.

Hager, M. and Brudney, J. 2009. Volunteer Management Practices and Retention of Volunteers. The Urban Institute.

Handy, F., Cnaan, R. Brudney, J., Ascoli, U., Meijs, L., Ranade, S. 2000. "Public Perception of 'Who Is Volunteer' : An Examination of a Net-Cost Approach from a Cross-Cultural Perspective." *Voluntas* 11/1, 45-65.

Heinrich and Fioramonti eds., 2008. *CIVICUS Global Survey of the State of Civil Society*. Comparative Perspectives. Kumarian.

Herzog, A. and Morgan, J. 1992. "Age and Gender Differences in the Value of Productive Activities." *Research on Aging*, 14(2), 169-198.

Herzog, R. and House, J. 1999. "Volunteering and Mortality among Older Adults." *Journal of Gerontology*, 54(3), S173-S180.

Hodgkinson, V. 2003. 'Volunteering in Global Perspective' in Dekker, P. and L. Halman (eds) *The Values of Volunteering: Cross-Cultural Perspectives*, New York, Kluwer Academic/Plenum.

Hong, S., Morrow-Howell, N., Tang, F., Hinterlong, J. 2009. "Engaging Older Adults in Volunteering." *Nonprofit and Voluntary Sector Quarterly*, 38(2), 200-219.

Hopper, P. 2003. Rebuilding Communities in an Age of Individualism. Burlington: Ashgate.

HRSD(Human Resources and Social Development Canada), 2009. "Volunteering Among Seniors."

Independent Sector. 2001. *Giving and Voilunteering in the Unted States 2001.*

James, E. 1989. *The Nonprofit Sector in International Perspective: Studies in Comparative Culture and Policy.* Oxford University Press, New York.

JFA(Japan Fundraising Association). 2011. "Giving Japan 2010." http://jfra.jp/wp/wp-content/uploads/2011/10/GivingJapan2010_Executive-Summary.pdf

JNAC(Japan National Advisory Commitee), 2014. "The Social Impact Investment Landscape in Japan."

Jones, K. 2006. "Giving and Volunteering as Distinct Forms of Civic Engagement." *Nonprofit and Voluntary Sector Quarterly* 35(2), 249-266.

Joo, S., Lee, S. and Jo. Y. 2006. "The Explosion of CSOs and Citizen Participation" CIVICUS Civil Society Index Report for South Korea.

Jung, J. 2011. "The Effects of Recognition on Volunteer Activities in Korea." *International Review of Public Administration, Vol. 16, No. 2, 33-47.*

Kaskie, B., Imhof, S., Cavanaugh, J. and Culp, K. 2008. "Civic Engagement as a Retirement Role for Aging Americans" *The Gerontologist*, 48(3), 368-77.

Lee, Y. and Brudney, J. 2008. "The Impact of Volunteering on Successful Ageing." *Voluntary Action*, 9/1, 21-35.

Lewis, M. 2002. "Service Learning and Older Adults." *Educational Gerontology* Vol. 28. 655-667.

Lie, M., Baines, S. and Wheelock, J. 2009. "Citizenship, Volunteering and Active Ageing." *Social Policy and Administration*, 43(7), 702-718.

McPherson, J. Miller, and Thomas Rotolo. 1996. ""Diversity and Change in Voluntary Groups."" *American Sociological Review*, 61, 179-202.

Mill, J.S. 1991. On Liberty and other Essays. World Classics Edition. Oxford: Oxford University Press.

Mueller, M. W. 1975. ""Economic Determinants of Volunteer Work by Women,"" *Signs: Journal of Women and Culture in Society* 1, pp. 325-338.

Musick, M., Herzog, A., and House, J. 1999. "Volunteering and Mortality among Older Adults." *Journal of Gerontology*, 54, 173-180.

Musick, M. and Wilson, J. 2003. ""Volunteering and Depression: The Role of Psychological and Social Resources in Different Age Groups."" *Social Science & Medicine*. 56(2), 259-269.

Musick, M. and Ruthford, J. 2006. "A Golden Opportunity: A Guide to Attracting and Retaining Older Volunteers." REACH, London.

Mutchler, J. Burr, J., Caro, F. 2003. "From Paid Worker to Volunteer." *Social Forces*, 81(4), 1267-1293.

Naidoo, K. 2004. "The Evolving Politics of Global Civil Society Legitimacy." UNRISD.

Nakata, T. 1996. "Building Volunteerism." *Japan Quarterly* 43/1, 22-27.

Neyfakh, L. 2011. "Why we give: The new science of charity is uncovering a puzzle." *Boston Globe* 04 Dec 2011:

NRC(Nonprofit Research Collaborative). 2011. "Nonprofit Fundraising Study Fall 2011." http://www.philanthropy.iupui.edu/Research/docs/2011NonprofitFundraisingSurvey_December.pdf

OECD, 2009. "Society at the Glance."

______, 2011a. *Society at a Glance*, Paris.

______, 2011b. *How's Life : Measuring Well-Being*.

______, 2015. *How's Life 2015*, Paris.

Okun, Morris A., Alicia Barr, and A. Regula Herzog. 1998. "Motivation to Volunteer by Older Adults." *Psychology and Aging*, 13, 608-621.

OSIPP(Osaka Institute of International Public Policy). 2011. "Japanese Civil Society at a Crossroad: Civil Society Index Report for Japan." https://www.civicus.org/images/stories/csi/csi_phase2/japan%20acr%20final.pdf

Phalen, K. 2003. "Kids of Character." *Volunteer Leadership Journal*, pp.4-9.

Points of Light. 2013. "Seven Practices of Effective Employee Programs."

Prime, D., Zimmeck, M. and Zurawan, A. 2002. "Active Communities: Initial Findings from the 2001 Home Office Citizenship Survey," Home Office, London.

Prouteau, L. and Wolff, F. 2008. "On the Relational Motive for Voluntary Work." *Journal of Economic Psychology* 29, 314-335.

Putnam, R. 1993. *Making Democracy Work: Civic Traditions in Modern Italy*. New Jersey.: Princeton University Press.

______. 2000. *Bowling Alone: The Collapse and Revival of American Community*. New York: Simon and Schuster.

Roy, K. and Ziemek, S. 2005. "The Economics of Volunteering." ZEF Discussion Papers on Development Policy 26.

Salamon, L. M. (1994): *Partners in Public Service: Government-Nonprofit Relations in the Modern Welfare State*. Johns Hopkins University, Baltimore.

Salamon, L. and Sokolowski, W. 2001. "Volunteering in Cross-National Perspective: Evidence from 24 Countries," Working Papers of the Johns Hopkins Comparative Nonprofit Sector Project, no. 40.

Salamon, L. Sokolowski, S. and Associates, 2004. *Global Civil Society : Dimensions of Nonprofit Sector*. N.Y.: Kumarian.

Salamon, L. and Spence, K. 2009. "Volunteers and the Economic Turndown." CNCS.

Schiff, J. 1990. *Charitable Giving and Government Policy. An economic analysis*. New York: Greenwood Press.

Schuppert, G. 1991. ""State, Market, Third Sector: Problems of Organizational Choice in the Delivery of Public Services,"" *Nonprofit and Voluntary Sector Quarterly* 20 (2), pp. 123-136.

Skocpol, T. 2003. *Diminished Democracies: From Membership to Management in American Civic Life*. Normal: University of Oklahoma Press.

Slight, A. 2005. "The Age of the Volunteer." *Voluntary Action* 4(2), 49-62.

Smith, D. 1994. ""Determinants of Voluntary Association Participation and Volunteering: A Literature Review."" *Nonprofit and Voluntary Sector Quarterly*, 23, 243-63.

Smith, J. 2000. "Active Participation Beyond Employment," Hirsh D. ed., *Life After 50 : Issues for Policy and Research*. London: Joseph Rowntree Foundation.

Smith, D. and Gay, P. 2005. "Active Aging in Active Communities: Volunteering and the Transition to Retirement." Institute for Volunteering Research, Bristol: UK.

Smith, V. H., Kehoe, M. R. and Cremer, M. E. 1995. ""The Private Provision of Public Goods: Altruism and Voluntary Giving,"" *Journal of Public Economics* 58, pp. 107-126.

Spyker, C. and Peloza, J. 2009. "The Potential Impact of Canadian Federal and/or Provincial Tax Credit Incentives for Volunteer Participation." Volunteer Alberta.

Statistics Canada, 2013. "General Social Survey on Giving, Volunteering and Participating."

Stebbins, R. 2004. 'Introduction' in Stebbins, R. and M. Graham (2004) *Volunteering as leisure/leisure as volunteering: An International Assessment*, Wallington, CABI Publishing.

UK Cabinet Office(UKCO). 2008, Helping Out: A National Survey of Volunteering and Charitable Giving.

UN, 2012. General Assembly resolution 66/288: the future we want (A/RES/66/288), 11 September 2012. http://sustainabledevelopment.un.org/futurewewant.html.

_____, 2013. "From corporate social responsibility to corporate sustainability: Moving the agenda forward in Asia and the Pacific."

UNV(United Nations Volunteers). 2009. *Laws and Policies Affecting Volunteerism since 2001*.

_____, 2011a. *The State of the World's Volunteerism Report*.

_____, 2011b. "Broadening the Civic Space through Voluntary Action."

_____, 2014. "UNV Strategic Framework: 2014-2017."

Urban Institute, 2014. "The Nonprofit Sector Brief 2014."

U.S. Bureau of Labor Statistics(USBLS). 2014. "Volunteering in the United States, 2014."

van den Bos, C. 2008. "The Development of Volunteering Infrastructure in America, Denmark, England, Finland, Germany, Italy, the Netherlands and Norway."

Van Til, J. 1987. ""The Three Sectors: Voluntarism in a Changing Political Economy,"" *Journal of Voluntary Action Research* 16 (1-2), pp. 50 - -63.

Van Willigen, M. 2000. "Differential Benefits of Volunteering Across the Life Course." *Journal of Gerontology – Social Sciences*, 55B (5), S308-S318.

Volunteer Canada(VC). 2010 "Bridging the Gap" Report.

Volonteurope, 2012. "Active Ageing and Solidarity between Generations 2012."

Warburton, J., Terry, D., Rosenman, L., Shapiro, M. 2001. "Differences between Older Volunteers and Nonvolunteers." *Research on Aging*, 23(5), 586-605.

Weisbrod, B. 1977. *The Voluntary Nonprofit Economy*. Lexington Books, Lexington, MA.

Weisbrod, B. 1988. *The Nonprofit Economy*. Harvard University Press, Cambridge, Massachusetts.

Wheeler, J., Gorey, K. and Greenblatt, B. 1998. "The Beneficial Effects of Volunteering for Older Adults and the People They Serve: A Meta-Analysis." *International Journal of Aging and Human Development*. 47(1), 69-80.

Wilson, J. and Musick, M. 1997a. "Who Cares? Toward an Integrated Theory of Volunteering" *American Sociological Review*, 62, 694-713.

Wilson, J. and Musick, M. 1997b. "Work and Volunteering: The Long Arm of the Job." *Social Forces* 76, 251-273.

_____. 1998. "Who cares? Toward an integrated theory of volunteer work." *American Sociological Review*, 62, 694--713.

_____. 1999. "The Effects of Volunteering on the Volunteer." *Law and Contemporary Problems* 62(4), 142-168.

World Health Organization (WHO) 2002. "Active Ageing : A Policy Framework." Geneva. http://www.who.int/ageing/publications/active/en/

찾아보기

【ㄱ】

【ㄴ】

【ㄷ】

【ㅁ】

【ㅈ】

【ㅊ】

주성수 한양대학교 공공정책대학원 교수이자 제3섹터연구소장으로 재직 중이며, 25년간 나눔문화와 관련된 연구 및 활동을 이어오고 있다. 시민사회에서는 1992년 경실련 사회복지위원회, 1993년 강동송파 경실련, 1995년 한국자원봉사포럼, 1996년 한국대학사회봉사협의회, 1997년 한국자원봉사협의회, 1998년 공동모금회(사랑의열매), 1999년 KOPION, 2007년 아시안프렌즈 창설에 참여해 임원으로 활동해왔다. 2013년에는 서울시NPO지원센터 운영위원장을 역임했으며 현재는 자원봉사진흥위원회 위원, 전경련 사회공헌위원회 상임자문교수, 한국국제협력단(KOICA)의 전문위원과 자문교수를 맡고 있다. 대학에서는 1994년에 한국 대학 최초로 한양대학교 사회봉사센터 창설 책임과 센터장 역할을 수행한 이래 지금까지 지도교수를 맡아오고 있으며, 1997년에는 제3섹터연구소를 창설해 현재까지 열두 명의 연구교수들과 함께 국내외 시민사회와 나눔문화 연구에 집중하는 20여 년의 시간을 가졌다. 또한 1차(2004~2006)와 2차(2008~2010)에 걸쳐 글로벌 시민사회연대 네트워크인 CIVICUS의 48개국 글로벌 시민사회지표 조사분석에 한국 대표로 참여해 국제 연구활동을 벌였으며, 3인 공동연구의 책임자로서 『한국시민사회사(1948-2015): 제도, 조직, 생활, 이념사』 3권을 집필해 2017년 출간을 앞두고 있다. 학술지 〈시민사회와 NGO〉의 편집위원장을 맡아 시민사회의 다양한 분야 전문가들과 학술교류를 나눠왔고, 1998년 한국비영리학회 창설 부회장, 1999년 한국NGO학회 이사, 2008년 한국자원봉사학회 이사 활동을 해왔다. 또한 「제2차 자원봉사 국가기본계획 수립」(2012), 「KOICA 해외봉사 효과성 증진 전략」(2013), 「퇴직공무원 사회공헌 활성화」(2013), 「전국 자원봉사와 기부 실태조사」(2014), 「서울시 자원봉사정책」(2015) 등의 나눔정책 관련 연구를 책임자로서 수행했다. 나눔문화 관련 주요 저서로는 『자원봉사: 이론, 제도, 정책』(2005), 『한국시민사회지표』(2007), 『아래로부터의 시민사회』(2008), 『사회적 경제』(2010), 『빈곤에서 권력으로』(번역, 2010), 『자원봉사 문화와 제도』(2013) 등이 있다.

나눔문화 — 기부·자원봉사·이웃돕기·시민참여

펴낸날 2016년 10월 10일 초판 1쇄

지은이 주성수 ◎ **펴낸이** 이영무

펴낸곳 한양대학교출판부 ◎ **출판등록** 제4-7호(1972.2.29) ◎ **인쇄** 현문

주소 서울 성동구 왕십리로 222 ◎ **전화** 02.2220.1432-4 ◎ **팩스** 02.2220.1435

홈페이지 press.hanyang.ac.kr ◎ **이메일** presshy@hanyang.ac.kr

ISBN 978.89.7218.499.7 (93300)